Astrologie Védique
Vedāṅga Jyotiṣa
वेदाङ्गज्योतिष

Volume I

Vaidya Atreya Smith

Éditions Turiya

Compilé par Vaidya Ātreya Smith

Traduction de l'anglais (États-Unis) :
Girija Smith-Dulac

Cover by: www.theresabarzyk.com

Publié par :

Éditions Turiya
EIVS GmbH
Dietikon, Suisse

www.atreya.com

ISBN-13: 978-3-9523038-0-1

Tous droits de reproduction, traduction ou adaptation par quelque procédé que ce soit, réservés pour tous pays

Livres de Vaidya Atreya Smith

Prana the Secret of Yogic Healing, Samuel Weiser, 1996
Practical Ayurveda, Samuel Weiser, 1998
Ayurvedic Healing for Women, Samuel Weiser, 1999
Secrets of Ayurvedic Massage, Lotus Press, 2000
Perfect Balance, Avery Publishing, 2001
Ayurvedic Nutrition Course Textbook, Editions Turiya, 2001
Pañcakarma - Shodhana Chikitsā Textbook, Editions Turiya, 2003
Ayurvedic Nutrition, CreateSpace, 2010
The Psychology of Transformation in Yoga, CreateSpace, 2013
Ayurvedic Medicine for Westerners, Vol. 1, CreateSpace, 2013
Ayurvedic Medicine for Westerners, Vol. 2, CreateSpace, 2014
Ayurvedic Medicine for Westerners, Vol. 3, CreateSpace, 2015
Ayurvedic Medicine for Westerners, Vol. 4, Dravyaguna for Westerners 2nd Ed., 2013
Ayurvedic Medicine for Westerners, Vol. 5, CreateSpace, 2016
Ayur-Vidya Therapeutic Guide, CreateSpace, 2017

Livres traduits en français

Psychologie de la Transformation en Yoga, Editions Turiya, 2002
Pañcakarma - Shodhana Chikitsā, Editions Turiya, 2003
L'Ayurvéda pour les Femmes, Editions Turiya, 2007
Ayurvéda et Nutrition, Editions Turiya, 2011
Dravyaguna pour les Occidentaux, Editions Turiya, 2013
Anatomie et Physiologie Ayurvédiques, Editions Turiya, 2014
Pathologie et Diagnostic Ayurvédiques, Editions Turiya, 2014
Approche Thérapeutique de l'Ayurvéda, Editions Turiya, 2015
Traité de Diététique Ayurvédique, Editions Turiya, 2004 et 2016

Dédicace

Nous aimerions dédicacer ce livre de Jyotisha à toutes les personnes qui s'intéressent à la culture indienne ancienne et à ses sciences du *vedāṅga,* ou « les branches des Vedas »

Table des Matières

	Introduction	1
1	Les Planètes	23
2	Description des Planètes	35
3	Les Signes	59
4	Les Maisons I	75
5	Les Maisons II	95
6	Interprétation des thèmes	131
7	Les Périodes Planétaires	149
8	Les Graha Yogas	163
9	Les Nakshatras I	179
10	Le Système de l'Ashtakavarga	239
11	Les Transits ou Gochara	265
12	Les Thèmes Harmoniques	285
13	L'astrologie Nadi	297
14	Les Nakshatras II	305
15	Rectification d'un thème	321
16	Le Shad Bala	325
17	Le Graha Yuddha	339
18	L'interprétation d'un thème	347
19	Les remèdes astrologiques	363
	Les Glossaires	377
	Bibliographie	387

Remerciements

J'ai commencé à étudier le Jyotish à Lucknow, Uttar Pradesh, en Inde, le 4 janvier 1994. Vénus, Mars, Mercure et le Soleil étaient tous conjoints à moins de 3° en Sagittaire, dans ma maison 9 et étaient situées confortablement entre mon Soleil et Mercure natal. Ces quatre planètes en transit étaient toutes situées dans le Purvashadha Nakshatra gouverné par Apas, les déesses des eaux cosmiques ou l'océan supérieur de la conscience. C'est une constellation de purification, qui guérit et efface le *karma*. C'est une constellation brahmanique de *moksha* gouvernée par Vénus, le *guru* bénéfique des démons. Dans ma maison 8 de la transformation, Rahu en transit était juste à 3°08' de mon Rahu natal dans le Nakshatra Anuradha, gouverné par Mitra, l'ami divin, banni et maître du *dharma* ; l'emplacement de la dévotion et de la transformation. En dernier lieu, dans ma maison 6, la Lune en transit était conjointe à mon Jupiter natal dans le Nakshatra Uttar Phalguni, gouverné par Aryaman, l'un des Âdityas, les sept divinités célestes, qui est une constellation de moksha. C'est avec de telles indications propices que mon voyage a commencé à travers cette science ancienne.

De nombreux professeurs m'ont aidé et soutenu dans ce voyage sans fin à travers les astres. Parmi ces personnes exceptionnelles, se trouvent David Frawley, Sri R. G. Krishnan, Sri C. S. Patel et enfin, Edith Hathaway qui est mon mentor personnel depuis 12 ans. Grâce à ces professeurs, nous sommes en mesure de publier un manuel pratique et détaillé sur l'astrologie védique. Je remercie également Andrew Mason pour sa connaissance en Jyotish, son soutien et les merveilleux graphiques qu'il m'a généreusement fournis. Ce livre n'a rien d'inédit, mais il regroupe plus exactement des informations classiques de manière logique et cohérente.

Vaidya Atreya Smith

Introduction

Le *Jyotish*, parfois appelé astrologie hindoue ou astrologie védique, transcende toute identification culturelle. « Jyotish » signifie littéralement « La science de la lumière ». Elle a été pratiquée dans de nombreux pays par de nombreuses personnes et a développé une plus grande variété de systèmes que n'en possède l'astrologie occidentale.

Le but de cet ouvrage n'est pas de divulguer inconditionnellement le Jyotish ou l'astrologie védique en Occident. Nous ne pouvons pas non plus affirmer que l'astrologie védique, telle qu'elle est pratiquée en Inde de nos jours, est un idéal à imiter. Même en Inde, l'astrologie est souvent utilisée à un simple niveau mondain. Nous ne pouvons pas non plus affirmer que les livres d'astrologie védique, tels qu'ils sont publiés de nos jours en Inde, sont suffisants pour que les Occidentaux puissent apprendre ce système. Même si leurs idées sont justes, leur langage est souvent rigide, limité culturellement, ou bien ils ne sont pas présentés clairement. Le but de cet ouvrage est de faire ressortir la connaissance universelle inhérente au système védique, qui s'avère utile pour tous, indépendamment des races, des cultures ou des religions.

Veda signifie « sagesse » ou « connaissance de la vérité » provenant de la perception directe. Ce terme se réfère à la connaissance universelle, et non aux dogmes et aux opinions d'une culture particulière. L'universalité des Vedas est l'objectif visé ici : la connaissance de la vérité qui repose dans le cœur de chacun. C'est la connaissance de notre véritable Soi et Âme. Cette connaissance appartient intrinsèquement à chacun de nous et est disponible pour que nous puissions l'utiliser, indépendamment de notre naissance ou de nos origines.

Ce livre est basé sur une vision védique plus vaste que la plupart des présentations d'astrologie védique. Cette connaissance védique plus ancienne s'applique de façon plus spécifique aux constellations lunaires ou Nakshatras, qui proviennent directement des Vedas. Ce livre est également intégré dans le système global de connaissance védique et ne présente pas l'astrologie de façon isolée.

C'est dans cette perspective que nous utilisons le terme « astrologie védique ». Cette science possède une base traditionnelle mais n'est pas liée à une approche spécifique. Traditionnellement, l'astrologie védique a plusieurs branches et subdivisions ; elle est beaucoup plus complexe et favorise une plus grande diversité d'approches que l'astrologie occidentale. La connaissance védique elle-même est basée sur la liberté et l'intelligence créative de l'individu. Par conséquent, chaque véritable praticien possédera sa propre version particulière.

Les origines de l'astrologie védique

Les origines de l'astrologie en Inde sont perdues. Les traditions orales affirment que le Jyotish a été transmis par le Dieu Brahma. La bible de l'astrologie natale en Inde s'appelle le *Brihat Parashara Hora* (BPH) compilé par le Maharishi Parashara. Dans les derniers versets de ce texte – qui contient plus de 2000 sutras – Parashara énonce :

> « La connaissance que je vous ai transmise est la même science du Jyotish que celle que le Dieu Brahma a prodigué à Narada, et que Narada a transmis à Shaunaka et aux autres Rishis de qui je l'ai reçue. Je vous l'ai relatée de la même manière qu'elle m'a été transmise par eux. »
> (BPH 97:1-2)

Le Jyotish ou l'astrologie védique, est l'un des *Vedanga* ou branches des *Veda*. Il y a six Vedangas qui constituent toute la connaissance de l'Inde védique. Ce sont :
1. Vyakarana (la grammaire)
2. Chandas (les vers)
3. Shiksha (l'intonation)
4. Nirukta (l'étymologie)

5. Kalpa (les rituels)
6. Jyotish (l'astronomie/l'astrologie)

Le Jyotish est considéré comme ayant six branches ou membres :
1. Gola – l'astronomie d'observation
2. Ganita – les calculs astronomiques et astrologiques
3. Jataka – l'astrologie de naissance ou natale
4. Prashna – la réponse aux questions (l'astrologie horaire)
5. Muhurta – le choix du moment favorable pour un évènement (astrologie élective)
6. Nimitta – l'interprétation des présages

Dans cet ouvrage, nous examinerons principalement *Jataka*, ou la compréhension du thème natal. Nous examinerons aussi *Prashna* et *Muhurta* puisqu'ils sont deux aspects essentiels permettant d'aider les consultants.

En Inde, il y a cinq styles principaux d'astrologie :
1. Le Jyotish *Nadi*
2. Le Jyotish *Parashari*
3. Le Jyotish *Jaimini*
4. Le Jyotish Tantrique
5. Le Jyotish *Tajika*

Le Jyotish Nadi est une méthode ancienne écrite sur des feuilles de palmier pour prédire toute la vie du consultant. Le plus célèbre de ces astrologues Nadi était Bhrigu. Cette tradition reste un secret fermement gardé dans plusieurs familles qui se transmettent les feuilles de palmier et cette méthode d'interprétation de père en fils. Il ne faut pas confondre cette forme d'astrologie Nadi avec l'astrologie Nadi que nous étudierons ici qui est une sous-branche du Jyotish Parashari.

Le Jyotish Parashari est basé sur le Maharishi Parashara et sur son travail, le Brihat Parashara Hora (BPH). Il inclut aussi d'autres textes classiques d'astrologie car c'est la forme d'astrologie la plus courante en Inde. Ce système traite principalement de l'interprétation du thème de naissance (thème natal), bien qu'elle inclue les *Prashna*, *Muhurta* et *Nimitta*. C'est le système principal que nous examinerons ici.

Le Jyotish Jaimini est basé sur le système de Maharishi Jaimini. Une grande partie du système de Jaimini s'est intégrée dans le système de Parashara et le BPH de Parashara contient aussi des concepts de Jaimini. Cela conduit de nombreuses personnes à croire que le Jyotish Jaimini est très ancien. Nous examinerons quelques méthodes de base de ce système.

Le Jyotish Tantrique est un système mineur utilisé par peu de personnes en Inde actuellement, pouvant provenir de l'Atharva Veda de l'antiquité.

Le Jyotish Tajika a puisé une grande partie de son système des Arabes dans les années 1500. Le terme « tajika » en sanskrit signifie une personne d'Arabie. Ce système utilise plusieurs concepts communs à l'astrologie occidentale puisqu'elles ont la même influence. Ce système n'est pas aussi utilisé en Inde de nos jours que le Jyotish Parashara.

Le Samkhya Darshana

Le *Samkhya* représente un système expliquant, pas à pas, dimension par dimension, la façon dont l'univers a été créé, non seulement « à son commencement », mais à chaque instant de notre existence. C'est la raison pour laquelle il est appelé le système d'énumération. C'est le « processus quotidien de création » qui produit des réactions ou « *karma* » dans notre vie. C'est également ce même « karma » ou résultat de ce « processus de création quotidien » qui nous lie au cycle du temps et de l'espace.

L'une des idées fondamentales du Samkhya consiste dans le fait que tout l'univers est interdépendant à tous les niveaux. La célèbre affirmation populaire énonçant un « microcosme et macrocosme » provient du système du Samkhya. Il existe une logique infaillible dans ce système. Lorsque l'on déclare que quelque chose fonctionne à un niveau cosmique, il doit également fonctionner à un niveau microscopique. L'inverse est également vrai, ce raisonnement logique doit fonctionner de façon similaire dans chaque dimension afin d'appartenir au système du Samkhya.

Dans le Samkhya, nous rencontrons un autre aspect fondamental, celui de l'intelligence. Le Samkhya affirme que la création entière est une manifestation de l'intelligence consciente.

Même un rocher possède un niveau de conscience étant donné qu'il est irrévocablement relié à l'intelligence cosmique qui se trouve à l'origine de la création. Par conséquent, tout système de santé ou de psychologie provenant du Samkhya (ou fondé sur lui) doit honorer tout d'abord le principe d'intelligence et fonctionner de pair avec cette intelligence.

En particulier dans le Vedanga Jyotish, nous avons véritablement besoin du contexte spirituel du système du Samkhya. Lorsque celui-ci fait défaut, l'astrologue se transforme alors en un simple diseur de bonne aventure ou en un « psychothérapeute » New-Age, tous deux ayant leur place dans l'ordre des choses mais ces pratiques ont déjà été abordées dans plusieurs pratiques occidentales.

Comment comprendre alors la signification profonde du Samkhya ? Tout d'abord, nous devons considérer ce que nous entendons par connaissance, étant donné qu'il existe deux sortes de connaissance. La compréhension intellectuelle d'un sujet ou d'un système est utile à l'école, au travail et dans les autres activités quotidiennes représentant une grande partie de notre état de veille. Toutefois, la compréhension intellectuelle, la philosophie et les autres activités mentales n'ont peu de pouvoir pour nous procurer le bonheur ou la quiétude. Par conséquent, il existe deux sortes de connaissance au niveau fondamental, la connaissance apprise et vécue, la connaissance intellectuelle ou empirique.

Le système du Samkhya reconnaît trois moyens pour recevoir la connaissance :
1. par l'expérience directe   (*Pratyaksha*)
2. par inférence   (*Anumana*)
3. par témoignage verbal ou textuel (*Aptopadesha*).

L'inférence se situe entre l'expérience et la connaissance par le témoignage.

Lorsque nous commençons à aborder la vie et à la vivre véritablement, nous devenons tous confrontés à la réalité de la connaissance et à la compréhension que nous en avons. Cela ressemble beaucoup à la différence existant entre l'apprentissage des mathématiques à l'école et à être amené par la suite à faire ses comptes alors qu'une grande partie de nos chèques n'ont pas encore été encaissés par la banque. La pratique concrète est différente de la connaissance théorique acquise dans une situation d'apprentissage. De plus, le compte bancaire change constamment étant donné que nos intérêts financiers augmentent. Ainsi, les experts contemporains, spécialistes de l'intelligence, utilisent la faculté d'adaptation et non la mémoire afin de juger l'intelligence d'une personne.

Cette méthode d'adaptabilité nous enseigne un sujet dans un certain contexte et vérifie les connaissances de ce même sujet dans des circonstances complètement différentes. L'étudiant devra faire preuve de flexibilité, d'adaptabilité et de créativité mentales afin d'appliquer ce qu'il a appris auparavant dans une situation nouvelle. Cette méthode met en pratique la connaissance intellectuelle afin qu'elle devienne empirique. Dès qu'une personne a expérimenté ou vit l'expérience, nous pouvons réellement affirmer qu'elle comprend le sujet.

Le Maharishi Parashara stipule dans le premier chapitre du BPH que la création provient de la Conscience Pure (Vishnu) et de la Matière Pure (Lakshmi). Parashara continue à se référer au Samkhya pour expliquer la création et la façon dont le Divin se manifeste dans tous les niveaux de l'univers. Le chapitre deux explique les neuf incarnations de Vishnu (qui maintient et protège l'univers) comme étant liées aux neuf planètes utilisées en astrologie védique. Le second verset du chapitre deux énonce :

अवताराण्यनेकानि ह्यजस्य परमात्मनः ।

जीवानां कर्मफलदो ग्रहरूपी जनार्दनः ॥ ३ ॥

avatārāṇyānekāni hyajasya paramatmanaḥ,
jīvānāṁ karmaphalado graharūpī janārdanaḥ.

« La Conscience Pure a eu de nombreuses incarnations (formes). Janardana, sous la forme des Grahas, offre les fruits du karma de tous les êtres vivants. » BPH 2:2

Le nom de Vishnu « Janardana » signifie « celui qui agite l'humanité » et le terme *graha* est utilisé pour signifier les neuf planètes. Graha signifie littéralement ce qui « saisit » ou « s'empare » des gens et de tout autre chose manifestée dans l'univers. Ce sutra nous révèle un fait important : les planètes sont des manifestations de la Conscience Pure (Vishnu) qui indiquent le karma dans le thème. Non seulement les planètes indiquent le karma, elles indiquent aussi la manifestation du karma dans notre vie.

Ainsi, l'astrologie védique, ou Jyotish, est l'étude de la façon dont les Dieux (les planètes) s'empareront de nous ; c'est à dire, comment elles feront pour que nous manifestions notre karma dans cette vie. Comprendre que les planètes ne sont rien d'autres que des formes de Conscience Pure (Purusha ou Vishnu) est important. Les planètes revêtent différentes formes des diverses déités à différents niveaux de la création. Dans le premier niveau, toutes les planètes sont des formes de Vishnu qui nous pousse vers la Conscience Pure ou *sat chit ananda*. Dans les autres niveaux, les planètes se manifestent différemment. Le tableau ci-dessous vous donne une idée de la vision Samkhya de la création et des archétypes cosmiques des planètes.

Tableau 1. Relation des planètes par rapport au Samkhya

Planètes	Dimension Cosmique (Principale)	Dimension cosmique (Archétype)
Soleil	Purusha / Prāna	Agni (Dieu du Feu)
Lune	Prakriti / Matière	Varuna (Dieu de l'Eau)
Mars	Prāna / action	Shiva
Mercure	Buddhi	Vishnu
Jupiter	Mahat (positif)	Indra
Vénus	Cinq tanmatras (plans astraux)	Devi
Saturne	Mahat (négatif)	Brahma
Rahu	Manas (obscurcit la Lune)	La foule
Ketu	Manas (obscurcit le Soleil)	L'individu
Ascendant	Ahamkara	Séparation / Karma

Commençons par le Soleil, nous remarquons qu'il représente tout d'abord *Purusha* (*atman*) en tant que conscience pure non divisée et ensuite l'archétype d'*agni* (le Dieu du Feu, la transformation) au niveau de Mahat. La Lune peut représenter *Prakriti* parce qu'elle reflète la lumière de Purusha (Soleil) ainsi que l'archétype divin de *Varuna* (le Dieu de l'Eau, la cohésion). Le Soleil, en tant que principale énergie de l'univers, représente aussi le *prana* cosmique, en particulier le *chitshakti* ou l'énergie de la conscience.

Mars est la planète d'énergie pure ou prana et est alors représentée par l'archétype divin de *Siva* (ou Shiva, Dieu de la destruction et du renouvellement dans ce contexte).

Mercure peut représenter le pouvoir de discrimination de *buddhi* ainsi que l'archétype divin de *Vishnu* (Dieu de la préservation et de la communication dans ce contexte).

Jupiter représente le côté positif de l'Esprit Cosmique (*Mahat*), qui est l'intelligence cosmique de l'univers ainsi que l'archétype divin du Dieu védique *Indra* (Dieu des cieux délivrant la connaissance). Vénus s'intéresse principalement aux *tanmatra* et au monde astral parce qu'elle nous entraîne dans les cinq sens et dans l'expérience du plaisir. Deuxièmement, elle représente l'archétype divin de la déesse *Devi*, épouse d'Indra. Saturne représente le côté négatif de mahat et aussi l'archétype divin de *Brahma* (Dieu de la connaissance dans ce contexte). Jupiter transmet la connaissance. Saturne supprime l'ignorance, tous deux représentant les pouvoirs principaux de l'Esprit Cosmique sous divers aspects.

Les deux Nœuds Lunaires, Rahu et Ketu, agissent comme *Ahamkara* dans le sens qu'ils obscurcissent la lumière du Soleil et de la Lune ou de Purusha et Prakriti. Dans ce sens, les Nœuds Lunaires fonctionnent comme des maléfiques puisqu'ils éclipsent ou dissimulent la lumière des principes divins. De plus, ils entraînent la séparation de ces mêmes principes. Cependant, ils représentent aussi les archétypes de la foule (la société) et de l'individu représentant l'être humain. L'Ascendant représente Ahamkara en général et l'archétype de la séparation dans l'univers transmettant également le karma passé avec son incarnation.

Lorsque nous abordons l'astrologie, il est important de conserver deux éléments à l'esprit :
1. le thème représente le temps en général et le mouvement de l'individu à travers ce temps (Ascendant ou Ahamkara).
2. les planètes sont les métaphores des forces archétypales telles qu'elles sont décrites dans le Samkhya.

Par conséquent, les planètes représentent beaucoup plus que des archétypes de divinités comme l'indique le système d'astrologie grec bien qu'il y ait une relation entre les déités. Le système du Samkhya nous dévoile les forces réelles manifestant l'archétype des énergies divines présentes en astrologie occidentale.

La Vision Samkhya de la Création

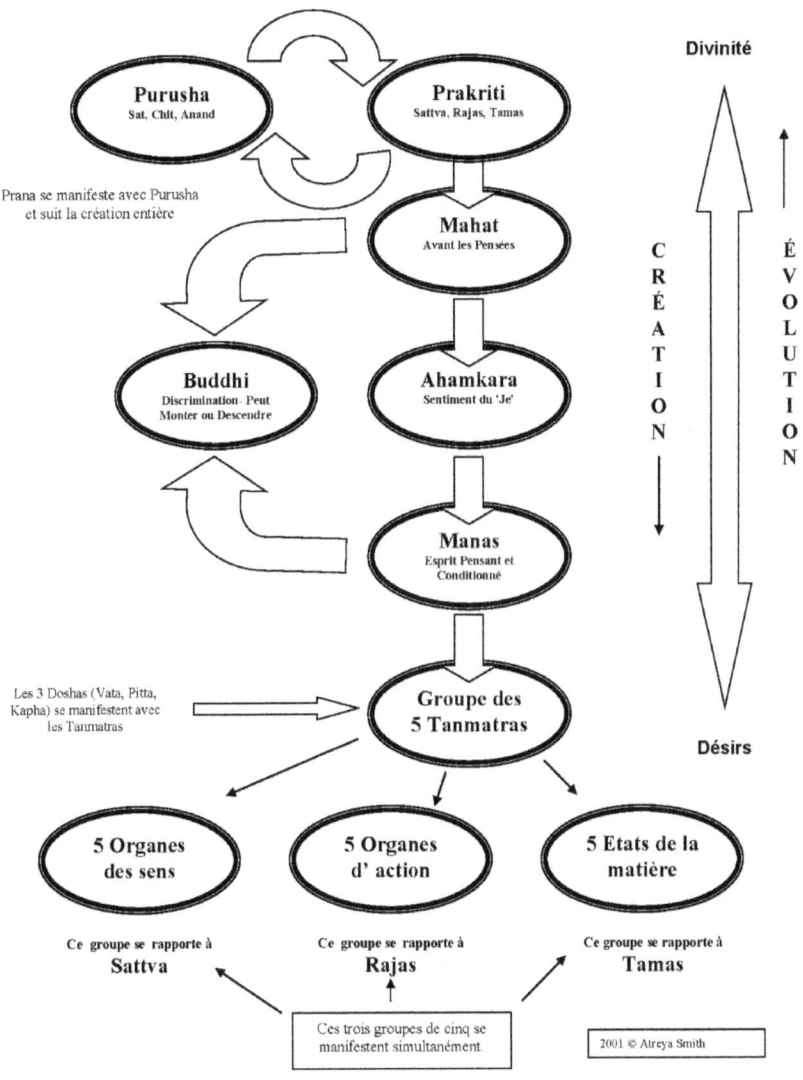

Dans la tradition védique, il y a quatre types de karma pour chaque être humain. Ce sont :
1. Sanchita   (l'accumulation de tous les karmas)
2. Prarabdha   (le karma prêt à se manifester)
3. Kriyamana   (le karma étant expérimenté à présent)
4. Agama   (le karma pas encore manifesté; le karma futur)

Selon la tradition, nos karmas personnels (*prarabdha* et *gama*) sont accumulés dans le corps causal ou *vijnanamayakosha*. Les karmas partagés provenant de la famille, de la culture et du pays sont accumulés dans l'*anandamayakosha*. Quand ces karmas commencent à mûrir et à fructifier (*kriyamana*), ils se déplacent dans le *manomayakosha* ou notre psychisme. L'esprit transforme alors ces karmas en actions à travers le *pranamayakosha* et le corps, ou l'*annamayakosha*, puis expérimente les karmas au niveau physique.

Comprendre le système du Samkhya nous permet en tant qu'astrologue de comprendre à quel niveau les karmas se manifestent et ainsi quels sont les domaines de la vie qui pâtiront des résultats de ces karmas. Ces cinq enveloppes (*pancha kosha*) nous procurent un bon modèle pour comprendre la manifestation du karma. Tout comme les déités ou les archétypes divins nous aident à comprendre quel genre de karma est en train de se manifester, les cinq enveloppes indiquent à quel niveau il se manifeste.

De plus, ces karmas sont divisés en trois manifestations possibles :
1. *Dridha* (le karma fixe)
2. *Adridha* (karma non-fixe)
3. Dridha / Adridha (tous deux karmas fixes et non fixes)

Tous les karmas ne vont pas se manifester. Seul le dridha, ou karma fixe est sûr de se manifester. Les karmas dridha / adridha (mixes) et adridha (non-fixe) peuvent ne jamais se manifester. Ce qui signifie qu'il est très difficile de faire une interprétation précise en Jyotish parce qu'il est difficile de savoir quels karmas sont fixes ou non fixes. Une manière de déterminer le type de karma dans un thème natal est d'examiner le nombre d'indications présentes.

Par exemple :
1. Dridha (karma fixe) – trois or plus d'indications dans le thème
2. Dridha / Adridha (karma mixe) – deux ou moins d'indications dans le thème
3. Adridha (karma non-fixe) – aucune indication dans le thème

Garder à l'esprit que les planètes ne représentent rien d'autre que la Pure Conscience se manifestant pour s'emparer de nous afin que nous expérimentions les fruits de nos actions passées et présentes est la base de l'astrologie védique. Le Jyotish ne consiste en rien de plus que de l'étude du karma.

Comment utiliser l'astrologie védique

Il existe plusieurs modèles différents d'astrologie védique. De nos jours, deux méthodes apparentées sont ce que nous appelons les systèmes de prédiction et d'interprétation.

L'astrologie de prédiction

L'astrologie de prédiction a pour but de prédire des événements spécifiques de la vie. Ce sont principalement des événements ordinaires tels que le calcul de la date d'un mariage, de la naissance d'un enfant, des diverses maladies, des accidents, des gains ou des pertes financières, et des périodes d'événements importants de chance ou de malchance.

Un astrologue effectuant des prédictions tend à prédire les événements aussi précisément que possible et il utilisera non seulement le thème natal mais également les thèmes secondaires et horaires. Ces prédictions peuvent s'étendre au monde et prédire les guerres, les tremblements de terre, les résultats des élections, les tendances économiques, la bourse ou même le temps, ce qui fait partie de l'astrologie mondaine.

L'astrologie de prédiction est liée au calcul des événements et se préoccupe des périodes planétaires, du thème natal, des transits, des thèmes horaires et de l'astrologie « mondaine » où le calcul est le plus important. Elle étudie la manière dont les événements reflètent les configurations astrologiques.

En ce qui concerne l'astrologie de prédiction, la compétence de l'astrologue sera jugée selon la précision de sa prédiction. L'astrologue devient une sorte de météorologue pour les influences astrales de la vie. Ces compétences ne possèdent pas toujours quelque chose de spirituel mais peuvent être alliées à une perspicacité plus profonde. Une telle connaissance ne nous indique pas comment agir correctement face à ces événements, mais elle peut également se conjuguer à eux.

L'astrologie de l'interprétation

Cette forme d'astrologie a pour but de juger les différents aspects de la vie et la personnalité d'une personne ; sa longévité, sa carrière, ses finances, son bonheur conjugal, son niveau d'intelligence, son niveau d'évolution spirituelle, ainsi de suite. Elle est similaire à la méthode de prédiction mais elle prend en compte les aptitudes générales au lieu des événements spécifiques. Le plus important est qu'elle possède un côté spirituel auquel certaines personnes sont sensibles. De nos jours, nombreux sont ceux n'aimant pas l'idée d'être jugés et n'acceptant pas que leur destin ait des limitations. Certains astrologues considèrent que tout le monde ne doit pas être jugé d'après la personnalité ou les actions provenant de son thème, mais l'astrologie védique qui possède une orientation karmique, prend en compte ces aspects et les intègre dans son système.

L'astrologie de l'interprétation émet un jugement de valeur sur les positions astrologiques. Certains aspects sont considérés positifs ou négatifs, certaines combinaisons planétaires rendent une personne bonne ou mauvaise ou bien intelligente ou stupide. Cela implique souvent une moralité qui peut refléter les subjectivités culturelles indiennes.

L'astrologie doit pouvoir fournir des jugements utiles ne devant pas être sous-estimés. Mais ceux-ci ne doivent pas être simplistes ni subjectifs. Ils doivent être basés sur des buts spirituels et non encourager le succès mondain et le bonheur extérieur comme étant des valeurs ultimes. Par exemple, un thème peut indiquer une maladie. Cela n'indique pas nécessairement quelque chose de négatif ni que cette personne ait effectué quelque chose de négatif dans une vie précédente et pour laquelle elle doit payer dans cette vie présente. Les maladies peuvent être un important moyen de développer l'éveil de l'âme. Par conséquent, en astrologie, les jugements doivent être appliqués avec prudence. Alors qu'en astrologie, nous observons les tournures des événements et les tendances, nous ne devons jamais nier la liberté de l'âme à s'éveiller et à transcender son karma intérieurement, même lorsqu'elle ne peut pas le changer extérieurement. Le karma n'est ni destin ni prédestination. Il est la loi de cause et d'effet dans laquelle notre état présent résulte de nos actions passées. Nous créons notre propre destinée mais nous le faisons avec le temps, dans lequel ce que nous sommes aujourd'hui a déjà été esquissé par nos actions passées.

L'astrologie védique reconnaît les limitations du karma, qui peuvent être très difficiles à vaincre, mais elle nous enseigne également que nous pouvons changer notre futur. Le futur est le résultat des actions présentes, tout comme le présent est le résultat des actions passées. L'astrologie védique encourage donc l'effort individuel, et non la passivité, et c'est la raison pour laquelle les mesures réparatrices y possèdent une place si importante. Le fait que les actions passées aient influencé notre état présent ne signifie pas que nous devons simplement accepter notre condition. Cela signifie que nous devons désormais agir de façon à assurer un futur meilleur et une direction plus positive à notre karma.

L'astrologie spirituelle

Le système présenté ici a pour but d'être une forme d'astrologie spirituelle. Il utilise l'astrologie comme outil pour la connaissance de soi et utilise les forces cosmiques qui nous sont transmises par les planètes afin de nous relier à notre nature cosmique plus profonde.

L'astrologie médicale

L'astrologie nécessite une méthode de guérison pour être efficace. Non seulement nous devons être capables de reconnaître les influences planétaires agissant sur notre vie, mais nous devons savoir comment les harmoniser. Il est important d'aider les consultants à apprendre la façon d'équilibrer les influences planétaires de leur vie.

L'astrologie védique n'est pas un simple système de prédiction ou d'interprétation, elle est également un système curatif. Elle possède sa pratique, son yoga, ses techniques et ses méthodes pour équilibrer les influences planétaires. Celles-ci sont aussi essentielles que l'interprétation.

Les quatre objectifs de la vie

C'est sur ces fondements que nous allons maintenant introduire la vision védique de la vie. Les sciences védiques reconnaissent quatre buts légitimes de la vie humaine : ce sont *kama*, *artha*, *dharma* et *moksha*. Les indications planétaires et les maisons relatives à ces buts sont simplement présentées comme référence. Nous y reviendrons plus tard dans cet ouvrage.

Kama signifie littéralement « désir » mais se réfère à notre besoin de bonheur émotionnel, affectif et sensoriel. Ainsi, nous pouvons l'appeler « plaisir ».

Artha signifie « réaliser son but » mais se réfère de façon spécifique à l'acquisition d'objets de valeur et peut ainsi se traduire par « richesse ».

Dharma signifie « principe ou loi » et se réfère à l'accomplissement de notre besoin d'honneur ou de reconnaissance. Nous pouvons l'appeler « vocation », étant donné que c'est la façon dont notre culture interprète ce besoin.

Moksha signifie « liberté » ou « libération » et se réfère à notre besoin de croissance spirituelle, y compris de transcendance des trois valeurs inférieures.

L'astrologie védique reconnaît la validité des quatre buts et s'oriente à faciliter l'être humain dans l'accomplissement de chacun d'eux. Cependant, dans les sciences védiques, les trois premiers, le plaisir, la richesse et la carrière sont subordonnés au dernier ou à la libération spirituelle. La libération est l'objectif primordial et essentiel pour tous les êtres humains et pour toute vie. Sans elle, les autres buts n'ont pas de signification réelle. Les autres objectifs ne lui sont qu'un simple support et n'ont aucune validité en eux-mêmes. Un astrologue utilisant le système védique doit par conséquent fournir une vision complète de tous les domaines de la vie. Il doit aussi se concentrer sur la libération et sur la vie spirituelle. Cela ne signifie pas qu'il doive prendre le rôle de maître spirituel ou de guru mais il doit montrer au natif comment utiliser les énergies planétaires à un niveau supérieur.

D'un point de vue védique, un thème astral favorable à la libération et non aux autres domaines de la vie est meilleur qu'un thème favorable aux simples buts matériels et non à la vie spirituelle.

Kama

Kama ou plaisir, se réfère à tous les plaisirs sensoriels, pas simplement au plaisir dans le sens grossier du terme, mais au plaisir naturel de l'utilisation adéquate des sens. Apprécier la vie, apprécier la beauté de la nature, l'art véritable et la communication affectionnée entre les êtres humains font partie de la satisfaction de notre âme et ne doivent pas être reniés pour la croissance spirituelle. En fait, toute vie est une recherche de bonheur. Elle émerge de la joie même. Si nous n'étions pas heureux en quelque sorte ni capables de trouver le bonheur, pourquoi continuerions-nous à vivre ?

Notre plaisir ou jouissance de la vie s'effectue principalement à travers les relations, et incluent la sexualité. Par conséquent, les relations sont les facteurs principaux de kama ainsi que ses questions concernant l'amour, le mariage, les associations et les enfants. Le niveau supérieur de kama ou le plaisir fait référence à notre sens artistique. Le niveau le plus élevé fait référence à notre aptitude à la dévotion, à notre réceptivité, à l'amour Divin, à la beauté et la joie.

Artha

Artha ou la richesse, se réfère à tous les moyens nécessaires pour gagner notre vie matérielle et notre sécurité, et non à la simple poursuite de gains matériels. L'astrologue doit être capable de conseiller ses consultants sur la meilleure façon d'utiliser ses potentiels matériels. Il peut le faire en les dirigeant vers des fins spirituelles ou humanitaires. Utiliser l'astrologie pour gagner de l'argent en profitant des autres n'est pas en harmonie avec les enseignements védiques, à moins que l'argent ne serve à des fins plus élevées.

Dharma

Dharma ou la carrière, se réfère à notre vocation adéquate et au bonheur inhérent à l'accomplissement de notre aptitude à agir correctement dans notre vie. Notre véritable dharma est celui de notre âme, la vocation de notre cœur, et non ce que la société nous impose. Ainsi, ce que nous appelons dharma est révélé par notre métier, par la façon dont nous gagnons notre vie.

Avec ce concept, sont également inclus l'honneur, la position, le statut, la célébrité, le prestige et le pouvoir. Ceux-ci indiquent notre dharma social ainsi que ses effets, comment notre personnalité affecte le monde.

Moksha

Moksha ou la libération se réfère au travail que nous accomplissons pour la réalisation du Soi, aux efforts que nous accomplissons pour la connaissance de Soi. Cela comprend tout ce qui libère notre esprit intérieur ainsi que la force créative présente en nous. Dans son domaine, il transcende la religion organisée et les croyances codifiées et est en fin de compte une affaire individuelle.

Ces quatre buts sont semblables à une pyramide ayant la libération à son sommet. En général, nous devons être heureux afin de pouvoir fonctionner. Nous avons besoin de ressources pour nous permettre d'avoir du temps libre et l'esprit en paix. Nous avons besoin de la reconnaissance des autres afin de poursuivre ces objectifs. Si nous échouons ou si nous sommes incapables d'atteindre les objectifs inférieurs, cela peut entraver les objectifs supérieurs. Si nous sommes très pauvres, avilis, malades ou stupides, il nous sera difficile d'aller au-delà des aspects extérieurs de la vie.

Les quatre objectifs de la vie ne sont par conséquent pas des jugements, ils se produisent naturellement pour chaque être humain. Dans la tradition védique, ces quatre aspects de la vie sont considérés normaux. Ce qui est anormal c'est de devenir obsédé par l'un des trois premiers objectifs ; kama, artha et dharma. Lorsque l'un de ces trois buts devient une obsession, cela crée des problèmes psychiques résultant en troubles mentaux et physiques. L'objectif de ce livre est de pouvoir utiliser le Jyotish en tant qu'outil thérapeutique pour aider les autres et ainsi, la compréhension des quatre objectifs de la vie et la façon dont ceux-ci se manifestent dans un thème astral, est un outil précieux.

L'Ayanamsha

L'astrologie védique est une astrologie sidérale. Elle utilise le zodiaque sidéral ou le zodiaque des étoiles fixes. Elle diffère de l'astrologie occidentale qui utilise le zodiaque tropical, ou zodiaque des équinoxes. La différence entre le zodiaque tropical et le zodiaque sidéral s'appelle *Ayanamsha*. En sanskrit, *ayana* signifie « solstice » et « *amsha* » signifie « portion ». Ce terme se réfère à la différence entre le point de l'équinoxe vernal des étoiles fixes et celui du premier point de la constellation du Bélier.

La controverse principale existant entre les astrologues sidéraux concerne les degrés et minutes exactes de l'Ayanamsha. Certains astrologues occidentaux considèrent que l'équinoxe vernal est déjà en Verseau. Cela serait un Ayanamsha de plus de trente degrés. Il est difficile de valider une telle vision astronomiquement, parce que l'équinoxe se trouve en ce moment encore au début des Poissons, loin des étoiles véritables du Verseau.

Les astrologues occidentaux ont placé l'Ayanamsha aux alentours de 24°09' (Fagan-Bradley) pour 1950. La plupart des astrologues védiques le placent entre 19°52' et 23°15' pour cette même période. La seconde correction s'appelle Lahiri Ayanamsha, désormais utilisée comme standard par le gouvernement de l'Inde mais qui n'est toujours pas acceptée par tous. Bien qu'il soit facile de déterminer le point exact dans le ciel qui correspond de nos jours à l'équinoxe vernal, il est difficile de mesurer quel est en fait le point de la constellation du Bélier. L'identité de l'étoile védique Revati, qui marquerait cette position, est matière à discussion.

Le taux de mouvement de la précession par année est également un sujet de controverse et varie légèrement avec le temps. Par conséquent, la date de coïncidence des deux zodiaques est calculée différemment. Les astrologues védiques utilisent les dates situées entre 200 et 550 avant J. C. pour cet événement.

Les Ayanamshas universels pour 1950

Non	Dégrée
Shil Ponde	19°52'
B. V. Raman	21°43'
Sri Yukteswar	21°45'
J.N. Bhasin	22°10'
Lahiri	**23°15'**
Fagan-Bradley	24°09'

Vous pouvez utiliser l'Ayanamsha que vous préférez. La plupart des astrologues védiques préfèrent l'Ayanamsha de Lahiri. L'Ayanamsha peut être consulté dans n'importe quelle éphéméride pour l'année de naissance. Il change de 9 minutes tous les 10 ans ou 0,9' par an.

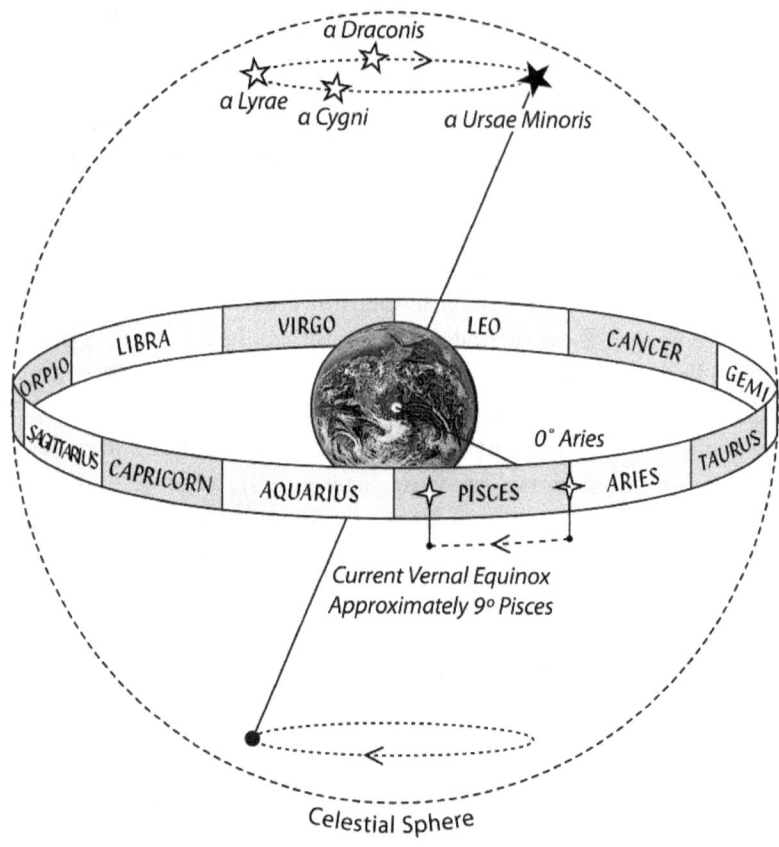

Tous les graphiques sont fournis aimablement par Andrew Mason

Les Thèmes de l'Inde du Sud et de l'Inde du Nord

Même si un astrologue préfère utiliser l'un des deux thèmes, il doit pouvoir comprendre les deux systèmes. Sinon, il lui sera difficile d'étudier les enseignements utilisant un système différent.

Dans ce chapitre, nous allons examiner les différents thèmes et procéder à leur déchiffrage. Apprendre à déchiffrer les deux thèmes s'avère être un excellent outil pour l'étude de l'astrologie védique parce que chaque système indique des aspects plus précis que l'autre.

Le thème de l'Inde du Sud - examen des signes

Le thème de l'Inde du sud est ce que nous appelons le « thème des signes » parce que les signes y sont fixes. Ce thème peut être difficile à lire en premier lieu parce que les signes n'y sont pas désignés ni numérotés. Étant donné que les Poissons marquent le côté supérieur gauche et que les autres signes suivent dans le sens des aiguilles d'une montre, il n'y a pas besoin de les indiquer lorsque que nous connaissons ce système. La maison 1 est marquée par une ligne diagonale ou par LG ou ASC, abrégé de *Lagna* ou Ascendant. Une fois l'Ascendant indiqué, la position des autres signes devient évidente.

Le thème de l'Inde du sud - examen des signes

♓ ♃	♈ ♂	♉ ♀	♊ ☿
♒ ♄			♋ ☽
♑ ♄			♌ ☉
♐ ♃	♍ ♂	♎ ♀	♏ ☿

L'avantage du système de l'Inde du sud est que les positons des signes, en particulier les *Yogas* et les aspects, sont plus évidents. Une fois l'Ascendant indiqué, les gouverneurs de maison de toutes les autres planètes peuvent être distingués clairement par l'emplacement des signes qu'elles gouvernent.

Ce thème est plus facile à utiliser pour apprendre les emplacements des signes, les gouverneurs des signes, les positions d'exaltation. De même, ce thème est plus facile pour examiner les maîtres des maisons des différents Ascendants. Examinez le thème d'exemple de l'Inde du sud. Tout d'abord, vous remarquerez que les emplacements des maisons ne sont pas évidents. Ils ne vous sautent pas aux yeux comme dans le thème de l'Inde du nord. D'autre part, les emplacements des signes dominent le thème.

Les maisons dérivées

Le thème de l'Inde du sud possède un avantage particulier pour examiner les maisons dérivées. Il n'est plus nécessaire de construire un thème pour la Lune mais il est possible d'examiner simplement les positions planétaires en prenant la Lune comme Ascendant. De même pour le Soleil, les autres planètes ou les autres maisons.

Le thème de l'Inde du Nord - examen des maisons

Le thème de l'Inde du nord est ce que nous appelons un « thème des maisons » parce que les maisons restent toujours fixes, alors que les signes changent selon l'Ascendant. Ce thème est tout d'abord déroutant parce les signes sont identifiés par des chiffres (tout le monde s'attend à ce que les chiffres représentent les maisons), alors que tout le monde connaît la position des maisons. Les chiffres dans ce thème sont toujours ceux des signes et non ceux des maisons. Les chiffres pour les maisons ne sont pas indiqués parce qu'ils suivent toujours le même ordre. Ainsi, si le numéro 4 est situé en haut du thème, cela signifie Ascendant Cancer, si c'est le 11 ce sera Verseau, etc.

La partie supérieure du thème représente toujours la maison 1 ou l'Ascendant et l'est. En partant de l'Ascendant, nous comptons les maisons dans le sens contraire des aiguilles d'une montre. La maison 4 se trouve à gauche, la maison 7 en bas et la maison 10, à droite. La maison 1, située en haut du thème, indique comment l'individu, représenté par la maison 1, s'élèvera ou chutera dans la vie. La maison 7 des relations est sa fondation. Les maisons 10 et 4 sont ses côtés droit et gauche.

L'avantage principal du thème de l'Inde du nord réside dans le fait que les positions des maisons sont évidentes, en particulier les maisons Angulaires 1, 4, 7 et 10 qui sont les piliers du thème. Elles soutiennent le thème, tels quatre piliers soutenant une maison. Les planètes bénéfiques naturelles situées dans les Angles procurent la grâce, la fortune et le bonheur. D'autre part, les maléfiques naturelles dans les Angles entraînent la souffrance, l'inimitié et l'infortune. Un simple regard sur un thème de l'Inde du nord nous indique immédiatement ces positions Angulaires, et nous fournit une perspicacité précise concernant la force ou la faiblesse fondamentale du thème.

En fait, les maisons sont toutes plus faciles à interpréter dans le thème l'Inde du nord. Dès que vous connaîtrez l'emplacement des autres divisions des maisons, elles vous seront faciles à observer d'un simple regard. Le thème de l'Inde du nord nécessite un thème de la Lune ou *Chandra Chakra* afin de lire les maisons en partant de la Lune. Parfois, on ajoute un thème du Soleil ou *Surya Chakra* pour lire les maisons en partant du Soleil.

Le thème de l'Inde du nord - examen des maisons

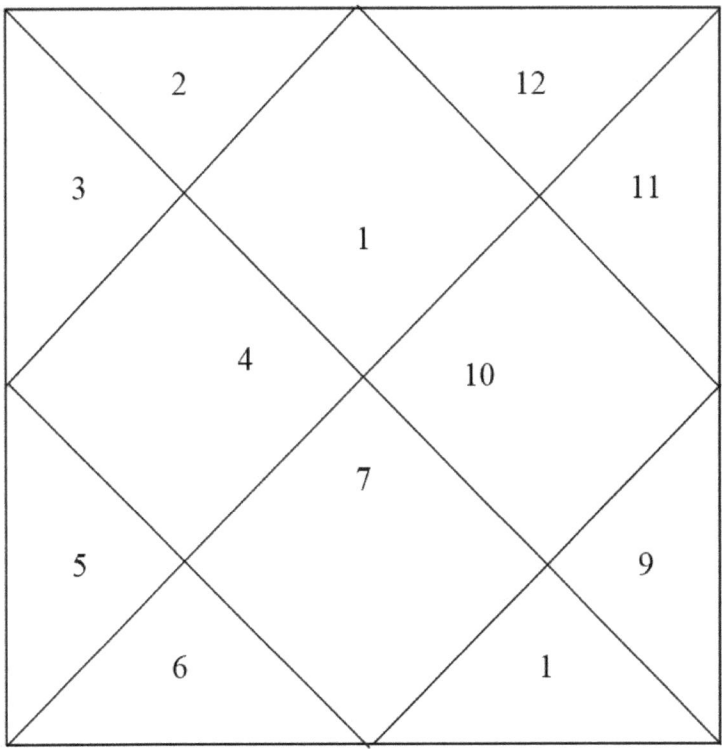

1
Les Planètes

Selon l'astrologie védique, les planètes sont des stations de relais servant à la réception et à la transmission des énergies stellaires. Nous ne devons pas uniquement les considérer selon l'activité qu'elles exercent à l'intérieur du système solaire parce qu'elles nous transmettent également les forces de la galaxie et de tout l'univers.

L'essence de l'astrologie repose sur la compréhension de la signification des planètes. La signification des signes, des maisons et des autres facteurs est déterminée par les planètes qui les gouvernent. L'astrologie n'est autre que la science des planètes parce que la puissance des astres se manifeste à travers elles.

Chaque planète (ainsi que le Soleil et la Lune) gouverne une partie du rayon de création cosmique et maintient ses vibrations à l'intérieur du système solaire. Ainsi, pour étudier les fondements de l'astrologie, il est nécessaire de posséder une bonne compréhension de la signification des planètes, de leurs indications et de leurs niveaux de correspondance. La pensée astrologique est planétaire, elle utilise les planètes comme significateurs, et elle englobe tous les domaines de la vie.

Les planètes et les qualités de la nature

De la grande Nature ou Prakriti en sanskrit, proviennent les trois qualités principales ou *guna* ; *sattva*, *rajas* et *tamas*.

Guna	Planètes	Signes	Maisons
Sattva	Soleil, Lune, Jupiter	♋♌♐♓	1, 4, 5 et 9
Rajas	Mercure, Vénus	♈♉♊♎♒	2, 7, 10 et 11
Tamas	Mars, Saturne, Rahu, Ketu	♍♏♑	3, 6, 8 et 12

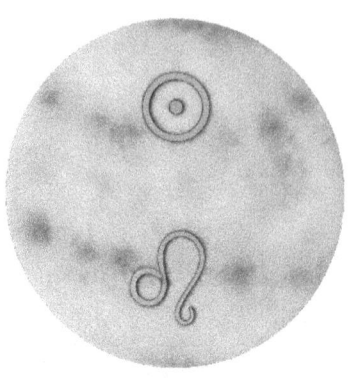

Le Soleil

Les Nœuds Lunaires Rahu et Ketu éclipsent généralement les planètes avec lesquelles elles sont associées (conjointes ou proches). Même les planètes Mutables ou sensibles, telles que la Lune et Mercure, peuvent prendre toutes les qualités de toute planète avec lesquelles elles sont associées.

Le tableau ci-dessus représente le statut naturel des planètes d'après les trois qualités (gunas). Il faut également déterminer d'autres facteurs tels que les gouverneurs des maisons sattviques (1, 4, 5 et 9), des maisons rajasiques (2, 7, 10 et 11) ou des maisons tamasiques (3, 6, 8 et 12). Les influences planétaires équilibrées et placées harmonieusement tendent vers sattva. Un manque de communication entre les planètes tend vers tamas.

Les éléments et les planètes

En astrologie védique, les planètes et les éléments sont traditionnellement classés comme suit :

        ÉTHER   Jupiter
        AIR   Saturne et Rahu
        FEU   Soleil, Mars, Ketu
        EAU   Lune, Vénus
        TERRE   Mercure

Le Soleil représente le Feu et indique l'élément Feu en général dans le thème. La Lune représente l'Eau et indique l'élément Eau en général dans le thème. Mais la Lune prend l'influence des planètes avec lesquelles elle est associée (dans les limites de 10°). Mars représente le Feu et indique l'élément Feu dans le thème. Mercure représente l'élément Terre dans un thème, parce qu'elle représente les qualités Terre de base de la perception objective, du commerce et de la communication. Jupiter, par sa nature spirituelle, représente l'Éther. Vénus représente l'Eau et indique plus particulièrement l'élément Eau dans le thème tout comme Mars représente le Feu. Saturne avec sa nature sèche, représente l'Air. Rahu (Nœud Lunaire Nord) est comme Saturne et plus particulièrement Air, bien que comme Saturne, il apporte le côté obscur. Ketu (Nœud Lunaire Sud), est Feu comme Mars mais aussi l'Air comme Saturne.

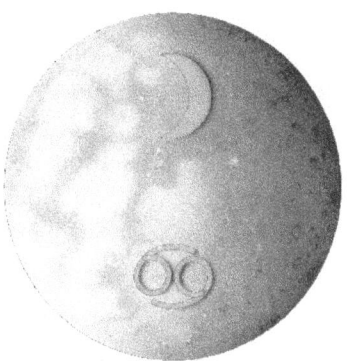

La Lune

Les attributs et actions planétaires
D'autres qualités secondaires proviennent de ces trois qualités principales. Elles sont responsables des actions et effets principaux des planètes. Elles sont définies ci-dessous, indiquant tout d'abord les attributs puis les actions.

Le Soleil - Chaud, radiant, léger, subtil, clair, vif, actif, guidant, expansif, pénétrant, isolant, insensible, destructeur.

La Lune - Froid, humide, lourd, mobile, rapide, trouble, doux, mobile, actif, créatif, communiquant, sensible, nourrissant.

Mars - Chaud, rayonnant, lourd, trouble, vif, grossier, mobile, actif, agressif, pénétrant, contractant, isolant, insensible, destructeur.

Mercure - Neutre, léger, subtil, mobile, rapide, doux, clair, Mutable, réceptif, expressif.

Jupiter - Neutre, humide, lourd, statique, clair, calme, lent, actif, expansif, créatif, communiquant, guidant, sensible.

Vénus - Frais, humide, léger, lisse, doux, trouble, passif, réceptif, communiquant, sensible, créatif, expressif.

Saturne - Froid, obscur, sec, lourd, lent, rugueux, dur, statique, grossier, terne, commun, résistant, retardant, contractant, isolant, insensible, destructeur.

Rahu - Froid, sec, léger, mobile, subtil, obscur, rétrograde, expansif, destructeur, isolant, insensible, désintégrant.

Ketu - Chaud, sec, obscur, vif, mobile, rétrograde, isolant, contractant, destructeur, pénétrant, guidant, libérant.

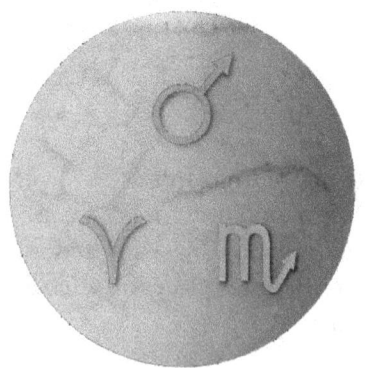

Mars

Cette science des qualités, des actions et des éléments est commune à toutes les branches des sciences védiques comme l'Ayurvéda. Elle est la base de l'observation de la nature des choses et nous devons ainsi apprendre à observer ces attributs dans la vie qui nous entoure. Lorsque, par exemple, nous observons une situation froide, sèche et sombre, nous pouvons noter que l'influence de

Saturne doit être prédominante puisque ses attributs prédominent. La situation doit donc être sous l'influence de Saturne, ou sous un transit de Saturne, une période planétaire de Saturne ou dominée par une personnalité saturnienne. Les planètes représentent simplement les qualités présentes dans la nature. Le langage de l'astrologie est une autre forme de langage de la nature et de ses attributs énergétiques de base.

Ces facteurs agissent à la fois sur le corps et sur l'esprit. Les planètes chaudes rendront notre corps chaud, et lorsqu'elles sont en excès elles entraîneront de la fièvre, des infections et des hémorragies. Les planètes froides rendront notre corps froid, provoquant une faible digestion, une mauvaise circulation sanguine, de la pâleur et des frissons. Les planètes lourdes causeront une prise de poids. Les planètes légères entraîneront une perte de poids.

Dans notre esprit, les planètes troubles réduiront la perception alors que les planètes claires l'augmenteront. Les planètes lentes feront fonctionner notre esprit lentement et les planètes rapides augmenteront ses activités. Aucune qualité n'est essentiellement bonne ni mauvaise et une qualité en excès peut créer des difficultés.

Mercure

Les indicateurs principaux des planètes

Chaque planète se rapporte à divers éléments présents en nous et dans notre vie. Elle devient un indicateur ou significateur de certaines choses intérieures et extérieures. Leur jugement dépend de la façon dont cette planète est orientée dans le thème. Naturellement, chaque planète indique plusieurs choses. Pour être plus spécifique, d'autres éléments doivent être examinés tels que les maisons et leurs gouverneurs.

Le Soleil - Ego, soi, âme, père, individualité, gouvernement, honneur, statut, authorité, ambition, vitalité.

La Lune - Esprit conditionné, pensées, émotions, mère, personnalité, sociabilité, femmes, bonheur, foyer, popularité, public, humeurs, fertilité.

Mars - Passion, courage, énergie, prana, frères et sœurs, amis, accidents, logique, science, activités manuelles, sports.

Mercure - Raisonnement, intellect, logique, parole, enfance, éducation, commerce, enseignement, adaptabilité, communication, écriture, sens de l'humour, astrologie.

Jupiter - Dharma, principes, professeur ou guru, père, époux, richesse, prospérité, connaissance, chance, grâce, enfants, créativité, santé, religion, philosophie, loi.

Vénus - Amour, mariage, beauté, confort, arts, épouse, bien-aimée, richesse, transports, véhicules, bijoux, charisme, charme, esthétisme, fertilité, mantras.

Saturne - Longévité, mort, vieillesse, maladies chroniques, pertes, affliction, discipline, propriétés, destin, limitations, obstruction, détachement, sincérité, ascète.

Rahu - Non conventionnel, maladies, troubles psychiques, tendances collectives, troubles collectifs, épidémies, énergie externalisée, plaisirs sensuels.

Ketu - Non conventionnel, blessures, négation, connaissance, libération, perspicacité psychique ou spirituelle, énergie intériorisée, ascète, moksha.

Les planètes bénéfiques ou maléfiques

Les planètes ont été classifiées depuis longtemps comme ayant des influences « bénéfiques » ou « maléfiques ». Les planètes bénéfiques augmentent, favorisent, servent, développent ou concrétisent les affaires des planètes, des signes et des maisons qu'elles influencent. Les planètes maléfiques diminuent, obstruent, font du tort, limitent ou détruisent les affaires des planètes, des signes et des maisons qu'elles influencent.

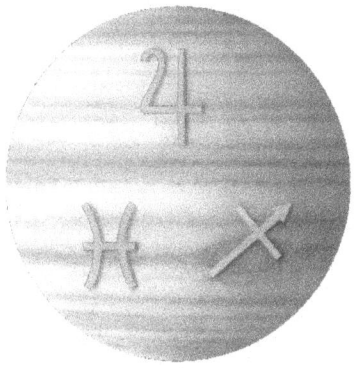

Jupiter

Dans un sens général, nous pouvons dire que les planètes maléfiques entraînent des maladies, des difficultés, des retards, des conflits, des séparations, la pauvreté et la souffrance. Cependant, les influences planétaires s'associent de diverses façons.

Les planètes maléfiques peuvent fonctionner de façon positive en annulant les facteurs négatifs du thème, tels que les maladies ou la pauvreté. En fait, ces influences négatives qui s'annulent représentent une très grande chance. Non seulement elles fournissent de la chance mais les effets secondaires négatifs potentiels sont également neutralisés. De même, les planètes bénéfiques peuvent fonctionner négativement. Une trop grande quantité d'influences bénéfiques peut affaiblir et rendre un individu complaisant envers lui-même et rendre sa vie trop facile, superficielle et sans défi.

En Jyotish, il existe deux façons de juger ces éléments. La première s'appelle le « statut naturel », par exemple, Jupiter est bénéfique, Saturne est maléfique, etc. Il existe un deuxième facteur appelé le « statut temporel ». Cela dépend du signe qui gouverne l'Ascendant dans le thème. La nature des planètes, qu'elle soit positive ou négative, bénéfique ou maléfique, créative ou destructive, dépend de chaque Ascendant et des maisons que ces planètes gouvernent.

Par exemple, le maître de l'Ascendant, même si c'est Saturne, devient bénéfique dans son statut temporel (pour un Ascendant Capricorne). De même, les maîtres des maisons négatives (maisons indiquant l'infortune, les maladies, la mort ou d'autres difficultés, telles que la maison 6) deviendront temporairement maléfiques, même si c'est Jupiter, le meilleur bénéfique ayant un statut naturel.

Nous devons examiner avec attention son statut naturel et temporel afin de déterminer la nature bénéfique ou maléfique d'une planète. Certains astrologues ont suggéré que les termes de bénéfique et de maléfique ne sont pas appropriés parce qu'ils semblent moralistes. Il est préférable d'utiliser les termes de planètes expansives ou contractiles dans certaines situations.

Vénus

Les bénéfiques et maléfiques, disposition naturelle

Grand Bénéfique	Jupiter
Moins Bénéfique	Vénus
Bénéfiques généraux	Lune, Mercure
Grands Maléfiques	Saturne, Rahu
Moins Maléfiques	Mars, Ketu
Maléfique général	Soleil

La Lune est généralement considérée comme bénéfique lorsqu'elle est éloignée du Soleil et de nature lumineuse. Elle devient maléfique lorsqu'elle est proche du Soleil et de nature obscure. Elle est très bénéfique lorsqu'elle est croissante et plus maléfique décroissante. En général, je considère que la Lune est bénéfique sauf lorsqu'elle est à moins de 60° de sa conjonction avec le Soleil et qu'elle est située à plus de 30° après le Soleil.

La disposition naturelle, qu'elle soit bénéfique ou maléfique, peut être neutralisée par d'autres facteurs, principalement par les statuts temporels. Nous remarquons cependant que les bénéfiques naturelles entraînent toujours des résultats positifs même lorsqu'elles deviennent maléfiques. De même, les maléfiques naturelles créent toujours du tort, des difficultés ou du retard même lorsqu'elles deviennent bénéfiques.

Saturne

Les relations planétaires

La force des planètes dans les signes dépend de leur relation avec le gouverneur du signe dans lesquels elles sont situées. Les planètes exaltées, en *Mulatrikona* ou dans leurs propres signes sont fortes. En ce qui concerne les autres signes, il existe un système de relations planétaires permettant de mesurer la relation favorable ou non entre les planètes.

Les planètes sont fortes dans les signes très amis ou amis. Les planètes ont une force neutre dans les signes neutres. Elles sont faibles dans les signes de leurs ennemis ou de leurs grands ennemis et encore plus en chute (à l'opposé de l'exaltation). Il faut prendre en compte ces emplacements dans les thèmes harmoniques (Navamsha, etc.) et ils sont un facteur pour déterminer la force de l'emplacement (*Sthana bala*).

Les relations planétaires sont de deux sortes : « permanentes » et « temporaires ». Les relations permanentes dépendent du statut naturel des planètes. Les relations temporelles sont semblables aux aspects et forment un autre genre de relation selon leur position dans le thème. En termes de relations planétaires permanentes, les planètes ont tendance à appartenir à deux groupes principaux :

Le Soleil, la Lune, Mars et Jupiter sont généralement amis.
Mercure, Vénus et Saturne sont généralement amis.
Ces deux groupes sont généralement ennemis.

Relations planétaires permanentes

Planètes	Amies	Neutres	Ennemies
Soleil	Lune, Mars, Jupiter	Mercure	Vénus, Saturne
Lune	Soleil, Mercure	Vénus, Mars, Jupiter, Saturne	Aucune
Mars	Soleil, Lune, Jupiter	Vénus, Saturne	Mercure
Mercure	Soleil, Vénus	Mars, Jupiter, Saturne	Lune
Jupiter	Soleil, Lune, Mars	Saturne	Mercure, Vénus
Vénus	Mercure, Saturne	Mars, Jupiter	Soleil, Lune
Saturne	Mercure, Vénus	Jupiter	Mars, Soleil, Lune
Rahu & Ketu	Mercure, Vénus, Saturne	Mars	Soleil, Lune, Jupiter

Rahu

Les relations planétaires temporaires

Les planètes situées dans les second, troisième, quatrième, dixième, onzième et douzième signes en partant du signe dans lequel elles se trouvent (en comptant ce signe comme étant le premier), sont considérées comme « amies temporaires ». Les planètes situées dans le même signe qu'une autre planète ou dans les cinquième, sixième, septième, huitième et neuvième signes en partant du signe où elles se trouvent, sont considérées comme « ennemies temporaires ».

Ainsi, nous remarquons que l'amitié se produit d'après l'emplacement dans le quart du zodiaque précédent et dans le quart suivant le signe particulier dans lequel est située une planète. Elles sont situées à proximité mais pas les unes sur les autres. L'hostilité se produit lorsqu'une planète est trop distante d'une autre planète ou occupant le même signe. Elles sont soit trop proches ou soit trop éloignées pour que leurs rayons s'associent harmonieusement.

Les relations planétaires

Les facteurs d'amitié naturelle ou temporelle doivent être associés afin d'obtenir une mesure précise des relations entre les planètes du thème.

Amie Permanente	+ Amie Temporaire	= Meilleure Amie
Amie Permanente	+ Ennemie Temporaire	= Neutre
Neutre Permanente	+ Amie Temporaire	= Amie
Neutre Permanente	+ Ennemie Temporaire	= Ennemie
Ennemie Permanente	+ Amie Temporaire	= Neutre
Ennemie Permanente	+ Ennemie Temporaire	= Pire Ennemie

L'établissement correct des relations planétaires est essentiel pour déterminer la valeur de l'emplacement planétaire ou l'effet des aspects. Par exemple, un aspect entre des planètes amies s'avère bénéfique mais un aspect entre des planètes ennemies entraîne des difficultés. De plus, les planètes dans une relation d'amitié fonctionnent bien ensemble, même si elles ne sont pas aspectées, de même que celles dans une relation d'inimitié seront hostiles entre elles.

Le dispositeur

Les planètes projettent l'influence des planètes situées dans les signes qu'elles gouvernent. On dit qu'une planète est le « dispositeur » des planètes situées dans les signes qu'elle gouverne. Elle sera généralement leur maître et les fera fonctionner selon sa propre nature. Si Saturne est en Sagittaire, par exemple, Jupiter aura plus de pouvoir et Saturne sera moins maléfique que d'ordinaire. Mais Jupiter pourra également se mettre à fonctionner comme Saturne. S'il y a plusieurs planètes très bénéfiques ou maléfiques dans un signe, leur nature peut l'emporter sur celle qui les gouverne, qui se mettra alors à fonctionner de la même façon qu'elles. Lorsque, par exemple, Mars est située en Cancer, signe de la Lune, la Lune pourra prendre sa nature négative. Afin de déterminer si une planète est bénéfique ou maléfique, nous devons examiner si elle est « dispositeur » de planètes bénéfiques ou maléfiques.

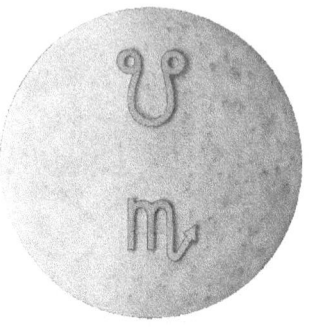

Ketu

Avec ce principe de dispositeur, toute planète peut se mettre à fonctionner comme les autres. Jupiter peut agir comme les maléfiques Saturne ou Rahu, alors que Saturne peut agir comme une Vénus bénéfique. Les planètes sont des points de transmission et l'énergie qu'elles transmettent dépend autant de leurs associations que de leur nature.

Une planète peut devenir le « dispositeur final » de toutes les planètes du thème. Cela se produit lorsque toutes les planètes sont situées dans les signes gouvernés par une planète ou dans ceux des planètes situées dans ses signes. Une telle planète devient généralement très forte et détermine souvent le type planétaire d'une personne. Le secret de l'astrologie, ainsi que la clé de l'interprétation subtile d'un thème, sont souvent cachés dans ce principe de dispositeur.

2
Description des Planètes

Le Soleil/Surya

मधुपिङ्गलदृक्सूर्यश्चतुरस्रः शुचिर्द्विज ।

पित्तप्रकृतिको धीमान् पुमानल्पकचो द्विज ॥ २३ ॥

madhupiṅgaladṛksūryaścaturasraḥ śucirdvija,
pittaprakṛtiko dhīmān pumānalpakaco dvija.

Surya est le maître des planètes ; il est *ksatriya* (guerrier), masculin, de nature puissante et de guna sattvique. Son teint est rouge-sang, sa saveur est amère. Vêtu de fines soies rouges, il gagne de la force directionnelle au sud, il est de nature *Pitta* et gouverne l'élément Feu.

La religion védique du monde antique sur laquelle l'astrologie védique est fondée, était la religion du Soleil. La vénération du Soleil était fondamentale dans toutes les anciennes cultures, y compris dans les religions et mythologies de nos ancêtres indo-européens Grecs, Romains, Celtes, Germains et Slaves. Elle est la religion la plus ancienne et la plus naturelle, parce qu'elle recherche la lumière et est également la religion du futur parce que nous retournons vers nos racines spirituelles dans ces époques de lumière à venir.

Selon la religion solaire des Vedas, le Soleil est atman, le Soi de tout l'univers. Le Soleil est l'Être Divin qui repose dans le cœur de tous les êtres vivants sous forme d'Être véritable. Le Soleil est la lumière et l'amour Divin, unité de toute vie. Le Soleil symbolise l'intelligence cosmique, ou l'esprit illuminé. La religion solaire antique était la religion de la vie Divine et de l'illumination.

Le Soleil demeure dans nos cœurs en tant que Soleil intérieur, lumière et vie intérieures. Sans cet atman, aucune perception ne serait possible. Sans cette vie intérieure, nous ne pourrions même pas respirer. De même qu'il existe un mouvement du Soleil extérieur situé dans les constellations des zodiaques, il existe également un mouvement du Soleil intérieur situé dans notre corps subtil.

Le Soleil est le principe de lumière, de vie et d'amour, il est notre volonté et notre perception véritables. Il est l'élément le plus important pour déterminer la vie spirituelle et les potentiels des individus. Il représente l'âme, le corps causal ou l'entité se réincarnant, dont la volonté se situe à l'origine de notre destin.

Un Soleil bien placé procure l'intelligence, la perception, la force de volonté et du caractère. Il fournit de l'endurance, de la résistance, de la vitalité, un esprit positif, du courage, de la conviction, de la confiance, de l'indépendance et de la franchise. Sans lui, tout ce que nous accomplirions dans notre vie ne nous apporterait ni force intérieure ni paix. Un Soleil mal placé entraîne un manque d'intelligence, une mauvaise perception, de la faiblesse de caractère et de volonté. Il crée un manque d'endurance, une faible vitalité, de la mélancolie, de la peur, de la dépendance ou de la servitude, de la sournoiserie ou de la malhonnêteté.

Un Soleil trop puissant ou mal disposé entraîne de la fierté, de l'arrogance, de la tyrannie et du contrôle. Il crée les mêmes problèmes que Mars ou Saturne lorsqu'il est trop fort. Il peut procurer un charisme déficient ou une personnalité dominante. Lorsque le Soleil est fort, nous éclipsons les autres en bien ou en mal, tout dépend si sa disposition est bénéfique ou maléfique, consciente ou inconsciente.

Le Soleil est le Soi et indique le niveau de notre manifestation du Soi. Au niveau inférieur, le Soleil représente l'ego. Au niveau supérieur, le Soleil représente notre âme sous forme de connaissance directe. Il indique nos aspirations, notre créativité, notre recherche de la lumière et de vérité, notre intégrité, notre capacité de transcender les conditionnements externes et nous permet d'être une lumière en soi. Dans les relations familiales, le Soleil représente le père. Il nous indique la vie de notre père, la relation que nous entretenons avec lui et l'influence qu'il exerce sur nous.

Le Soleil indique le pouvoir et les valeurs qui modèlent notre vie. Le Soleil représente le roi, le président, le leader politique. Il peut indiquer le gouvernement en général et les faveurs ou promotions en découlant. Le Soleil représente le pouvoir spirituel et lorsqu'il est associé à Jupiter, il peut nous aider à comprendre la nature de notre maître spirituel ou de l'enseignement spirituel que nous suivons. Il nous indique la lumière qui nous guide, les principes, les valeurs et les préceptes.

Le but intérieur du Soleil est de nous aider à transcender. Il nous emmène au-delà des choses, niant leurs limitations. Extérieurement, il peut nous élever très haut mais nous poussera intérieurement au-delà de cela. Le Soleil tend à nier les activités ordinaires de la vie mais uniquement pour commander ce qui est extraordinaire et supérieur.

La Lune / Chandra ou Soma

बहुवातकफः प्राज्ञश्चन्द्रो वृत्ततनुर्द्विज ।
शुभदृङ्ङ्मधुवाक्यश्च चञ्चलो मदनातुरः ॥ २४ ॥

bahuvātakaphaḥ prājñaścandro vṛttatanurdvija,
śubhadṛṁmadhuvākyaśca pañcalo madanāturaḥ

Chandra est la reine des planètes, belle et féminine. Son guna est sattvique, sa saveur est salée et sa caste est *vaishya* (commerçant). Son teint est fauve, elle est *Kapha* et *Vata* en second et gouverne l'élément Eau. Elle porte de fines soies blanches et gagne en force directionnelle au nord.

De même que le Soleil représente la force cosmique masculine, la Lune indique la force cosmique féminine. Le Soleil est le Dieu et la Lune la Déesse. Le Soleil est Deva et la Lune Devi. Le Soleil est l'esprit et la Lune sa force de créativité, se transformant en matière. Le Soleil est Shiva et la Lune Shakti. Ensemble, ils représentent la grande dualité primordiale du masculin et du féminin, de l'actif et du passif, du corps et de l'esprit, du jour et de la nuit, de l'indépendance et de la relation, de la volonté et de l'amour.

Tout comme le Soleil est le Père Divin et le créateur, la Lune est la Mère Divine et la créatrice. Le Soleil gouverne le Feu, La Lune l'Eau. Le Soleil est le Soi, la lune l'esprit. Selon les Vedas, l'esprit, en sanskrit *manas*, est né de la Lune. Le terme sanskrit « esprit » possède une signification différente de celle du terme occidental. L'esprit inclut les émotions, les sentiments et l'esprit conditionné ; il est la conscience se reflétant sur les objets. Il signifie les pensées, l'attention, la considération ainsi que la rêverie, les rêves et l'imagination. Tout comme le Soi est le point central de clarté et de perception, l'esprit est le domaine de la conception et de la manifestation.

Le Soleil représente le Soi ou notre conscience indépendante percevant directement. La Lune indique le mental, ou notre conscience dépendante, qui réfléchit et qui est souvent conditionnée. Tandis que le Soleil représente le caractère ou l'individualité, la Lune indique notre personnalité. Le Soleil représente le présent et le futur, la Lune représente le passé. Le Soleil indique qui nous sommes et qui nous devons être. La Lune indique qui nous étions et ce que nous avons rapporté du passé. Ainsi, la Lune peut indiquer les ressources positives du passé qui nous fournissent une plus grande conscience dans cette vie, ou bien elle peut indiquer les influences négatives du passé qui nous rattachent à des comportements régressifs.

Une Lune affligée indique des troubles de la personnalité et psychologiques, une difficulté à communiquer avec les autres ainsi que des troubles émotionnels. La Lune rend lunatique, comme la langue le reflète. La Lune, tout comme le Soleil, est une planète spirituelle ou sattvique. Elle procure la foi, l'amour, la réceptivité, l'abandon de soi, la dévotion, la paix et le bonheur. Elle transmet la grâce de la Déesse, de la Mère Divine.

La Lune, planète très sensible et Mutable, peut être facilement influencée et maîtrisée par d'autres énergies planétaires. Saturne peut l'assombrir, la débiliter, ou lui apporter du détachement. Rahu peut la voiler ou nous faire perdre l'esprit qui est gouverné par la Lune. La Lune représente notre impressionnabilité.

L'esprit est une conscience purement dépendante, il n'a aucune nature propre. Il peut donc fonctionner de deux façons : il peut refléter la nature intérieure des choses ou leur apparence extérieure. Il peut se façonner d'après la lumière intérieure de la vérité, ou d'après les influences extérieures, lumière extérieure ou sociale.

Dans sa nature supérieure pure ou conscience réceptive, l'esprit est un avec le Soi. La Lune et le Soleil fonctionnent ensemble, et la conscience des êtres humains est alors intégrée. Une telle Lune spirituelle bien placée se trouve dans les thèmes des *yogi* et individus conscients.

Comme elle indique la nature féminine en général, la Lune peut procurer de la beauté et du charme. Au niveau des relations humaines, la Lune représente la mère. Par elle, nous pouvons connaître sa nature, son influence et sa longévité. Elle indique également notre naissance et les facteurs la concernant. Elle indique notre foyer et où nous nous sentons chez nous. Elle indique le bonheur et l'état émotionnel. Elle indique l'endroit où nous donnons de l'amour, de l'affection et de l'amitié.

La Lune procure de l'amour et de l'amitié à tous. Une telle Lune bénéfique se trouve souvent dans les thèmes des médecins, des guérisseurs, ou des psychologues ainsi que dans ceux des mères et des épouses affectueuses. Une Lune forte ainsi qu'un Soleil fort peuvent apporter du pouvoir ou de la supériorité. La Lune indique les relations, les échanges, nos relations, et comment nous accueillons les autres et considérons la société. Les personnes lunaires sont amicales, affectueuses et chaleureuses mais pas toujours honnêtes, constantes ou lucides.

La Lune est notre nature sociale et indique nos préoccupations sociales. Elle indique notre popularité tout comme le Soleil indique notre prestige. La Lune régit l'eau, en tant que symbole psychologique, l'eau de notre corps, ou l'eau du monde. Elle maintient la fluidité de notre corps et de notre esprit. La Lune nous procure de la satisfaction intérieure entraînant la longévité et le rajeunissement. Elle est la beauté, la félicité, la communion et la communication d'où proviennent les énergies les plus spécifiques de Mercure et de Vénus.

Mars / Kuja ou Mangala

krūro rakteksaṇo bhaumaścapalodāramūrtikaḥ
pittaprakṛitikaḥ krodhī kṛśamadhyatanurdvija.

Kuja est le général de l'armée royale, il est masculin, de teint rougeâtre et de caste *ksatriya* (guerrier). Il est Pitta, sa saveur est piquante et il gouverne l'élément Feu. Son guna est tamasique, il porte de rugueux vêtements rouges et il gagne en force directionnelle au sud.

Mars est la grande planète de l'énergie ou prana. Mars est le masculin et Vénus le féminin. Ils sont les aspects positifs et négatifs, actifs et passifs. Tandis que le Soleil et la Lune représentent notre nature masculine ou féminine générale, Mars et Vénus le sont de façon précise. Ce sont des planètes de sexualité nous permettant d'examiner les relations entre sexes.

Mars est la planète de pouvoir, de force, de courage et d'agression qui mesure notre aptitude à projeter de la force dans notre vie. Sur le plan positif, un Mars fort est nécessaire pour nous fournir de l'énergie, de l'indépendance, de la volonté et de la confiance en soi afin d'exécuter nos projets, qui sont des qualités partagées par le Soleil. Sur le plan négatif, cette même agression entraîne de la compétition, des disputes et des conflits et lorsque ceux-ci ne sont pas maîtrisés par d'autres facteurs, cela entraîne la domination, le contrôle, la violence et les conflits, mettant notre volonté personnelle au profit du pouvoir au lieu de la mettre au profit de ce qui est bienfaisant.

La nature maléfique de Mars se reflète en cas de mort violente, accidentelle ou intentionnelle. Mars est le significateur des frères, des amis et des alliances. Cela inclut toute association d'intérêt commun afin d'accomplir un but commun. Mars est le dirigeant ou l'énergie de détermination, dont dépend l'organisation correcte des forces. Mars indique les bras et les muscles. Un bon Mars est nécessaire pour la force physique et les performances athlétiques. Mars procure de la vitalité sexuelle à l'homme. Un Mars faible peut entraîner de l'impuissance ou un manque de caractéristiques masculines.

Mars est une planète critique, perceptive et judicieuse. Étant donné qu'elle nous procure de la perspicacité, elle nous indique la connaissance et au niveau supérieur, elle peut nous diriger vers un Yoga de Connaissance, en particulier un yoga utilisant beaucoup d'autodiscipline et d'ascétisme.

Mars régit les outils, les armes, les machines et leurs utilisations. Elle est la planète du travail, de l'effort, de la recherche et du développement. Mars est le fils de la Terre dans la mythologie hindoue. Par conséquent, elle s'appelle Kuja ou Bhumija signifiant « celui qui est né de la Terre ». Il ne faut pas non plus oublier l'énergie d'inertie ou tamasique de Mars.

La plupart des qualités de Mars sont liées à sa nature de Feu. Mars peut nous brûler ou nous procurer de la chaleur, nous apporter de la lumière ou créer de la fumée, nous illuminer ou nous perturber.

Mercure / Buddha

वपुःश्रेष्ठः श्लिष्टवाक् च ह्यतिहास्यरुचिर्बुधः ।

पित्तवान् कफवान् विप्र मारुतप्रकृतिस्तथा ॥ २६ ॥

vapuḥ śreṣṭhaḥ śliṣṭavāk ca hyatihāsyarucirbudhaḥ,
pittavān kaphavān vipra mārutaprakṛtistatha.

Buddha est de sang royal, de caste vaishya (commerçant), de sexe neutre et son teint est vert comme l'herbe *durva*. Il est tridoshique, sa saveur est *shadrasa* (toutes les six saveurs) et il contrôle d'élément Terre. Son guna est rajasique et il porte de fines soies noires et gagne en force directionnelle à l'est.

Mercure est le grand messager des Dieux. C'est la planète représentant la parole, la communication et le commerce à tous les niveaux. Au niveau inférieur, il organise et concrétise nos ressources personnelles. Au niveau supérieur, il nous relie à notre aptitude intérieure, aux pouvoirs de l'esprit.

Tout comme Jupiter représente généralement l'esprit supérieur ou abstrait, Mercure indique l'esprit inférieur ou concret, l'intellect. Ainsi, Mercure ne se limite pas à ces éléments. Il indique également l'esprit supérieur par son aptitude à discriminer et nous relie au monde Divin ou au monde de la vérité. Mercure régit les noms. Au niveau inférieur, cela représente les apparences extérieures que sont les titres et la personnalité, qui sont illusoires. Au niveau supérieur, cela représente les noms de Dieu qui nous relient à la véritable réalité des choses.

Mercure régit les écrits, l'éducation, les calculs et les pensées. Mercure est la planète la plus rapide et indique ainsi la compréhension rapide, la facilité et la plasticité de l'expression. Mercure nous procure une rapide corrélation entre les idées, un échange rapide d'informations ou des choses de valeur. Il indique notre pouvoir et notre degré de développement intellectuel.

Mercure est un enfant et indique l'état de l'enfance, en particulier entre l'enfance et l'adolescence. Un Mercure affligé peut signifier des problèmes de santé durant l'enfance, des troubles dans le foyer ou des difficultés scolaires. L'esprit, le système nerveux ainsi que les poumons peuvent en souffrir. Mercure détruit les barrières existant entre les gens et révèle des besoins humanitaires et humains. Il est une planète importante pour déterminer notre vocation, ce que nous faisons pour communiquer avec les autres, notre échange avec la société.

Mercure est la planète la plus Mutable. Il prend facilement la nature des autres planètes avec lesquelles il est associé, en bien et en mal. Il donne davantage d'importance à la communication et à l'opinion publique qu'à la vérité, et il dépend de la plus grande influence ambiante. Un Mercure faible nous fait rationaliser les choses pour qu'elles conviennent à notre objectif. Il entraîne l'immaturité, la naïveté et la folie.

Il induit les gens à n'avoir aucune perception objective et à rester prisonniers de fantasmes puérils, leur faisant croire que ce qu'ils prennent aux autres leur a été donné ou qu'ils l'ont mérité. À cet égard, Mercure est semblable à la Lune. Il est l'enfant de la Lune. Il est l'esprit qui ne perçoit pas mais qui organise simplement des idées. Si l'esprit s'oriente vers la perception de la vérité, ou la vision de l'éternel, il pourra distinguer la fausseté du monde extérieur et la réalité de la conscience intérieure. S'il considère les images des sens comme étant réelles, il considérera alors le monde extérieur comme étant réel et créera une vision scientifique du monde.

En sanskrit, Mercure se dit Buddha, signifiant « intelligence » ou « connaissance » et provient de buddhi, signifiant la faculté de déterminer entre le réel et l'irréel. Lorsqu'il est complètement éveillé, il devient réalisé ou illuminé ou un Bouddha. Au niveau supérieur, Mercure est la faculté de déterminer la vérité qui distingue entre le réel et l'irréel, le pur et l'impur, la vérité de l'illusion. C'est le fonctionnement parfait et précis de l'esprit.

Un Mercure bien placé est très important. Notre Mercure établit nos valeurs. Un bon Mercure apporte également de la bonne humeur et un équilibre psychologique. Il transmet de l'adaptabilité mentale et est également d'humeur enjouée. Sous une forte influence négative de Saturne, Mercure peut perdre son pouvoir et indiquer un manque d'intelligence.

Un Mercure affligé ne procure pas toujours un manque d'intelligence. Cet aspect peut créer d'autres torts comme un défaut de prononciation, des troubles nerveux ou de la névrose. L'intelligence peut provenir des autres planètes telles que Jupiter mais sans un Mercure puissant, il sera difficile de l'exprimer, en particulier par écrit.

Mercure est très important dans notre culture moderne par la nécessité d'établir une communication ouverte conduisant à une culture mondiale. L'astrologie nécessite un Mercure fort pour ses calculs et sa communication. Mercure, en tant que principe d'équilibre, est souvent le point où nous pouvons transformer notre vie pour nous orienter vers des buts supérieurs.

Jupiter / Guru / Brihaspati

बृहद्गात्रो गुरुश्चैव पिङ्गलो मूर्द्धजेक्षनैः ।

कफप्रकृतिको धीमान् सर्वशास्त्रविशारदः ॥ २७ ॥

bṛhadgātro guruścaiva piṅgalo mūrddhajekṣnaiḥ,
kaphaprakṛtiko dhīmān sarvaśāstraviśāradaḥ.

Brihaspati est le premier conseiller du roi et est de caste brahmane. Il est masculin, de grande stature avec un teint jaune. Il est Kapha *dosha*, sa saveur est douce et il gouverne l'élément Éther. Il est de nature sattvique, porte des vêtements couleur safran et gagne en force directionnelle à l'est.

Jupiter est connu comme étant la planète la plus généreuse et bénéfique. Sa grâce est toujours recherchée par les fervents de l'astrologie. En sanskrit, il s'appelle guru, « guide » ou « maître spirituel ». Il signifie dharma, ou loi de notre nature intérieure, qui est la loi de l'évolution créatrice et de la réalisation de soi. Il indique nos principes, la lumière de vérité nous guidant. Cet élément peut se mesurer par la position de Jupiter dans le thème. Il est la planète indiquant les lois, la religion et la philosophie. Il est le guide spirituel et la planète éthique (sattvique) qui met l'accent sur la poursuite et le maintien du bien. Il établit ce qui nous est favorable et c'est à travers son influence que le bien nous parvient.

Jupiter est la planète de l'intelligence, pas de l'intellect qui dépend des informations ou du discernement raffiné (indiqué par Mercure), mais de l'intelligence sans forme, retournant vers les lois éternelles et enfin vers l'éternel. Il représente l'esprit Divin immanent qui établit et fait respecter les lois de la nature.

Jupiter est la planète de la créativité, puisque l'intelligence est créative. Il signifie la créativité extérieure, représentée par nos enfants, notre descendance. Nous pouvons déterminer l'état de nos enfants par Jupiter, leur quantité, leur sexe, leur santé, leur bonheur et notre relation avec eux.

Jupiter est également la créativité au sens intérieur. Elle nous procure une puissance d'expression à travers des principes solides pouvant aller de la philosophie aux institutions (non les arts qui sont déterminés par Vénus). Jupiter représente la joie de la vie, la joie de vivre et l'esprit positif. Il est le grand optimiste qui voit toujours le bien.

Jupiter est la planète de la chance, de la grâce, des faveurs et de la fortune. Il apporte la richesse, la prospérité et le succès. Au niveau inférieur, il confère la fortune matérielle, parce que c'est l'optimiste audacieux qui finit par réussir. Il indique également le bon karma et les récompenses inattendues.

Au niveau supérieur, Jupiter est la grâce Divine pouvant satisfaire tous nos besoins sans que nous les recherchions. Il confère les mérites religieux et la bienveillance spirituelle. Au niveau physique, il est la planète de la santé. Il nous rend sainement actifs et en accord avec la joie de la nature. Il nous confère de la vigueur, de la vitalité et un système immunitaire puissant.

Sur le plan négatif, lorsque la nature expansive de Jupiter est affligée, cela peut nous rendre trop optimistes. Nous imaginons le meilleur et ne sommes pas assez sur nos gardes. Nous sommes vulnérables aux projets décevants des autres. Un Jupiter trop puissant peut nous rendre matérialistes, épris de richesse et prisonniers des valeurs et croyances conventionnelles. Cet aspect peut nous rendre suffisants, et prisonniers du statu quo.

Jupiter aime la musique et peut indiquer des talents musicaux. Cette planète aime les démonstrations, les cérémonies, les défilés et les rituels. Il peut nous procurer le sens du spectacle. Au niveau supérieur, il indique le prêtre et est concerné par la propriété, les formalités et la hiérarchie. Il peut nous faire aimer les cérémonies, les rituels et les manifestations.

Jupiter indique notre dévotion et notre dévouement envers la vie. Pour une femme, il signifie le mari ou le père, et dans son thème, cela indiquera la nature de son mari, sa santé, et sa relation avec lui. Mais cet aspect s'avère plus juste dans la société hindoue où le mariage suit des règles familiales et religieuses. Pour les Occidentaux, où le mariage est davantage lié au choix ou à la passion, Mars est souvent plus indicatif du partenaire de la femme. On utilise Jupiter pour indiquer le père en Inde où le père est un guide et un professeur. En Occident, cet aspect ne s'applique pas beaucoup.

Jupiter révèle l'expansion de notre esprit, tout comme Saturne indique notre capacité à nous concentrer. Les influences de Jupiter fonctionnent à un niveau supérieur si elles sont tempérées par celles du Soleil ou de Saturne, qui sont plus réalistes. Toutes les planètes représentent des énergies qui sont inégales et qui nécessitent un équilibre adéquat pour obtenir une véritable harmonie, même Jupiter.

Vénus / Shukra

सुखी कान्तवपुः श्रेष्ठः सुलोचनो भृगोः सुतः ।
काव्यकर्ता कफाधिक्योऽनिलात्मा वक्रमूर्धजः ॥ २८ ॥

sukhī kāntavapuḥ śreṣṭhaḥ sulocano bhṛgoḥ sutoḥ.
kāvyakartā kaphādhikyo'nilātmā vakramūrdhajaḥ.

Shukra est le deuxième conseiller du roi et est de caste brahmane. De stature et de nature féminine, son teint est brun. Ses doshas sont un mélange de Kapha et Vata, sa saveur est acide et elle gouverne l'élément Eau. Elle est vêtue de fines soies multicolores, son guna est rajasique et elle gagne en force directionnelle au nord.

Vénus manifeste l'esprit féminin, et nous la connaissons comme Déesse de l'amour et de la beauté. Vénus dans notre thème indique notre affection et notre sens de l'harmonie. Dans le thème d'un homme, elle représente l'épouse ou l'amoureuse. Elle représente notre sens de l'esthétisme. Elle est le significateur des arts, de la poésie, de la peinture, de la musique et de la danse. Elle est notre muse, notre sens du bien-aimé qui favorise notre expression créative. Elle indique notre sensibilité, notre raffinement et notre douceur.

Au niveau inférieur, Vénus indique notre recherche du plaisir, du confort et du luxe. Elle représente les plaisirs des sens et le confort du corps.

Elle représente la sexualité et l'attraction sexuelle et rend la femme ou l'homme plus attirant pour le sexe opposé. Elle confère la richesse sous forme de parure. Elle est beauté, style, élégance et raffinement de la richesse, non une vulgaire accumulation. Elle s'intéresse davantage à la qualité et au bon goût qu'à la quantité. Elle aime les pierres précieuses, les antiquités, et les objets de valeur. Elle aime la flatterie.

Ainsi, elle peut être vaniteuse et superficielle. Non seulement elle aime exhiber sa propre beauté mais elle aime également montrer ses parures qui servent à l'embellir. Vénus est la séductrice. Elle est attirante et fascinante. Elle est songeuse, menue et difficile à saisir et de ce fait nous contrôle. Elle peut ne jamais nous laisser l'atteindre parce que sa joie est d'être désirée et non d'être possédée.

Intérieurement, Vénus est l'étoile du matin, la lumière de l'inspiration qui est le premier éclat du Soleil de la vérité. Vénus nous inspire au bien, à la beauté et à la pureté, à notre dévotion de la vérité. Une telle Vénus aussi pure se manifeste lorsqu'elle est associée avec Jupiter et Mercure. Son côté vaniteux se manifeste en association à Mars, provoquant un excès de passion, d'émotions, de sexualité et de sensualité.

Vénus nous rend réceptifs aux royaumes de la beauté des Dieux. Cela inclut non seulement les arts et les mythes mais également les aptitudes psychiques, la visualisation, et la direction créative de l'esprit. Au niveau supérieur, elle nous rend réceptifs à la dévotion dans laquelle il nous est possible de communiquer avec le Divin sous la forme qui nous sied le mieux.

Dans la mythologie indienne, Vénus est le maître des démons ou des titans, les *asuras*, puisqu'il est possible de les influencer et de les soumettre non par la force mais par le charme et la grâce. Vénus confère également du pouvoir. Vénus était la déesse planétaire principale de l'Egypte et du Mexique. Leurs calendriers étaient basés sur les cycles de Vénus. Le côté positif et visionnaire de Vénus est ressorti dans ces cultures avec l'utilisation des pierres précieuses, des couleurs, de la musique mais le côté négatif est également ressorti lorsque ces cultures ont utilisé la magie noire et l'idolâtrie.

La culture moderne fait ressortir l'aspect négatif occulte de Vénus dans les médias par la sensualité et le culte de la sexualité. Une Vénus forte est très utile dans un thème parce qu'elle indique l'aptitude à aimer, le sens du raffinement, de la beauté et de la pureté. L'amour est le pouvoir le plus fort, et à cet égard, Vénus possède même le pouvoir de vaincre Mars.

Saturne / Shani

कृशदीर्घतनुः शौरिः पिङ्गदृष्ट्यनिलात्मकः ।
स्थूलदन्तोऽलसः पंगुः खररोमकचो द्विज ॥ २९ ॥

kṛśadīrghatanuḥ śauriḥ piṅgadṛṣṭyanilātmakaḥ,
sthūladanto'lasaḥ paṅguḥ khararomakaco dvija.

Shani est le serviteur de la cour, de caste des *shudra* (serviteur) et de sexe neutre. Son teint est foncé, il boite et est de stature mince, émacié. Son dosha est Vata, sa saveur est astringente et il gouverne l'élément Air. Il porte des vêtements de toutes les couleurs, de guna tamasique et il gagne en force directionnelle à l'ouest.

Saturne est traditionnellement la planète la plus difficile parmi les planètes, et est le roi légendaire des maléfiques. Il fut craint durant des siècles en tant que puissant Dieu de la Mort, significateur de la mort, des maladies, de la pauvreté, de la séparation, de la laideur et de la perversité. Bien que Saturne possède un côté supérieur et plus bienfaisant, ce côté est quand même sévère et astringent, difficile à vivre et à endurer, et représente la discipline, l'ascétisme et la solitude mais aussi la longévité.

Saturne limite et obstrue, crée des obstacles au niveau de l'expression et de la manifestation pouvant se transformer en oppression et adversité. Tout comme Jupiter indique le processus de la création et l'expansion, Saturne entraîne la contraction et la destruction. Tout comme Jupiter affirme, Saturne nie. De même que Jupiter est le Dieu de la joie, Saturne est le Dieu de la tristesse. De même que Jupiter est optimiste, Saturne est pessimiste. Tout comme Jupiter indique la joie inhérente à la vie, Saturne révèle la misère de la vie. Jupiter est le maître positif de l'âme, Saturne est le guide négatif. Tout comme Jupiter nous indique que « tout est Dieu », Saturne nous serine que « rien n'est Divin », que rien n'est réel dans le monde extérieur.

Saturne est le significateur des maladies, de la vieillesse et de la mort, le grand ennemi de la vie humaine qui triomphe de toute vie liée au temps. Son orbite étant la plus distante parmi les planètes principales, elle est l'influence ultime que nous devons finalement affronter.

Bien que nous ne devions pas sous-estimer le pouvoir que Saturne possède à limiter et à détruire ce qu'elle influence, nous devons également prendre en compte ses valeurs positives. La destruction est l'équivalent nécessaire de la création. Saturne est une énergie qui nous intériorise, nous poussant à réévaluer constamment notre vie, nos buts et nos valeurs. Un Saturne fort nous rend honnête et nous conduit à la recherche du Soi.

Notre grande peur de Saturne évalue le degré de notre attachement au monde matériel ainsi que notre inaptitude à affronter les problèmes ultimes de notre existence. Saturne confère la malchance, l'infortune et l'oppression. Elle est la planète du mauvais karma ou du destin malheureux. Cela peut cependant toucher une âme non pas parce qu'elle était mauvaise ou lente à évoluer dans des vies passées. Certaines âmes, en particulier les plus avancées, sont à la recherche de telles conditions afin de grandir spirituellement plus rapidement et plus profondément.

Les déficients mentaux ou les personnes ayant des problèmes d'élocution sont généralement sous l'influence d'une forte affliction de Saturne. Saturne nous rend sourds et aveugles, chétifs ou déformés.

Comme Saturne est une planète nerveuse, elle obstrue le fonctionnement nerveux. Elle peut causer de l'engourdissement, de la paralysie ou des troubles neurologiques dégénératifs. L'influence obstruante et réprimante qu'elle exerce sur l'esprit peut provoquer la névrose ou la démence. Saturne est à l'origine de la plupart des maladies, en particulier des maladies chroniques et dégénératives, des maladies de la vieillesse, y compris l'arthrite et le cancer.

Saturne indique les propriétés, les terres et les biens. Ceux qui s'enrichissent par un Saturne bien aspecté peuvent devenir avares et vont s'accrocher à ce qu'ils auront acquis avec difficulté. Saturne est également la planète de la peur, sur laquelle l'ego se base. Saturne crée la peur et l'obscurité mentale. Saturne représente le côté obscur du mental et les éléments inférieurs de la vie : le crime, la perversité et la paranoïa. Il indique les enfers, les royaumes astraux inférieurs. Son influence se reflète par la laideur, la terreur et la frayeur, les violences, la dégradation et l'avilissement.

Nous retrouvons généralement un fort Saturne maléfique dans les thèmes des criminels, des pervers ou des personnes malintentionnées. Son côté négatif ressort particulièrement lorsqu'elle est associée à Mars, qui est une autre planète cruelle. Comme elle est la puissance de l'obscurité et de l'obstruction, Saturne est l'ennemie du Soleil et de la Lune et a un effet d'éclipse sur eux. Seul Jupiter a le pouvoir de réfréner ou d'équilibrer cette influence, bien que Vénus et Mercure puissent la raffiner également.

Saturne est une planète supérieure. Son enseignement est le plus difficile mais également le plus gratifiant. Saturne est le yogi en train de méditer. Elle peut nous apporter un total détachement et une entière indépendance. Elle nous indique le chemin de la transcendance, où toutes les limitations peuvent être surmontées en ayant recours à notre Être véritable et infini. Le pouvoir de Shiva, maître des yogis et Dieu de la Mort et de la transcendance, est à l'œuvre à travers Saturne.

Un Saturne bien placé et fort est donc nécessaire pour la vie spirituelle. En fait, il est nécessaire pour créer tout ce qui possède une valeur durable dans n'importe quel domaine. Un Saturne puissant protège la vie.

Les Nœuds Lunaires Rahu et Ketu

धूम्राकारो नीलतनुर्वनस्थोऽपि भयंकरः ।

वातप्रकृतिको धीमान् स्वर्भानुस्तत्समः शिखी ॥ ३० ॥

dhūmrākāro nīlatanurvanastho'pi bhayaṁkaraḥ,
vātaprakṛtiko dhīmān svarbhānustatsamaḥ śikhī.

Rahu est l'armée du roi (ou un hors la loi), il est de caste *shudra* (serviteur) et est de sexe neutre. Il est Vata dosha, sombre de teint et porte des vêtements multicolores. Il est de guna tamasique.

Ketu est l'armée du roi (ou un mendiant), de caste mixte (*varna-sankara*) et de sexe neutre. Il est Vata et Pitta en second, au teint foncé et est vêtu de loques. Il est de guna tamasique.

En plus des sept planètes, l'astrologie védique considère certains points de relations planétaires comme des planètes mineures ou secondaires. Les deux plus importants sont les Nœuds de la Lune. Le Nœud Nord ou tête du Dragon s'appelle Rahu en sanskrit. Le Nœud Sud ou queue du Dragon s'appelle Ketu.

Les Nœuds Lunaires sont considérés comme étant des planètes « ombres » ou ténébreuses. Astronomiquement, elles représentent les points où l'orbite de la Lune traverse l'écliptique ou équateur céleste. Ce sont les endroits où la Lune traverse le point de l'orbite du Soleil produisant une éclipse. Les Nœuds Lunaires indiquent les moments où les forces lunaires et solaires s'obstruent ou s'annulent. Ils indiquent le potentiel à court-circuiter nos énergies solaires et lunaires. Ce sont donc des points très sensibles pouvant créer des répercutions dans tout le champ des forces planétaires.

Rahu, le Nœud Nord ou Ascendant, est le point où la Lune traverse l'écliptique au nord. Ketu, le Nœud Sud ou descendant, est l'endroit où la Lune la traverse au sud. L'influence du Nœud Nord est donc ascendante, en expansion et extériorisant, mais en grande partie sous forme de force négative. Le Nœud Sud est descendant, en contraction et intériorisant.

Les éclipses du Soleil et de la Lune peuvent se produire dans n'importe quel nœud. Les nœuds étaient considérés en mythologie comme les démons qui avalaient les luminaires et provoquaient les éclipses. En tant que tels, ils possèdent le pouvoir de vaincre le Soleil et la Lune, parce qu'ils peuvent être plus forts que n'importe quelle planète. Ainsi, en astrologie védique, la conjonction d'une planète avec un Nœud Lunaire est considérée comme une sorte d'éclipse de cette planète et son énergie devient obstruée.

Bien que de nombreux astrologues contemporains n'accordent pas beaucoup d'importance aux Nœuds Lunaires, l'astrologie védique les considère comme les facteurs les plus importants de l'interprétation d'un thème. Ils possèdent le pouvoir non seulement d'annuler les influences planétaires, mais étant donné que les éclipses sont des points de transformation énergétiques, ils possèdent des propriétés particulières additionnelles augmentant les influences planétaires en bien ou en mal.

Rahu et Ketu en astrologie védique

Les Nœuds Lunaires en astrologie védique sont des phénomènes plus complexes et plus étudiés qu'en astrologie occidentale. Ils sont généralement considérés comme les forces les plus maléfiques du thème après Saturne. Rahu, le Nœud Nord, est considéré comme Saturne. Ketu, le Nœud Sud, est considéré comme Mars. Les Nœuds ont une influence plus subtile et plus psychique et il est plus difficile de neutraliser leurs forces maléfiques que celles des maléfiques principaux.

Les Nœuds Lunaires indiquent davantage un mauvais karma. Ils peuvent indiquer le moment où le karma collectif ombrage la vie individuelle et peuvent ainsi représenter les catastrophes collectives. De plus, Ketu, complétant le cycle du karma est généralement plus chanceux que Rahu qui le commence, parce que son énergie est intériorisée et renfermée.

Rahu est considéré responsable de la démence, la névrose, les troubles neurologiques, la possession par des entités négatives et par d'autres sensibilités anormales de l'esprit et du système nerveux. Cela est particulièrement vrai lorsqu'il influence la Lune (par conjonction en particulier) ainsi que d'autres facteurs représentant le mental (tels que Mercure et la maison 4).

La plupart des troubles nerveux, psychologiques et émotionnels, la prédisposition aux drogues et aux influences psychiques, les maladies mystérieuses telles que le cancer ou les troubles neuromusculaires ainsi que la plupart du désarroi mental inexplicable, du malaise et de l'agitation, peuvent s'expliquer par ces Nœuds Lunaires. Surtout lorsqu'ils s'associent aux forces négatives des autres maléfiques telles que Saturne.

Ketu, est considéré dans le système védique comme Mars. Ketu crée les doutes, les troubles, la colère, l'ambition, l'obstination, la dépendance aux drogues et une vision de la vie critique et souvent étroite pouvant conduire à des conflits et à des querelles. Tandis que

Rahu indique un individu pris au piège des tendances collectives et des influences astrales et inconscientes, Ketu indique quelqu'un pris au piège de ses propres énergies et qui est contracté, négatif, critique, sceptique, isolé, aliéné et obstinément séparé.

Les côtés positifs de Rahu et de Ketu

Le côté positif de Rahu peut nous mettre en harmonie avec les tendances collectives ainsi que la popularité, le prestige, la célébrité et le pouvoir. Il transmet une sensibilité presque parapsychique par rapport aux tendances collectives.

Le côté positif de Ketu peut générer de grands pouvoirs de concentration, une grande perception, de l'indépendance, une aptitude à transcender les influences externes, et une perspicacité psychique et spirituelle. En ce qui concerne le yoga et la vie spirituelle, il devient le significateur de la Libération même (*moksha karaka*).

L'influence positive des nœuds est moins commune que son influence négative, et tous deux ont tendance à avoir sur nous un effet altérant. Rahu fonctionne généralement le mieux lorsqu'il est placé dans une maison forte, telle que la 9 ou la 10, avec le maître de cette maison situé autre part dans une position forte. Dans ce cas, il peut conférer la célébrité, le statut et le prestige.

Planète	Sanskrit	Cour	Élément	Dosha	Guna	Direction
Soleil	Surya	Roi	Feu	Pitta	Sattvique	Sud
Lune	Chandra	Reine	Eau	Kapha/Vata	Sattvique	Nord
Mercure	Buddhi	Prince	Terre	Tridosha	Rajasique	Est
Vénus	Shukra	Ministre	Eau	Kapha/Vata	Rajasique	Nord
Mars	Kuja	Général	Feu	Pitta	Tamasique	Sud
Jupiter	Brihaspati	Ministre	Éther	Kapha	Sattvique	Est
Saturne	Shani	Serviteur	Air	Vata	Tamasique	Ouest
Rahu	Rahu	Soldat/Hors-la-loi	-	Vata	Tamasique	-
Ketu	Ketu	Soldat/mendiant	-	Vata/Pitta	Tamasique	-

3
Les Signes

L'astrologie védique utilise les douze signes du zodiaque comme en astrologie occidentale. Leurs significations sont similaires mais leurs emplacements sont déterminés de façon sidérale.

Les douze signes

Français		Sanskrit	Symbole	Gouverneur
Bélier	♈	Mesha	Bélier	Mars
Taureau	♉	Vrishabha	Taureau	Vénus
Gémeaux	♊	Mithuna	Jumeaux	Mercure
Cancer	♋	Kartaka	Crabe	Lune
Lion	♌	Simha	Lion	Soleil
Vierge	♍	Kanya	Vierge	Mercure
Balance	♎	Tula	Balance	Vénus
Scorpion	♏	Vrishchika	Scorpion	Mars
Sagittaire	♐	Dhanusa	Centaure	Jupiter
Capricorne	♑	Makara	Crocodile	Saturne
Verseau	♒	Kumbha	Cruche	Saturne
Poissons	♓	Mina	Poisson	Jupiter

Les gouverneurs des signes

Les signes reflètent la signification de la planète qu'ils gouvernent. Les gouverneurs des signes reflètent les orbites des planètes tournant autour du Soleil. Le Cancer et le Lion représentent l'orbite du Soleil. Autour de ces deux signes se trouvent les Gémeaux et la Vierge, représentant les deux moitiés de l'orbite de Mercure, qui est la planète la plus proche du Soleil. Puis viennent le Taureau et la Balance, représentant les deux moitiés de l'orbite de Vénus, qui est la planète suivante par rapport au Soleil. Puis viennent le Bélier et le Scorpion, qui sont les deux moitiés de l'orbite de Mars, puis les Poissons et le Sagittaire, représentant les deux moitiés de l'orbite de Jupiter. Enfin viennent le Verseau et le Capricorne, les deux moitiés de l'orbite de Saturne, qui est la planète la plus éloignée du Soleil.

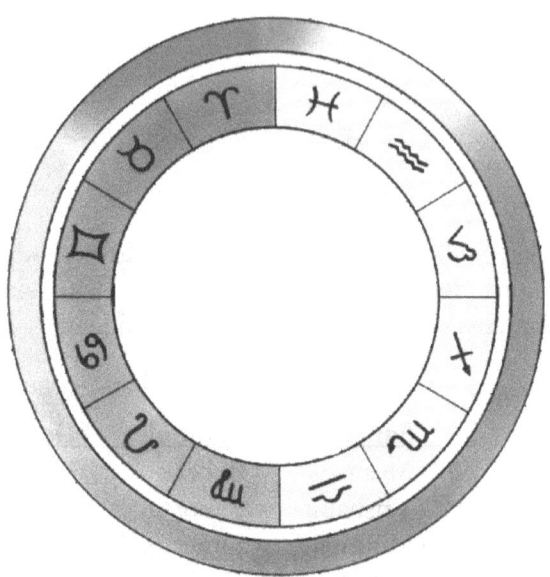

Chaque planète possède deux signes. Les signes impairs représentent la moitié positive de son orbite autour du Soleil dans laquelle elle augmente et exprime son énergie. Les chiffres pairs représentent la moitié négative de son orbite dans laquelle elle diminue et rétracte, intériorisant son énergie. Le Cancer et le Lion représentent les moitiés positive et négative de la rotation du Soleil sur son propre axe. L'astrologie védique considère que le Soleil et la Lune sont essentiellement une même planète. La Lune est l'incarnation de la Mère Divine demeurant dans le Soleil. Ce n'est pas par pure coïncidence que la Lune et le Soleil possèdent la même taille, lorsque nous les observons à partir de la Terre. Les éclipses du Soleil et de la Lune se produisent à cause de cela.

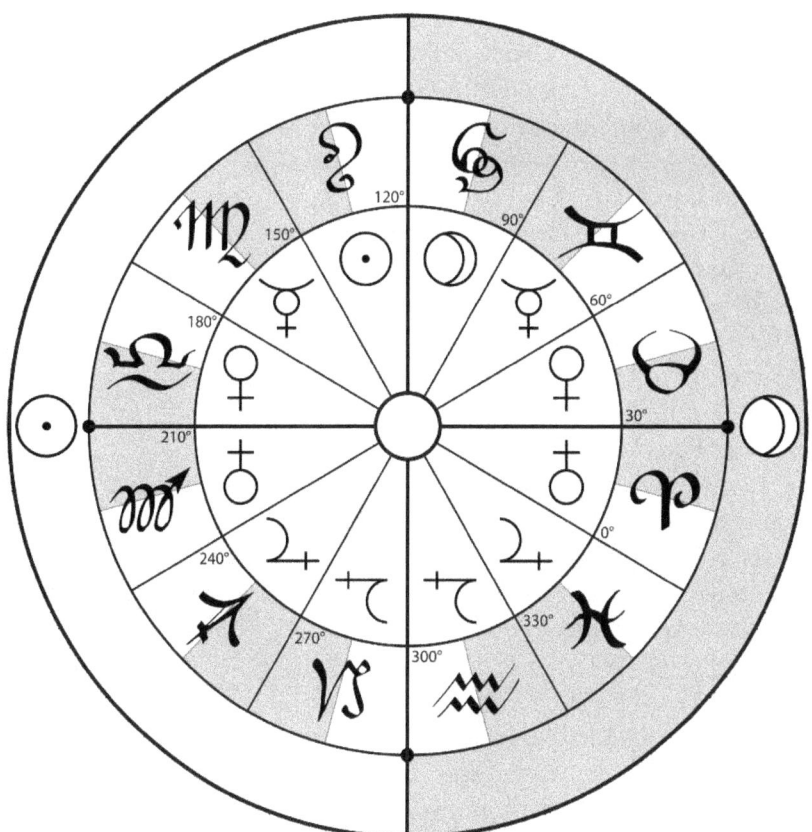

Les signes pairs et impairs

Les constellations impaires sont des signes positifs, masculins ou actifs. Les constellations paires sont des signes négatifs, féminins et passifs. Par exemple, le Bélier, ou premier signe est le signe positif ou masculin de Mars, dans lequel son énergie est extravertie, expressive et manifeste. Le Scorpion, huitième signe, est le signe négatif ou féminin, dans lequel son énergie est intériorisée, cachée, agissant en secret. Les planètes sont généralement plus fortes dans les signes positifs ce qui signifie qu'elles peuvent accomplir plus de choses. Les signes impairs ont une nature solaire, et les signes pairs ont une nature lunaire. Les signes impairs sont plus énergétiques ou rajasiques, les signes pairs sont plus résistants ou tamasiques. Les côtés négatif et positif sont tous deux nécessaires. Le côté positif d'une planète est la partie de son orbite accumulant de l'énergie cosmique, le côté négatif la libère.

Les signes et leurs qualités

Chaque signe est associé à l'une des trois qualités principales qui sont « Cardinal » *Chara* (actif), « Fixe » *Sthira* (ferme) ou « Mutable » *Dvisvabhava* (double ou de nature double).

Les types Cardinaux (Chara)

Les signes cardinaux indiquent la phase active, dynamique, initiale des éléments respectifs. La qualité cardinale représente rajas, elle est le principe de mouvement procurant l'impulsion, la direction et l'expression mais elle peut provoquer des perturbations, de l'agitation et des actions trop fréquentes.

Les types Fixes (Sthira)

Les signes fixes indiquent la phase statique, neutre, formelle, durable des éléments respectifs. La qualité fixe correspond à tamas, elle est la condition de la forme ou de la substance entraînant de la continuité et de la consistance mais elle peut également provoquer de l'inertie, de la résistance et de la stagnation.

Les types Mutables (Dvisvabhava)

Les signes Mutables indiquent la phase transitionnelle, instable, ou malléable des éléments respectifs. La qualité Mutable correspond à sattva ; elle est l'état subtil, transformateur ou raffiné des éléments et peut provoquer l'instabilité, l'hypersensibilité et la désintégration.

Le Soleil et Mars sont Cardinaux (Chara) et actifs, aimant diriger et dominer. La Lune et Vénus sont plus Fixes (Sthira) et passives, préférant céder ou endurer mais une Lune affligée devient très Mutable. Mercure et Jupiter sont plus Mutables (Dvisvabhava) ou adaptables, aimant le changement et le développement. Saturne tend à être Fixe, liée à l'inertie mais il affaiblit les autres planètes et les rend Mutables. Les Nœuds Lunaires, Rahu et Ketu, ont un fonctionnement perturbateur et leurs forces sont Mutables à moins d'être bien situés ou aspectés, dans ce cas ils renforcent les qualités des planètes avec lesquelles ils sont associés, générant alors une force Cardinale.

Les signes et les éléments

Chaque signe est associé à l'un des quatre éléments : Terre, Eau, Feu ou Air dans l'une de ces trois qualités principales (Cardinale, Fixe, Mutable). De même que les signes indiquent le domaine dans lequel les planètes opèrent, leurs éléments indiquent les différents niveaux, les couches ou la densité de notre être dans lesquels nous fonctionnons.

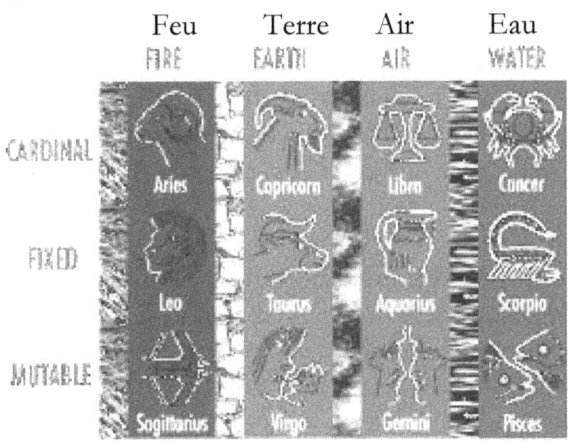

Les Signes de Terre

Les signes de Terre indiquent la forme, l'ordre, l'utilité et le sens pratique et ils sont à la recherche d'une manifestation ou d'une expression matérielle. Au niveau supérieur, ils peuvent nous procurer l'aptitude à réaliser notre potentiel intérieur dans le monde matériel et à considérer les choses telles qu'elles sont. Au niveau inférieur, elles peuvent nous attacher au monde ou au corps et nous voiler l'esprit et nous attirer dans le monde matériel.

Les Signes d'Eau

Les signes d'Eau entraînent nos énergies planétaires dans le royaume des sentiments et des émotions et nous procurent de l'amour, de l'affection et de l'attachement. Au niveau supérieur, les signes d'Eau favorisent la sagesse, la foi, la dévotion et la compassion. Les personnes peuvent se connecter avec les mondes astraux de l'art et de la dévotion. Au niveau inférieur, cela entraîne la sentimentalité, l'avidité et l'attachement.

Les Signes de Feu
Les signes de Feu indiquent une forte volonté, ambition, détermination, discrimination, et perception. Au niveau supérieur, les signes de Feu favorisent l'indépendance et la perspicacité, les bons jugements et les valeurs élevées. Au niveau inférieur, ils nous donnent un esprit critique et intense.

Les Signes d'Air
Les signes d'Air indiquent des mouvements et des changements versatiles, au niveau mental. Au niveau supérieur, les signes d'Air augmentent l'idéalisme et les aspirations et le désir d'aller au-delà de ce monde. Au niveau inférieur, ils peuvent nous rendre confus et instables.

L'utilisation des signes en astrologie védique
L'astrologie occidentale a tendance à se concentrer sur le signe du Soleil. En astrologie védique, l'Ascendant est le facteur le plus important, suivi par la Lune puis par le Soleil en troisième position. Ceci est logique parce que l'Ascendant est le facteur changeant le plus rapidement parmi les facteurs planétaires. Il change de signe toutes les deux heures, par rapport à deux jours et demi pour la Lune et à un mois pour le Soleil. Ainsi, il reflète directement notre individualité. Comme il est le point d'orientation de la Terre vers les Cieux, il reflète également directement la signification de notre incarnation sur Terre.

Le signe le plus puissant par ses aspects ou son association de planètes, sera le signe le plus puissant du thème. Il peut ne pas faire partie de ces trois signes bien qu'il le fasse généralement. Les planètes sont les facteurs les plus irréductibles et c'est la raison pour laquelle en astrologie védique nous nous référons aux personnes d'après leurs planètes les plus puissantes, plutôt que d'après leur signe.

Parfois, la planète la plus forte n'est pas le maître de l'Ascendant, ni la Lune, ni le Soleil. Par exemple, Saturne, planète la plus forte du thème, donnera des traits capricorniens (traits de son signe Cardinal) même si aucune planète n'est en Capricorne. Ce sont les qualités des planètes qui forment l'essence de l'astrologie védique, les signes n'en sont qu'un aspect.

La description suivante des signes est générale, selon des types de personnalité. Nous décrivons leurs qualités principalement pour les Ascendants mais les mêmes indications sont valables à un degré moindre pour les signes de la Lune ou du Soleil.

Description des signes

Le Bélier ♈ (*Mesha*)

Le Bélier est le signe positif de Mars, Cardinal, Feu et est au commencement du zodiaque. Il est la tête de l'Homme Cosmique (le temps personnifié) et représente l'animal bélier. En tant que premier signe, le Bélier procure de l'indépendance, de la force, de l'expression libre et une forte orientation dans la vie. Les types du Bélier sont dynamiques, créatifs, agressifs, compétitifs et possèdent une grande initiative. Ils ont des aptitudes scientifiques et logiques, et peuvent faire de bons chercheurs ou inventeurs et peuvent développer de nouvelles idées. Ils sont indépendants, aventureux et talentueux. Ils possèdent de fortes émotions et passions.

Le Taureau ♉ (*Vrishabha*)

Le Taureau est le signe négatif de Vénus, Fixe, Terre et est le visage et le cou de l'Homme Cosmique et l'animal taureau. En tant que deuxième signe, il procure un grand sens des relations, des associations et de la communication des sentiments. Les types du Taureau recherchent l'équilibre et l'harmonie dans les relations individuelles et dans l'organisation de leur environnement proche. Les personnes du Taureau sont stables, tenaces et ont des façons fixes. Elles ont un grand sens de la forme et de la beauté et peuvent devenir des artistes et des poètes. Elles sont souvent séduisantes, surtout lorsqu'elles sont jeunes et elles aiment se parer. Elles peuvent être très possessives et peuvent devenir des hommes ou femmes d'affaires, des banquiers ou accumuler des biens. Elles ont tendance à être matérialistes et sensuelles et à apprécier le confort, la beauté, le luxe ou à s'entourer de belles choses. Elles développent souvent du goût, du raffinement et de la grâce. Elles sont assez obstinées et n'aiment pas changer de position une fois qu'elles l'ont acceptée comme étant leur.

Les Gémeaux ♊ (*Mithuna*)

Les Gémeaux sont le signe positif de Mercure, Air, Mutable, et la base du cou et les épaules de l'Homme Cosmique, les jumeaux ou le couple (homme et femme). En tant que troisième signe, ils procurent une nature énergétique avec une recherche de changement et d'échange, de mouvement et d'invention. Les personnes ayant une prédominance de Gémeaux sont souvent nerveuses, agitées, troublées. Leur corps et leur esprit sont rapides et s'adaptent bien mais elles peuvent s'épuiser par excès d'activité. Elles possèdent un bon intellect, une excellente locution et communication. Elles peuvent être des écrivains, des journalistes, des poètes, des secrétaires, ou des programmeurs en informatique. Elles sont à l'aise dans l'information et les statistiques et peuvent être scientifiques. Leur esprit peut cependant avoir un côté spéculatif et elles peuvent poursuivre des idées uniquement dans leur propre intérêt ou être prises dans leurs fantasmes et leurs soucis irréalistes. Elles adorent la connaissance.

Le Cancer ♋ (*Kartaka*)

Le Cancer est le signe négatif de la Lune, pair, Cardinal, Eau, et est la poitrine de l'Homme Cosmique, et le crabe. Étant le quatrième signe, il indique le besoin de stabilité mentale et émotionnelle et de bonheur. Les personnes de type Cancer (eau) sont généralement ouvertes, amicales, sympathiques, chaleureuses et bienveillantes parce qu'elles sont sous le signe de la mère. Elles accordent de la valeur aux relations humaines et à l'échange de sentiments, en particulier au niveau personnel et intime. Elles ont souvent beaucoup de monde chez elles, des amis qui viennent leur rendre visite, et elles aiment leur préparer des repas et s'occuper d'elles. Elles recherchent la popularité et sont sensibles aux dispositions de la foule, qui leur permet d'acquérir de l'influence et de la reconnaissance sociale ou politique. Elles peuvent être trop sensibles, émotionnelles, timides, attachées et dépendantes. Elles adorent leur foyer et leur famille mais parfois avec un esprit étroit.

Le Lion ♌ (*Simha*)

Le Lion est le signe positif du Soleil, Fixe, Feu, et est le plexus solaire de l'Homme Cosmique, et le lion. En tant que cinquième signe, il indique le besoin d'ordre et d'harmonie avec une grande volonté et caractère. Les personnes Lion possèdent un fort sentiment de soi, un fort caractère et une forte volonté. Elles savent qui elles sont et veulent que les autres le reconnaissent. Elles sont souvent fières, audacieuses et aristocrates. Elles prennent les choses très personnellement et sont parfois dramatiques, vaniteuses dans leur façon de s'exprimer. Elles aiment attirer l'attention et peuvent parler beaucoup d'elles-mêmes. Elles aiment briller socialement et peuvent dominer les autres. Elles préfèrent être le centre d'attention et accordent de la valeur à l'honneur, au respect et au prestige. Ce sont souvent des âmes fortes possédant de beaux principes et une bonne intelligence.

La Vierge ♍ (*Kanya*)

La Vierge est le signe négatif de Mercure, Mutable, Terre, et sont les intestins de l'Homme Cosmique, et la vierge. En tant que sixième signe elle indique le besoin d'équilibrer l'énergie, en particulier entre le corps et l'esprit. Comme son homologue Gémeaux, sous l'influence de Mercure, également Mutable, la Vierge possède un bon intellect, une bonne élocution et un système nerveux sensible. La Vierge fait de bons professeurs et possède un bon sens de la réalité. Les personnes du signe de la Vierge peuvent projeter le rayon bénéfique guérissant de

Mercure et faire de bons médecins et guérisseurs et peuvent être douées pour le yoga (en particulier pour le Hatha Yoga).

La Balance ♎ (*Tula*)

La Balance est le signe positif de Vénus, Cardinal, Air. Elle est la partie inférieure de l'abdomen de l'Homme Cosmique, et représente les plateaux de la balance. En tant que septième signe, elle favorise les emplois de direction, le pouvoir et la maîtrise des idées. La Balance en astrologie védique possède une signification un peu différente de celle de l'astrologie occidentale. Dans sa manifestation la plus puissante, elle est le signe des réformateurs, des révolutionnaires, des prophètes, des idéalistes et des fanatiques. Les personnes Balance possèdent un grand sens de l'harmonie, de justice et d'équilibre en particulier dans le domaine des concepts. Elles veulent voir le paradis sur Terre. Elles sont sensibles, humanitaires, nerveuses et ont le pouvoir de soulever et d'influencer les foules. Elles ont souvent une orientation politique où elles deviennent souvent des dirigeants et même de grands généraux. Elles aiment la vérité et sont dévouées à leurs idéaux mais peuvent aller trop loin dans leur zèle et devenir des propagandistes. Elles ont un grand sens du monde ou de l'histoire et se dirigent vers un idéal. Leur idéalisme peut également s'exprimer à travers l'art et la comédie, qui deviennent pour elles un véhicule entraînant le changement social. Elles aiment la célébrité et la reconnaissance et recherchent un public pour leurs idées.

Le Scorpion ♏ (*Vrishchika*)

Le Scorpion est le signe négatif de Mars, Fixe, Eau, et représente les organes sexuels de l'Homme Cosmique, et le scorpion. En tant que huitième signe il indique un besoin d'équilibre et de stabilité au niveau psychique profond. Le Scorpion est un signe profond et mystérieux. En tant que côté négatif ou physique de Mars, les personnes Scorpion sont souvent des soldats, des policiers ou des athlètes. Elles aiment utiliser leur force martiale au niveau physique et peuvent avoir tendance à utiliser leur force. Elles ont généralement de bons muscles et aiment les exercices physiques. Lorsqu'elles ont un esprit bien développé, elles ont une bonne aptitude pour la recherche et les enquêtes et peuvent devenir des chimistes ou des chirurgiens. Les types Scorpion plus évolués aiment explorer les profondeurs de l'esprit et peuvent être intéressés par l'occulte et le Yoga des Mantras. Ils peuvent être très intelligents mais ne révèlent pas ce qu'ils pensent. Ils peuvent devenir de bons orateurs, poètes, artistes et acteurs avec la capacité d'exprimer de puissantes émotions et sentiments. Ils sont souvent très passionnés et très attachés sexuellement. Ils peuvent rester au niveau du plexus solaire et développer une accumulation de pouvoirs personnels. Ils ont besoin de s'en remettre à leur cœur.

Le Sagittaire ♐ (*Dhanusa*)

Le Sagittaire est le signe positif de Jupiter, Mutable, Feu, et les hanches de l'Homme Cosmique et le cheval, le centaure ou l'archer. En tant que neuvième signe il indique la grâce, la bienfaisance, l'achèvement et l'harmonie entière, ainsi que la manifestation de la volonté. Les personnes Sagittaire projettent le côté positif de Jupiter. Elles ont une attitude positive dans la vie, une nature généreuse, un esprit expansif et une disposition morale,  religieuse ou philosophique. Elles ont un grand sens des principes, des lois et de la justice. Elles sont généralement chaleureuses et amicales, dramatiques, et cherchent à développer leurs principes. Elles se font remarquer et peuvent rapidement devenir actives ou impliquées dans l'expansion des forces sociales auxquelles elles sont réceptives. D'autre part, elles peuvent être trop conventionnelles, trop respectueuses de la loi, et trop moralistes, et sont parfois prises dans des idées dogmatiques. Elles font de bons avocats, dirigeants religieux ou hommes d'affaires qui réussissent.

Le Capricorne ♑ (*Makara*)

Le Capricorne est le signe négatif de Saturne, Cardinal, Terre, et représente les genoux de l'Homme Cosmique et le crocodile. En tant que dixième signe, il indique le pouvoir, l'ordre et l'organisation complète. Le Capricorne est souvent le plus bas ou le plus élevé des signes en ce qui concerne la réussite dans la vie. Il est le signe de la réalisation pratique. Au niveau matériel, cela peut créer quelqu'un de matérialiste, d'obstiné et  d'égoïste. Les Capricornes moins évolués peuvent être les fils de la Terre, les fermiers qui ne connaissent pas grand-chose à part leur ferme. Le Capricorne un peu plus évolué est l'homme d'affaires froid qui économise tout pour un éventuel gain. Au niveau spirituel, le Capricorne permet de manifester les principes spirituels dans le quotidien et dans le travail pratique. Ils ont souvent besoin d'apprendre à se laisser aller, à prendre les choses moins sérieusement et à se détacher des choses extérieures. Ils sont souvent détachés de leurs émotions.

Le Verseau ♒ (*Kumbha*)

Le Verseau est le signe positif de Saturne, Fixe, Air, il représente les jambes inférieures de l'Homme Cosmique, la cruche ou le pot à eau. En tant que onzième signe, il indique le groupe et le besoin de comprendre ce qu'est réellement l'individualité. Au niveau supérieur, les Verseaux ont une grande foi et la capacité de remettre leur ego au Divin. Au niveau inférieur, ils ont plus confiance envers les autres et ont tendance à se dénigrer au profit  de l'ego des autres. C'est la raison pour laquelle ils tendent davantage aux déviances sexuelles que les autres signes. Ils ont tendance à faire ce qu'on leur conseille de ne pas faire et d'être amis avec les personnes qu'ils doivent éviter. D'une certaine façon leur énergie peut être bloquée, dissipée, confuse ou obscure. Au niveau supérieur, ils sont prêts à se sacrifier pour le bien de tous et peuvent être fortement humanitaires. Ils peuvent être excentriques, éparpillés et manquer de confiance en eux. Ils manquent de charisme mais leur foi et dévotion les font souvent devenir des dirigeants religieux ou des professeurs.

Les Poissons ♓ (*Mīna*)

Les Poissons sont le signe négatif de Jupiter, Mutable, Eau et représentent les pieds de l'Homme Cosmique et le poisson. En tant que douzième signe, ils indiquent la manifestation de toutes les possibilités mais pas nécessairement leur propre intégration. Les personnes de type Poissons sont émotionnelles, expansives, intuitives et imaginatives. Elles sont enthousiastes mais pas toujours de façon sage. Elles aiment influencer les autres mais sont facilement influençables et peuvent être vulnérables ou impressionnables. Elles sont amicales et communicatives et peuvent cependant communiquer avec une grande variété de personnes. Elles peuvent devenir facilement dépendantes ou rendre les autres dépendants d'elles. Elles sont souvent sentimentales et facilement touchées par les sentiments et même par ceux qui ne sont pas authentiques. Elles sont amicales et remplies de compassion mais peuvent être émues par la sympathie et la pitié. Lorsqu'elles sont frustrées, elles s'apitoient souvent sur elles-mêmes.

L'Exaltation

Pour chaque planète, il existe un signe où une planète fonctionne de façon optimum, cela s'appelle l'exaltation. Sauf pour Mercure, gouvernant la Vierge et étant exaltée en Vierge, ce signe est différent des signes gouvernés par une planète. En astrologie védique, il existe un degré spécifique d'exaltation, dans le signe d'exaltation, où l'exaltation est la plus élevée. Ces points d'exaltation sont différents pour chaque planète. Les planètes occupant leur degré d'exaltation sont avant tout puissantes.

Les positions d'exaltation sont les suivantes :

	Soleil	10°00 Bélier
	Lune	03°00 Taureau
	Mars	28°00 Capricorne

Mercure	15°00 Vierge
Jupiter	05°00 Cancer
Vénus	27°00 Poissons
Saturne	20°00 Balance

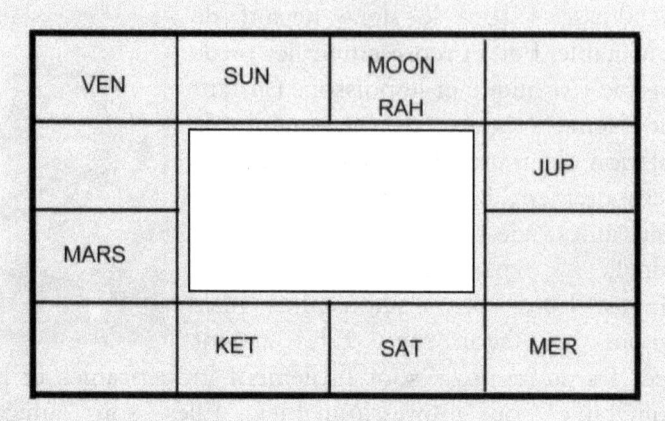

Rahu et Ketu sont parfois considérés en exaltation à 20°00 du Taureau et à 20°00 du Scorpion (ainsi, lorsqu'un nœud est exalté, l'autre l'est également). D'autres astrologues védiques considèrent que Rahu et Ketu sont exaltés en Gémeaux et en Vierge, signes de Mercure. L'exaltation s'annule lorsque la planète se trouve sous l'influence d'un aspect maléfique, dans des maisons difficiles ou si elle est le « dépositeur » de planètes maléfiques.

La Débilité

La chute est le signe opposé de celui de l'exaltation, également appelé débilité. Le degré opposé à celui de l'exaltation est le degré de chute. Les planètes situées dans leur degré de chute sont faibles et peuvent causer de nombreuses difficultés. La chute ou débilité planétaire peut être annulée par des facteurs spécifiques. Une planète ayant sa débilité annulée peut donner de très bons résultats, même meilleurs qu'en exaltation.

Le premier facteur d'annulation se produit lorsque la planète en chute est située dans un Angle en partant de l'Ascendant ou de la Lune. Le point du Milieu du Ciel (maison 10) est souvent le plus puissant également. Si Mercure est en Poissons, mais s'il est situé en maison 10, sa chute sera grandement réduite par sa position en Angle (*Kendra*).

Un second facteur se produit lorsque la planète en chute est elle-même exaltée. Par exemple, si la Lune est située en chute en Scorpion, mais si Mars, maître du Scorpion, est exalté en Capricorne, cela peut annuler la débilité de la Lune. Un autre facteur se produit lorsque la planète débilitée possède une planète exaltée dans un des signes qu'elle gouverne. Par exemple, si Mars dans un thème est en chute en Cancer, mais si le Soleil est exalté en Bélier, qui est gouverné par Mars, la force du Soleil réduira la faiblesse de Mars. Un facteur moins important se produit lorsqu'une planète en chute est rétrograde. En général, la chute doit être annulée par au moins deux facteurs pour être effectivement contrée.

Les positions de débilitation sont les suivantes :

Soleil	10°00 Balance
Lune	03°00 Scorpion
Mars	28°00 Cancer
Mercure	15°00 Poissons
Jupiter	05°00 Capricorne
Vénus	27°00 Vierge
Saturne	20°00 Bélier

MER	SAT	KET	
			MARS
JUP			
	MOON RAH	SUN	VEN

Mulatrikona

Mulatrikona signifie « le triangle racine ». Ce sont des endroits où une planète fonctionne très bien, presque aussi bien qu'en exaltation.

Les positions du Mulatrikona sont les suivantes :

☉	Soleil	4-20° Lion
☽	Lune	4-20° Taureau
♂	Mars	0-12° Bélier
☿	Mercure	16-20° Vierge
♃	Jupiter	0-10° Sagittaire
♀	Vénus	0-15° Balance
♄	Saturne	0-20° Verseau

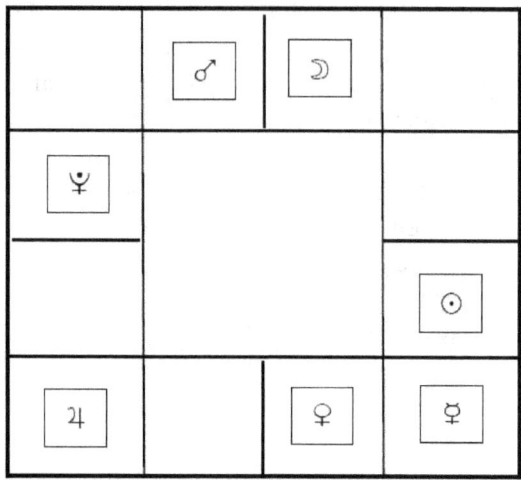

Le détriment

En astrologie occidentale, on considère qu'une planète est en « détriment » lorsqu'elle est située dans le signe opposé de celui qu'elle gouverne, telle que Mars en Balance. L'astrologie védique ne prend pas cet élément en compte. L'emplacement dans le signe opposé à celui qu'une planète gouverne est considéré comme étant positif parce que cela permet à la planète d'aspecter son propre signe à l'aide d'un aspect principal ou opposition (180°). En astrologie védique ou Jyotish, la règle veut qu'une planète soit forte lorsqu'elle aspecte son propre signe. Ceci est particulièrement vrai pour les planètes qui n'ont pas d'aspects particuliers. Par exemple, la Lune en Capricorne est considérée favorable parce que c'est seulement en partant de cet endroit qu'elle peut aspecter son propre signe, le Cancer.

4
Les Maisons I

Les maisons : domaines d'activités planétaires

Les maisons, *Bhava*, sont les éléments les plus importants dans tous les systèmes d'astrologie après les planètes et les signes. Les signes représentent une division fixe en douze éléments du zodiaque, identiques pour tous les thèmes. Les maisons sont une division en douze éléments du zodiaque et qui change, parce que le point où elles commencent varie selon chaque thème. Les maisons reflètent la position de la Terre au cours de sa rotation quotidienne par rapport aux cieux. Étant donné que la Terre tourne tout au long de la journée, le zodiaque entier est progressivement attiré à se lever à l'est et à se coucher à l'ouest. Selon l'heure de naissance, tout point dans un signe peut indiquer le commencement des maisons.

Les maisons sont déterminées par le point du zodiaque qui se lève à l'horizon, à l'est, à la naissance et qui devient le point central de la maison ou la cuspide, ou le point déterminant la maison 1 ou Ascendant. Le point du zodiaque directement au-dessus devient le Milieu du Ciel ou la cuspide de la maison 10. Les autres maisons sont généralement déterminées de façon mathématique à partir de ces deux points.

Le terme « maison » provient du fait que chaque secteur définit un domaine de notre vie sur Terre, les domaines de notre activité. Le terme sanskrit Bhava, signifie une façon d'être, l'essence ou la sensation.

L'Ascendant ou *Lagna* en sanskrit, est l'élément le plus variable parmi ceux utilisés en astrologie et représente ainsi celui qui fournit la plus grande spécificité dans les prédictions. Le Soleil traverse un signe en un mois ; La Lune, en deux jours et demi mais le signe de l'Ascendant change toutes les deux heures. L'Ascendant est le facteur le plus important en astrologie védique pour les prédictions, le signe de la Lune est le deuxième facteur important et le signe du Soleil se situe en troisième position, ce qui est logique puisqu'il est le facteur le plus spécifique qui différencie les thèmes. Deux personnes nées le même jour, mais à des heures différentes, auront des Ascendants différents, bien que les planètes changent peu ou pas.

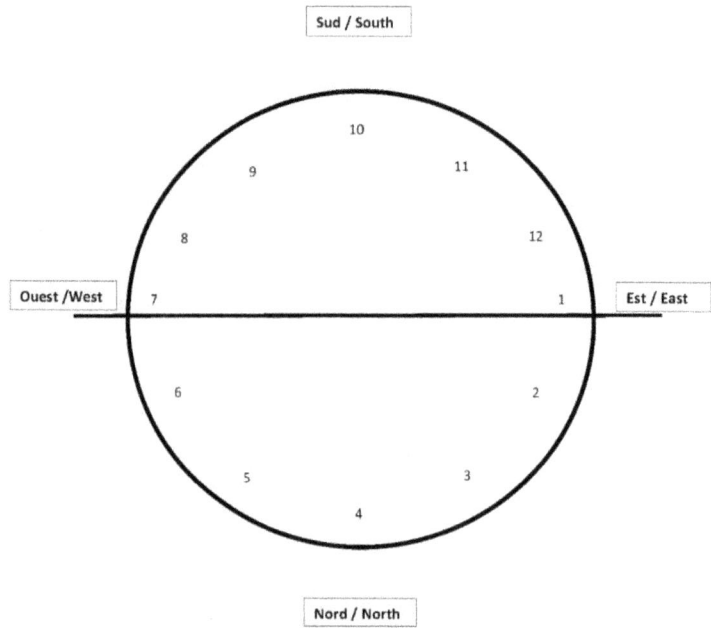

Une différence d'Ascendant entraîne une différence capitale dans l'interprétation d'un thème. Deux personnes nées à un jour d'intervalle de la même année, à la même heure, par exemple à 10 heures du matin les 18 et 19 septembre, auront généralement plus de choses en commun dans leur thème que deux personnes nées le même jour mais à des heures différentes.

Les planètes sont du temps manifesté :
- Terre - jour
- Lune - mois
- Soleil - année
- Saturne - mois d'années (30 ans)

L'Ascendant indique l'orientation de la Terre dans le thème astral. Ainsi, il détermine les domaines extérieurs de la vie et nos actions dans le monde matériel. Nous pouvons dire qu'il représente la Terre en tant que planète dans notre thème. L'Ascendant indique notre incarnation physique et psychologique et la façon dont nous nous projetons dans le monde. Les douze maisons définissent les différents domaines de nos activités et nos potentiels dans ces activités. Les signes reflètent davantage notre nature ou caractère et les maisons représentent comment nous l'exprimons et le manifestons.

Étant donné que l'Ascendant détermine tous les domaines d'activité d'un individu, il devient l'objectif à travers lequel nous interprétons tous les différents aspects de la vie.

Les maisons et les signes

En astrologie védique, les maisons n'ont pas la même signification de base qu'en astrologie occidentale. Les maisons sont similaires à l'analogie des signes.

Maison	Signe	Signification
Maison 1	Bélier	Ego et sentiment de soi
Maison 2	Taureau	Rassembler et garder les ressources personnelles et matérielles, famille
Maison 3	Gémeaux	Curiosité, force, habilité technique
Maison 4	Cancer	Foyer, bonheur affectif, manas (mental)
Maison 5	Lion	Intelligence, créativité
Maison 6	Vierge	Santé, maladies, travail, service
Maison 7	Balance	Relations, partenariat, conjoint
Maison 8	Scorpion	Longévité, mort, occultisme, côté caché et obscur de la vie
Maison 9	Sagittaire	Principes, opinions religieuses, philosophiques, éthiques, dharma
Maison 10	Capricorne	Statut public, accomplissement dans le monde matériel, carrière
Maison 11	Verseau	Aspirations, gains financiers provenant de la carrière, satisfaction des désirs
Maison 12	Poissons	Subconscient, voyage, achèvement

Les systèmes pour déterminer les maisons

Il existe plusieurs systèmes différents pour déterminer l'emplacement et l'étendue des maisons. L'astrologie occidentale et l'astrologie védique possèdent toutes deux des systèmes différents pour déterminer les maisons.

La différence principale existant entre l'astrologie occidentale et l'astrologie védique se situe dans l'interprétation des cuspides des maisons. Les deux systèmes considèrent que la cuspide est le point le plus important et le plus puissant de la maison et que les planètes situées à la cuspide possèdent les effets les plus puissants et la signification la plus précise quant aux attributs de la maison. Tandis que l'astrologie occidentale définit la cuspide au commencement de la maison, le système védique définit le point de cuspide au milieu de la maison. Cela peut causer des différences d'emplacements des maisons. La maison 1 en astrologie védique contiendra la moitié de la maison 12 du système occidental, ainsi de suite. Par conséquent, dans un thème védique, les planètes non seulement reculent dans la meilleure partie d'un signe, mais elles reculent également d'une demi maison.

Le problème partagé par deux systèmes, est de savoir comment déterminer l'emplacement de la cuspide des maisons. Tous deux sont d'accord pour utiliser l'Ascendant en tant que cuspide de la maison 1.

Le système de maisons égales

Dans ce système, l'Ascendant est considéré en tant que cuspide de la maison 1 et les cuspides des autres maisons sont situées à une distance égale de 30°. Ainsi, si l'Ascendant est à 5° en Gémeaux, la cuspide de la maison 2 sera à 5° en Cancer, celui de la maison 3 à 5° en Vierge et ainsi de suite. C'est ce qui est appelé « système de maisons égales ».

L'avantage de ce système est qu'elles sont faciles à calculer. Leurs aspects sont également plus faciles à déchiffrer, étant donné que les aspects sont déterminés par la position des degrés dans les signes et non par les angles visibles de la Terre. Par exemple, une planète à la cuspide de la maison 10 dans le système des maisons égales fera toujours aspect de 90° ou un Carré par rapport à l'Ascendant. Dans un système de maisons inégales, un tel aspect n'existera pas.

Thème des maisons (Bhava) et des signes en Jyotish

L'astrologie védique utilise généralement deux systèmes différents pour déterminer les maisons. Premièrement, elle possède un thème spécifique appelé *Bhava Chakra* ou le « thème des maisons », qui mesure les maisons de façon précise. Il se fait de deux façons. Il peut prendre en compte les maisons par rapport au Milieu du Ciel. Ou bien il peut simplement les considérer en partant de l'Ascendant comme un système de maisons égales. Cela ressemble au système de maisons généralement utilisé en astrologie occidentale et qui possède les mêmes variations.

Deuxièmement, elle considère les maisons du *Rashi chakra* ou du « thème des signes ». C'est ce thème qui est le plus utilisé. Dans ce thème, ce n'est pas seulement un système de maisons égales qui est utilisé mais un système de signes égaux. Dans ce système, si, par exemple, des degrés de Taureau sont en maison 1, les Gémeaux seront alors en maison 2, Cancer en maison 3, etc. Cela reste vrai même s'il se trouve à 1° ou à 29° d'un signe. C'est la méthode la plus simple et la plus générale pour déterminer les maisons dans laquelle la primauté est donnée aux signes plutôt qu'aux maisons.

Usage secondaire du thème des maisons ou Bhava

Étant donné que l'astrologie védique prend en compte les maisons du rashi ou thème des signes en partant de l'Ascendant et de la Lune et des thèmes harmoniques ou subdivisions zodiacales, le thème spécifique pour les maisons ou Bhava n'est souvent pas utilisé. Certains astrologues utilisent seulement les thèmes du rashi et du Navamsha et ne font pas le thème Bhava.

Étant donné que le Bhava est orienté sur les affaires extérieures de la vie et que les signes représentent davantage la nature intérieure ou l'âme, les systèmes plus spécifiques pour déterminer les maisons devraient nous procurer de meilleures précisions pour juger nos activités dans le monde extérieur tandis que les systèmes orientés sur les signes devraient nous procurer une meilleure connaissance de notre nature intérieure. Par conséquent, lorsque nous comprenons les bases, nous pouvons regrouper la signification des différentes façons de considérer les maisons afin d'obtenir une perspicacité plus profonde.

Les maisons dans les thèmes harmoniques

Ce système de maison par signe, qui est le plus couramment utilisé en astrologie védique, peut paraître plutôt simpliste aux praticiens occidentaux et à leur approche détaillée de calcul des maisons. Ce système est similaire à la question des aspects planétaires. Mais, l'étude des thèmes harmoniques (ou subdivisions zodiacales) supplémentaires apporte une plus grande spécificité aux significations des maisons dans le système védique.

Dans les thèmes harmoniques, nous prenons en compte l'orientation des maisons, en particulier de l'Ascendant. Le plus général est le thème de la 3ème subdivision zodiacale ou la position de décan. Le thème harmonique le plus important est la 9ème subdivision zodiacale ou le Navamsha où nous pouvons lire tous les aspects et toutes les maisons comme dans un thème supplémentaire. L'Ascendant dans le Navamsha est le facteur le plus variable du thème étant donné qu'il change de signe toutes les trois minutes. En tant que tel, il est le facteur le plus important pour une bonne mise au point d'un thème.

Les maisons en partant de la Lune

L'astrologie védique considère la Lune comme l'Ascendant. À ce titre, l'emplacement de la Lune à la naissance devient la maison 1. Ce système utilise à nouveau le système des signes égaux, avec le signe de la Lune en tant que maison 1, le signe suivant en tant que maison 2, et ainsi de suite.

Si une certaine maison est aspectée, à la fois en partant de l'Ascendant et de la Lune, les résultats seront alors plus certains. Si, par exemple, les maisons 5, en partant de l'Ascendant et de la Lune sont toutes deux aspectées par Saturne, une incapacité d'avoir des enfants sera plus probable que si une seule de ces maisons est affligée.

Les maisons sont également associées au quatre buts de la vie

Les maisons 1, 5 et 9 sont liées à notre nature fondamentale, au chemin de notre vie ou à ce qui est important (dharma). La maison 1 indique notre nature fondamentale, la maison 5, notre expression créative et la maison 9, l'inspiration supérieure que nous recherchons.

Les maisons 2, 6 et 10 sont liées à notre prospérité et à nos possessions (artha). La maison 2 indique nos possessions de base, la

6, le travail et les difficultés qu'elle crée et la 10, ce que nous sommes capables d'accomplir à travers elles.

Les maisons 3, 7 et 11 sont liées à nos désirs (kama). La maison 3 indique notre vitalité fondamentale. La 7, notre plaisir sexuel et la 11, l'accomplissement de nos désirs de manière générale.

Les maisons 4, 8 et 12 sont liées à la libération (moksha) ; à notre recherche de la Libération. La maison 4 indique notre recherche fondamentale de paix et de bonheur ; la 8, la lutte que nous devons entreprendre pour la découvrir et la 12, l'abnégation de nous-mêmes pour y arriver.

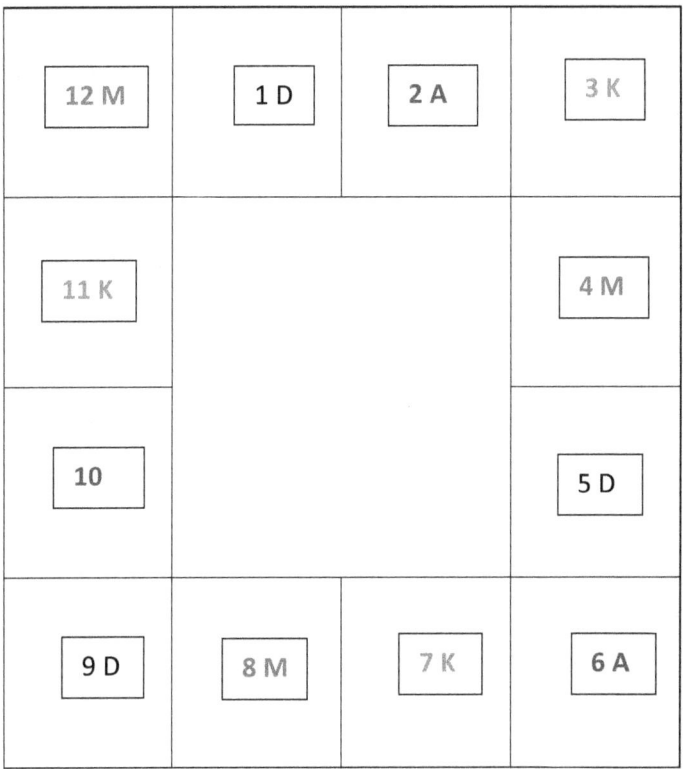

Les maisons par qualité et par élément

Les maisons *Kendra* ou Angulaires, sont les maisons 1, 4, 7 et 10. Elles indiquent les Angles ou Carrés en partant de l'Ascendant. Les planètes situées dans les Angles ont tendance à être fortes et actives.

Les maisons *Trikona* ou en Trigone, sont les maisons 1, 5 et 9. Elles forment un Triangle ou un Carré par rapport à l'Ascendant. Les planètes qui y sont situées représentent une source de puissance comme dans les maisons Kendra bien que les Angles soient plus forts que les Trigones.

Les maisons *Dusthana*, les maisons 6, 8 et 12 sont difficiles ou maléfiques. Les planètes qui y sont situées sont affaiblies et créent des problèmes. En maison 6, elles peuvent créer des maladies ou des ennemis. En maison 8, elles peuvent créer des maladies chroniques, des blessures ou des pertes. En maison 12, elles peuvent créer des pertes et des afflictions. Cela est particulièrement vrai lorsqu'elles sont aspectées par des maléfiques.

Les Dusthanas sont des endroits difficiles parce que ce sont des endroits de transition, situés de chaque côté de la maison 7 (maisons 6 et 8) et juste au-dessus de l'Ascendant (maison 12).

Les maisons *Upachaya* ou maisons 3, 6, 10 et 11. Ces maisons s'améliorent avec le temps et diminuent les problèmes qui y sont associés.

Les maisons *Maraka* sont les 2 et 7. Ces maisons indiquent la mort et la longévité.

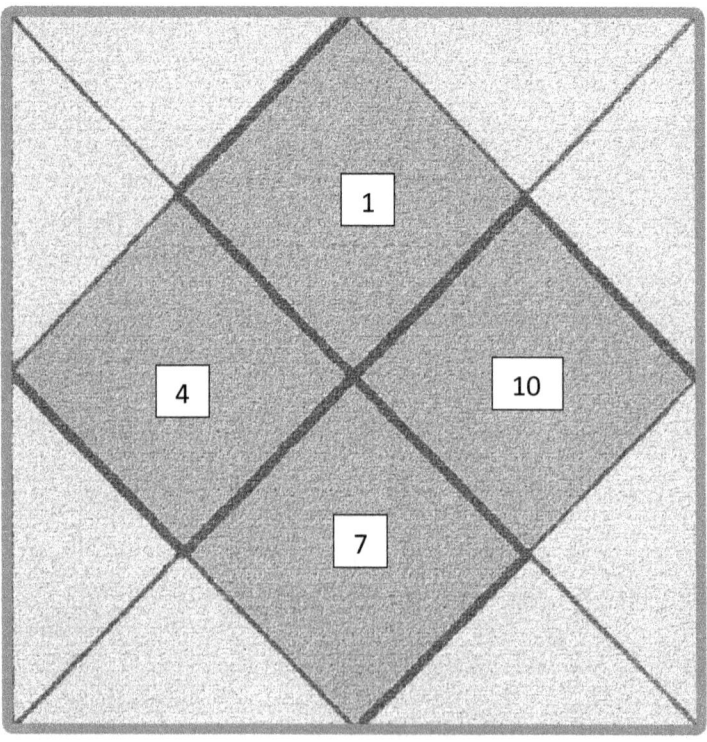

Il est généralement préférable d'avoir des planètes en Kendra dans son thème afin d'obtenir du succès dans la vie. Les planètes en Kendra sont plus importantes que les planètes Cardinales (Chara). Si nous examinons les thèmes des personnes célèbres, qui réussissent ou qui sont puissantes, nous remarquons qu'elles ont de fortes planètes en Kendra, leur signe pouvant être Cardinal (Chara), Fixe (Sthira) ou Mutable (Dvisvabhava). C'est la raison pour laquelle, le thème utilisé en Inde du nord se base sur les maisons Kendra comme étant le facteur le plus important. Un thème sans planètes dans les Kendras est considéré ne pas avoir de distinction ni de pouvoir. Ainsi, les maléfiques dans les Kendras, indiquent un caractère destructeur, bien qu'elles apportent souvent du succès dans le monde extérieur.

Significations des maisons

Maison 1	Atman, vitalité (prana), apparence, attraction, corps, proportion des membres, taille, stature, tête (cerveau et front), amour propre, confiance, expression, imagination, peau et teint, force digestive (*agni*), longévité, absence de maladie, sagesse, respect, vie, enfance, gloire et infamie, honneur, richesse personnelle, caractère, volonté, succès et échecs, bonheur et affliction, vaincre ses ennemis, aptitude aux études, protection contre les accidents et blessures.
Maison 2	Richesse (prospérité), moyens d'existence, famille, liquidités, parole et cordes vocales, aptitude aux études, enseignement, aptitude à l'écriture, connaissance générale, plaisirs, appétit, se nourrir, qualité des aliments, dépendance, honnêteté, lignée, enfance, visage, bouche et langue, dents et yeux (acuité visuelle de l'œil droit), observation, préférence de goûts, odorat (nez), force des mâchoires et du nez, détermination, contrôle de soi, résistance, force de caractère, ennemis au travail, acquisition de biens par l'effort, incompréhension, paroles cruelles, grossièreté, aptitude aux langues, second mariage, vie de famille et sécurité du foyer.
Maison 3	Force physique (en forme), humeur changeante, musculature, oreille droite, bras, épaules, mains, poignets et paumes, frères et sœurs cadets, vitalité, volonté, longévité, courage, conflit, combat, stratagème,

	camarades, aptitudes techniques, réalisation des désirs, oreilles (audition de l'oreille droite), coordination mains-yeux, dance, mouvements, talent d'acteur, performances publiques, passe-temps, loisirs, art, aptitudes musicales, artisanat, dextérité et mouvements, publications, défis quotidiens, obstacles aux promotions, rumeurs, plaisirs, liberté d'expression, présentation de soi, aide des amis, accords, signature de contrats, santé physique des frères et sœurs, transitions, marche, voyages proches (par terre, air ou mer).
Maison 4	Mère et ancêtres maternels, neveux, esprit et investigation de soi, éducation, cœur (physique et émotionnel), estomac, poitrine et poumons, environnement dans notre foyer, bonheur général (paix de l'esprit), épargne, réserves secrètes, sécurité du foyer, richesse, protection des investissements, véhicules (transports) et voyages, satisfaction mentale, popularité, aisance, liaisons privées, relations secrètes, foi personnelle, lieux de rituels publics, victoire, qualité de l'eau, culture (fruits ou légumes), agriculture, fertilité des récoltes, terres/domaines, biens immobiliers, actions en bourse, location de propriétés, locataires, antiquités, jardins (ornemental et agricole), récoltes fructueuses, météo, bétail (vaches/buffles), lieu de naissance, disposition aux études.
Maison 5	Progéniture, intelligence, faiblesse psychique, maladies mentales, créativité, gloire, hautes études, *purvapunya* (bonnes actions passées), haute moralité, efforts artistiques, drame, dance, aptitude musicale, caractère, grossesse, commencer un bon travail, mémoire, pouvoir de discrimination, cœur physique, abdomen, estomac, intestin grêle, foie et vésicule biliaire, rate et reins, indigestion, moyens de subsistance, littérature et érudition, état d'esprit, enseignement religieux, récitation de mantra, aptitude à prodiguer de sages conseils, augmentation de la conscience, chance, actions célèbres.
Maison 6	Santé, guérison, maladies, médecins, chirurgiens, hôpitaux, infirmiers, obstacles, bagarres, guerre et disputes, concurrents, accidents, ennemis, hostilité,

	cruauté, férocité, actions mauvaises, dettes, calomnie, blessures, vaincre ses ennemis, inquiétudes et angoisse mentale, poisons, ulcères, les six saveurs (Ayurvéda), capacité digestive, indigestion, force d'*agni*, querelles avec les frères et sœurs, enfants adoptés, étudiants, soucis avec les employés, *kama* (luxure), *krodha* (colère), *lobbha* (avidité), *moha* (engouement), *ahankara* (arrogance) et *errkha* (jalousie), animaux, acquisition et cession de véhicules.
Maison 7	Mariage, pureté de l'épouse, victoire en amour et passion, bonheur conjugal, désirs sexuels, cohabitation, *sangama* (union), partenaires de travail, compétition commerciale, relations, commerce / affaires, voyage à l'étranger, pays lointains et résidence dans ces pays lointains, revenus de pays lointains, perte de mémoire, aime les beaux vêtements, production de spermes et d'ovules, partenaires multiples, valeur, charité, enfant adopté, union sexuelle, relation avec le public, diplomatie, honneurs à l'étranger, voyageurs, fierté, lits, lieu de naissance du conjoint, relations familiales, interaction sociale, statut officiel, mixité dans la société, longévité, perte ou dangers.
Maison 8	Longévité, conditions chroniques, misère, ruine et malheurs, disgrâce et défaite, maladies sexuelles, attirance sexuelle, famille du conjoint, troubles mentaux (anxiété), mort par empoisonnement, manière de mourir, overdose, suicide, dégradation, rites funéraires, maladie chronique, diagnostic des maladies, maladies incurables, héritage, revenus autres que du travail, dots, évasion fiscale, richesse cachée, mauvaise réputation, impôts sur l'héritage, pouvoirs occultes, capacités psychiques, magie, esprits qui hantent, sorcellerie et magie noire, organes génitaux, dettes, hypersensibilité, nervosité, homicide, science, mystères non élucidés, sciences occultes, astrologie, chiromancie, capacités psychiques, *chakras*, expériences transformatrices.
Maison 9	Dharma, fortune, vérité, vertu, religion, philosophie, connaissance supérieure, chance, actes de bonté, spiritualité, intuition, actes vertueux, foi, pèlerinages et

	voyages courts, éducation supérieure, transports, père (Inde du sud), petits-enfants, charité, quête spirituelle, culture et bonne conduite, professeurs, guru, dévotion, fortune, chance et prospérité, nourriture spirituelle, temples, églises, rites religieux, bénédiction du prêtre, sacrifices védiques, rituels du Feu, faire l'aumône, distribution d'argent, rigidité dans les cuisses, problèmes circulatoires, obstruction artérielle, thrombose, arthrite, maladies impliquant toxicité sanguine ou stagnation circulatoire.
Maison 10	Karma (action), carrière/moyens d'existence, ambition, commerce, statut social, réussite dans le monde matériel, honneur d'un dirigeant ou un prince, mécénat, emploi gouvernemental, travail dans le service, agriculture, médecins, prééminence, mercantilisme, prospérité, personnes influentes, professeur expert, père (Inde du nord), amour-propre, habilité à subvenir à ses besoins, fragilité articulaire, détérioration des genoux (articulations), usure des cartilages, *asthi dhatu*/squelette (formation des os), conditions aggravées par l'humidité et la fraîcheur, maladies cutanées et hypertension.
Maison 11	Gains financiers, réalisation des désirs, buts essentiels, succès et réalisation, petits-emplois, complaisance envers soi-même, quête et réalisation de la connaissance, désirs malveillants, amis influents, groupes, frères et sœurs aînés, oncles, gains monétaires, commerce, sous la dépendance des autres, aptitude aux gains, investissements à long terme, grandes sommes d'argent, acquisition d'or, pierres précieuses, spéculation, propriété ancestrale, sciences occultes, positions ministérielles, compétence en peinture, danse, malice, fraude, tourments psychiques secrets, afflictions secrètes, dettes du conjoint, maladie du conjoint, rétablissement du conjoint, acquittement des dettes.
Maison 12	Moksha (libération), pertes et dépenses, perte de position ou de profession, mésestimé par la foule, incarcération, libéré des dettes, délivré de la souffrance, propriété paternelle, conflits, perte du conjoint, finances des frères et sœurs aînés, résidence à l'étranger, relations

| | clandestines, plaisirs sexuels, mort, convalescence, fin de voyage, phénomène psychique, métaphysique, angoisses secrètes, voyage à l'étranger, traverser les océans, succès à l'étranger. |

De plus, les maisons peuvent correspondre aux éléments, tout comme les signes.

- Les maisons 1, 5 et 9 telles que les signes de même nombre (Bélier, Lion et Sagittaire) représentent le Feu.
- Les maisons 2, 6 et 10, (Taureau, Vierge et Capricorne) représentent la Terre.
- Les maisons 3, 7 et 11 (Gémeaux, Balance et Verseau) représentent l'Air.
- Les maisons 4, 8 et 12 (Cancer, Scorpion et Poissons) représentent l'Eau.

Chaque maison représente un domaine particulier d'activité. Le gouverneur d'une maison représente le « maître » de ce domaine. Par exemple, si le maître du moi se trouve dans le domaine de destruction et le maître de la destruction se trouve dans le domaine du moi (c'est à dire, s'il y a un échange entre les maîtres des maisons 1 et 8), l'individu pourra avoir une vie difficile. Ainsi, cela nous permet de comprendre la signification de chaque maison. Chaque planète gouvernant des maisons, devient un indicateur temporel de certains aspects de la vie.

Les significateurs planétaires des maisons
Le Jyotish juge les affaires des maisons en prenant en compte les influences de la maison et de leur gouverneur (planète gouvernant la maison). Le système védique ajoute à cela une autre planète qui devient le significateur général de la maison. Ces planètes sont les mêmes pour tous les thèmes. Il faut prendre en compte leur position par rapport aux affaires de la maison. Certaines maisons ont plusieurs significateurs planétaires, ceci étant lié aux différentes affaires de la maison.

Maisons	Planètes	Significateurs
Maison 1	Soleil	Atman, amour-propre, santé
Maison 2	Jupiter	Capacité de gagner de l'argent
Maison 3	Mars	Énergie, courage
Maison 4	Lune	Esprit, bonheur, foyer
	Mercure	Éducation
	Mars	Propriétés
	Vénus	Véhicules
Maison 5	Jupiter	Enfants, créativité, discernement
Maison 6	Mars	Ennemis, maladies aigües
	Saturne	Maladies chroniques
Maison 7	Vénus	Conjoint, mariage, passion
Maison 8	Saturne	Mort / longévité, héritage, accidents, maladies chroniques
Maison 9	Jupiter	Dharma, professeurs, hautes études
	Soleil	Père, âme/atman
Maison 10	Mercure,	Commerce
	Jupiter	Profession
	Soleil	Prestige, respect, gouvernement
	Saturne	Tradition, employé
Maison 11	Jupiter	Gains, amis, frères et sœurs aînés
Maison 12	Saturne	Pertes, solitude

Nous remarquons que les significateurs des maisons sont différents des maîtres des signes respectifs (lorsque nous suivons l'analogie maison/signe). Mars, significateur de la maison 3, est différent de Mercure, maître du troisième signe, les Gémeaux. Nous remarquons également que certaines planètes sont les significateurs de plusieurs maisons :

Jupiter est associé aux maisons 2, 5, 9, 10 et 11
Saturne est associé aux maisons 6, 8, 10 et 12

Cela peut nous aider à faire la distinction entre les différents effets d'une planète. Pour analyser les indications concernant les enfants, nous pouvons examiner Jupiter et la maison 5. Pour le dharma (la religion et la spiritualité), nous pouvons examiner Jupiter et la maison 9. Pour les revenus, Jupiter et la maison 11. Pour les moyens d'existence, Jupiter et la maison 2. Pour les maladies, Saturne et la maison 6. Pour la longévité, Saturne et la maison 8. Pour l'affliction et la libération, Saturne et la maison 12.

Rahu et Ketu, peuvent être traités comme significateurs conjoints avec leurs équivalents, Rahu avec Saturne et Ketu avec Mars. Cependant, Ketu est le significateur particulier de la libération, d'après la maison 12.

Les planètes sont des significateurs de plusieurs éléments. Certains peuvent ne pas être définis par une seule maison. Ainsi, Vénus est le significateur de l'art. L'art peut être jugé par la maison 2, en tant que poésie, par la maison 3 pour les beaux-arts et la comédie, par la maison 4 en tant qu'aptitude pour les émotions, et par la maison 5 pour mesurer la créativité générale.

Il est généralement favorable que le significateur d'une maison aspecte cette maison et il n'est pas favorable lorsqu'il est situé dans cette maison. Par exemple, Jupiter en maison 5 n'est pas très favorable pour les enfants. Lorsqu'une planète est située dans un signe ou maison dont elle est le maître ou le significateur, les aspects négatifs seront multipliés par deux, étant donné que cela affecte la maison ainsi que son indicateur.

Les gouverneurs des maisons

Les planètes possèdent certaines qualités liées aux maisons qu'elles gouvernent. Le maître de la maison 5 gouverne les enfants parce que la maison 5 est le significateur des enfants. Lorsque Saturne, planète stérile, gouverne la maison 5, elle devient une force créative et perd beaucoup de sa stérilité naturelle mais aussi donne moins d'enfants que les autres planètes. Lorsque Mars, planète non spirituelle, devient le maître de la maison 9 de la spiritualité, elle gagne en force spirituelle. La disposition des planètes en tant que gouverneurs des maisons est aussi importante que leur disposition générale. Ces aspects peuvent être plus importants pour prédire des événements dans les périodes planétaires.

Pour une parfaite interprétation, l'art de l'astrologie dépend en grande partie de l'aptitude à associer les statuts naturels et temporels des planètes et des maisons qu'elles gouvernent.

De nombreuses combinaisons, appelées Yogas en astrologie védique, sont exprimées simplement en termes de maître de maison.

Par exemple, lorsque les maîtres des maisons 2 et 11 s'associent, cela est très favorable pour la prospérité étant donné que tous deux gouvernent des maisons de revenus. Cela est d'importance secondaire que la planète soit Jupiter, significateur naturel de la prospérité ou Saturne, significateur naturel de pauvreté. Jupiter renforce le Yoga par son statut naturel. Avec Saturne, le Yoga se manifeste plus lentement et avec des difficultés ou dans des domaines saturniens tels que les propriétés. Néanmoins, le gouverneur de maison est le facteur primordial.

De même, la signification des planètes varie pour chaque Ascendant. Chaque Ascendant possède ses propres règles et les planètes fonctionnent uniquement par rapport à elles. C'est la raison pour laquelle l'Ascendant est si important ; non seulement il détermine la nature fondamentale d'une personne, mais il détermine la signification générale de toutes les planètes selon sa position. Saturne, pour un Ascendant Balance, où il est maître d'une maison fortement bénéfique, aura une valeur radicalement différente que Saturne pour un Ascendant Lion, où le gouverneur de maison est fortement maléfique.

Les règles des gouverneurs des maisons

Les planètes sont classées en tant que « temporelles », « bénéfiques temporelles » ou « maléfiques temporelles » selon les maisons qu'elles gouvernent par rapport à l'Ascendant. Celles gouvernant des maisons bénéfiques deviennent des bénéfiques temporaires ; celles gouvernant des maisons maléfiques deviennent des maléfiques temporaires. Ainsi, une planète naturellement bénéfique telle que Jupiter, devient fonctionnellement maléfique dans un thème si elle ne gouverne pas de maisons bénéfiques.

Les maîtres des maisons formant un Trikona : 1, 5 et 9 sont toujours considérés comme étant favorables. Les maîtres des maisons Kendra : 4, 7 et 10 sont considérés favorables s'ils sont des maléfiques naturels, tels que Mars et Saturne et sont considérés maléfiques s'ils sont des bénéfiques naturels tels que Jupiter, Mercure et Vénus. En d'autres termes, les gouverneurs des maisons Kendra inversent les statuts bénéfiques et maléfiques des planètes. D'autre part, les gouverneurs des maisons Trikona, rendent les planètes bénéfiques.

Les maîtres des maisons Upachaya, 3, 6, 10 et 11 sont généralement défavorables. Les maisons Upachaya sont sensées rester patiemment dans l'arrière-plan accumulant de la force durant les périodes de souffrances. Elles donnent de meilleurs résultats après l'âge de 30 ans. Les maîtres des maisons Dusthana, 6, 8 et 12 sont généralement maléfiques. Leur nature dépend des autres maisons qu'ils gouvernent. Par exemple, Mars pour un Ascendant Bélier gouverne les maisons 1 et 8 ainsi la maison 8 devient moins maléfique parce que le maître de l'Ascendant est toujours positif.

Les planètes gouvernent deux maisons, sauf le Soleil et la Lune, qui gouvernent une maison chacun. C'est la raison pour laquelle, le statut temporel des planètes doit être interprété selon la signification des deux maisons que la planète gouverne.

Les planètes gouvernent souvent une maison bénéfique et une maison maléfique. Ainsi, leurs influences sont mixtes. Elles sont favorables pour les effets des maisons positives qu'elles gouvernent, mais défavorables pour les effets de ses maisons négatives.

Saturne pour un Ascendant Vierge gouverne les maisons 5 et 6. En tant que maître de la maison 5, il sera favorable pour les enfants, la créativité, l'intelligence et les gains obtenus par la spéculation. En tant que maître de la maison 6, il peut créer des effets négatifs pour la santé et les ennemis.

Lorsqu'une planète gouverne deux maisons, une bénéfique et une maléfique, la maison la plus forte ou plus importante déterminera si les effets d'ensemble de la planète seront principalement utiles ou nuisibles. Certains gouverneurs de maison l'emportent sur les gouverneurs d'autres maisons.

Le maître de l'Ascendant est généralement toujours propice, même si l'autre maison gouvernée par cette planète est la maison 6, 8 ou d'autres maisons maléfiques. Cependant, ce maître maléfique ne souille pas son statut.

Le maître de la maison 12 procure généralement l'effet de l'autre maison que cette planète gouverne. Vénus, maître des maisons 5 et 12 pour un Ascendant Gémeaux, est très favorable et donne principalement les résultats de la maison 5. L'effet négatif du maître de la 12 est plus évident si l'autre maison gouvernée par cette planète est maléfique. Saturne, en tant que maître des maisons 11 et 12 pour un Ascendant Poissons, est très défavorable parce que la maison 11 est une maison difficile.

Nous devons considérer le signe Mulatrikona de la planète. Les planètes procurent surtout les effets de la maison gouvernée par leurs signes Mulatrikona. Saturne gouverne les maisons 8 et 9, qui sont les pires et meilleures maisons pour un Ascendant Gémeaux. Étant donné que le signe Mulatrikona de Saturne (Verseau) gouverne la maison 9, ses effets seront dans l'ensemble plus positifs que négatifs. Pour un Ascendant Vierge, Saturne est moins favorable, étant donné que son signe Mulatrikona gouverne la maison 6 maléfique.

Un autre facteur important est de savoir si la planète est amie ou ennemie naturelle avec le maître de l'Ascendant. Bien qu'elle gouverne des maisons maléfiques à partir d'un Ascendant Mercure (Gémeaux et Vierge), Saturne, en tant qu'ami naturel de Mercure, tend à donner de meilleurs résultats. Si un tel maître de maison est temporel ainsi qu'ami naturel de la planète, cela réduit les effets de maître maléfique.

Il est également important de rechercher quel est le signe le plus fort en ce qui concerne les aspects ou l'emplacement. Si Saturne se trouve en maison 5 en Capricorne pour un Ascendant Vierge, l'influence de sa maison 5 deviendra plus importante que l'effet de sa maison 6.

Le Raja Yoga

Lorsqu'une planète gouverne à la fois un signe en Trikona et en Kendra, en partant de l'Ascendant, elle obtient un pouvoir particulier. Elle devient *Raja Karaka* ou « significateur de grand pouvoir ». Elle peut accorder du pouvoir et du prestige. Elle a le pouvoir de faire de nous un roi, *raja*, et de nous mettre dans une position de pouvoir politique ou social. Pourtant, elle ne nous procure pas forcément la richesse, la connaissance ou la spiritualité, bien qu'elle puisse nous procurer des gains matériels par les pouvoirs qu'elle nous cède.

Pour certains Ascendants, une planète seule peut produire un Raja Yoga. Une telle planète est doublement puissante et bénéfique temporelle. Saturne pour Balance, Mercure pour Gémeaux, Vénus pour Capricorne et Verseau et Mars pour Cancer et Lion possèdent de tels pouvoirs.

Pour Bélier et Scorpion, le Raja Yoga est produit par l'association du Soleil et de la Lune. D'autres associations de gouverneurs de Trikona et de Kendra (en particulier les maîtres de la maison 9 avec celui de la maison 10) peuvent créer un Raja Yoga lorsqu'elles sont bien placées et généralement lorsque la planète ne gouverne pas d'autres maisons maléfiques.

Les gouverneurs des maisons sont l'une des méthodes permettant de définir le pouvoir et les effets des planètes. Gardez cette règle en mémoire :

Les bénéfiques naturelles, même lorsqu'elles sont maléfiques temporelles, auront une action bénéfique tandis que les maléfiques naturelles, même lorsqu'elles sont bénéfiques temporelles causeront du tort.

Les pouvoirs des Ascendants

Selon ce principe de maître de maison, nous pouvons remarquer que certains Ascendants tendent à être plus faciles que d'autres. La Balance est souvent considérée comme étant le meilleur Ascendant parce que Saturne, gouvernant les maisons 4 et 5 devient Raja Yoga et donc un grand bénéfique, tandis que le principal maléfique devient Jupiter (qui est la planète la plus bénéfique gouvernant les maisons 3 et 6) qui ne peut pas causer beaucoup de dommages. Certains considèrent que Jupiter peut apporter de bons résultats pour l'Ascendant Balance. De plus, la Balance est un signe Cardinal procurant de la puissance. Bien que la Balance puisse être l'Ascendant le plus favorable en ce qui concerne les affaires du monde, il n'est pas nécessairement le meilleur pour tous les autres aspects.

Par exemple, le Verseau est parfois considéré comme étant l'Ascendant le plus difficile parce que son maître de l'Ascendant, Saturne qui est une planète difficile, gouverne également la maison 12, maison des pertes. Les Ascendants Verseau acquièrent rarement de la gloire, du prestige ou du charisme. De même, le Verseau est souvent considéré comme le meilleur signe pour la croissance spirituelle pour la même raison, la maison 12 indiquant également la libération (comme Ramakrishna par exemple).

Avec ce même principe d'association de maison et de signe, certains Ascendants s'avèrent difficiles. Par exemple, la Vierge, en tant que sixième signe, possède les indications négatives de la maison 6 : une tendance aux maladies. Le Scorpion, en tant que huitième signe, possède des tendances de la maison 8 concernant le vice ou la confusion. Les Poissons, en tant que douzième signe, tels que la maison 12, souffrent parfois d'excès émotionnels.

Les signes cardinaux, en particulier la Balance et le Cancer, sont souvent meilleurs en tant qu'Ascendants, en particulier pour les influences politiques et sociales. Les signes Mutables (Dvisvabhava) ne fournissent pas toujours des Ascendants puissants pour la santé ou le succès social, en particulier la Vierge et les Gémeaux mais procurent une grande intelligence. Les signes Kendra, tels que Lion et Sagittaire sont généralement des Ascendants favorables.

Il est préférable d'avoir un Ascendant généralement plus faible avec des planètes bien placées plutôt qu'un Ascendant de nature plus forte avec des planètes dans des emplacements faibles. Dans le prochain chapitre, nous examinerons chaque ascendant.

5
Les Maisons II

Les maisons, leurs gouverneurs et les 12 ascendants

En astrologie védique, les maisons sont plus importantes que les signes. La plupart des associations planétaires (Yoga) se définissent par rapport à elles. Par exemple, lorsque le maître de la maison 2 ou des moyens d'existence est placé en maison 12, cela constitue un Yoga de pauvreté. L'astrologie védique considère davantage les planètes comme maîtres de maison plutôt que comme maître de signe. Par conséquent, afin de procéder à une étude approfondie en astrologie védique, nous devons examiner spécifiquement cette question des gouverneurs de maisons. Nous devons avoir à l'esprit les maisons qu'une planète gouverne en partant de l'Ascendant et en partant de la Lune. Nous devons la considérer tout d'abord comme maître de maison et considérer ensuite seulement son statut naturel.

Les gouverneurs de maisons

Nous avons introduit auparavant les informations fondamentales concernant les maîtres ou gouverneurs de maisons ainsi que leur signification. Nous allons maintenant examiner en détail ce sujet important et complexe.

- En général, certaines planètes sont bénéfiques ou maléfiques selon les maisons qu'elles gouvernent, en calculant en partant de l'Ascendant.
- Les planètes sont généralement bénéfiques pour les affaires des maisons qu'elles gouvernent.

Par exemple, le maître de la maison 5 qui est gouverné par cette maison est généralement bénéfique pour les enfants. Si la maison a des potentiels négatifs, ceux-ci tendront également à augmenter cet aspect. C'est la raison pour laquelle les maîtres des maisons négatives, telles que des maisons 3, 6, 8, 11 et 12 entraînent des difficultés.

Tableau des gouverneurs de maison

Signes	Soleil	Lune	Mars	Mercure	Jupiter	Vénus	Saturne
Bélier	5 B	4 B	1, 8 B	3, 6 M	9, 12 B	2, 7 M	10, 11 M
Taureau	4 N	3 M	7, 12 M	2, 5 B	8, 11 M	1, 6 B	9, 10 *
Gémeaux	3 M	2 N	6, 11 M	1, 4 B	7, 10 M	5, 12 B	8, 9 N
Cancer	2 N	1 B	5, 10 *	3, 12 M	6, 9 B	4, 11 M	7, 8 M
Lion	1 B	12 N	4, 9 *	2, 11 M	5, 8 B	3, 10 M	6, 7 M
Vierge	12 N	11 M	3, 8 M	1, 10 B	4, 7 M	2, 9 B	5, 6 N
Balance	11 M	10 N	2, 7 M	9, 12 B	3, 6 M	1, 8 B	4, 5 *
Scorpion	10 B	9 B	1, 6 B	8, 11 M	2, 5 B	7, 12 M	3, 4 M
Sagittaire	9 B	8 N	5, 12 B	7, 10 M	1, 4 B	6, 11 M	2, 3 M
Capricorne	8 M	7 N	4, 11 M	6, 9 B	2, 12 M	5, 10 *	1, 2 B
Verseau	7 M	6 M	3, 10 M	5, 8 B	2, 11 M	4, 9 *	1, 12 B
Poissons	6 N	5 B	2, 9 B	4, 7 M	1, 10 B	3, 8 M	11, 12 M

B = Bénéfique   M = Maléfique   N = Neutre
* = Très bénéfique ou *Raja Yoga Karaka*

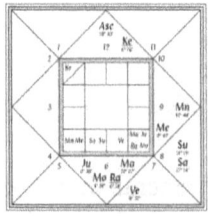

- Le maître de l'**Ascendant** est généralement bénéfique. Si c'est un maléfique naturel ou s'il gouverne une autre maison maléfique par nature, son statut bénéfique est terni et peut entraîner de mauvais résultats dans certaines circonstances.
- Le maître de la maison **deux** est généralement neutre, bien qu'il soit bénéfique pour la richesse et les gains, ce dont il gouverne. En tant que Maraka ou planète entraînant la mort, il possède également un côté négatif.
- Le maître de la maison **trois** est généralement maléfique, étant donné qu'il est une force impulsive et impétueuse. Il est généralement bénéfique pour les frères et les sœurs et, en tant que maison Upachaya, il a tendance à s'améliorer avec l'âge.
- Le maître de la maison **quatre**, situé dans un Kendra, est bénéfique si c'est une planète maléfique naturel. Mais le maître de la maison quatre situé dans un Kendra est maléfique si c'est une planète bénéfique naturel. **Ceci est une règle s'appliquant à tous les Kendras (4, 7 et 10).** S'il est puissant, il est bénéfique pour *manas* (l'esprit).
- Le maître de la maison **cinq** est généralement bénéfique, parce que la cinquième maison est un Trikona et qu'elle procure de la chance.
- Le maître de la **six**, maison du travail, de la santé et des maladies aigues. Elle est généralement maléfique.
- Le maître de la **sept**, situé dans un Kendra, suit les mêmes règles que celui de la 4 et est bénéfique pour les partenaires. En tant que Maraka ou planète entraînant la mort, il possède également un côté négatif.
- Le maître de la **huit** ou maison des obstacles, des oppositions et des maladies chroniques, est maléfique.
- Le maître de la **neuf**, qui est le meilleur des Trikona et, maison du dharma, est généralement bénéfique.
- Le maître de la **dix** suit les mêmes règles que celles des gouverneurs des Kendras, 4 et 7, et représente la meilleure maison des Kendras en ce qui concerne le domaine social.
- Le maître de la **onze** est généralement neutre, mais bénéfique pour les revenus financiers ou les gains. En tant que maison Upachaya elle tend à s'améliorer avec l'âge, mais est souvent considérée difficile dans la première de notre vie.

- Le maître de la **douze** est généralement maléfique en tant que maison des pertes. Mais elle est souvent de caractère neutre parce que le maître peut aussi gouverner une autre maison.

Lorsqu'une planète gouverne deux maisons, nous devons associer le statut naturel de la planète aux deux maisons qu'elle gouverne, ainsi que sa relation avec le maître de l'Ascendant. Par exemple, Saturne gouverne les maisons 8 et 9 pour un Ascendant Gémeaux, une maison maléfique et une maison bénéfique. Saturne est naturellement maléfique mais est normalement ami de Mercure, gouvernant les Gémeaux. Son signe Mulatrikona Verseau gouverne la maison 9. Par conséquent, il sera mixte mais légèrement bénéfique pour les Gémeaux. S'il est un ennemi temporel de Mercure dans le thème, ses résultats tendront à être maléfiques. Il peut fonctionner soit en tant que maître des maisons 8 ou 9, selon ses aspects et ses associations. Les positions planétaires de chaque thème modifieront ces principes régissant les maîtres des maisons.

Lorsque nous classifions une planète de neutre ou de mixte selon son Ascendant, cela signifie qu'elle peut donner à la fois des résultats bénéfiques ou maléfiques dans divers domaines de la vie, et non qu'elle entraîne uniquement des effets neutres.

Lorsque Saturne gouverne les maisons 8 et 9, par exemple, il sera terni par le maître de sa maison 8 et donnera des effets négatifs. Non seulement ses effets s'annuleront mutuellement, mais seront bénéfiques pour certaines choses et maléfiques pour d'autres.

Les planètes pour chacun des 12 ascendants

Ce qui suit définit chaque planète par Ascendant ainsi que ses effets spécifiques en tant que maîtres de maisons. Ne considérez jamais simplement une planète d'après sa position naturelle, telle que Jupiter comme étant un grand bénéfique. Considérez toujours le gouverneur de sa maison, en tant que maître des maisons 12 ou 5 ou de celle concernant l'Ascendant spécifique. Ces indications sont des indications types qui peuvent être modifiées ou développées.

Ascendant Bélier

Le Soleil

Le Soleil, maître de la maison 5, est la planète de l'intelligence créative, des enfants et du bon karma. Il est très favorable. Il fait de bons avocats, conseillers ou psychologues et donne aux Ascendants Bélier de puissantes passions ainsi qu'une grande créativité.

La Lune

La Lune, maître de la 4, est la planète des émotions, du foyer, du bonheur et de la mère. Elle est généralement favorable mais certains astrologues considèrent qu'elle souffre parce qu'elle possède un Kendra comme bénéfique.

Mars

Mars, maître des maisons 1 et 8, est la planète du moi et du corps. Mars est généralement favorable mais est corrompue par le fait qu'elle gouverne la maison 8. Elle est un double indicateur de longévité, parce qu'elle gouverne deux maisons de longévité. Mars indique que les Ascendants Bélier peuvent être sujets au vice ou à un manque de moralité d'une part ou qu'ils peuvent effectuer des recherches approfondies d'autre part (significations négatives et positives de la maison 8).

Mercure

Mercure, maître des maisons 3 et 6, est la planète de l'énergie, de l'impulsion, des blessures, des maladies, des ennemis et de l'habileté. Elle indique des possibilités de conflits avec les amis. Les Ascendants Bélier ont généralement un intellect trop critique, ce qui peut les entraîner dans les conflits et les controverses. Ainsi, Mercure est généralement défavorable pour les Ascendants Bélier.

Jupiter

Jupiter, maître des maisons 9 et 12, est la planète spirituelle octroyant de la grâce et indiquant la renonciation provenant de la sagesse. Les Ascendants Bélier possèdent un grand sens des principes et peuvent être animés d'idéalisme et de bienveillance. Sur un plan plus général, elle peut conférer de la chance, de la fortune et du prestige.

Thu Dec 29,1938 13:10:00   Timezone: -1   Ishtakal : 12:7:34
City :   Zurich   Daylightsaving : 0   Sunrise : Dec 29,38 08:18:58
State :   Longitude: 08E33'00   Sunset : Dec 29,38 16:36:30
Country : USA   Latitude: 47N22'00   Ayanamsha : -23:00:30 Lahiri

Vimshottari
Ma-Su 12-17-2015
Ma-Mo 04-23-2016
Ra-Ra 11-22-2016
Ra-Ju 08-05-2019
Ra-Sa 12-29-2021
Ra-Me 11-04-2024
Ra-Ke 05-24-2027
Ra-Ve 06-11-2028
Ra-Su 06-11-2031
Ra-Mo 05-05-2032
Ra-Ma 11-04-2033
Ju-Ju 11-22-2034
Ju-Sa 01-10-2037
Ju-Me 07-24-2039
Ju-Ke 10-29-2041
Ju-Ve 10-05-2042
Ju-Su 06-05-2045
Ju-Mo 03-24-2046
Ju-Ma 07-24-2047
Ju-Ra 06-29-2048

Samudaya Ashtakavarga

23	27	24	27
22			35
38			30
26	24	26	35

Vimshottari
Saturn   11-23-1930
Mercury 11-23-1949
Ketu   11-23-1966
Venus   11-23-1973
Sun   11-23-1993
Moon   11-23-1999
Mars   11-22-2009
Rahu   11-22-2016
Jupiter 11-22-2034
Saturn   11-22-2050

Planet positions:
Sa 18:24, Mo 09:00, As 12:38, Ke 23:19, Ju 06:56, Su 14:07, Ve 02:43, Me 22:13, Ma 17:56, Ra 23:19

D9 Navamsha (spouse) / Birth Chart / Bhava (Sripati)

Degree	RC	Rashi	Nakshatra	p#	lrd/sb/ssb	Dignity	SB
As 12:38:51		Ari	Ashwini	4	Ke/Me/Ra		
Su 14:07:24		Sag	P.Shad.	1	Ve/Ve/Ma	Grt.Fr.	1.22
Mo 09:00:58		Pis	U.Bhadra.	2	Sa/Ve/Ra	Frnd.	1.03
Ma 17:56:03		Lib	Swati	4	Ra/Su/Me	Frnd.	1.14
Me 22:13:34		Sco	Jyeshtha	2	Me/Mo/Mo	Frnd.	1.01
Ju 06:56:27		Aqu	Satabhi.	1	Ra/Ra/Ra	Frnd.	1.43
Ve 02:43:26		Sco	Vishakha	4	Ju/Ra/Ve	Frnd.	1.37
Sa 18:24:59		Pis	Revati	1	Me/Me/Sa	Frnd.	1.04
Ra 23:19:11		Lib	Vishakha	1	Ju/Sa/Ra	Neutr.	
Ke 23:19:11		Ari	Bharani	3	Ve/Sa/Ma	Neutr.	

Vénus

Vénus, maître des maisons 2 et 7, est la planète de la richesse et des relations, indiquant souvent des gains par le mariage et les associations, ou bien plusieurs partenaires. Vénus n'est pas très favorable ni très maléfique mais en tant que maître des deux maisons Maraka Vénus indique généralement la mort pour les Ascendants Bélier.

Saturne

Saturne, maître des maisons 10 et 11, est la planète du pouvoir, du prestige, des gains, de l'impulsion, des blessures et des maladies. Les Ascendants Bélier ont l'ambition du succès et de l'accomplissement. Ils peuvent s'épuiser prématurément si Saturne est affligé. Saturne peut s'avérer être la planète la plus défavorable pour les Ascendants Bélier.

Résumé

Le Soleil et Jupiter (maîtres des maisons 5 et 9) procurent une force et un caractère spirituels. Mercure et Saturne (maîtres des maisons 6 et 11) indiquent un caractère impulsif et une nature sérieuse. Le Soleil et la Lune (maîtres des maisons 4 et 5) procurent tous deux un impact puissant dans la vie et une forte nature créative. Le Soleil et la Lune, ou la Lune et Jupiter (maîtres des maisons Kendra et des maisons en Trikona) forment un Raja Yoga entraînant un grand prestige. L'Ascendant Bélier est l'Ascendant le plus simple et généralement le plus facile à examiner. C'est parce que les maisons et les maîtres des signes sont toujours en corrélation. Lorsque le premier signe correspond à la première maison, tous les autres signes correspondent aux autres maisons correspondantes. Ainsi, les planètes sont des significateurs doubles pour les Ascendants Bélier. C'est la raison pour laquelle les Ascendants Bélier peuvent avoir un thème très puissant ou très faible. Le Bélier, signe de Feu Cardinal (Chara) agit avec puissance et décision.

Ascendant Taureau

Le Soleil

Le Soleil, maître de la maison 4, est la planète des émotions, du foyer et du bonheur. Il indique la tendance des Ascendants Taureau à l'expansion par l'acquisition de biens et le confort, ainsi que l'aspiration de leur âme à la grâce et la beauté. Le Soleil est généralement neutre, considéré légèrement favorable par certains (étant une planète bénéfique gouvernant un Kendra), et légèrement défavorables par d'autres (de par sa nature fondamentale).

La Lune

La Lune, maître de la maison 3, est une planète d'énergie,

d'intérêt, de motivation, d'impulsion et d'enthousiasme. Elle indique un grand sens de curiosité chez les Ascendants Taureau, pouvant les conduire à une quête artistique. La Lune est généralement défavorable pour les Taureaux.

Mars

Mars, maître des maisons 7 et 12 est une planète de relations, de sexualité et de passion. Elle indique l'impulsion sexuelle pouvant les conduire à une perte d'énergie et à la dispersion. Elle peut également indiquer des pertes financières ou des dépenses pour leurs relations. Cette planète est défavorable pour les Taureaux.

Mercure

Mercure, maître des maisons 2 et 5 est une planète d'expression orale, d'éducation et d'intelligence. Elle indique le sens poétique inhérent aux Ascendants Taureau ; leur beauté et l'ordre formel de leur expression. Ils prospèrent grâce à une bonne communication. C'est une planète généralement favorable.

Vénus

Vénus, maître des maisons 1 et 6, indique leur tendance à travailler. Elle indique leur façon de créer leurs propres maladies ou leurs propres ennemis à cause de leur inertie et de leur obstination excessive pour se raccrocher aux formes. Vénus est généralement favorable mais elle est affligée en quelque sorte par le fait de gouverner la maison 6.

Jupiter

Jupiter, maître des maisons 8 et 11, est la planète de l'obstination, la violence et la destruction. Elle indique le danger inhérent à se concentrer sur une expansion matérielle excessive et sur l'autosatisfaction. Jupiter est généralement défavorable, et sa nature est en quelque sorte équilibrée par ses qualités bénéfiques naturelles.

Saturne

Saturne, maître des maisons 9 et 10, procure de l'honneur, du prestige, du pouvoir, une position sociale et de grandes compétences. Il indique une énergie tenace en ce qui concerne les accomplissements pratiques de nature Taureau, qui devient souvent puissant seulement à un âge avancé. Saturne est très favorable et forme un Raja Yoga.

```
Wed Dec 18,1946 16:45:00      Timezone: -1              Ishtakal : 20:18:54
City :    St Jean-Pied-de-Port Daylightsaving : 0        Sunrise : Dec 18,46 08:37:26
State :                        Longitude: 01W18'00       Sunset : Dec 18,46 17:25:50
Country : France               Latitude: 43N13'00        Ayanamsha : -23:06:42 Lahiri
```

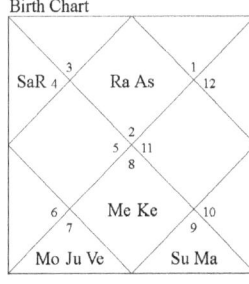

	Vimshottari		Samudaya Ashtakavarga			
	Ke-Ra 06-15-2015		37	22	27	22
	Ke-Ju 07-03-2016					
	Ke-Sa 06-09-2017		27			32
	Ke-Me 07-18-2018					
	Ve-Ve 07-16-2019		25			39
	Ve-Su 11-14-2022					
	Ve-Mo 11-14-2023		22	19	33	32
	Ve-Ma 07-15-2025					

Vimshottari	
Ve-Ra 09-14-2026	
Ve-Ju 09-14-2029	Rahu 07-16-1942
Ve-Sa 05-15-2032	Jupiter 07-15-1960
Ve-Me 07-15-2035	Saturn 07-15-1976
Ve-Ke 05-15-2038	Mercury 07-16-1995
Su-Su 07-15-2039	Ketu 07-15-2012
Su-Mo 11-02-2039	Venus 07-16-2019
Su-Ma 05-03-2040	Sun 07-15-2039
Su-Ra 09-07-2040	Moon 07-15-2045
Su-Ju 08-02-2041	Mars 07-15-2055
Su-Sa 05-21-2042	Rahu 07-15-2062
Su-Me 05-03-2043	

D9 Navamsha (spouse)

	Su	Ju Ve	Ma Ra
			As
Ke Mo	Me SaR		

Birth Chart

```
        3         1
   SaR 4   Ra As   12
            2
          5   11
            8
        6         10
       7  Me Ke   9
       Mo Ju Ve   Su Ma
```

Bhava (Sripati)

		Ra As	
			SaR
Ma		Su Me Ke	Mo Ju Ve

	Degree	R	C	Rashi	Nakshatra	p#	lrd/sb/ssb	Dignity	SB
As	22:50:47			Tau	Rohini	4	Mo/Su/Ra		
Su	03:01:12			Sag	Moola	1	Ke/Su/Su	Grt.Fr.	1.01
Mo	09:56:41			Lib	Swati	1	Ra/Ju/Mo	Enemy	0.90
Ma	07:47:45		c	Sag	Moola	3	Ke/Ju/Sa	Grt.Fr.	1.18
Me	14:15:28			Sco	Anuradha	4	Sa/Ra/Ve	Frnd.	1.23
Ju	24:45:54			Lib	Vishakha	2	Ju/Me/Mo	Grt.En.	0.78
Ve	26:01:01			Lib	Vishakha	2	Ju/Ke/Mo	Own	1.15
Sa	15:03:43	R		Can	Pushya	4	Sa/Ju/Ju	Neutr.	1.03
Ra	18:37:33			Tau	Rohini	3	Mo/Me/Mo	Exalt.	
Ke	18:37:33			Sco	Jyeshtha	1	Me/Ke/Ve	Exalt.	

Résumé

La Lune, Mars et Jupiter (maîtres des maisons 3, 8 et 12) entraînent du danger, des actions imprudentes, et la ruine soudaine. Mercure et Jupiter (maîtres des maisons 5 et 8) procurent toutes deux une profonde intelligence. Saturne forme un Raja Yoga et entraîne de grandes œuvres. Vénus et Mars procurent toutes deux une disposition extrêmement sensuelle et une possibilité de dispersion. Pour les Ascendants Taureau, Vénus entraîne davantage de succès si elle est tempérée par Saturne. Le Taureau, signe de Terre Fixe (Sthira), rend les Ascendants Taureau lents à initier les choses mais très efficaces pour les accomplir. Ils sont souvent conservateurs et lorsqu'ils sont intéressés par quelque chose, ils ont du mal à l'abandonner. Par conséquent, leurs planètes se manifestent lentement mais minutieusement.

Ascendant Gémeaux

Le soleil

Le Soleil, maître de la maison 3, indique la curiosité de l'âme des Gémeaux, leur impulsion intellectuelle et leurs fortes opinions. Le Soleil indique également leur grand sens de l'amitié et leur tendance à former des alliances, en particulier pour concrétiser leurs idées. Le Soleil est défavorable pour les Gémeaux.

La lune

La Lune, maître de la maison 2, procure une aisance d'expression orale, une bonne éducation et l'aptitude à acquérir de la fortune. De plus, elle indique une grande sensibilité et le besoin d'être nourri sur le plan affectif. La Lune est généralement neutre.

Mars

Mars, maître des maisons 6 et 11, est triplement une planète de difficultés (de par sa nature et parce qu'elle régit les maisons 6 et 11). Les Ascendants Gémeaux ont tendance à subir des accidents et des blessures à cause de leur distraction ou à cause de leur comportement impulsif. Ils souffrent d'une activité mentale excessive, de surmenage ou d'hypersensibilité conduisant à un épuisement nerveux. Mars leur est défavorable.

Astrologie Védique

```
Wed Aug 25,1976 03:00:00    Timezone: -1              Ishtakal : 49:56:52
City :    Paris              Daylightsaving : 1        Sunrise : Aug 24,76 07:01:15
State :                      Longitude: 02E20'00       Sunset : Aug 24,76 20:43:40
Country : France             Latitude: 48N52'00        Ayanamsha : -23:32:03 Lahiri
```

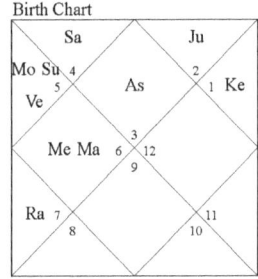

				Vimshottari		Samudaya Ashtakavarga			
	Ke 12:04	Ju 06:36	As 23:48	Mo-Ve 12-24-2015		32	30	29	38
				Mo-Su 08-24-2017					
				Ma-Ma 02-22-2018		27			27
				Ma-Ra 07-22-2018					
			Sa 16:22	Ma-Ju 08-09-2019		28			21
				Ma-Sa 07-15-2020					
				Ma-Me 08-24-2021		22	28	27	28
				Ma-Ke 08-21-2022					
			Mo 02:51	Ma-Ve 01-17-2023	Vimshottari				
			Su 08:25	Ma-Su 03-18-2024	Ketu 02-23-1975				
			Ve 26:59	Ma-Mo 07-24-2024	Venus 02-23-1982				
				Ra-Ra 02-22-2025	Sun 02-23-2002				
				Ra-Ju 11-05-2027	Moon 02-23-2008				
				Ra-Sa 03-31-2030	Mars 02-22-2018				
				Ra-Me 02-04-2033	Rahu 02-22-2025				
				Ra-Ke 08-24-2035	Jupiter 02-22-2043				
		Me 05:38		Ra-Ve 09-11-2036	Saturn 02-22-2059				
	Ra 12:04	Ma 06:58		Ra-Su 09-11-2039	Mercury 02-22-2078				
				Ra-Mo 08-05-2040	Ketu 02-22-2095				
				Ra-Ma 02-04-2042					

Degree	RC	Rashi	Nakshatra	p#	lrd/sb/ssb	Dignity	SB
As 23:48:19		Gem	Punarvasu	2	Ju/Sa/Ju		
Su 08:25:23		Leo	Magha	3	Ke/Ju/Ke	Moolt.	1.31
Mo 02:51:40	c	Leo	Magha	1	Ke/Ve/Me	Neutr.	1.00
Ma 06:58:30		Vir	U.Phalg.	4	Su/Me/Sa	Grt.En.	1.54
Me 05:38:27		Vir	U.Phalg.	3	Su/Me/Ve	Exalt.	1.33
Ju 06:36:02		Tau	Krittika	3	Su/Me/Ju	Neutr.	1.10
Ve 26:59:51		Leo	U.Phalg.	1	Su/Su/Sa	Grt.En.	1.27
Sa 16:22:40		Can	Pushya	4	Sa/Ju/Ma	Neutr.	1.31
Ra 12:04:15		Lib	Swati	2	Ra/Sa/Ra	Neutr.	
Ke 12:04:15		Ari	Ashwini	4	Ke/Me/Ve	Neutr.	

Mercure

Mercure, maître des maisons 1 et 4, indique l'unification de la personnalité et de l'esprit. Alors que cela fournit des pouvoirs mentaux précis, cela réduit l'objectivité de soi. Tout aspect avec Mercure affectera triplement l'esprit parce que cette planète gouverne la personnalité, l'Ascendant, le mental et la maison 4 et parce qu'elle indique également l'intellect de par sa nature. Mercure est favorable en tant que maître de l'Ascendant.

Jupiter

Jupiter, maître des maisons 7 et 10, indique une forte volonté et un grand idéalisme ainsi que la recherche du prestige dans les relations avec les autres. Les Ascendants Gémeaux s'expriment beaucoup trop dans leurs relations avec les autres, ce qui les conduit à la dispersion et à trop gaspiller leur énergie. Bien que Jupiter soit généralement défavorable, c'est principalement lorsque sa position est faible en maison ou en aspect qu'elle donnera de mauvais résultats.

Vénus

Vénus, maître des maisons 5 et 12, est la planète de la passion et du luxe. Elle indique leur pouvoir envers le grand sens artistique et la richesse mais également leur sexualité excessive conduisant à la perte ou à la dissipation. Vénus leur procure la créativité et l'intelligence et une bonne chance en général. Vénus est sûrement la meilleure planète pour cet Ascendant, après Mercure.

Saturne

Saturne, maître des maisons 8 et 9, peut fonctionner en tant que planète spirituelle, leur fournissant une profonde intelligence. Cette planète indique également l'ambiguïté principale ainsi que les contradictions des Ascendants Gémeaux, ce qui peut les anéantir. Ils peuvent être pris dans la dualité de leur propre esprit. Par conséquent, les fonctions de Saturne deviennent légèrement favorables parce que son Mulatrikona est en Verseau en maison 9.

Résumé

Vénus et Mercure (maîtres des maisons 4 et 5) forment toutes deux un Raja Yoga. Vénus et Saturne (maîtres des maisons 5 et 9) procurent beaucoup de succès dans la vie. Mercure et Saturne (maîtres des maisons 1 et 9) procurent une conscience spirituelle. Mars avec Jupiter ou le Soleil (maîtres des maisons 6, 7 et 11) entraînent un esprit troublé ou hyperactif, pouvant conduire à des difficultés ou à des désastres. En tant que signe d'Air Mutable (Dvisvabhava), les planètes pour l'Ascendant Gémeaux ont tendance à disperser et à répandre leur énergie. Bien que ce soit un bon Ascendant pour l'esprit, il n'est pas si bénéfique pour la santé à long terme.

Ascendant Cancer

Le Soleil

Le Soleil, maître de la maison 2, est la planète de l'élocution, de la richesse et de l'éducation, procurant de bons revenus financiers et la capacité à diriger. Il peut cependant entraîner de grandes dépenses et des responsabilités matérielles lorsqu'il est affligé. Les Ascendants Cancer mettent leur âme dans leurs communications. Le Soleil leur est généralement neutre.

La Lune

La Lune, maître de la maison 1, est la planète de la personnalité et de l'orientation primaire dans la vie. Elle montre que pour les Ascendants Cancer, l'âme et les émotions sont extrêmement liées. Cela leur fournit une grande sympathie et une grande sensibilité pouvant les rendre passifs ou influencés par les tendances sociales, dont ils peuvent également devenir les représentants. Ils mettent leur cœur dans les sentiments humains et les considérations affectives leur sont très importantes. La Lune est favorable en tant que maître de l'Ascendant.

Mars

Mars, maître des maisons 5 et 10, entraîne une grande puissance. Les Ascendants Cancer ont besoin d'organiser leurs énergies et d'agir avec force et discipline pour réussir dans leur vie. Mars leur est très favorable et forme un Raja Yoga. Cependant, en tant que maléfique naturel, il peut causer des difficultés.

Mercure

Mercure, maître des maisons 3 et 12, indique leur tendance à perdre de l'énergie et leur puissance mentale. Ils peuvent également souffrir de pertes provenant de leurs amis, étant donné que leurs alliances sont davantage basées sur les sentiments que sur les véritables affinités. Mercure leur est généralement défavorable.

Jupiter

Jupiter, maître des maisons 6 et 9, indique leur nature éthique et leur sympathie fondamentale même envers les ennemis ou les étrangers. Si Jupiter est faible, elle indique les pertes dont ils sont responsables. Jupiter est généralement favorable mais peut parfois fonctionner de façon négative parce qu'il est maître de la maison 6, en particulier lorsque plusieurs maléfiques sont situées en maison 6.

```
Sun Oct 24,1926 23:45:00    Timezone: 8              Ishtakal : 43:57:0
City :    Santa Monica      Daylightsaving : 0       Sunrise : Oct 24,26 06:10:12
State :   California        Longitude: 118W29'25     Sunset : Oct 24,26 17:05:51
Country : USA                Latitude: 34N01'10      Ayanamsha : -22:49:47 Lahiri
```

		Mo 02:03	Vimshottari	Samudaya Ashtakavarga

(Rasi Chart – North Indian style)

Top row: MaR 21:52 | Mo 02:03, Ra 16:48
Right: As 17:46
Left: Ju 24:41
Bottom: Ke 16:48 | Sa 02:38 | Ve 01:28, Su 08:18, Me 29:23

Vimshottari:
Ve-Ra 05-26-2013
Ve-Ju 05-26-2016
Ve-Sa 01-25-2019
Ve-Me 03-26-2022
Ve-Ke 01-24-2025
Su-Su 03-26-2026
Su-Mo 07-14-2026
Su-Ma 01-13-2027
Su-Ra 05-20-2027
Su-Ju 04-13-2028
Su-Sa 01-30-2029
Su-Me 01-12-2030
Su-Ke 11-19-2030
Su-Ve 03-27-2031
Mo-Mo 03-26-2032
Mo-Ma 01-24-2033
Mo-Ra 08-25-2033
Mo-Ju 02-24-2035
Mo-Sa 06-25-2036
Mo-Me 01-24-2038

Samudaya Ashtakavarga:
25	29	29	26
28			31
23			39
29	28	24	26

Vimshottari:
Mars   03-27-1922
Rahu   03-27-1929
Jupiter 03-27-1947
Saturn   03-27-1963
Mercury 03-27-1982
Ketu   03-27-1999
Venus   03-27-2006
Sun   03-26-2026
Moon   03-26-2032
Mars   03-26-2042

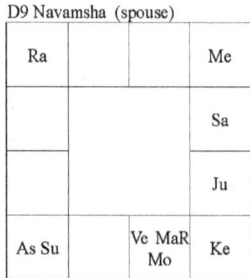

D9 Navamsha (spouse)

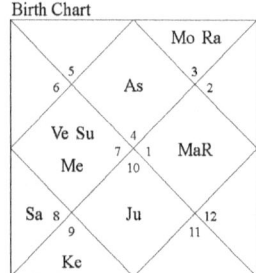

Birth Chart

Bhava (Sripati)

	Degree	RC	Rashi	Nakshatra	p#	lrd/sb/ssb	Dignity	SB
As	17:46:18		Can	Ashlesha	1	Me/Me/Ra		
Su	08:18:35		Lib	Swati	1	Ra/Ra/Su	Debil.	0.95
Mo	02:03:15		Gem	Mrigashi	3	Ma/Ke/Ve	Neutr.	1.08
Ma	21:52:06	R	Ari	Bharani	3	Ve/Ju/Ra	Own	1.63
Me	29:23:43		Lib	Vishakha	3	Ju/Su/Ve	Neutr.	1.18
Ju	24:41:22		Cap	Dhanish.	1	Ma/Ra/Sa	Debil.	0.86
Ve	01:28:22	c	Lib	Chitra	3	Ma/Me/Ju	Moolt.	1.52
Sa	02:38:18		Sco	Vishakha	4	Ju/Ra/Ve	Grt.En.	1.13
Ra	16:48:15		Gem	Ardra	4	Ra/Ve/Sa	Moolt.	
Ke	16:48:15		Sag	P.Shad.	2	Ve/Mo/Sa	Moolt.	

Vénus

Vénus, maître des maisons 4 et 11, indique leur quête de biens et de confort. Elle est leur planète de sensualité indiquant leur sentimentalité et leur attachement qu'ils doivent apprendre à contrôler. Elle leur fournit souvent des revenus financiers provenant de propriétés ou de véhicules. Vénus leur est généralement défavorable.

Saturne

Saturne, maître des maisons 7 et 8, indique leur tendance à avoir des relations avec des personnes de statut inférieur, pouvant travailler dur ou parler de façon rude. Les Ascendants Cancer peuvent souffrir dans les relations avec les autres. En tant que maître d'une maison moksha (maison 8) Saturne peut entraîner un Cancer vers la recherche spirituelle. Saturne est leur planète la plus défavorable.

Résumé

Pour les Ascendants Cancer, Mars et Jupiter (maîtres des maisons 9 et 10) leur procurent de la puissance politique et sociale ainsi que du prestige. Mars forme un Raja Yoga simplement à lui seul. Jupiter et le Soleil (maîtres des maisons 2 et 9) procurent de l'intelligence. Mercure et Vénus (maîtres des maisons 3 et 11) entraînent des difficultés. Saturne et Vénus (maîtres des maisons 8 et 11) entraînent des difficultés. En tant que signe d'Eau Cardinal (Chara), les Ascendants Cancer sont capables d'exprimer leurs émotions et font une forte impression sur les autres. Ils accomplissent souvent beaucoup de choses dans leur vie grâce à leur aptitude à communiquer avec les autres et à leurs aptitudes diplomatiques. Leur propre timidité et sensibilité initiale (nature lunaire) les freinent souvent.

Ascendant Lion

Le Soleil

Le Soleil, maître de la maison 1, indique le caractère, la volonté, l'ego et l'âme des Ascendants Lion. Les Ascendants Lion possèdent une grande passion envers la vie et s'expriment librement, ils possèdent une bonne intelligence créative, ainsi qu'un esprit raffiné pouvant dégénérer en vanité ou en ostentation. Ils peuvent développer du charisme mais peuvent être dramatiques ou égocentriques. Le Soleil est doublement un indicateur de personnalité parce qu'il est à la fois le gouverneur et l'indicateur de la maison 1 et tout aspect qu'il aura sera doublement puissant en ce qui concerne son caractère. Le Soleil est favorable parce qu'il est maître de l'Ascendant.

La Lune

La Lune, maître de la maison 12, est une planète de spiritualité ainsi que généreuse et de soutien sur le plan émotionnel. Les Ascendants Lion ont tendance à avoir une sensibilité sociale sous-développée, parce qu'ils possèdent une conscience d'eux-mêmes très développée, mais lorsqu'ils se sont identifiés à quelqu'un ou à quelque chose, ils sont capables d'un grand abandon de soi. Sur le plan négatif, cela peut les conduire à la perte, la séparation ou la tristesse. Sur le plan positif, cela peut entraîner le détachement et l'aptitude à la contemplation. La Lune est neutre parce qu'elle est maître de la maison 12 et peut entraîner de mauvais résultats si elle est mal aspectée ou mal associée.

Mars

Mars, maître des maisons 4 et 9, indique un grand esprit, une grande énergie et un beaucoup de zèle, permettant d'accomplir de grandes choses dans la vie. Les Ascendants Lion peuvent exprimer les qualités supérieures de Mars et peuvent développer une grande perception et perspicacité, grâce auxquelles ils peuvent découvrir un moyen d'action efficace. Mars est très favorable, parce qu'il forme un Raja Yoga.

Mercure

Mercure, maître des maisons 2 et 11, indique une aptitude aux gains matériels considérables et aux gains provenant de leur travail, et une aptitude à avoir des revenus élevés, car Mercure est un double significateur de richesse. Les Ascendants Lion réussissent généralement bien dans le monde des affaires, parce qu'ils savent mettre leur personnalité en avant. Mercure leur est généralement défavorable pour les autres domaines de la vie.

Astrologie Védique

Thu May 15,1952 13:30:00	Timezone: 10	Ishtakal : 19:14:13	
City : Hilo	Daylightsaving : 0	Sunrise : May 15,52 05:48:19	
State : Hawaii	Longitude: 155W05'24	Sunset : May 15,52 18:45:07	
Country : USA	Latitude: 19N43'47	Ayanamsha : -23:11'39 Lahiri	

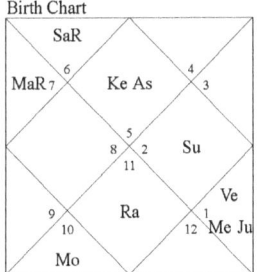

```
                Me 08:49
                Ju 10:50    Su 01:50
                Ve 21:03

Ra 02:56

                            Ke 02:56
Mo 23:33                    As 18:58


                MaR 12:09  SaR 15:32
```

Vimshottari
Me-Ve 08-27-2015
Me-Su 06-26-2018
Me-Mo 05-03-2019
Me-Ma 10-01-2020
Me-Ra 09-28-2021
Me-Ju 04-17-2024
Me-Sa 07-24-2026
Ke-Ke 04-02-2029
Ke-Ve 08-29-2029
Ke-Su 10-29-2030
Ke-Mo 03-06-2031
Ke-Ma 10-05-2031
Ke-Ra 03-02-2032
Ke-Ju 03-21-2033
Ke-Sa 02-25-2034
Ke-Me 04-05-2035
Ve-Ve 04-02-2036
Ve-Su 08-02-2039
Ve-Mo 08-01-2040
Ve-Ma 04-02-2042

Sarnudaya Ashtakavarga

30	21	24	32
35			25
31			31
26	34	22	26

Vimshottari
Mars   04-02-1952
Rahu   04-03-1959
Jupiter   04-02-1977
Saturn   04-02-1993
Mercury   04-02-2012
Ketu   04-02-2029
Venus   04-02-2036
Sun   04-01-2056
Moon   04-02-2062
Mars   04-01-2072

D9 Navamsha (spouse)

	Ke	SaR	Me
			Ju
Su MaR			Mo
	Ve Ra	As	

Birth Chart

```
        SaR
   MaR 7    4  Ke As
       5       3
        8   2
           11
   9             Ve
     10   Ra    1
         Mo    12 Me Ju
```

Bhava (Sripati)

	Su Me Ju Ve		
			Ke
Ra Mo			As
		MaR	SaR

	Degree	RC	Rashi	Nakshatra	p#	lrd/sb/ssb	Dignity	SB
As	18:58:38		Leo	P.Phalg.	2	Ve/Ra/Sa		
Su	01:50:55		Tau	Krittika	2	Su/Ju/Me	Neutr.	1.29
Mo	23:33:25		Cap	Dhanish.	1	Ma/Ma/Ju	Enemy	0.99
Ma	12:09:11	R	Lib	Swati	2	Ra/Sa/Ra	Enemy	1.36
Me	08:49:16		Ari	Ashwini	3	Ke/Ju/Mo	Enemy	0.84
Ju	10:50:43		Ari	Ashwini	4	Ke/Sa/Ma	Neutr.	1.34
Ve	21:03:35		Ari	Bharani	3	Ve/Ju/Ve	Enemy	0.94
Sa	15:32:15	R	Vir	Hasta	2	Mo/Ju/Ra	Neutr.	1.00
Ra	02:56:07		Aqu	Dhanish.	3	Ma/Ve/Ve	Own	
Ke	02:56:07		Leo	Magha	1	Ke/Ve/Ke	Neutr.	

Jupiter

Jupiter, maître des maisons 5 et 8, est la planète de l'intelligence profonde et de la grande recherche. Elle peut être une planète de passion et de vice, indiquant des difficultés et du déshonneur provenant de la passion. Jupiter procure une forte énergie créative aux Ascendants Lion et généralement plusieurs enfants puisqu'il est maître de la maison 5. Jupiter est généralement favorable mais affligée parce qu'elle gouverne la maison 8.

Vénus

Vénus, maître des maisons 3 et 10, est la planète du pouvoir et du prestige. Elle indique le danger d'avoir de l'orgueil, de la vanité et une ambition excessive. Elle indique également l'aptitude à se faire des amis ou à travailler avec des personnes ayant des postes élevés. Elle procure le succès matériel parce qu'elle est le maître de la maison 10. Vénus est généralement impulsive et défavorable.

Saturne

Saturne, maître des maisons 6 et 7, est la planète des maladies, ainsi que des relations. Les Lions tendent à subordonner leurs partenaires ou à en choisir un de statut inférieur. Saturne est la planète la plus défavorable pour les Lions.

Résumé

Mercure et Mars entraînent ensemble une grande richesse et beaucoup de chance. Un Mars puissant forme un Raja Yoga. Mars et Jupiter (maîtres des maisons 5 et 9) entraînent un bon karma ou une croissance spirituelle, en particulier s'ils sont associés à la Lune (maître de la maison 12). Vénus et Saturne (maîtres des maisons 3 et 6) sont difficiles et leurs résultats dépendent de leur emplacement dans le thème. Le Lion en tant que signe de Feu Fixe (Sthira), indique une grande force de volonté et une grande détermination. Ses planètes ont ainsi tendance à agir avec force et consistance.

Ascendant Vierge

Le Soleil

Le Soleil, maître de la maison 12, indique la tendance des Ascendants Vierge au service altruiste et à l'abnégation de soi. Au niveau inférieur, cela peut indiquer de la servilité. Au niveau supérieur, cela leur fournit une aptitude au travail spirituel. La capacité de nier ou de modifier le moi peut également leur procurer des talents d'acteur, ou des difficultés psychologiques. Le Soleil est généralement neutre et bénéficie des associations avec un Mercure fort.

Astrologie Védique

```
Fri Sep 3,1976  10:00:00      Timezone: -1              Ishtakal : 6:51:42
City :   Paris                Daylightsaving : 1        Sunrise : Sep 3,76  07:15:19
State :                       Longitude: 02E20'00       Sunset : Sep 3,76  20:23:36
Country : France              Latitude: 48N52'00        Ayanamsha : -23:32:04 Lahiri
```

	Ke 11:37	Ju 07:13	
			Sa 17:29
			Su 17:24
Mo 15:13		Ra 11:37	Ve 08:25 Me 12:52 Ma 12:57 As 17:19

Vimshottari
Ma-Su 11-29-2015
Ma-Mo 04-05-2016
Ra-Ra 11-04-2016
Ra-Ju 07-18-2019
Ra-Sa 12-11-2021
Ra-Me 10-17-2024
Ra-Ke 05-06-2027
Ra-Ve 05-24-2028
Ra-Su 05-24-2031
Ra-Mo 04-17-2032
Ra-Ma 10-17-2033
Ju-Ju 11-04-2034
Ju-Sa 12-23-2036
Ju-Me 07-06-2039
Ju-Ke 10-11-2041
Ju-Ve 09-17-2042
Ju-Su 05-18-2045
Ju-Mo 03-06-2046
Ju-Ma 07-06-2047
Ju-Ra 06-11-2048

Sarvudaya Ashtakavarga

26	24	33	31
36			35
26			18
25	26	30	27

Vimshottari
Venus   11-05-1973
Sun   11-04-1993
Moon   11-05-1999
Mars   11-04-2009
Rahu   11-04-2016
Jupiter   11-04-2034
Saturn   11-04-2050
Mercury   11-04-2069
Ketu   11-04-2086
Venus   11-04-2093

D9 Navamsha (spouse)

Ju Ve	Me Ma		As
			Ke
Ra			Mo
Sa			Su

Birth Chart

	Ra	Su	
	Ve Me Ma As		Sa
	Mo		
		Ju	
	Ke		

Bhava (Sripati)

	Ke	Ju	
			Sa
			Su
Mo		Ra	Ve Me Ma As

```
         Degree    RCRashi Nakshatra   p# lrd/sb/ssb  Dignity   SB
As  17:19:25       Vir    Hasta        3  Mo/Sa/Ra
Su  17:24:25       Leo    P.Phalg.     2  Ve/Ma/Ra    Moolt.   1.25
Mo  15:13:10       Sag    P.Shad.      1  Ve/Ve/Me    Enemy    1.38
Ma  12:57:30       Vir    Hasta        1  Mo/Ra/Me    Grt.En.  1.22
Me  12:52:23       Vir    Hasta        1  Mo/Ra/Me    Exalt.   1.46
Ju  07:13:41       Tau    Krittika     4  Su/Ke/Mo    Grt.En.  1.04
Ve  08:25:32       Vir    U.Phalg.     4  Su/Ve/Mo    Debil.   1.31
Sa  17:29:48       Can    Ashlesha     1  Me/Me/Mo    Grt.En.  1.17
Ra  11:37:00       Lib    Swati        2  Ra/Sa/Su    Neutr.
Ke  11:37:00       Ari    Ashwini      4  Ke/Me/Me    Neutr.
```

La Lune

La Lune, maître de la maison 11, indique l'aptitude aux gains élevés provenant d'un travail intellectuel ou de la communication sociale. Ils peuvent facilement travailler en groupe ou avec un public, tout comme il leur est difficile de fonctionner seuls. La Lune leur est généralement impulsive et défavorable.

Mercure

Mercure, maître des maisons 1 et 10, est la planète de la personnalité et de la carrière. Les Ascendants Vierge ont tendance à s'identifier énormément avec leur carrière et avec leur vocation. Ils appartiennent à leur travail et leur travail est leur vie. Mercure est favorable, étant le maître de l'Ascendant.

Mars

Mars, maître des maisons 3 et 8 est une planète difficile. Elle indique la tendance à souffrir d'accidents, de blessures, d'épuisement nerveux ou de troubles neuromusculaires. Les Ascendants Vierge doivent faire attention à ne pas trop s'exposer au danger et au risque. Leur énergie mentale est supérieure à leur énergie physique et ils peuvent épuiser leur énergie physique. Mars leur est très défavorable.

Jupiter

Jupiter, maître des maisons 4 et 7, est la planète des émotions, du foyer et des relations. Les Ascendants Vierge ont besoin d'une base solide dans leur foyer et dans leurs relations pour développer leur énergie. Bien que Jupiter soit généralement défavorable, elle crée principalement des problèmes lorsqu'elle est dans un emplacement faible dans le thème.

Vénus

Vénus, maître des maisons 2 et 9, est la planète de la grâce, de la chance, de la fortune et du succès. Les Ascendants Vierge prospèrent dans l'expression artistique et les entreprises, y compris dans l'enseignement et la communication. Spirituellement, ils grandissent en développant une discrimination philosophique. Vénus est généralement la meilleure planète pour la Vierge.

Saturne

Saturne, maître des maisons 5 et 6, indique une tendance pouvant entraîner des maladies. Elle indique une tendance à ne pas obtenir trop de bonheur provenant des enfants. Pour eux, la santé signifie équilibrer leur travail avec les loisirs ou le sport. Saturne est de nature neutre ou mixte, bien qu'elle entraîne souvent de nombreux problèmes de santé.

Résumé

Vénus avec Mercure (maîtres des maisons 5 et 10), forment un Raja Yoga ou beaucoup de prestige. Vénus avec Saturne (maîtres des maisons 5 et 9), procure une bonne intelligence et un développement spirituel. Mars avec Saturne (maîtres des maisons 6 et 8) entraîne des maladies de nature souvent nerveuse. La Lune avec Vénus (maître des maisons 9 et 11) peut procurer une grande richesse. La Vierge, signe de Terre Mutable (Dvisvabhava), fait preuve d'une grande sensibilité et d'une grande adaptabilité au niveau physique. Ses planètes fonctionnent avec subtilité et variabilité.

Ascendant Balance

Le Soleil

Le Soleil, maître de la maison 11, est la planète des gains, de l'impulsion, de l'inspiration et des idéaux, ainsi que du pouvoir et de l'habileté. Les Ascendants Balance tendent à avoir une suffisance idéaliste. Ils possèdent de grands projets difficiles à réaliser. Le Soleil est généralement impulsif et défavorable pour la Balance.

La Lune

La Lune, maître de la maison 10, est la planète du pouvoir, du prestige, de l'action et de la réalisation. La Balance obtient de l'influence et de la célébrité par une sympathie lunaire avec les autres. Au niveau politique, cela peut leur donner du pouvoir sur les masses. Ils sont généralement progressifs et conscients des tendances sociales. La Lune est généralement neutre mais est parfois considérée défavorable.

Mars

Mars, maître des maisons 2 et 7, est la planète de la richesse et des relations et est la planète Maraka pour les Ascendants Balance. La Balance peut projeter une passion au sein de la relation ou en expérimenter une dans sa relation. Mars est généralement défavorable pour les Ascendants Balance.

Vaidya Atreya Smith

```
Wed Jul 6,1949  14:40:00      Timezone: 8              Ishtakal : 24:27:42
City :    Santa Monica        Daylightsaving : 0       Sunrise : Jul 6,49  04:52:55
State :   California          Longitude: 118W29'25     Sunset : Jul 6,49  19:04:01
Country : USA                 Latitude: 34N01'10       Ayanamsha : -23:09:01 Lahiri
```

			Me 01:46	Vimshottari		Samudaya Ashtakavarga			
Ra 28:57		Ma 25:44	Su 21:20	Mo-Sa 05-04-2015		34	31	26	28
				Mo-Me 12-02-2016					
				Mo-Ke 05-04-2018		25			20
				Mo-Ve 12-03-2018					
			Ve 12:53	Mo-Su 08-03-2020		28			32
				Ma-Ma 02-01-2021					
				Ma-Ra 06-30-2021		29	33	28	23
				Ma-Ju 07-19-2022					
				Ma-Sa 06-25-2023	Vimshottari				
				Ma-Me 08-03-2024	Saturn 02-02-1942				
				Ma-Ke 07-31-2025	Mercury 02-02-1961				
JuR 05:48			Sa 09:43	Ma-Ve 12-27-2025	Ketu 02-02-1978				
				Ma-Su 02-26-2027	Venus 02-02-1985				
				Ma-Mo 07-04-2027	Sun 02-01-2005				
				Ra-Ra 02-02-2028	Moon 02-02-2011				
				Ra-Ju 10-15-2030	Mars 02-01-2021				
				Ra-Sa 03-10-2033	Rahu 02-02-2028				
	Mo 08:32	As 23:36	Ke 28:57	Ra-Me 01-15-2036	Jupiter 02-01-2046				
				Ra-Ke 08-03-2038	Saturn 02-01-2062				
				Ra-Ve 08-21-2039					

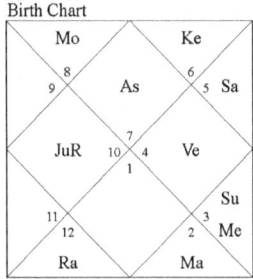

D9 Navamsha (spouse)				Birth Chart	Bhava (Sripati)			
Ra	Su	As	Sa	Mo / Ke	Ra		Me Ma	Ve Su
JuR				9 / As / 5 Sa	JuR			Sa
			Ma	JuR / Ve				
	Me Ve	Mo Ke		Ra / Su / Me / Ma	JuR		Mo As	Ke

	Degree	RC	Rashi	Nakshatra	p#	lrd/sb/ssb	Dignity	SB
As	23:36:21		Lib	Vishakha	2	Ju/Sa/Ra		
Su	21:20:20		Gem	Punarvasu	1	Ju/Ju/Mo	Enemy	1.20
Mo	08:32:31		Sco	Anuradha	2	Sa/Ve/Su	Debil.	1.03
Ma	25:44:04		Tau	Mrigashi	1	Ma/Ra/Su	Frnd.	1.45
Me	01:46:01		Gem	Mrigashi	3	Ma/Me/Sa	Own	1.27
Ju	05:48:12	R	Cap	U.Shad.	3	Su/Me/Ve	Debil.	1.00
Ve	12:53:39		Can	Pushya	3	Sa/Ra/Ra	Grt.En.	1.34
Sa	09:43:03		Leo	Magha	3	Ke/Sa/Me	Neutr.	1.48
Ra	28:57:37		Pis	Revati	4	Me/Sa/Ve	Neutr.	
Ke	28:57:37		Vir	Chitra	2	Ma/Sa/Ve	Neutr.	

Mercure

Mercure, maître des maisons 9 et 12, est la planète spirituelle entraînant la renonciation par la sagesse. Pour l'Ascendant Balance, Mercure est généralement la meilleure planète pour les domaines concernant leur vie personnelle ainsi que leur vie sociale.

Jupiter

Jupiter, maître des maisons 3 et 6, est la planète de l'énergie, de l'impulsion et des maladies. Elle indique une tendance au zèle politique ou religieux. Les Ascendants Balance peuvent souffrir parce qu'ils essayent de trop changer le monde. Bien qu'elle soit généralement défavorable, Jupiter ne l'est pas toujours et est une planète difficile qui dépend de son emplacement dans le thème.

Vénus

Vénus, maître des maisons 1 et 8, représente la personnalité, la vie et la longévité. Elle indique d'une part, la tendance à la passion et d'autre part, la tendance à un idéalisme et à une aspiration profonde. Bien que Vénus soit généralement bénéfique, en tant que maître de l'Ascendant, elle est légèrement affligée parce qu'elle gouverne la maison 8.

Saturne

Saturne, maître des maisons 4 et 5, est la planète de l'intelligence et du bonheur. Elle indique la ténacité, la concentration, l'endurance et la profondeur, ce qui assure leur réussite. Les Ascendants Balance sont rigoureux dans leurs principes et lorsque ceux-ci sont purs, ils peuvent aller très loin dans leur vie intérieure ou extérieure. Saturne est très favorable, formant un Raja Yoga.

Résumé

Saturne et Mercure en association (maîtres des maisons 5 et 9) entraînent une croissance spirituelle. Saturne seul (maître des maisons 4 et 5) ou associé à la Lune forme un Raja Yoga (gouvernant la maison 10). Jupiter avec Mercure et Vénus indiquent un grand idéalisme et un grand amour de la vérité et de l'harmonie. Jupiter avec Mars peut créer des problèmes. La Balance, signe d'Air Cardinal (Chara), agit avec décision, lorsque les personnes ont des principes précis. L'Ascendant Balance est souvent considéré comme étant le meilleur Ascendant, parce que leur principale planète négative est Jupiter. La grande nature bénéfique de Jupiter les fait souvent agir de façon positive.

Ascendant Scorpion

Le Soleil

Le Soleil, maître de la maison 10, est la planète du pouvoir, du prestige et de la position sociale et indique la nature de l'action et de la réalisation. Les Ascendants Scorpion possèdent une très forte volonté de réussite et travailleront souvent à l'arrière-plan ou de façon cachée pour réussir. Le Soleil est considéré favorable bien qu'il soit un maléfique parce qu'il gouverne un Kendra.

La Lune

La Lune, maître de la maison 9, est la planète spirituelle indiquant le dharma, le principe de guide dans la vie ainsi que la grâce ou la fortune qui en découlent. Pour les Ascendants Scorpion, la spiritualité se retrouve dans les qualités lunaires de réceptivité, de dévotion et de contemplation. La Lune est peut-être leur meilleure planète, parce qu'elle gouverne le meilleur Trikona.

Mars

Mars, maître des maisons 1 et 6, représente la personnalité et les maladies, la prospérité et les difficultés. Les Ascendants Scorpion ont tendance à créer leurs propres maladies parce qu'ils ont tendance à être trop entêtés ou dispersés. Bien que Mars soit à nouveau généralement bénéfique en tant que maître de l'Ascendant, il est légèrement affligé parce qu'il gouverne la maison 6.

Mercure

Mercure, maître des maisons 8 et 11, est la planète de la destruction et des émotions subconscientes. Elle indique également la possibilité de gains acquis par leur pensée profonde. En tant que maître de la maison 8, Mercure est bien placé pour toute forme de recherche et pour l'accomplissement de statut social provenant de son travail et comme maître de la maison 11. Mercure est généralement défavorable.

Jupiter

Jupiter, maître des maisons 2 et 5, est la planète de l'élocution, de l'intelligence, de l'éducation et de la richesse. Les Ascendants Scorpion sont souvent expressifs, ils s'expriment clairement et

Astrologie Védique

possèdent de bonnes facultés créatives. Comme ils possèdent une bonne vitalité, ils peuvent s'avérer être de bons sportifs. Jupiter leur est très bénéfique.

```
Tue Oct 13,1981  10:25:00      Timezone: -1              Ishtakal : 8:0:22
City :   Paris                 Daylightsaving : 0        Sunrise : Oct 13,81  07:12:51
State :                        Longitude: 02E20'00       Sunset : Oct 13,81  18:00:12
Country : France               Latitude: 48N52'00        Ayanamsha : -23:35:53 Lahiri
```

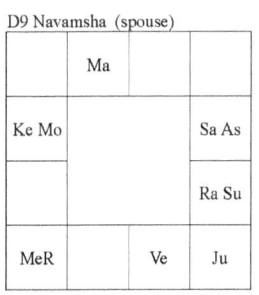

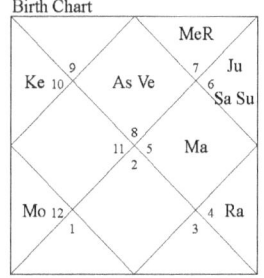

Vimshottari	
Su-Su	12-11-2015
Su-Mo	03-29-2016
Su-Ma	09-28-2016
Su-Ra	02-03-2017
Su-Ju	12-29-2017
Su-Sa	10-17-2018
Su-Me	09-29-2019
Su-Ke	08-04-2020
Su-Ve	12-10-2020
Mo-Mo	12-10-2021
Mo-Ma	10-11-2022
Mo-Ra	05-12-2023
Mo-Ju	11-10-2024
Mo-Sa	03-12-2026
Mo-Me	10-11-2027
Mo-Ke	03-11-2029
Mo-Ve	10-10-2029
Mo-Su	06-11-2031
Ma-Ma	12-11-2031
Ma-Ra	05-08-2032

Vimshottari	
Mercury	12-11-1971
Ketu	12-10-1988
Venus	12-11-1995
Sun	12-11-2015
Moon	12-10-2021
Mars	12-11-2031
Rahu	12-10-2038
Jupiter	12-10-2056
Saturn	12-10-2072
Mercury	12-10-2091

Samudaya Ashtakavarga

27	31	25	32
29			35
29			32
26	22	18	31

	Degree	RC	Rashi	Nakshatra	p#	lrd/sb/ssb	Dignity	SB
As	01:03:59		Sco	Vishakha	4	Ju/Ma/Ke		
Su	26:21:20		Vir	Chitra	1	Ma/Ju/Sa	Frnd.	0.99
Mo	24:23:02		Pis	Revati	3	Me/Ra/Ra	Enemy	1.23
Ma	01:52:01		Leo	Magha	1	Ke/Ve/Ra	Grt.Fr.	1.74
Me	07:04:11	Rc	Lib	Swati	1	Ra/Ra/Ju	Grt.Fr.	1.55
Ju	26:58:44	c	Vir	Chitra	2	Ma/Ju/Ke	Neutr.	1.13
Ve	11:20:14		Sco	Anuradha	3	Sa/Mo/Ju	Frnd.	1.25
Sa	20:07:13	c	Vir	Hasta	4	Mo/Ke/Ju	Grt.Fr.	0.90
Ra	04:21:00		Can	Pushya	1	Sa/Sa/Ve	Neutr.	
Ke	04:21:00		Cap	U.Shad.	3	Su/Sa/Mo	Neutr.	

Vénus

Vénus, maître des maisons 7 et 12, est la planète de la passion indiquant un potentiel de perte et de tristesse provenant du conjoint. Les Ascendants Scorpion ont tendance à une passion sexuelle excessive, au luxe et à l'extravagance avec leur Vénus sensuelle. Vénus leur est donc défavorable.

Saturne

Saturne, maître des maisons 3 et 4, indique une grande énergie et impulsion de nature affective. Ils mettent leur énergie dans l'acquisition des biens immobiliers, dans la participation aux affaires publiques et pour profiter de leurs amis. Saturne est la pire planète pour les Ascendants Scorpion.

Résumé

Le Soleil avec la Lune (maîtres des maisons 9 et 10) forment un Raja Yoga, entraînant statut et prestige. Jupiter (maître de la maison 5) confère également une prospérité générale. Jupiter et la Lune (maîtres des maisons 5 et 9) entraîne une connaissance spirituelle et un esprit sattvique. Mars avec Mercure ou Saturne (maîtres des maisons 3, 6 et 8) entraîne une disposition aux maladies ou bien inflige des difficultés. Le Scorpion, signe d'Eau Fixe (Sthira), est stable et déterminé mais ne change pas facilement. Ses influences planétaires tendant à rester constantes.

Ascendant Sagittaire

Le Soleil

Le Soleil, maître de la maison 9, indique l'orientation fondamentalement éthique ou spirituelle de l'âme du Sagittaire, son sens de la justice, de l'harmonie et de la bienfaisance, son aptitude inhérente à diriger et à procurer du soutien. Le Soleil est très favorable.

La Lune

La Lune, maître de la maison 8, indique sa profonde nature émotionnelle intéressée par ce qui transcende la mort. Leur dévouement se dirige souvent vers l'ésotérisme. La Lune est généralement neutre mais lorsqu'elle se trouve sous des influences maléfiques, elle peut causer des problèmes tels que des maladies, parce qu'elle est maître de la maison 8.

Mars

Mars, maître des maisons 5 et 12, indique leur forte passion et créativité, qui, lorsqu'elle est affligée, peut signifier la perte provenant de la passion. Mars leur fournit une bonne perception et discrimination spirituelle. Mars leur procure des gains et est généralement favorable.

Mercure

Mercure, maître des maisons 7 et 10, indique leur impulsion mentale primaire à rechercher le prestige et l'importance sociale pouvant les conduire à diverses activités. Les Ascendants Sagittaire peuvent rechercher des partenaires d'après leurs statuts. Mercure est généralement défavorable.

Jupiter

Jupiter, maître des maisons 1 et 4, indique une grande identification à soi et au mental. Les Ascendants Sagittaire peuvent être influencés par des croyances traditionnelles ou familiales et possèdent une grande foi et une grande satisfaction dans leur vie. Cela peut les rendre trop conservateurs. Jupiter est favorable en tant que maître de l'Ascendant.

Vénus

Vénus, maître des maisons 6 et 11, indique une tendance à la complaisance envers soi-même et à l'extravagance. Les Ascendants Sagittaire peuvent être extrêmement confiants et optimistes et manquer d'aptitude à discerner le bien fondé de leurs propres désirs. Vénus leur est plutôt défavorable, et est probablement leur pire planète.

Saturne

Saturne, maître des maisons 2 et 3, indique une impulsion à rechercher la richesse. Ils peuvent s'exprimer rudement, leur causant des ennemis. Ces personnes sont strictes quant à leur sécurité financière bien qu'elles puissent être insouciantes pour les autres choses. Saturne leur est plutôt défavorable.

Vaidya Atreya Smith

```
Fri May 5,1961  00:06:00      Timezone: 5              Ishtakal : 46:10:55
City :    Grand Rapids         Daylightsaving : 0       Sunrise : May 4,61  05:37:38
State :   Michigan             Longitude: 85W40'05      Sunset : May 4,61  19:41:51
Country : USA                  Latitude: 42N57'48       Ayanamsha : -23:18:52 Lahiri
```

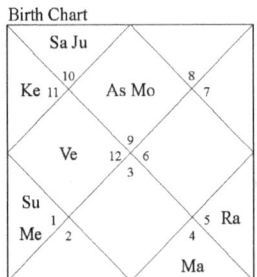

				Vimshottari		Samudaya Ashtakavarga			
Ve 19:36	Su 21:09 Me 25:01			Ju-Ju 03-10-2014 Ju-Sa 04-27-2016 Ju-Me 11-08-2018 Ju-Ke 02-13-2021 Ju-Ve 01-20-2022 Ju-Su 09-20-2024 Ju-Mo 07-09-2025 Ju-Ma 11-08-2026 Ju-Ra 10-15-2027 Sa-Sa 03-10-2030 Sa-Me 03-13-2033 Sa-Ke 11-21-2035 Sa-Ve 12-30-2036 Sa-Su 02-29-2040 Sa-Mo 02-10-2041 Sa-Ma 09-11-2042 Sa-Ra 10-21-2043 Sa-Ju 08-27-2046 Me-Me 03-09-2049 Me-Ke 08-06-2051		23	25	32	23
Ke 10:00			Ma 06:15			34			22
Ju 13:10 Sa 06:31			Ra 10:00			31			29
Mo 18:46 As 16:06					Vimshottari Venus 03-10-1953 Sun 03-10-1973 Moon 03-11-1979 Mars 03-10-1989 Rahu 03-10-1996 Jupiter 03-10-2014 Saturn 03-10-2030 Mercury 03-09-2049 Ketu 03-10-2066 Venus 03-09-2073	26	29	34	29

```
    Degree    RC Rashi Nakshatra   p# lrd/sb/ssb  Dignity   SB
As  16:06:13     Sag  P.Shad.      1  Ve/Su/Ke              1.16
Su  21:09:03     Ari  Bharani      3  Ve/Ju/Ve    Exalt.    1.16
Mo  18:46:04     Sag  P.Shad.      2  Ve/Ra/Sa    Frnd.     1.16
Ma  06:15:15     Can  Pushya       1  Sa/Me/Mo    Debil.    1.22
Me  25:01:05  c  Ari  Bharani      4  Ve/Me/Ma    Frnd.     1.14
Ju  13:10:36     Cap  Shravana     1  Mo/Ra/Ve    Debil.    0.98
Ve  19:36:07     Pis  Revati       1  Me/Ve/Ve    Exalt.    1.61
Sa  06:31:27     Cap  U.Shad.      3  Su/Me/Ju    Own       1.20
Ra  10:00:30     Leo  Magha        4  Ke/Sa/Ke    Neutr.
Ke  10:00:30     Aqu  Satabhi.     2  Ra/Ju/Mo    Neutr.
```

Résumé

Le Soleil et Mars (maîtres des maisons 9 et 5) peuvent leur procurer un grand prestige et ils sont généralement favorables à la prospérité et à la bienfaisance. Le Soleil et Jupiter (maîtres des maisons 4 et 9) procurent une connaissance spirituelle. Vénus et

Saturne (maîtres des maisons 3 et 6) entraînent une perspective matérialiste de la vie, pouvant entraîner des maladies. Le sagittaire, signe de Feu Mutable (Dvisvabhava), possède un esprit dramatique et expressif.

Ascendant Capricorne

Le Soleil

Le Soleil, maître de la maison 8, indique la tendance des Ascendants Capricorne à une attitude matérialiste et empreinte de valeurs matérialistes primaires. Cela peut également procurer une aptitude pour les recherches approfondies. Lorsque cette volonté est maîtrisée, cela peut créer une très forte aspiration spirituelle, ou la volonté de nier l'ego. Le Soleil leur est très défavorable.

La Lune

La Lune, maître de la maison 7, indique leur grand besoin de relations avec les autres, afin d'équilibrer leur disposition généralement individualiste. Elle indique leur profond sens social qui n'est pourtant pas très sensible mais qui est détaché ou qui contrôle. La Lune est généralement neutre mais certains la considèrent défavorable en tant que bénéfique gouvernant un Kendra.

Mars

Mars, maître des maisons 4 et 11, indique le désir de posséder des biens et des revenus financiers. Mars leur procure également un pouvoir mental pénétrant. Mars leur est défavorable.

Mercure

Mercure, maître des maisons 6 et 9 peut rendre les Ascendants Capricorne extrêmement travailleurs et dévoués à leur travail afin de manifester matériellement les choses auxquelles ils aspirent réellement. Cette planète est généralement très favorable mais peut fonctionner négativement.

Jupiter

Jupiter, maître des maisons 3 et 12, indique la tendance des Ascendants Capricorne à la perte et à la tristesse provenant de leur disposition envers les autres. Jupiter leur procure une puissante énergie pour le travail spirituel et peut conduire ces Ascendants à moksha. Jupiter leur est généralement défavorable.

```
Wed Oct 9,1929  15:00:00      Timezone: 0                    Ishtakal : 21:36:10
City :    Rennes              Daylightsaving : 0             Sunrise : Oct 9,29  06:21:32
State :                       Longitude: 01W41'00            Sunset : Oct 9,29  17:25:57
Country : France              Latitude: 48N05'00             Ayanamsha : -22:52:22 Lahiri
```

			Vimshottari	Samudaya Ashtakavarga			
	Ra 19:35	JuR 23:30	Sa-Ve 12-20-2014 Sa-Su 02-19-2018	29	30	27	32
			Sa-Mo 02-01-2019 Sa-Ma 09-01-2020	30			31
			Sa-Ra 10-11-2021 Sa-Ju 08-17-2024	28			24
			Me-Me 02-28-2027 Me-Ke 07-27-2029	22	27	34	23

Vimshottari principal dashas:
- Me-Ve 07-24-2030
- Me-Su 05-24-2033
- Me-Mo 03-30-2034
- Me-Ma 08-30-2035
- Me-Ra 08-26-2036
- Me-Ju 03-15-2039
- Me-Sa 06-20-2041
- Ke-Ke 02-28-2044
- Ke-Ve 07-26-2044
- Ke-Su 09-26-2045
- Ke-Mo 01-31-2046
- Ke-Ma 09-01-2046

As 13:44 | Ve 24:06

Mo 10:41 / Sa 02:23 | Ma 09:14 / Ke 19:35 | MeR 20:01 / Su 22:57

Vimshottari:
- Ketu   02-29-1924
- Venus   03-01-1931
- Sun   03-01-1951
- Moon   02-28-1957
- Mars   03-01-1967
- Rahu   02-28-1974
- Jupiter 02-29-1992
- Saturn 02-29-2008
- Mercury 02-28-2027
- Ketu   02-28-2044

D9 Navamsha (spouse):

Ke	Sa	As	
			MeR Mo / Su
			JuR
Ma	Ve	Ra	

Birth Chart: Sa Mo in 9; As in 10/11/12 area; Ra in 1; Ma Ke in 7; Su in 6; MeR in 5; Ve in 4; JuR in 2/3.

Bhava (Sripati):

	Ra	JuR	
			Ve
As			
	Sa Mo	Ma Ke / MeR Su	

	Degree	RC	Rashi	Nakshatra	p#	lrd/sb/ssb	Dignity	SB
As	13:44:32		Cap	Shravana	2	Mo/Ra/Mo		
Su	22:57:35		Vir	Hasta	4	Mo/Su/Ju	Enemy	1.05
Mo	10:41:07		Sag	Moola	4	Ke/Sa/Mo	Enemy	1.10
Ma	09:14:13	c	Lib	Swati	1	Ra/Ju/Me	Frnd.	1.39
Me	20:01:53	Rc	Vir	Hasta	4	Mo/Ke/Ra	Own	1.24
Ju	23:30:11	R	Tau	Mrigashi	1	Ma/Ma/Ju	Neutr.	1.00
Ve	24:06:18		Leo	P.Phalg.	4	Ve/Me/Me	Neutr.	1.34
Sa	02:23:32		Sag	Moola	1	Ke/Ve/Sa	Enemy	1.29
Ra	19:35:21		Ari	Bharani	2	Ve/Ra/Ve	Neutr.	
Ke	19:35:21		Lib	Swati	4	Ra/Ma/Sa	Neutr.	

Vénus

Vénus, maître des maisons 5 et 10, procure aux Ascendants Capricorne un fort potentiel de succès parce qu'il ajoute de l'esthétisme, de la grâce et de la beauté, à la puissante nature des Ascendants Capricorne. Cela leur fournit une simplicité de formes dénuée de l'éclat vénusien. Vénus leur est très favorable et forme un Raja Yoga.

Saturne

Saturne, maître des maisons 1 et 2, indique l'intimité existant entre eux, leur travail et leur moyen d'existence. Ils sont souvent obligés de travailler dur dans la vie. Ils sont cependant autodisciplinés et grâce à leur persévérance, ils peuvent accomplir de grandes choses à long terme. Saturne leur est généralement bénéfique parce qu'il est maître de l'Ascendant.

Résumé

Mars avec Saturne (maîtres maléfiques des maisons 1 et 4) peuvent entraîner un esprit discipliné, orienté vers leur objectif. Vénus seule forme un Raja Yoga entraînant un grand prestige. Vénus et Mercure (maîtres des maisons 9 et 10) forment également un Raja Yoga et favorisent aussi un développement spirituel ou matériel. Saturne et Mercure (maîtres des maisons 1 et 9) augmentent le succès social. Le Capricorne, signe de Terre Cardinal (Chara), agit avec force et substance. Ses planètes agissent lentement mais avec puissance et souvent même avec une détermination obstinée. Les Ascendants Capricorne finissent généralement par arriver à leurs fins après avoir agi lentement et à long terme.

Ascendant Verseau

Le Soleil

Le Soleil, maître de la maison 7, indique la tendance des Ascendants Verseau à chercher refuge dans le partenariat ou dans les relations de couple. Ils épousent généralement leur supérieur ou bien restent dans un rôle subalterne. Le Soleil leur est généralement défavorable bien que certains le considèrent favorable parce que c'est un maléfique maître d'un Kendra.

La Lune

La Lune, maître de la maison 6, indique leur grande aptitude à intégrer leur esprit et leurs émotions dans leur travail et leur service.

Vaidya Atreya Smith

Elle indique également leur tendance à avoir des maladies à cause de leur nature émotionnelle. La Lune leur est généralement défavorable et cause souvent des problèmes de santé.

```
Thu 21 Mar 1957 05:50:00        Timezone: -1                Ishtakal : 57:6:18
City :    Paris                 Daylightsaving : 0          Sunrise : 20 Mar 57 06:59:28
State :                         Longitude: 02E20'00         Sunset : 20 Mar 57 18:57:55
Country : France                Latitude: 48N52'00          Ayanamsha : -23:15:48 Lahiri
```

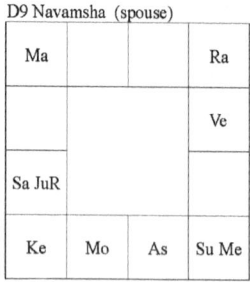

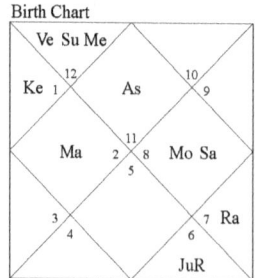

Vimshottari
Mo-Sa 04-08-2015
Mo-Me 04-03-2017
Mo-Ke 04-08-2018
Mo-Ve 05-03-2019
Mo-Su 02-11-2020
Ma-Ma 04-05-2021
Ma-Ra 30-09-2021
Ma-Ju 19-10-2022
Ma-Sa 25-09-2023
Ma-Me 02-11-2024
Ma-Ke 31-10-2025
Ma-Ve 29-03-2026
Ma-Su 29-05-2027
Ma-Mo 04-10-2027
Ra-Ra 04-05-2028
Ra-Ju 15-01-2031
Ra-Sa 09-06-2033
Ra-Me 15-04-2036
Ra-Ke 03-11-2038
Ra-Ve 21-11-2039

Samudaya Ashtakavarga

26	26	27	25
29			34
37			29
31	28	18	27

Vimshottari
Saturn   05-05-1942
Mercury 05-05-1961
Ketu   05-05-1978
Venus   04-05-1985
Sun   04-05-2005
Moon   05-05-2011
Mars   04-05-2021
Rahu   04-05-2028
Jupiter 04-05-2046
Saturn   04-05-2062

	Degree	RC	Rashi	Nakshatra	p#	lrd/sb/ssb	Dignity	SB
As	02:31:05		Aqu	Dhanish.	3	Ma/Ke/Sa		
Su	07:02:57		Pis	U.Bhadra.	2	Sa/Me/Sa	Neutr.	0.92
Mo	13:46:25		Sco	Anuradha	4	Sa/Ra/Me	Debil.	1.30
Ma	08:48:38		Tau	Krittika	4	Su/Ve/Ra	Frnd.	1.43
Me	07:29:05	c	Pis	U.Bhadra.	2	Sa/Ke/Ve	Debil.	0.93
Ju	03:10:25	R	Vir	U.Phalg.	2	Su/Sa/Sa	Grt.En.	0.93
Ve	00:50:01	c	Pis	P.Bhadra.	4	Ju/Ma/Sa	Exalt.	1.12
Sa	21:02:17		Sco	Jyeshtha	2	Me/Ve/Sa	Grt.En.	1.24
Ra	27:38:01		Lib	Vishakha	3	Ju/Ve/Ra	Neutr.	
Ke	27:38:01		Ari	Krittika	1	Su/Mo/Ra	Neutr.	

Mars

Mars, maître des maisons 3 et 10, indique leur énergie qu'ils mettent dans leur travail et dans les institutions. Ils travaillent parfois pour eux de façon altruiste. Ou bien ils travaillent contre eux en tant que révolutionnaires. Mars est généralement impulsif et défavorable.

Mercure

Mercure, maître des maisons 5 et 8, indique leur aptitude à une grande intelligence, une réflexion profonde et philosophique et une compréhension de la psyché. Mercure est généralement favorable mais affligée en étant maître de la maison 8. Mercure est généralement moins favorable qu'elle ne l'est pour l'Ascendant Capricorne.

Jupiter

Jupiter, maître des maisons 2 et 11, est une grande planète de richesse et de revenus financiers. Les Ascendants Verseau possèdent une grande aptitude aux gains matériels obtenus par leur travail, lorsqu'ils ont dépassé leur subordination, parce qu'ils sont capables d'économiser au point de posséder quelque chose de valeur. Jupiter est un peu défavorable comme gouverneur de maisons, mais favorable pour les finances.

Vénus

Vénus, maître des maisons 4 et 9, indique leur nature fondamentale sensible et spirituelle. Grâce à elle, ils peuvent accéder au pouvoir et à la réussite lorsqu'ils manifestent les idéaux éthiques de leur foi ou de leurs croyances. Vénus favorise le succès social et la reconnaissance du gouvernement ou des organisations officielles. Vénus est une planète très favorable formant un Raja Yoga.

Saturne

Saturne, maître des maisons 1 et 12, indique une tendance à la négation de soi. Au niveau supérieur, cela peut se traduire par un service altruiste ou par la négation de l'ego au profit du Divin. Les Ascendants Verseau sont prêts à tout sacrifier pour les choses auxquelles ils ont foi, non seulement en ce qui les concerne mais également en ce qui concerne les autres. Lorsqu'ils ont foi en Dieu, cela est très exaltant. Saturne est généralement favorable en tant que maître de l'Ascendant mais en tant que maître de la maison 12, il devient légèrement défavorable.

Résumé

Vénus forme un Raja Yoga, Ce qui tend à créer un Yoga très positif procurant un statut social. Saturne et Vénus (maîtres des maisons 1 et 9) entraînent davantage de spiritualité ou d'intégrité. Mercure et Jupiter ensemble (maîtres des maisons 2 et 5) procurent une bonne intelligence ou de bons revenus financiers. Le Verseau, signe d'Air Fixe (Sthira), indique une cohérence de croyances.

Ascendant Poissons

Le Soleil

Le Soleil, maître de la maison 6, indique la tendance des Ascendants Poissons à avoir des maladies et des oppositions. Cela les rend soit très forts, soit même hostiles et agressifs. Le Soleil leur est généralement défavorable.

La Lune

La Lune, maître de la maison 5, indique une très grande intelligence créative, qui concerne leur amour de l'imagination, mais également une tendance à être trop émotionnels ou sentimentaux. La Lune leur est très favorable, gouvernant la maison du bon karma.

Mars

Mars, maître des maisons 2 et 9, est leur planète de la grâce et de la chance. Les Ascendants Poissons prospèrent en apprenant à s'exprimer de façon logique et manifestent indépendamment leur intuition. Ils bénéficient de l'énergie et du caractère décisif de Mars. Mars leur est très favorable.

Mercure

Mercure, maître des maisons 4 et 7, est la planète du foyer, du bonheur et des relations avec les autres. L'intellect des Poissons possède une forte orientation domestique. Leurs relations peuvent être superficielles ou fluctuantes. Ils peuvent développer une grande sensibilité pour leurs relations. Mercure leur est généralement défavorable, surtout lorsqu'elle est faible.

Fri 22 Feb 1929 07:30:00	Timezone: 6	Ishtakal : 2:28:3
City : Bowling Green	Daylightsaving : 0	Sunrise : 22 Feb 29 06:30:47
State : Kentucky	Longitude: 86W26'37	Sunset : 22 Feb 29 17:28:33
Country : USA	Latitude: 36N59'25	Ayanamsha : -22:51:50 Lahiri

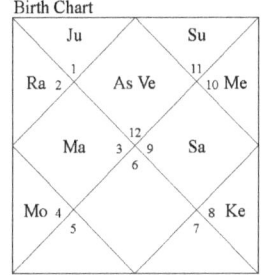

Samudaya Ashtakavarga

31	27	30	25
25			23
30			29
33	28	26	30

Vimshottari
Ju-Mo 07-08-2015
Ju-Ma 06-12-2016
Ju-Ra 12-11-2017
Sa-Sa 06-04-2020
Sa-Me 10-04-2023
Sa-Ke 18-12-2025
Sa-Ve 27-01-2027
Sa-Su 29-03-2030
Sa-Mo 11-03-2031
Sa-Ma 09-10-2032
Sa-Ra 18-11-2033
Sa-Ju 24-09-2036
Me-Me 07-04-2039
Me-Ke 03-09-2041
Me-Ve 31-08-2042
Me-Su 01-07-2045
Me-Mo 07-05-2046
Me-Ma 07-10-2047
Me-Ra 03-10-2048
Me-Ju 22-04-2051

Vimshottari
Mercury 08-04-1919
Ketu 07-04-1936
Venus 08-04-1943
Sun 08-04-1963
Moon 07-04-1969
Mars 07-04-1979
Rahu 07-04-1986
Jupiter 07-04-2004
Saturn 06-04-2020
Mercury 07-04-2039

	Degree	RCRashi	Nakshatra	p#	lrd/sb/ssb	Dignity	SB
As	03:56:04	Pis	U.Bhadra.	1	Sa/Sa/Me		
Su	10:35:35	Aqu	Satabhi.	2	Ra/Sa/Sa	Neutr.	0.88
Mo	24:24:51	Can	Ashlesha	3	Me/Ra/Ju	Own	1.41
Ma	01:52:41	Gem	Mrigashi	3	Ma/Me/Sa	Grt.En.	1.18
Me	16:30:33	Cap	Shravana	2	Mo/Sa/Ve	Frnd.	1.37
Ju	12:56:22	Ari	Ashwini	4	Ke/Me/Ju	Grt.Fr.	1.53
Ve	26:28:34	Pis	Revati	3	Me/Ju/Sa	Exalt.	1.98
Sa	05:57:02	Sag	Moola	2	Ke/Ra/Ju	Enemy	1.54
Ra	02:13:54	Tau	Krittika	2	Su/Ju/Ve	Exalt.	
Ke	02:13:54	Sco	Vishakha	4	Ju/Ra/Me	Exalt.	

Jupiter

Jupiter, maître des maisons 1 et 10, indique leur grand besoin de succès et de reconnaissance sociale. Cela peut les rendre quelque peu conservateurs ou identifiés à leur pays, en étant partisans des traditions et de l'autorité, ou bien orthodoxes dans leurs croyances. Jupiter est bénéfique en tant que maître de l'Ascendant.

Vénus

Vénus, maître des maisons 3 et 8, est leur indicateur de maladies et d'infortune. Les Ascendants Poissons souffrent de complaisance envers eux-mêmes, de dispersion, et de consommation excessive de sucre, d'alcool et de drogues. Ils peuvent également tomber sous la domination des autres. Vénus leur est plutôt défavorable.

Saturne

Saturne, maître des maisons 11 et 12, indique leur fortune alternante, les fluctuations de leurs gains et de leurs pertes, une augmentation et une diminution. Ici, Saturne est un maléfique puissant pouvant provoquer de la souffrance à cause de leur grande sensibilité aux fluctuations de la vie. Saturne leur est plutôt défavorable.

Résumé

Mars avec Jupiter (maîtres des maisons 9 et 10) ou la Lune avec Jupiter (maîtres des maisons 5 et 10) peut former un Raja Yoga. Vénus et Saturne (maîtres des maisons 8 et 12) peuvent produire des maladies et des infortunes. Mars avec la Lune (maîtres de 5 et de 9) procure une bonne intelligence et de la bienfaisance. La Lune avec Vénus (maîtres des maisons 5 et 8) peut procurer une intelligence profonde. Les Poissons, signe d'Eau Mutable (Dvisvabhava), indiquent une sensibilité et une variabilité émotionnelles.

Conclusion

En résumé, il est important de noter les indications planétaires de chaque Ascendant. Les influences planétaires peuvent se combiner par aspect, en étant situées dans le signe gouverné par une autre planète. Il est important de prendre en compte le potentiel supérieur ou inférieur de chaque Ascendant. Prenez en compte non seulement le gouverneur de la maison mais également l'emplacement des planètes dans le thème. Par exemple, une planète qui est défavorable par les maisons qu'elle gouverne (3 et 11) peut donner de bons résultats si elle est située en maison 5 ou 9.

6
Interprétation des thèmes

Le thème de l'Inde du Nord - examen des maisons

En utilisant l'aide que nous procure le thème de l'Inde du nord, examinons les questions fondamentales de l'interprétation des maisons. Les maisons sont divisées de diverses façons, comme nous l'avons déjà observé. Nous allons résumer les facteurs principaux qui catégorisent les maisons et y ajouter quelques points précis. Etudiez les positions des maisons à partir du thème de l'Inde du nord afin de vous aider à vous familiariser non seulement avec eux mais avec les thèmes de l'Inde du nord.

Dans l'exemple au-dessous, le chiffre 1 signifie le premier signe ou Bélier, qui, dans ce thème est également la maison 1 car c'est un Ascendant Bélier. Dans le thème du Navamsha, l'Ascendant se trouve dans le 4ème signe ou Cancer, comme cela est indiqué par le chiffre 4 en maison 1. En utilisant le thème natal avec un Ascendant Bélier, nous pouvons voir l'ordre ou la numérotation des maisons, étant donné que les signes et les maisons sont identiques pour l'Ascendant Bélier.

Les maisons Angulaires ou Kendra

Les maisons Angulaires, 1, 4, 7, 10 sont des lieux de puissance. Ce sont les maisons de fortune ou *Lakshmi Sthanas*, les lieux de la Déesse. La maison 1 indique notre propre santé physique, notre bien-être personnel et notre caractère. La maison 4 indique notre bonheur émotionnel et notre foyer. La maison 7 indique notre partenaire ou notre bonheur conjugal. La maison 10 indique notre carrière et notre succès public. Ce sont les quatre sources principales de bonheur humain. Les planètes bénéfiques situées dans ces maisons augmentent ces facteurs de bonheur tandis que les planètes maléfiques les diminuent. Il en est de même pour les aspects bénéfiques et maléfiques à ces endroits.

Thème Natal   Thème Navamsha

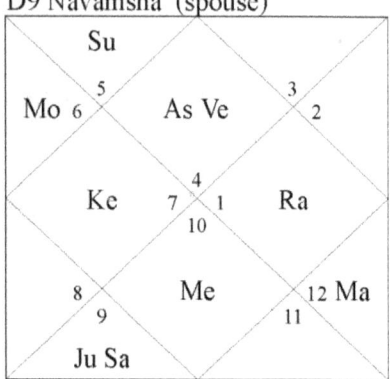

Les planètes maléfiques, telles que Mars et Saturne avec leurs aspects Angulaires en 4 et en 10 sont particulièrement difficiles lorsqu'elles sont situées dans les Angles (voir la section sur les aspects ultérieurement dans ce chapitre). De même, les bénéfiques faisant un Angle par rapport aux autres ont tendance à se renforcer entre elles, tandis que les maléfiques faisant un Angle par rapport aux autres maléfiques tendent à créer des difficultés.

Les maisons en Trigone ou Trikona

Les maisons en Trikona, 1, 5, 9 sont des lieux de principes et de valeurs et concernent le dharma. Ce sont les maisons de Dieu ou de Vishnu, *Vishnu Sthanas*. La maison 1 indique les principes de notre vie personnelle, notre *svadharma* ou devoir personnel. La maison 5 indique d'une part nos enfants, notre principe créatif et intellectuel. La maison 9 indique notre éducation, nos valeurs spirituelles et religieuses, et le dharma au sens supérieur. Les bénéfiques sont efficaces dans les Trigones et les maléfiques y sont malfaisantes, tout comme dans les maisons Angulaires. Naturellement, Jupiter avec son aspect de Trikona est la meilleure planète (voir la section sur les Aspects ultérieurement dans ce chapitre) qu'on puisse avoir en Trikona parce qu'elle répand son influence sur les trois maisons. Les bénéfiques en Trikona mutuels gagnent plus de puissance tandis que les maléfiques en Trikona mutuels causent plus de difficultés.

Raja Yoga

Ce qui est le plus recherché, c'est l'union de Vishnu et de Lakshmi ou des maisons en Trigones (Vishnu) et en Angles (Lakshmi) ainsi que leurs maîtres. Cela crée un Raja Yoga ou une union royale unissant nos valeurs avec la fortune, procurant un grand succès dans notre vie. Cela peut se réaliser avec certains Ascendants, et avec une planète gouvernant deux maisons, telle que Mars pour un Ascendant Cancer gouvernant les maisons 5 et 10 et formant un Angle et un Trigone. Cela peut également se réaliser avec des aspects mutuels ou avec un échange de signes entre le maître d'un Angle et le maître d'un Trigone. Cela est plus puissant si le maître d'un Angle et d'un Trigone échange ces maisons. Par exemple, pour un Ascendant Gémeaux, si Jupiter, maître de la 10, est en Verseau en maison 9 et Saturne, maître de la maison 9 est en Poissons en maison 10, cela forme un Raja Yoga très puissant. Voir la section sur les Yogas dans le chapitre 9.

Les maisons Dusthanas

Les maisons 6, 8, 12 causent généralement des difficultés. Observez le thème de l'Inde du nord et vous pourrez voir comment ces maisons entourent soit la maison 1, soit la 7. Ce qui veut dire qu'elles peuvent entraver la maison 1 ou la maison 7. Elles représentent les points de transition ou l'aube avant le lever du soleil et le crépuscule après le coucher du soleil indiqués par les maisons 1 et 7, qui sont des moments d'instabilité. C'est la raison pour laquelle certaines personnes considèrent la maison 2 comme étant négative ou difficile, bien qu'elle ne soit pas une Dusthana.

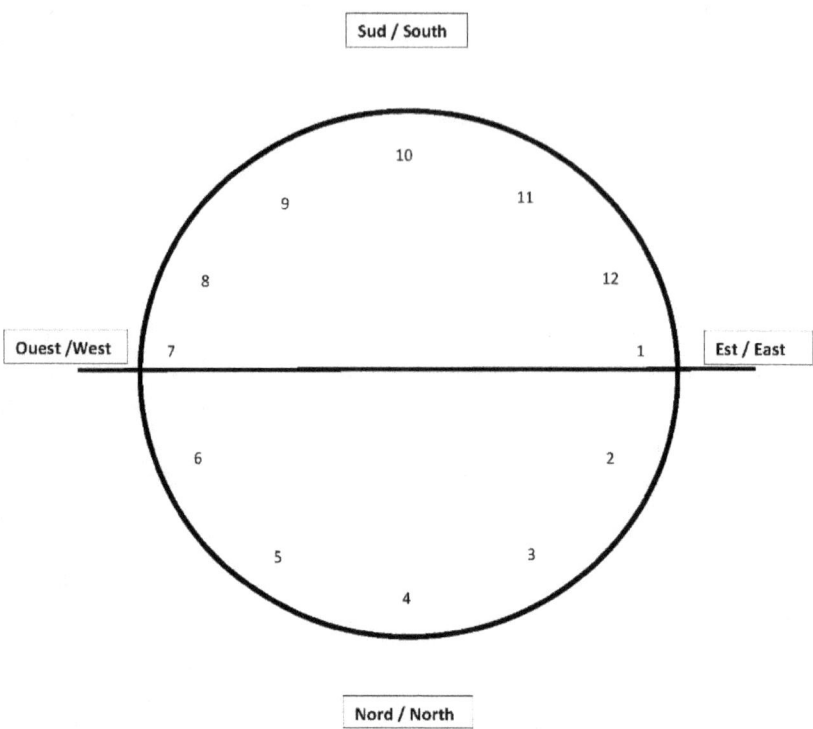

En général, toutes les planètes souffrent dans ces maisons, exception faite des maléfiques en 6 qui néanmoins peuvent toujours avoir leurs complications. Ces trois positions peuvent être mises en contraste avec les maisons 1, 4, 7 et 10 qui sont des positions de puissance. Toute planète dans une relation avec les maisons 12, 8 et 6 aura très probablement des difficultés, en particulier dans ses périodes planétaires.

Les maisons Upachaya

Les maisons Upachaya 3, 6, 10 et 11 ne suivent aucun schéma mathématique particulier. Les maléfiques y sont favorables, sauf en maison 10 où seulement le Soleil est favorable et où les autres ne deviennent favorables uniquement lorsqu'elles sont en domicile ou en exaltation. Les bénéfiques sont favorables en maisons 10 et 11 mais souffrent en maison 6 et dans un degré moindre en maison 3. Les deux maisons Upachaya, les 3 et 11 sont les maisons des frères et sœurs et des amis. Par conséquent, tout signe ou planète en maison 3 ou 11 s'aide mutuellement.

Thème d'exemple

Observez le thème d'exemple établi dans le style de l'Inde du nord. Utilisez tout d'abord un stylo et numérotez les différentes maisons en commençant par la maison 1 tout en haut au milieu en Sagittaire. Puis mémorisez l'orientation des maisons du thème de l'Inde du nord afin de ne pas avoir besoin de réécrire les maisons en chiffres. Le numéro 9 indique le signe du Sagittaire, neuvième signe et l'Ascendant. Le numéro 10 représente le Capricorne (maison 2), le 11 le Verseau (maison 3), le 12 les Poissons (maison 4), le 1 le Bélier (maison 5) et ainsi de suite tout autour du zodiaque.

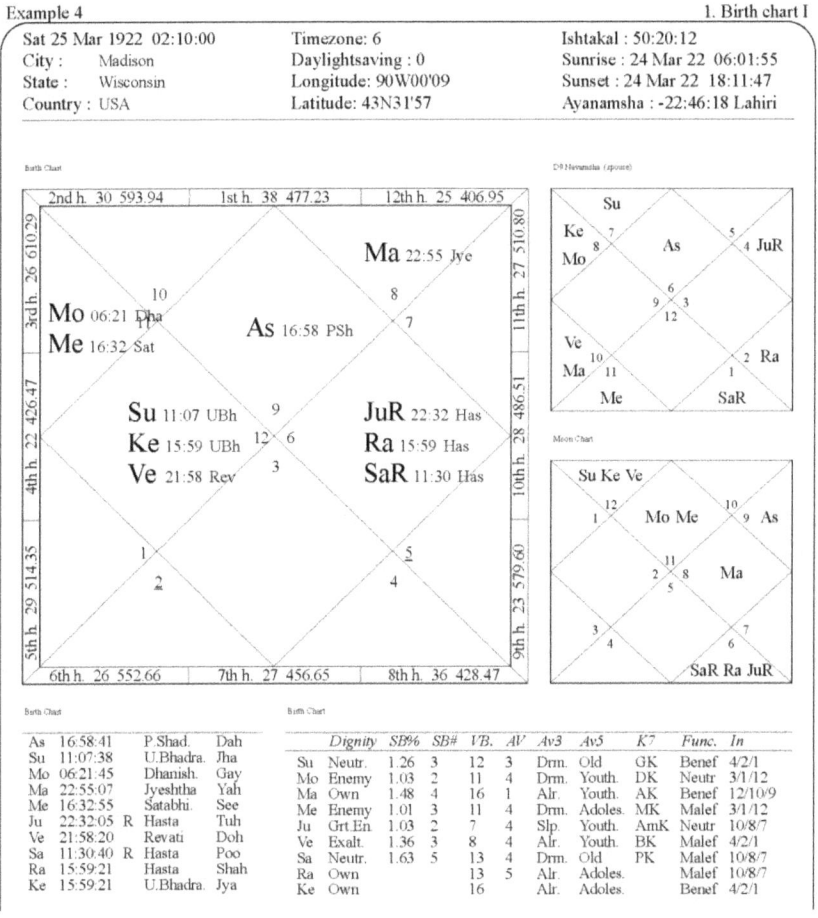

Commencez par identifier les maisons Kendra ou Angulaires, puis, les maisons Trikona ou en Trigone, ensuite les maisons Dusthana, puis les maisons Maraka et enfin notez toutes les maisons Upachaya. Toutes ces maisons tombent toujours au même endroit du thème.

Maintenant examinez les autres configurations des maisons. Notez la position des maisons pour dharma, artha, kama et moksha. Elles seront les mêmes dans tous les thèmes de l'Inde du nord.

Maintenant, observez les positions spécifiques des planètes. Vous remarquerez un groupement évident de planètes dans les maisons 4 et 10, dans deux des quatre maisons Angulaires. Notez que les bénéfiques naturelles telles que Vénus et Jupiter, et les maléfiques naturelles telles que le Soleil, Saturne, Rahu et Ketu sont impliquées. Étant donné qu'il y a des maléfiques et des bénéfiques, des résultats mixtes sont prévisibles.

Nous remarquons une influence maléfique prédominante, comportant davantage de planètes maléfiques, indiquant plus de difficultés que de facilités dans la vie. Le Soleil et Saturne sont des gouverneurs des maisons 9, 2 et 3 ; bénéfiques (9) et légèrement maléfiques (2, 3). Vénus n'est pas une bénéfique temporelle pour l'Ascendant Sagittaire, parce qu'elle gouverne les maisons 6 et 11. Bien que Jupiter soit un grand bénéfique et maître de l'Ascendant et de la maison 4, il devient imprévisible et donne des résultats mixtes parce qu'il est rétrograde.

Les autres planètes bénéfiques naturelles, Mercure et la Lune, se trouvent en maison 3, qui ne leur est pas une maison favorable, bien qu'elle ne soit pas mauvaise en elle-même. De plus, la Lune possède un statut maléfique en tant que maître de la maison 8, en Cancer. Elle en également décroissante et proche du Soleil et devient ainsi faible et maléfique. Elle est également située dans le signe de Saturne qui est maléfique (maître du Verseau). Mercure est bénéfique temporaire pour l'Ascendant Sagittaire, gouvernant les maisons 7 et 10 (sa position de bénéfique est ternie parce qu'il est maître de deux maisons Angulaires). L'association de Mercure et de la Lune, planètes de l'intellect et de l'émotionnel, est toujours un point sensible perturbant facilement l'esprit. De plus, ces deux planètes sont aspectées par Mars, autre maléfique naturelle. Mercure en Verseau et Saturne en Vierge échangent leurs signes, procurant une influence positive à travers un Yoga ou combinaison planétaire qui augmente le pouvoir des deux planètes. Mercure devient plus puissant que la Lune en Verseau et a tendance à dominer la Lune. En outre, bien que Mars, qui est Yoga Karaka naturel du Sagittaire, soit situé dans son domicile (son propre signe Scorpion) en maison 12, il est aspecté par Saturne, qui le réprime et l'affaiblit.

Un simple examen des positions des maisons dans ce thème suivant quelques règles simples, nous indique de nombreuses difficultés mais avec l'aide et la grâce de Vénus et de Jupiter. C'est une bonne façon de commencer à examiner un thème. En premier, ne vous préoccupez pas des détails des maisons et de leurs domaines mais établissez tout d'abord la force générale ou la faiblesse du thème par la dominance des planètes bénéfiques ou maléfiques. Une fois cela effectué, vous obtiendrez les fondations vous permettant d'examiner avec précision les facteurs spécifiques.

Dans ce thème, le natif a eu une carrière mitigée avec de nombreux hauts et bas provoqués par l'influence de Jupiter, Saturne et Rahu en maison 10. Cette association en maison 10 en signe de Terre a fait de lui un homme d'affaire mais ayant des sentiments partagés concernant sa carrière. Il possède un esprit curieux mais instable, à cause des complications liées à Mercure conjoint la Lune. Nous pouvons observer que c'est une personne intellectuelle et artistique contrainte à fonctionner comme un homme d'affaire et chef de famille obtenant des résultats variables dans tous les domaines.

Saturne aspecte Vénus, la maison 7 ainsi que son maître, Mercure (par échange mutuel), entraînant des difficultés aux domaines de la maison 7. Mars aspecte aussi le maître de la maison 7 (Mercure) entraînant le natif à divorcer (*Kuja Dosa*). La dominance de Saturne en maison 10 est particulièrement difficile car il retarde toutes les indications de la maison 10. Saturne aspecte la maison 10 ainsi que son maître, entraînant de l'instabilité dans sa carrière. En général, lorsque Saturne est si dominant, cela devient plus difficile de manifester des résultats positifs dans le monde et dans la société.

Le thème de la Lune de l'Inde du Nord

En examinant le *Chandra Chakra*, ou le thème de la Lune, vous pouvez observer comment les Angles, en partant de la Lune, sont dominés par Mars en maison 10 (dans la 8ème signe Scorpion), perturbant l'association Lune-Mercure. Mars dans son domicile

(Scorpion) en maison 10 favorise l'initiative et le succès, mais cela a un effet perturbant sur l'esprit qui est limité par l'influence de Saturne.

Vénus, exalté en maison 2 (Poissons) en partant de la Lune, ainsi que le Yoga Karaka à partir du Verseau, devraient procurer des bons revenus mais les aspects qui leurs sont maléfiques réduisent sa logique. Le maître de la Lune, Saturne, affligé en maison 8 (Vierge), est un autre facteur affaibli qui échange les signes avec Mercure dans le signe de la Lune. Mais il est important, tout d'abord, de commencer simplement à observer les emplacements.

Chandra Chakra
Moon Chart

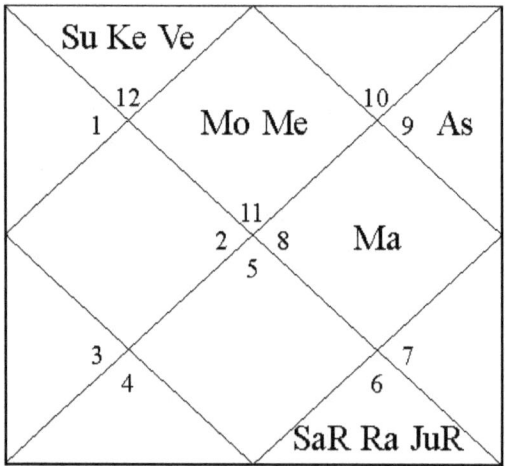

Le thème de l'Inde du Sud - examen des signes

Le thème de l'Inde du sud est appelé le « thème des signes » parce que les signes y sont fixes. Il peut être difficile à comprendre en premier lieu parce que les signes n'y sont pas désignés ni numérotés. Comme les Poissons marquent le côté supérieur gauche et que les autres signes suivent dans le sens des aiguilles d'une montre, il n'est pas nécessaire de les indiquer lorsque nous connaissons ce système. La maison 1 est marquée par une ligne diagonale ou par LG ou ASC, abrégés de Lagna ou Ascendant. Une fois l'Ascendant indiqué, la position des autres signes devient évidente.

Thème Natal
Birth Chart

Mo Sa (As) Ke			
Ju			
Su	Ve Me	Ma Ra	

Thème Navamsha
D9 Navamsha (spouse)

Ma	Ra		
			(As) Ve
	Me		Su
Ju Sa		Ke	Mo

Examinez le thème d'exemple de l'Inde du sud. Tout d'abord, vous remarquerez que les emplacements des maisons ne sont pas évidents. Ils ne vous sautent pas aux yeux comme dans le thème de l'Inde du nord. D'autre part, les emplacements des signes dominent le thème.

Les maisons dérivées

Le thème de l'Inde du sud possède un avantage particulier pour examiner les maisons dérivées. Nous n'avons pas besoin d'établir un thème pour la Lune mais il est possible d'examiner simplement les positions planétaires en prenant la Lune comme Ascendant. De même pour le Soleil, les autres planètes ou les autres maisons.

Par exemple, prenez la maison 4 du thème d'exemple, la maison du foyer et examinez les positions planétaires comme si l'Ascendant était en Poissons. Vous pouvez immédiatement observer que le Soleil, Vénus et Ketu seront en maison 1 (ancienne maison du foyer dans le thème natal), tandis que Jupiter, Saturne et Rahu seront en maison 7.

Example 4   1. Birth chart I

Sat 25 Mar 1922 02:10:00	Timezone: 6	Ishtakal : 50:20:12
City : Madison	Daylightsaving : 0	Sunrise : 24 Mar 22 06:01:55
State : Wisconsin	Longitude: 90W00'09	Sunset : 24 Mar 22 18:11:47
Country : USA	Latitude: 43N31'57	Ayanamsha : -22:46:18 Lahiri

Birth Chart

	4th h. 22 426.33	5th h. 29 514.35	6th h. 26 552.66	7th h. 27 456.99	
3rd h. 26 610.42	Ve 21:58 Rev Ke 15:59 UBh Su 11:07 UBh				8th h. 36 428.06
	Me 16:32 Sat Mo 06:21 Dha				
2nd h. 30 594.08					9th h. 23 580.00
	As 16:58 PSh	Ma 22:55 Jye		SaR 11:30 H Ra 15:59 Has JuR 22:32 H	
	1st h. 38 477.09	12th h. 25 406.96	11th h. 27 510.79	10th h. 28 486.85	

D9 Navamsha (spouse)

	SaR	Ra	
Me			JuR
Ve Ma			
	Ke Mo	Su	As

Vimshottari

Ve-Me	Thu	21-05-2015
Ve-Ke	Wed	21-03-2018
Su-Su	Tue	21-05-2019
Su-Mo	Sun	08-09-2019
Su-Ma	Mon	09-03-2020
Su-Ra	Tue	14-07-2020
Su-Ju	Tue	08-06-2021
Su-Sa	Sun	27-03-2022
Su-Me	Thu	09-03-2023
Su-Ke	Sun	14-01-2024
Su-Ve	Tue	21-05-2024
Mo-Mo	Wed	21-05-2025
Mo-Ma	Sat	21-03-2026
Mo-Ra	Tue	20-10-2026
Mo-Ju	Thu	20-04-2028

Birth Chart

As	16:58:41	P.Shad.	Dah
Su	11:07:38	U.Bhadra.	Jha
Mo	06:21:45	Dhanish.	Gay
Ma	22:55:07	Jyeshtha	Yah
Me	16:32:55	Satabhi.	See
Ju	22:32:05 R	Hasta	Tuh
Ve	21:58:20	Revati	Doh
Sa	11:30:40 R	Hasta	Poo
Ra	15:59:21	Hasta	Shah
Ke	15:59:21	U.Bhadra	Jya

Birth Chart

	Dignity	SB%	SB#	VB.	AV	Av3	Av5	K7	Func.	In
Su	Neutr.	1.26	3	12	3	Drm.	Old	GK	Benef	4/2/1
Mo	Enemy	1.03	2	11	4	Drm.	Youth.	DK	Neutr	3/1/12
Ma	Own	1.48	4	16	1	Alr.	Youth.	AK	Benef	12/10/9
Me	Enemy	1.01	3	11	4	Drm.	Adoles.	MK	Malef	3/1/12
Ju	Grt.En.	1.03	2	7	4	Slp.	Youth.	AmK	Neutr	10/8/7
Ve	Exalt.	1.36	3	8	4	Alr.	Youth.	BK	Malef	4/2/1
Sa	Neutr.	1.63	5	13	4	Drm.	Old	PK	Malef	10/8/7
Ra	Own			13	5	Alr.	Adoles.		Malef	10/8/7
Ke	Own			16		Alr.	Adoles.		Benef	4/2/1

Prenez la maison 5 en Bélier, maison des enfants et faites de même, comme si l'Ascendant était Bélier. Il devient immédiatement évident que le Soleil, Vénus et Ketu tombent en maison 12 tandis que Jupiter, Saturne et Rahu occupent la maison 6. Faites de même avec la maison 3, maison des frères et sœurs, la maison 7, maison des partenaires et la 9, maison du dharma. Le thème de l'Inde du sud est un thème à cadran mobile pouvant être tourné rapidement afin de révéler toutes ces positions changeantes. Ces mêmes positions peuvent se déchiffrer à partir du thème de l'Inde du nord, mais cela est plus difficile. Généralement, il faut faire un thème séparé pour chacun.

Le thème de l'Inde du nord nous aide à comprendre les maisons et leur importance. Le thème de l'Inde du sud nous aide à comprendre les signes et les systèmes de maisons dérivées. Chaque thème nous aide cependant à observer les positions astrologiques de façon différente.

Les aspects planétaires

Toutes les prédictions sont basées sur les écarts angulaires existant entre les planètes d'un thème. En partant de leur position dans le zodiaque, les planètes projettent leurs influences sur certains points. Ceux-ci sont déterminés par l'angle de l'arc du cercle zodiacal par rapport à la position de la planète.

Les astrologues védiques jugent les aspects non par rapport au degré exact de l'écart angulaire existant entre les planètes, mais par rapport au signe. Dans l'opposition ou 180°, qui est l'aspect le plus utilisé en astrologie védique, une planète aspecte le signe opposé et non simplement le degré. Les aspects ne sont pas uniquement pris en considération entre les planètes mais entre les planètes en partant du signe dans lequel elles sont situées, et par rapport aux autres signes et à tout ce qui sera situé dans ces signes.

Certains astrologues védiques considèrent que les aspects sont plus puissants lorsqu'ils s'approchent de la distance exacte de l'arc. Si Jupiter se trouve à 1° du Bélier et si Saturne est situé à 29° de la Vierge, ces planètes ne seront pas dans des signes opposés mais l'angle de leur aspect sera de 178°, très proche d'une opposition exacte. Dans cet exemple, l'astrologie védique peut considérer cela comme étant un aspect, bien que l'orbe de cet aspect, qui n'est pas un aspect de signes, sera étroit, peut-être moins de 5°.

Imaginez que les douze signes soient des touches de piano. Chaque planète sera tel un doigt frappant une touche et émettant une note, (non une partie de la note). Tant qu'une planète sera située dans un signe spécifique, elle affectera tout le signe. *Les premiers et derniers degrés des signes sont des intermédiaires et les planètes qui y sont situées influencent les deux signes.*

De plus, les planètes affectent les signes différemment selon leur nature, de même que la pression des doigts affectera la touche de piano de façon différente. Les bases de l'astrologie sont harmoniques, comme la musique. Les aspects sont calculés en fonction des douze signes comme les principales divisions harmoniques, *Varga* ou subdivisions zodiacales. Les aspects par signe sont faciles à déterminer et il n'est pas nécessaire de connaître le degré exact des planètes. Il n'est pas nécessaire de les calculer.

En calculant les aspects d'après les signes, l'astrologie védique utilise moins d'aspects que l'astrologie occidentale. Elle ne considère généralement que quelques aspects principaux ou aspects pleins et non les quinconces, semi-sextiles, etc. ou bien, ils seront utilisés dans des cas précis. L'astrologie védique n'attribue pas de qualité particulière aux différents aspects. Elle ne considère pas que les oppositions ou les carrés soient des aspects difficiles ou que les trigones soient bénéfiques. Cela dépend de la planète impliquée. Un aspect provenant de Saturne, grand maléfique, aura tendance à être difficile, quel qu'il soit. Un aspect provenant de Jupiter, grand bénéfique, tendra à être utile, quel qu'il soit.

Les aspects spécifiques

L'astrologie védique attribue certains aspects uniquement à certaines planètes. Alors que toutes les planètes partagent un schéma général d'influences pour les aspects, certaines planètes possèdent certains aspects que d'autres ne possèdent pas, sauf sous forme d'aspects mineurs.

Les trigones, aspects de 120°, sont considérés comme étant des aspects entiers pour Jupiter, ce que les autres planètes ne possèdent que comme aspects mineurs. Les carrés, ou aspects de 90°, sont considérés comme étant des aspects entiers uniquement pour Mars (en avançant dans le zodiaque) et pour Saturne (en reculant dans le zodiaque). Ces considérations sont le fondement des considérations en astrologie occidentale qui considère les trigones comme étant bénéfiques et les carrés comme étant difficiles, étant donné que les trigones sont associés au bénéfique Jupiter et les carrés aux maléfiques Mars et Saturne.

En astrologie védique, les aspects ne changent pas les qualités des planètes mais certaines planètes changent la puissance des aspects. Tandis que l'astrologie occidentale considère qu'un carré existe entre une planète et une autre par un angle de 90°, qu'il soit situé devant ou derrière la planète, le système védique considère, par exemple, le carré de Mars uniquement lorsqu'il est situé devant lui dans le zodiaque et ne considère pas les carrés par rapport aux planètes situées derrière lui. Si Saturne se trouve à 3° en Gémeaux et Mars à 3° de Poissons, Saturne aura un aspect de 270° (aspect de la maison 10) par rapport à Mars et Mars aura un aspect de 90° (aspect de la maison 4) par rapport à Saturne.

Principaux aspects planétaires

Planètes	Aspects
Soleil, Lune, Mercure, Vénus, Rahu, Ketu	Maison 7
Mars	Maisons 4, 7, 8
Jupiter	Maisons 5, 7, 9
Saturne	Maisons 3, 7, 10

Les aspects par rapport aux signes et aux maisons

Les planètes aspectent également les maisons en astrologie védique, même lorsqu'aucune planète n'est située dans ces maisons. Elles aspectent les maisons lorsqu'elles aspectent le signe situé sur la cuspide d'une maison particulière. Ces aspects peuvent améliorer ou diminuer les domaines de la maison concernée, tout dépend de la nature de la planète.

La règle principale de l'interprétation d'un thème est d'examiner une question par rapport à la maison qui s'y rapporte, le maître de cette maison, et le significateur de cette maison, non seulement des maisons calculées en partant de l'Ascendant mais également de celles en partant de la Lune.

Pour les questions spirituelles ou religieuses, par exemple, nous prenons en considération les influences de la maison 9, son maître, ainsi que la maison 9 en partant de la Lune. À cet égard, nous prenons en compte tous les effets des aspects sur tous les facteurs du thème qui se rapportent à la question concernée. L'astrologie védique considère donc que les aspects sur les maisons ou signes sont plus importants que les aspects des planètes entre elles. Par exemple, une affliction sur le cinquième signe ou sur la maison 5 peut avoir davantage d'impact qu'une affliction sur son maître, le Soleil, maître de la maison 5. La règle est que toutes les planètes aspectent le septième signe en partant du signe dans lequel elles se trouvent. Cela ressemble à l'opposition (aspect de 180°) en astrologie occidentale. Mars, Jupiter et Saturne, planètes distantes possèdent des aspects spécifiques.

Mars, en plus du septième signe, aspecte les quatrième et huitième signes. L'aspect sur le quatrième signe est similaire au carré, ou 90° de l'astrologie occidentale. L'aspect sur le huitième est similaire au quinconce ou 150° mais elles font un aspect uniquement sur les signes situés derrière elles dans le zodiaque aussi l'angle réel est de 210°.

Jupiter a un aspect spécifique sur les cinquième, septième et neuvième signes. Ces aspects sont similaires aux trigones ou 120° de l'astrologie occidentale, opérant à la fois devant ou derrière la planète du zodiaque.

Saturne possède un aspect spécifique pour les troisième, septième et dixième signes. Son aspect sur le troisième signe est semblable au sextile ou 60° de l'astrologie occidentale mais uniquement sur les planètes situées devant lui dans le zodiaque. Son aspect sur le dixième signe est un carré ou 90° mais uniquement sur les planètes situées derrière lui. Ainsi, son angle réel est de 270°.

La conjonction

Les planètes proches les unes des autres sont en conjonction. Elles sont intimement associées. En astrologie occidentale, la conjonction est considérée comme étant un aspect entier et possède un orbe d'environ 10°, selon la planète impliquée.

En astrologie védique, la conjonction n'est pas considérée comme étant un aspect, étant donné que les aspects sont pris en compte uniquement lorsqu'il existe une certaine distance entre les planètes. Ainsi, la conjonction est considérée comme une sorte de relation planétaire complète. Les conjonctions, tout comme les aspects, sont calculées par signe. Cependant, plus les planètes sont proches les unes des autres, plus l'effet de la conjonction sera puissant, surtout pour le Soleil.

Les aspects planétaires mineurs et majeurs

Toutes les planètes aspectent pleinement le septième signe. Elles aspectent les quatrième et huitième signes au trois-quarts. Elles ont un demi aspect sur les cinquième et neuvième signes. Elles ont un quart d'aspect sur les troisième et dixième signes. L'aspect spécifique de Mars est considéré entier bien qu'on lui attribue généralement une influence aux trois-quarts. Les aspects spécifiques de Jupiter ayant une demi influence, sont considérés entiers. Ainsi que pour Saturne également qui possède un quart d'influence.

Les aspects mineurs, même ceux ayant une influence aux trois-quarts, ne sont généralement pas utilisés dans les interprétations. Ils sont ajoutés à d'autres facteurs pour déterminer les forces planétaires, faisant partie du système du *Shadbala*. De plus ces aspects augmentent en proportion de la distance. Ils n'ont pas d'orbe. Par exemple, une planète en opposition exacte, aura un aspect entier de 100%. Située dans le huitième signe ou 210°, elle en aura trois-quarts ou un aspect à 75%.

La combustion

Les planètes situées en proche conjonction du Soleil deviennent combustes ou brûlées. Cela les affaiblit et les rend impuissantes. Ainsi, lorsqu'une planète est située dans un signe ou dans une maison bénéfique, les effets de la combustion seront mixtes. Les planètes situées dans le même signe que le Soleil sont considérées comme ayant une relation entière avec lui (*Shambandha*), même si elles ne sont pas combustes.

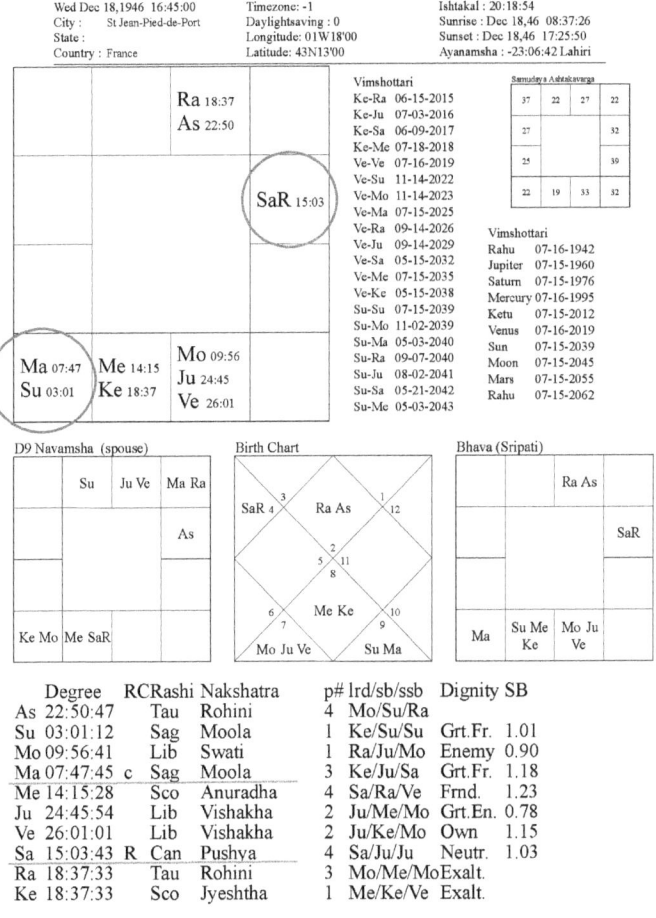

À noter qu'en astrologie médicale, la combustion est souvent l'un des facteurs de cause de maladie. C'est également vrai pour les accidents et tout ce qui endommage ou affecte notre santé. La combustion affaiblit la planète proche du Soleil et reflète cette faiblesse sur les indications physiques du thème, par exemple, les parties du corps, les systèmes corporels, etc. Par conséquent, il est important d'évaluer les régions du corps gouvernées par les planètes combustes du thème. De même que le Soleil peut brûler notre peau en cas d'une exposition trop longue au soleil, une planète devient ainsi physiquement « brûlée ». C'est la raison pour laquelle en astrologie médicale, les planètes combustes sont souvent impliquées dans la maladie.

Les planètes fonctionnent le mieux lorsqu'elles sont éloignées du Soleil, surtout pour la Lune, Mercure et Vénus qui passent par des phases de croissance et de décroissance. Tout comme la Lune est plus forte lorsqu'elle est pleine et s'affaiblit en se rapprochant du Soleil, Mercure et Vénus sont plus fortes lorsqu'elles sont le plus éloignées du Soleil et s'affaiblissent lorsqu'elles s'y rapprochent. Cela est également vrai pour les autres planètes. Ainsi, les rayons des planètes à proximité du Soleil sont brûlés par la puissance de sa lumière et cela rend leurs indications négatives.

Il y a une règle s'avérant utile ; tandis que les indications externes (les domaines d'activité et les parties du corps) d'une maison sont souvent affligées lorsque le gouverneur de cette maison est combuste, les significations intérieures (fonctions psychiques ou mentales) ne sont généralement pas affectées.

Planète	Degré direct	Degré rétrograde
Mercure	14°	12°
Vénus	10°	8°
Mars	17°	Même
Jupiter	11°	Même
Saturne	15°	Même
Lune	15°	Même

La rétrogradation

Les planètes semblent rétrograder ou reculer dans le zodiaque à cause de leur orbite différente de celle de la Terre. L'astrologie occidentale considère que la rétrogradation entraîne des difficultés, des retards ou des obstacles. Par exemple, Mercure rétrograde entraîne des problèmes de communication.

En astrologie védique, la rétrogradation est généralement un signe de force. Par exemple, Jupiter rétrograde est bénéfique pour avoir des enfants même si elle paraît faible. La rétrogradation est parfois considérée comme inversant l'énergie des planètes. Lorsque les planètes sont exaltées, elles perdent de leur force et lorsqu'elles sont débilitées, elles gagnent de la force. *La rétrogradation intériorise l'énergie de la planète.* Lorsque Mercure est rétrograde, l'intellect devient introverti poussant la personne à s'intéresser à l'histoire ou aux sciences occultes. Lorsque Mercure est affligée, cela peut entraîner des problèmes nerveux ou des difficultés d'élocution ou simplement des difficultés à communiquer. Les planètes rétrogrades indiquent souvent que la personne ne suivra pas les influences de la planète mais devra les intérioriser pour les consolider ou limiter leurs effets.

Comment interpréter un thème natal

Vous trouverez ici les étapes essentielles de l'interprétation d'un thème. Nous utilisons le thème carré de l'Inde du sud comme exemple.

1. Recherchez l'Ascendant dans le thème et calculez toutes les maisons en partant de l'Ascendant. Cela signifie que si l'Ascendant est Cancer, le Cancer sera la maison 1 et le Lion la maison 2.

2. Recherchez le maître de l'Ascendant – en quelle maison et en quel signe se trouve cette planète ?

3. Déterminez quelles sont les planètes favorables et défavorables selon les gouverneurs des maisons pour cet Ascendant – ces éléments sont les fondements de l'interprétation.

4. Examinez les signes qui sont actifs par maisons et par les planètes qui sont situées dans ces signes. Quel type de signe est dominant ; Cardinal, Fixe ou Mutable ? Y-a-t-il plus de planètes dans un des signes que dans les autres ?

5. Examinez les éléments des signes et déterminez quel est l'élément dominant dans le thème.

6. Observez les emplacements de chaque planète et si elle se trouve dans un endroit ami ou avec un ennemi.

7. Examinez la relation du dosha des planètes les plus puissantes, par exemple, le maître de l'Ascendant, la Lune et le Soleil. Y-a-t-il une planète aspectant le maître de l'Ascendant ? Cela affectera la dominance du dosha de l'Ascendant.

8. Examinez les aspects et la relation existant entre les planètes.

9. Maintenant examinez les maisons et sur quel domaine elles agissent dans la vie. Quelles maisons sont activées par le fait d'y avoir une planète ? C'est l'endroit du thème où le natif doit vivre son karma.

10. Y-a-t-il des planètes combustes et rétrogrades dans le thème ?

11. Faites une synthèse de tous ces facteurs mentionnés ci-dessus.

La véritable difficulté de l'interprétation d'un thème consiste à faire la synthèse de tous ces facteurs. C'est seulement par la pratique que nous pouvons commencer à évaluer ces différents facteurs et à arriver à une certaine conclusion. Il est évident que nous devons commencer par établir les thèmes de nos amis et de notre famille et commencer à les étudier comme nous l'avons expliqué dans ce chapitre. Pour chaque thème, essayez d'en tirer une conclusion et de l'écrire et observez comment celles-ci changeront éventuellement au cours de votre apprentissage et expérience.

7
Les Périodes Planétaires (Dasha)

En astrologie védique, les cycles planétaires nous procurent un système simple et précis pour déterminer les effets des planètes tout au long de notre vie. Nous pouvons les utiliser avec les transits pour obtenir davantage de précisions. Les cycles planétaires représentent un système précis indiquant comment les planètes distribuent leurs effets à travers le temps et les différentes étapes de notre vie. Une interprétation n'est pas complète sans eux. Nous devrions tous connaître dans quelle période planétaire nous sommes et observer le cours de notre vie d'après les changements de nos cycles planétaires.

Le thème nous fournit une liste de périodes planétaires nous procurant une vue d'ensemble du développement des forces planétaires. Ces cycles sont très utiles pour examiner notre vie et pour planifier des objectifs à long terme. Ils nous indiquent les transitions majeures de notre vie et de notre caractère. Nous subissons des changements importants de façon périodique. Certaines personnes changent, à un moment donné, de personnalité de façon remarquable. Ce sont les cycles planétaires qui nous procurent les clés de ces événements. Certaines périodes peuvent être si différentes des autres que toute notre destinée, notre santé ou notre personnalité peut changer avec elles.

Plusieurs systèmes différents sont utilisés pour déterminer les cycles planétaires. Traditionnellement, il existe 43 systèmes de Dasha, mais seulement trois systèmes de Dasha sont restés populaires ; Jaimini, Ashottari et Vimshottari. Le plus commun est le *Dasha*

Vimshottari, littéralement « cycle de 120 ans » que nous examinerons ici. Dans ce système, les sept planètes principales ainsi que Rahu et Ketu possèdent des cycles allant de 6 à 20 années. Elles suivent l'ordre cyclique.

Dasha Vimshottari	
Soleil	6 ans
Lune	10 ans
Mars	7 ans
Rahu	18 ans
Jupiter	16 ans
Saturne	19 ans
Mercure	17 ans
Ketu	7 ans
Vénus	20 ans

Cet ordre est identique à celui des gouverneurs de Constellations Lunaires, ou Nakshatras, parce que les cycles sont basés sur ces constellations lunaires. Nous observons que le cycle de Rahu, planète ombre, est beaucoup plus long que celui des planètes principales telles que le Soleil et la Lune ; mais Ketu est le même que Mars.

Détermination des périodes planétaires

Nous devons déterminer quelle planète gouverne la période Principale (*Maha Dasha*) et ensuite celle gouvernant la période Secondaire (*Bhukti Dasha*), et la sous-période Secondaire (*Antar Dasha*) qui se trouve à l'intérieur de la première. Tout d'abord, recherchez la Constellation Lunaire, ou Nakshatra, (voir le tableau des Nakshatras page suivante) dans laquelle se trouve la Lune au moment de la naissance. Par exemple, si elle se trouve à 12°26 en Vierge, la Constellation Lunaire sera « Hasta ». Observez dans le tableau quelle planète la gouverne. C'est la Lune, par conséquent, la période planétaire Principale au moment de la naissance sera celle de la Lune.

Maintenant, déterminez combien de degrés et de minutes elle doit effectuer pour compléter le cours de cette constellation. Chaque constellation contient 13°20' ou 800 minutes. Dans ce cas, Hasta commence à 10°00' en Vierge. Elle a donc déjà effectué 2°26' et il reste encore 10°54' dans cette constellation (654 minutes). Divisez ce restant par 800 et vous obtiendrez le pourcentage du cycle restant à effectuer (dans ce cas il reste 0,8175).

Ensuite, regardez le tableau et observez la durée de la planète qui gouverne. Dans notre exemple, Hasta est gouverné par la Lune, dont le cycle est de 10 ans. Multipliez la durée du cycle planétaire par le pourcentage de la constellation restant à effectuer (10 ans divisés par 0,8175 = 8,175). Multipliez le restant moins les années multipliées par 12 afin d'obtenir les mois (175 x 12 = 2,1 mois) puis multipliez les mois restants par 30 pour obtenir les jours (1 x 30 = 30 jours). Cela donne le total qu'il reste à effectuer dans la période planétaire à partir du moment de naissance : 8 ans, 2 mois et 3 jours. Si par exemple, la date de naissance est le 10 octobre 1952, nous y ajoutons le reste des 8 ans, 2 mois et 3 jours. Le cycle de la Lune commencerait à la naissance et finirait le 13 décembre 1960.

Toutes les autres périodes planétaires commencent le jour et le mois où la première période se termine. Dans notre exemple, le cycle de Mars de 7 années commencerait le 13 décembre 1960. Elle serait suivie par Rahu le 13 décembre 1967 et ainsi de suite tout au long du cycle des périodes planétaires. Ainsi, le jour où se termine notre première période planétaire est pour nous une date importante dans l'année, parce qu'elle indique le moment où toutes nos périodes planétaires principales commenceront.

Les Nakshatras – les 27 constellations lunaires

Nom	Emplacement	Gouverneur
1. Ashwini	00°00' à 13°20' Bélier	Ketu
2. Bharani	13°20' à 26°40' Bélier	Vénus
3. Krittika	26°40' Bélier à 10°00' Taureau	Soleil
4. Rohini	10°00' à 23°20' Taureau	Lune
5. Mrigashira	23°20' Taureau à 06°40' Gémeaux	Mars
6. Ardra	06°40' à 20°00' Gémeaux	Rahu
7. Punarvasu	20°00' Gémeaux à 03°20' Cancer	Jupiter
8. Pushya	03°20' à 16°40' Cancer	Saturne
9. Ashlesha	16°40' à 30°00 Cancer	Mercure

10. Magha	00°00' à 13°20' Lion	Ketu
11. Purva Phalguni	13°20' à 26°40' Lion	Vénus
12. Uttara Phalguni	26°40' Lion à 10°00' Vierge	Soleil
13. Hasta	10°00' à 23°20' Vierge	Lune
14. Chitra	23°20' Vierge à 6°40 Balance	Mars
15. Swati	06°40' à 20°00' Balance	Rahu
16. Vishakha	20°00' Balance à 03°20' Scorpion	Jupiter
17. Anuradha	03°20' à 16°40' Scorpion	Saturne
18. Jyeshta	16°40' à 30°00' Scorpion	Mercure

19. Mula	00°00' à 13°20' Sagittaire	Ketu
20. Purvashadha	13°20' à 26°40' Sagittaire	Vénus
21. Uttarashadha	26°40' Sagittaire à 10°00' Capricorne	Soleil
22. Shravana	10°00' à 23°20' Capricorne	Lune
23. Dhanishta	23°20' Capricorne à 06°40' Verseau	Mars
24. Shatabhishak	06°40' à 20°00' Verseau	Rahu
25. Purvabhadra	20°00' Verseau à 03°20' Poissons	Jupiter
26. Uttarabhadra	03°20' à 16°40' Poissons	Saturne
27. Revati	16°40' à 30°00' Poissons	Mercure

Tableau des périodes planétaires
Principales (Dashas) et Secondaires (Bhuktis)

1. Soleil Dasha : 6 ans

	Année	Mois	Jour
Soleil	0	3	18
Lune	0	6	0
Mars	0	4	6
Rahu	0	10	24
Jupiter	0	9	18
Saturne	0	11	12
Mercure	0	10	6
Ketu	0	4	6
Vénus	1	0	0

2. Lune Dasha : 10 ans

	Année	Mois	Jour
Lune	0	10	0
Mars	0	7	0
Rahu	1	6	0
Jupiter	1	4	0
Saturne	1	7	0
Mercure	1	5	0
Ketu	0	7	0
Vénus	1	8	0
Soleil	0	6	0

3. Mars Dasha : 17 ans

	Année	Mois	Jour
Mars	0	4	27
Rahu	0	0	18
Jupiter	0	11	6
Saturne	1	1	9
Mercure	0	11	27
Ketu	0	4	27
Vénus	1	2	0
Soleil	0	4	6
Lune	0	7	0

4. Rahu Dasha : 18 ans

	Année	Mois	Jour
Rahu	2	8	12
Jupiter	2	4	24
Saturne	2	10	6
Mercure	2	6	18
Ketu	1	0	18
Vénus	3	0	0
Soleil	0	10	24
Lune	1	6	0
Mars	1	0	18

5. Jupiter Dasha : 16 ans

	Année	Mois	Jour
Jupiter	2	1	18
Saturne	2	6	12
Mercure	2	3	6
Ketu	0	11	6
Vénus	2	8	0
Soleil	0	9	18
Lune	0	4	0
Mars	0	11	6
Rahu	2	4	24

6. Saturne Dasha : 19 ans

	Année	Mois	Jour
Saturne	3	0	3
Mercure	2	8	9
Ketu	1	1	9
Vénus	3	2	0
Soleil	0	11	12
Lune	1	7	0
Mars	1	1	9
Rahu	2	10	6
Jupiter	2	6	12

7. Mercure Dasha : 17 ans

	Année	Mois	Jour
Mercure	2	4	27
Ketu	0	11	27
Vénus	2	10	0
Soleil	0	10	6
Lune	1	5	0
Mars	0	11	27
Rahu	2	6	18
Jupiter	2	3	6
Saturne	2	8	9

8. Ketu Dasha : 7 ans

	Année	Mois	Jour
Ketu	0	4	27
Vénus	1	2	0
Soleil	0	4	6
Lune	0	7	0
Mars	0	4	27
Rahu	1	0	18
Jupiter	0	11	16
Saturne	1	1	9
Mercure	0	11	27

9. Vénus Dasha : 20 ans

	Année	Mois	Jour
Vénus	3	4	0
Soleil	1	0	0
Lune	1	8	0
Mars	1	2	0
Rahu	3	0	0
Jupiter	2	8	0
Saturne	3	2	0
Mercure	2	10	0
Ketu	1	2	0

Utilisation des périodes planétaires

Le cycle de la vie utilisé dans ce système du *Dasha Vimshottari* est de 120 ans. Bien sûr, la plupart d'entre nous ne vivons pas si longtemps et les périodes difficiles limitent notre espérance de vie. Notez que 120 ans est la durée de vie classique des personnes pour l'Ayurvéda et les traditions védiques.

- La période Principale, *Maha Dasha*, varie entre 6 et 20 ans, selon la planète. La moyenne est de 13 ans 1/3.
- La période Secondaire, *Bhukti Dasha*, varie de 8 mois à 2 ans et 3 mois, avec une moyenne de 1 an et demi.
- La sous-période secondaire, *Antar Dasha*, varie de 30 à 90 jours ou de 1 à 3 mois, selon la planète, avec une moyenne de 60 jours.
- La sous-sous-période secondaire, *Sukshma Antar Dasha*, varie de 3 à 10 jours, avec une moyenne d'une semaine.

Notons que si l'heure de naissance n'est pas précise, les sous-périodes secondaires (Antar Dasha) ne seront pas exactes. L'heure de naissance doit être précise à une minute près. Une erreur de deux ou trois minutes dans l'heure de naissance peut repousser les sous-sous-périodes secondaires dans une autre période et changer le Mahadasha d'un à trois jours. C'est la raison pour laquelle tous les astrologues n'accordent pas autant d'importance aux sous-sous-périodes secondaires.

De plus, selon l'Ayanamsha utilisé, le calcul des périodes planétaires Principales peut changer. Une différence d'un degré dans l'Ayanamsha peut changer les périodes planétaires d'une année ou plus, selon sa durée. Ainsi, les périodes planétaires sont les meilleurs éléments pour tester les différents Ayanamshas.

Nous devrions toujours prendre en considération les transits actuels des planètes par rapport aux périodes planétaires. Les transits de la planète la plus puissante ou du maître de l'Ascendant sont toujours importants. Prenez note des transits de la planète gouvernant le cycle, en particulier pour les périodes Principales et Secondaires. Nous devons également noter les transits des planètes des maîtres de la période.

Pour les périodes Secondaires, nous examinons les transits des planètes distantes telles que Jupiter ainsi que Rahu et Ketu car leurs effets peuvent durer une année. Pour les sous-périodes secondaires, nous examinons les transits des planètes proches telles que le Soleil,

Mars, Vénus, Mercure, parce que leurs influences durent le temps de ces sous-périodes.

Le retour des planètes à leur position natale est pris en considération avec les transits. Ils sont souvent les genres de transits les plus importants. Le retour de la Lune est mensuel, celui du Soleil est annuel, celui de Jupiter tous les 12 ans, ceux de Rahu et Ketu tous les 18 ans, et celui de Saturne est de 29 ans. Les retours de Saturne sont particulièrement importants.

Utilisation des gouverneurs des périodes planétaires

Le maître de la période Principale (Maha Dasha) fournira les résultats des maisons qu'il gouverne et des maisons et gouverneurs des maisons qu'il aspecte. Pour utiliser correctement les cycles planétaires, nous devons entièrement maîtriser les principes des gouverneurs des maisons et le statut temporel des planètes, ces principes étant spécifiques pour interpréter les résultats des périodes planétaires.

Le gouverneur de la période Principale forme un aspect sur toutes les planètes et maisons, mais il forme un double aspect sur celles qu'il aspecte dans le thème natal. Le gouverneur de la période Secondaire forme également un aspect sur toutes les planètes et maisons. Il est plus important d'examiner la relation entre le gouverneur Principal et le gouverneur Secondaire. Lorsqu'ils forment un aspect dans le thème natal, celui-ci sera amplifié. Généralement, on considère que le gouverneur de la période Principale forme un aspect sur le gouverneur de la période Secondaire, modifiant par conséquent la nature de ses résultats.

S'il n'existe pas d'aspect direct dans le thème natal, leurs influences s'associent quand même comme le ferait un aspect direct. Par exemple, si Jupiter et Vénus sont toutes deux bien placées dans le thème natal mais ne forment pas d'aspect entre elles, pendant la période Principale de Jupiter et la période Secondaire de Vénus, il se manifestera de nombreux effets propres à l'aspect Jupiter/Vénus, bien que ceux-ci ne soient pas aussi puissants que s'ils étaient directement aspectés dans le thème natal.

Détermination des périodes favorables

Les moments favorables se produisent lors d'associations de divers gouverneurs de bénéfiques, c'est à dire lorsque tous les gouverneurs des périodes Principales, Secondaires et sous-secondaires sont de nature bénéfique. Ensuite, les moments favorables se produisent lorsque tous sont bénéfiques mais qu'un maître apparaît deux fois (il n'y a toujours pas de maléfiques présentes dans ce cas). Également, lorsque tous les gouverneurs de maison gouvernent le même domaine puisqu'il est rare qu'un groupe de planètes soit bénéfique pour tous les domaines de l'existence. Lorsque les gouverneurs des maisons 9, 11, 2 et 5 sont associés, cela sera bénéfique pour les affaires et les revenus.

Dans le cas contraire, lorsque les maîtres des maisons 3, 6, 8, 12 sont associés, il surviendra vraisemblablement des difficultés ou des maladies. Cela est particulièrement propice au commencement d'une période planétaire Principale d'une planète bénéfique. Les premiers cycles des périodes Secondaires, sous-secondaires et sous-sous-secondaires seront également gouvernés par elle. C'est un moment favorable pour entreprendre les objectifs fixés pendant cette période planétaire. Cependant, une période propice ne fournit pas toujours ses résultats immédiatement. Tout d'abord les graines sont plantées et les fruits peuvent apparaître plus tard.

Lorsque les périodes Secondaires commencent, la première d'entre elles sera également gouvernée par la même planète. C'est également un moment propice pour les affaires concernant les gouverneurs de ces périodes Secondaires qui sont en harmonie avec le gouverneur de la période Principale.

Le commencement des cycles planétaires, en particulier des périodes Principales et Secondaires, est un moment favorable pour équilibrer les influences négatives possibles des maîtres des périodes, à l'aide de gemmes, de mantras, de divinités ou d'autres remèdes curatifs. Si cette planète est bénéfique mais faible, nous pouvons renforcer son influence par des gemmes appropriées. Si elle est maléfique, nous pouvons l'effectuer à l'aide de mantras, de rituels ou d'adoration divine. Si elle est maléfique, nous pouvons renforcer le gouverneur de cette période si le gouverneur est bénéfique. Par exemple, si une période Secondaire négative de Saturne commence à l'intérieur d'une période Principale positive de Jupiter, nous avons le choix d'apaiser Saturne ou de renforcer Jupiter.

C'est la période planétaire Principale qui est la plus importante pour déterminer la nature générale du temps, puis viennent les périodes Secondaires, sous-secondaires et sous-sous-secondaires.

Par exemple, lorsque le gouverneur de la période Principale gouverne la maison 2 des moyens d'existence, le maître de la période Secondaire gouvernera la maison 11 des revenus, et la sous-secondaire gouvernera la maison 9 de la prospérité, ce qui entraînera des gains. Si le maître de la période Principale gouverne la maison 9 de la religion, celui de la Secondaire gouvernera la maison 5 de l'intelligence et celui de la sous-secondaire gouvernera la maison 2 de l'intellect, cela sera favorable à la communication des principes spirituels, religieux ou légaux.

Il faut également prendre en compte le statut naturel des planètes. Si nous sommes dans une période dans laquelle le maître de la période Principale gouverne la maison 6, si le maître de la période Secondaire gouverne la maison 8, et que le maître de la sous-période est Saturne temporairement bénéfique, la nature maléfique naturelle de Saturne peut très bien ressortir ainsi que la nature difficile des gouverneurs de la période prédominante.

Détermination des moments favorables

Lorsque nous avons trouvé un cycle où les gouverneurs des périodes Principales, Secondaires et sous-secondaires sont favorables, nous devons rechercher une journée où la Lune et le maître de la journée sont également favorables. Puis, nous devons rechercher une heure dans cette journée où l'Ascendant et l'Ascendant du Navamsha sont favorables. Nous aurons alors un moment très propice pour entreprendre. Enfin, nous devons trouver, si possible, un gouverneur favorable pour l'heure.

La nature de ce que nous voulons entreprendre, comme créer une entreprise, nous marier, commencer une initiation spirituelle, etc. déterminera la nature des éléments auxquels nous accordons de l'importance. S'il s'agit d'une initiation spirituelle, nous devons surtout examiner la maison 9 et son maître, Jupiter. En ce qui concerne les relations de couple, nous devons examiner les thèmes des deux personnes et trouver un jour favorable dans les deux thèmes. Cela peut bien évidemment impliquer des compromis. Nous devons viser à trouver le meilleur jour possible à l'intérieur de la période demandée, que cela soit un mois ou plusieurs mois, cela dépend de ce qu'on propose d'entreprendre.

Ainsi, on utilise également les cycles planétaires pour déterminer des moments favorables pour entreprendre diverses choses et non seulement pour déterminer la nature des influences agissantes dans leurs périodes spécifiques. Il est utile d'examiner ces éléments chaque mois et il est favorable de pratiquer un examen annuel. Le but n'est pas de nous rendre esclaves du temps ni des planètes mais d'augmenter la perception que nous avons des forces agissantes dans notre vie. Nous pouvons consulter nos planètes principalement pour des décisions ou changements importants. Nous pouvons également utiliser les périodes planétaires pour déterminer les moments favorables pour effectuer des rituels, tels que des *pujas* ou *homas* et des méditations.

L'astrologie horaire : Prashna

Nous pouvons dresser un thème astrologique pour tout moment important, toute décision importante et non simplement pour l'heure de notre naissance. Nous pouvons en dresser un pour le mariage ou pour la mort. Également pour entreprendre quelque chose, un déménager ou autre. Cette branche de l'astrologie s'appelle « astrologie horaire » ou *Prashna* signifiant « question ». Le thème s'appelle un « Thème Prashna ».

L'astrologue peut dresser un thème en prenant l'heure de l'arrivée du consultant, ce qui est efficace pour prédire divers aspects de la vie du consultant, notamment pour les sujets abordés durant la consultation. Généralement, le consultant arrive avec une question précise, par exemple, si sa santé va évoluer ou s'il doit ou non déménager. Le moment où il pose sa question sera pris comme référence pour monter le thème qui sera ensuite interprété pour connaître le développement de la question.

L'astrologue peut être sollicité pour évaluer des événements commencés à un moment donné, ou bien pour choisir le moment propice pour entreprendre quelque chose. L'astrologue aide à harmoniser la loi cosmique et aide ainsi à ce que les affaires humaines prospèrent harmonieusement en accord à cette loi.

Par exemple, choisir un moment précis pour un mariage est aussi important que de comparer les deux thèmes du couple. Le thème effectué au moment de la mort d'une personne fournit des indications sur sa vie suivante. Le thème effectué lors d'un accident ou lors de la déclaration d'une maladie sérieuse sera utile pour son pronostic.

Les thèmes horaires sont interprétés de la même manière que les thèmes de naissance mais ce sera la question pratique, et non la personne, qui sera interprétée. Si cela concerne un mariage par exemple, les éléments concernant le mariage (la maison 7, son gouverneur et son significateur) seront les éléments importants. Si cela concerne les affaires, comme la bourse par exemple, nous examinerons les maisons 5, 9 et 11, leurs maîtres et leurs significateurs. Dans le thème horaire, nous utilisons les mêmes principes que pour le thème natal. Nous pouvons même utiliser les périodes planétaires pour retracer le développement d'une question spécifique. Certains astrologues utilisent davantage le thème horaire que le thème natal parce que la plupart des personnes viennent les consulter avec des questions précises.

Les heures planétaires

	Dimanche	Lundi	Mardi	Mercredi	Jeudi	Vendredi	Samedi
1	Soleil	Lune	Mars	Mercure	Jupiter	Vénus	Saturne
2	Vénus	Saturne	Soleil	Lune	Mars	Mercure	Jupiter
3	Mercure	Jupiter	Vénus	Saturne	Soleil	Lune	Mars
4	Lune	Mars	Mercure	Jupiter	Vénus	Saturne	Soleil
5	Saturne	Soleil	Lune	Mars	Mercure	Jupiter	Vénus
6	Jupiter	Vénus	Saturne	Soleil	Lune	Mars	Mercure
7	Mars	Mercure	Jupiter	Vénus	Saturne	Soleil	Lune
8	Soleil	Lune	Mars	Mercure	Jupiter	Vénus	Saturne
9	Vénus	Saturne	Soleil	Lune	Mars	Mercure	Jupiter
10	Mercure	Jupiter	Vénus	Saturne	Soleil	Lune	Mars
11	Lune	Mars	Mercure	Jupiter	Vénus	Saturne	Soleil
12	Saturne	Soleil	Lune	Mars	Mercure	Jupiter	Vénus
13	Jupiter	Vénus	Saturne	Soleil	Lune	Mars	Mercure
14	Mars	Mercure	Jupiter	Vénus	Saturne	Soleil	Lune
15	Soleil	Lune	Mars	Mercure	Jupiter	Vénus	Saturne
16	Vénus	Saturne	Soleil	Lune	Mars	Mercure	Jupiter
17	Mercure	Jupiter	Vénus	Saturne	Soleil	Lune	Mars
18	Lune	Mars	Mercure	Jupiter	Vénus	Saturne	Soleil
19	Saturne	Soleil	Lune	Mars	Mercure	Jupiter	Vénus
20	Jupiter	Vénus	Saturne	Soleil	Lune	Mars	Mercure
21	Mars	Mercure	Jupiter	Vénus	Saturne	Soleil	Lune
22	Soleil	Lune	Mars	Mercure	Jupiter	Vénus	Saturne
23	Vénus	Saturne	Soleil	Lune	Mars	Mercure	Jupiter
24	Mercure	Jupiter	Vénus	Saturne	Soleil	Lune	Mars

Chaque planète gouverne des moments spécifiques de la journée. Elles procurent leurs meilleurs résultats à ces heures précises. Les planètes favorables du thème fourniront de bons résultats à ces heures spécifiques et les planètes défavorables créeront des difficultés. Les influences se combineront selon la nature favorable ou défavorable de la planète gouvernant la journée (tel que le Soleil le dimanche) et selon sa relation avec la planète gouvernant l'heure. La disposition de la Lune ainsi que la nature de l'Ascendant sont également importantes.

Leurs influences commencent au commencement de l'heure et se terminent à sa fin. La planète gouvernant la journée commence la séquence au lever du Soleil. Vous pouvez consulter des éphémérides ou logiciels d'astrologie pour connaître ces données. L'ordre est Saturne, Jupiter, Mars, Soleil, Vénus, Mercure, Lune ; de la planète la plus lente à la planète la plus rapide.

Les transits : Gochara

Il est important de prendre en compte les transits des planètes (positions actuelles des planètes dans le ciel) par rapport aux périodes planétaires. Les transits les plus importants sont ceux des planètes les plus puissantes ou le maître de l'Ascendant du thème natal. Il est important d'accorder de l'importance aux Dashas et Bhuktis. Les transits représentent environ 1/3 de l'interprétation des effets des périodes concernées. Le reste est déterminé par les relations de ces planètes entre elles dans le thème natal. Les transits puissants possèdent une certaine importance lorsqu'ils se produisent à la jonction de ces périodes planétaires.

Les Yogas ou l'union des planètes et signes

Les Yogas dans le thème deviendront actifs, ou donneront des résultats, durant la période planétaire. Ils donneront de puissants résultats durant le Maha Dasha, de bons résultats durant le Bhukti Dasha et des résultats moyens durant l'Antar Dasha.

Les prédictions en Jyotish sont basées sur trois facteurs principaux : les Dashas, les transits et les Yogas. Il existe d'autres méthodes, telles que l'Ashtakavarga, qui donne des précisions supplémentaires aux trois facteurs principaux des Dashas, des transits et des Yogas et que nous étudierons ultérieurement. Dans le chapitre suivant, nous examinerons les Yogas.

8
Les Graha Yogas

Ce chapitre traite du concept des relations planétaires ou les *Graha Yoga*. Traditionnellement, les enseignants exigeaient que leurs étudiants mémorisent plusieurs centaines de Yogas ou associations planétaires. Les Yogas peuvent se former par les planètes qui gouvernent les maisons, par les conjonctions planétaires et par les aspects planétaires, ainsi que par les aspects des signes et des maisons. Essentiellement, il existe de nombreuses façons de former des Yogas, bien que très peu soient très puissants et que de nombreux soient très faibles nécessitant des aides pour donner des résultats. La plupart des logiciels calculent jusqu'à 1001 Yogas, mais cependant ils n'indiquent pas si ces Yogas donneront les résultats qu'ils indiquent.

Le Raja Yoga
Les Raja Yogas sont les Yogas les plus puissants et il est important de les comprendre parfaitement. Il existe différentes sortes et différents niveaux de Raja Yoga. Il n'existe presque pas de thème sans Raja Yoga situé en partant du Lagna ou de la Lune. Pourtant, ces Yogas peuvent ne pas entraîner des résultats extraordinaires. Même dans un thème faible, ils favoriseront quand même la chance durant leurs périodes ou sous-périodes planétaires.

Les Raja Yogas sont causés par des planètes seules, telles que Saturne pour un Ascendant Balance ou par une association de planètes, telle que Mercure conjoint la Lune, maîtres des maisons 9 et 10 pour un Ascendant Balance. Les associations de Raja Yoga sont plus puissantes. Les associations de Raja Yoga sont encore plus puissantes lorsqu'elles incluent des Raja Yogas comportant une planète seule.

- Les Raja Yogas sont produits par toute association des maîtres des Trikonas (maisons 1, 5, 9) et des maîtres de Kendra (1, 4, 7, 10).
- La maison 9 produit le meilleur Trikona, suivie par la maison 5 et la maison 1. La maison 10 produit le meilleur Kendra, suivie par la maison 4 et la maison 7.

Les Raja Yogas impliquant le maître de la maison 7 sont plutôt faibles et ne sont pas pris en compte par les astrologues védiques. Nous conseillons aux débutants de ne pas prendre en compte ces associations de Raja Yoga à moins qu'elles soient inclues parmi d'autres associations plus puissantes. Les Raja Yogas impliquant le maître de la maison 1 ne sont pas puissants. Cependant, si le maître de la maison 1 est impliqué avec une planète Raja Yoga, telle que Vénus et Saturne pour la Balance ou avec une association de planètes Raja Yoga, telles que Mars conjoint le Soleil et la Lune pour l'Ascendant Bélier, alors le Yoga devient plus puissant. L'inclusion du maître de la maison 1 produit un effet plus personnel sur le natif.

De plus, les gouverneurs de maisons formant un Raja Yoga sont mis en valeur lorsque les planètes impliquées sont situées en domicile (dans leur propre signe) ou exaltées, lorsqu'elles sont amies naturelles ou temporaires, ou lorsqu'elles se forment par rapport à la Lune ou au Lagna. Toutefois, les Raja Yogas en Dusthanas (maisons 6, 8, 12) peuvent être efficaces, comme dans le cas d'un politicien ayant débuté en prison et ayant réussi à se hisser jusqu'au pouvoir.

Un Raja Yoga puissant, tel que celui formé entre les maîtres des maisons 9 et 10, est à même de neutraliser toutes les autres difficultés du thème. D'autre part, un thème faible, dans lequel l'Ascendant et son maître sont très affligés, peut ne pas être amélioré par un Raja Yoga.

Un Raja Yoga permet de réaliser son propre dharma. Ces Yogas confèrent généralement du pouvoir, de la célébrité et de la richesse. Cela dépend de la nature du thème pour connaître à quel domaine ils se rapportent ; domaine spirituel, intellectuel, des affaires, ou politique ou plusieurs domaines à la fois. Ils confèrent toujours de la célébrité, quel que soit leur domaine. Ils servent à renforcer d'autres Yogas du thème y compris les *Dhana Yoga* (associations favorisant la richesse) et les associations favorables à la connaissance ou à la créativité.

En ce qui concerne la vie spirituelle, les *Parivrajya Yoga*, associations favorisant la renonciation, sont souvent meilleurs que les Raja Yogas. Cependant, les Raja Yogas impliquant les maîtres des maisons 5 et 9, entraînent généralement des bienfaits spirituels, surtout s'ils impliquent des planètes sattviques (Soleil, Lune, Jupiter) ou s'ils sont renforcés par d'autres associations spirituelles dans le thème.

Exemple de thème ayant des Raja Yogas

Voici le thème du Dr Deepak Chopra, qui est écrivain, médecin, personnalité télévisée et couronné de succès dans le domaine de l'Ayurvéda et de la spiritualité. Nous nous attendons précisément à trouver des Raja Yogas dans son thème pour qu'une telle reconnaissance se produise.

Le Thème natal

Le thème natal est dominé par le plus puissant de tous les Raja Yogas, formant un échange entre les maîtres des maisons 9 et 10. Dans ce thème, Vénus, maître de la maison 9, est située en Scorpion, signe de Mars, en maison 10, tandis que Mars, maître de la maison 10, est situé en Balance, signe de Vénus, en maison 9.

Cette combinaison forme un *Parivarthana Yoga* ainsi qu'un Raja Yoga. Rahu, dans le signe de Vénus en maison 4 et Ketu dans le signe de Mars en maison 10 sont renforcés par ce Yoga et lui procurent encore plus de puissance. Rahu est situé dans un Kendra, la maison 4, aspecté par Vénus, maître d'un Trikona, la maison 9, qui est un autre genre de Raja Yoga. Cet échange mutuel entre Vénus/Mars est également le dépositeur final de toutes les autres planètes du thème. Un tel Raja Yoga de Vénus/Mars entraîne beaucoup de charisme.

De plus, Mercure, maître de la maison 5, et conjoint à Mars, maître de la maison 10, est situé en maison 9, formant un autre Raja Yoga, impliquant cette fois l'intellect et l'intelligence créative (maison 5). Étant donné que Mercure est également maître de la maison 5 des enfants, le fils du natif a lui-même beaucoup de succès en tant qu'écrivain. Jupiter s'y joint en tant que maître des maisons 2 et 11, procurant d'importants revenus et formant un Dhana Yoga. Il augmente également le pouvoir d'élocution et d'écriture (maître de la maison 2). Jupiter transporte l'influence de ces planètes en maison 9 en partant de l'Ascendant avec son aspect de Trikona. Bien que le Soleil soit débilité, il participe à ce Raja Yoga parce qu'il est situé en maison 9, le rendant favorable et également puissant. Ces quatre planètes en maison 9, ainsi que le maître de la maison 10, constituent un Parivrajya Yoga ou une association favorisant la renonciation. Cette association renforce l'influence spirituelle des planètes impliquées et permet au natif d'aller au-delà de son succès et de s'orienter vers des objectifs transcendants.

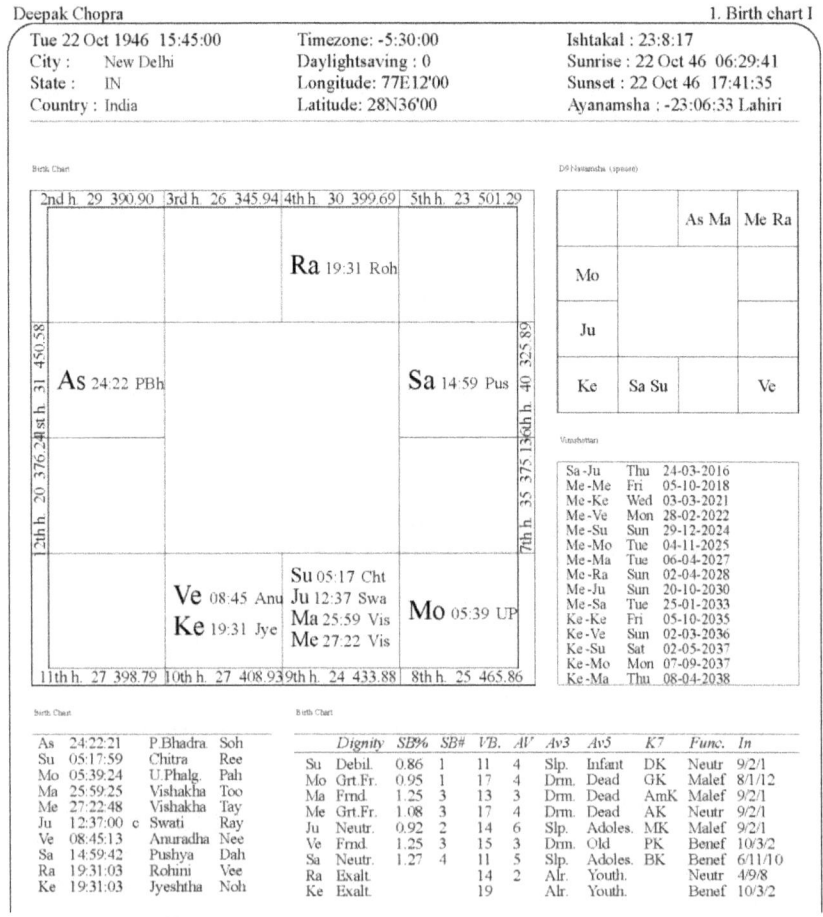

1. Birth chart I

Saturne en tant que maléfique, est bénéfique en maison 6 en tant que maître de l'Ascendant et il n'est hostile sous aucun aspect. La Lune, maître de la maison 6 située en maison 8, et Saturne, maître de la maison 12 situé en maison 6 ne sont pas négatifs non plus parce qu'ils forment un *Vipreet Raja Yoga* ou Yoga inversé. Cela se produit lorsque les maîtres des Dusthanas (6, 8 et 12) occupent d'autres Dusthanas et ne sont pas affligés. Cependant, ce Yoga n'est pas puissant en lui-même parce que la Lune et Saturne n'échangent pas leurs signes. Par conséquent, toutes les planètes du thème sont impliquées dans les Raja Yogas d'une manière ou d'une autre.

Les Yogas en partant de la Lune

Mercure, en partant de la Lune, maître de la maison 1, en Trikona, est conjoint à Jupiter, maître de la maison 4, Kendra, formant un autre Raja Yoga en maison 2 en partant de la Lune, maison de l'élocution. L'échange Mars/Vénus se produisant entre les maisons 2 et 3 en partant de la Lune ne forme pas un Raja Yoga mais renforce davantage la maison 2 en partant de la Lune étant donné que le maître de la maison 5 aspecte sa propre maison, favorisant les gains et l'abondance. Ainsi le thème de la Lune soutient le Raja Yoga du thème natal bien qu'il ne l'augmente pas entièrement.

Les Dashas

L'ascension du natif s'est produite dans le Dasha de Jupiter qui a débuté en octobre 1983, plus spécialement dans la période Jupiter/Saturne, sous-période du maître de l'Ascendant, commencée en novembre 1985. Les effets principaux des Dashas commencent rarement à se manifester avant que ne survienne la sous-période du maître du Lagna.

Le fait de prendre le maître du Dasha, Jupiter en Balance, en tant qu'Ascendant, est un bon moyen de juger les résultats du Dasha. En partant de Jupiter, Saturne est situé en maison 10 en Cancer, n'ayant aucun aspect maléfique. Saturne aspecte la maison 10 et le maître de la maison 10, entraînant une puissante ascension de sa carrière. Mars et Vénus font un échange de maîtres des maisons 1 et 2, procurant une puissance d'élocution et de bons revenus.

La période Jupiter/Mercure de juin 1988 à septembre 1990 a été également très favorable pour l'écriture. Jupiter/Vénus et Jupiter/Mars, avec des sous-périodes des maîtres des maisons 9 et 10, se sont également révélées absolument extraordinaires.

Le Dasha de Saturne a commencé en octobre 1999. Dans ce cas, le maléfique Saturne est bien placé en maison 6, maison Upachaya et planète arrivant à maturité tard, favorisant la croissance et le développement. Lorsque nous prenons la position de Saturne du thème natal comme Ascendant, l'échange Vénus/Mars se produit avec les maîtres des maisons 4 et 5, formant un autre Raja Yoga.

Rahu MAHADASHA, AGE 18-36

Ra-Ra Age: 18	Ra-Ju Age: 21	Ra-Sa Age: 24	Ra-Me Age: 26	Ra-Ke Age: 29	Ra-Ve Age: 30	Ra-Su Age: 33	Ra-Mo Age: 34	Ra-Ma Age: 35
Rah 05-10-65	Jup 17-06-68	Sat 11-11-70	Mer 17-09-73	Ket 05-04-76	Ven 24-04-77	Sun 23-04-80	Mon 18-03-81	Mar 17-09-82
Jup 02-03-66	Sat 12-10-68	Mer 25-04-71	Ket 27-01-74	Ven 28-04-76	Sun 23-10-77	Mon 10-05-80	Mar 03-05-81	Rah 09-10-82
Sat 12-07-66	Mer 28-02-69	Ket 19-09-71	Ven 22-03-74	Sun 30-06-76	Mon 17-12-77	Mar 06-06-80	Rah 04-06-81	Jup 06-12-82
Mer 15-12-66	Ket 02-07-69	Ven 19-11-71	Sun 24-08-74	Mon 20-07-76	Mar 18-03-78	Rah 25-06-80	Jup 25-08-81	Sat 26-01-83
Ket 03-05-67	Ven 22-08-69	Sun 10-05-72	Mon 10-10-74	Mar 21-08-76	Rah 21-05-78	Jup 14-08-80	Sat 06-11-81	Mer 28-03-83
Ven 30-06-67	Sun 15-01-70	Mon 01-07-72	Mar 26-12-74	Rah 12-09-76	Jup 02-11-78	Sat 27-09-80	Mer 01-02-82	Ket 21-05-83
Sun 11-12-67	Mon 28-02-70	Mar 26-09-72	Rah 19-02-75	Jup 08-11-76	Sat 28-03-79	Mer 18-11-80	Ket 19-04-82	Ven 12-06-83
Mon 30-01-68	Mar 12-05-70	Rah 26-11-72	Jup 09-07-75	Sat 30-12-76	Mer 17-09-79	Ket 03-01-81	Ven 21-05-82	Sun 15-08-83
Mar 21-04-68	Rah 02-07-70	Jup 01-05-73	Sat 10-11-75	Mer 28-02-77	Ket 19-02-80	Ven 22-01-81	Sun 21-08-82	Mon 04-09-83

Jupiter MAHADASHA, AGE 36-52

Ju-Ju Age: 36	Ju-Sa Age: 39	Ju-Me Age: 41	Ju-Ke Age: 43	Ju-Ve Age: 44	Ju-Su Age: 47	Ju-Mo Age: 48	Ju-Ma Age: 49	Ju-Ra Age: 50
Jup 05-10-83	Sat 23-11-85	Mer 05-06-88	Ket 11-09-90	Ven 18-08-91	Sun 18-04-94	Mon 04-02-95	Mar 05-06-96	Jup 12-05-97
Sat 17-01-84	Mer 23-03-86	Ket 30-09-88	Ven 01-10-90	Sun 27-01-92	Mon 02-05-94	Mar 13-06-95	Rah 25-06-96	Sat 20-09-97
Mer 20-05-84	Ket 27-08-86	Ven 18-11-88	Sun 27-11-90	Mon 16-03-92	Mar 27-05-94	Rah 14-04-95	Jup 15-08-96	Sat 15-01-98
Ket 07-09-84	Ven 20-10-86	Sun 05-04-89	Mon 14-12-90	Mar 05-06-92	Rah 13-06-94	Jup 26-06-95	Sat 29-09-96	Mer 03-06-98
Ven 23-10-84	Sun 23-03-87	Mon 16-05-89	Mar 11-01-91	Rah 01-08-92	Jup 27-07-94	Sat 30-08-95	Mer 22-11-96	Ket 05-10-98
Sun 01-03-85	Mon 09-05-87	Mar 24-07-89	Rah 31-01-91	Jup 25-12-92	Sat 04-09-94	Mer 15-11-95	Ket 10-01-97	Ven 25-11-98
Mon 09-04-85	Mar 25-07-87	Rah 10-09-89	Jup 23-03-91	Sat 04-05-93	Mer 20-10-94	Ket 11-01-96	Ven 30-01-97	Sun 20-04-99
Mar 13-06-85	Rah 17-09-87	Jup 12-01-90	Sat 07-05-91	Mer 05-10-93	Ket 30-11-94	Ven 20-02-96	Sun 27-03-97	Mon 03-06-99
Rah 29-07-85	Jup 03-02-88	Sat 03-05-90	Mer 30-06-91	Ket 20-02-94	Ven 17-12-94	Sun 12-05-96	Mon 13-04-97	Mar 15-08-99

Saturn MAHADASHA, AGE 52-71

Sa-Sa Age: 52	Sa-Me Age: 55	Sa-Ke Age: 58	Sa-Ve Age: 59	Sa-Su Age: 62	Sa-Mo Age: 63	Sa-Ma Age: 65	Sa-Ra Age: 66	Sa-Ju Age: 50
Sat 05-10-99	Mer 08-10-02	Ket 17-06-05	Ven 27-07-06	Sun 26-09-09	Mon 08-09-10	Mar 08-04-12	Rah 18-05-13	Jup 24-03-16
Mer 27-03-00	Ket 14-02-03	Ven 11-07-05	Sun 05-02-07	Mon 13-10-09	Mar 26-10-10	Rah 02-05-13	Sat 09-03-14	Sat 25-07-16
Ket 30-08-00	Ven 23-04-03	Sun 16-09-05	Mon 04-04-07	Mar 11-11-09	Rah 29-11-10	Jup 01-07-12	Mer 09-03-14	Mer 19-12-16
Ven 02-11-00	Sun 04-10-03	Mon 04-10-05	Mar 09-07-07	Rah 23-02-11	Jup 23-02-11	Sat 24-08-12	Ket 29-09-16	Ket 29-04-17
Sun 04-05-01	Mon 22-11-03	Mar 09-11-05	Rah 15-09-07	Jup 22-01-10	Sat 11-05-11	Mer 27-10-12	Ven 15-01-15	Ven 22-06-17
Mon 28-06-01	Mar 12-02-04	Rah 03-12-05	Jup 09-03-10	Sat 03-05-11	Mer 01-11-11	Ket 16-01-13	Sun 06-09-15	Mon 08-01-18
Mar 28-09-01	Rah 04-04-04	Jup 02-02-06	Sat 07-08-08	Mer 03-05-10	Ket 01-11-11	Ven 16-01-13	Mon 06-09-15	Mar 26-03-18
Rah 01-12-01	Jup 04-09-04	Sat 28-03-06	Mer 06-02-09	Ket 12-06-11	Ven 25-03-13	Sun 25-03-13	Mar 28-10-15	Rah 19-05-18
Jup 15-05-02	Sat 13-01-05	Mer 31-05-06	Ket 20-07-09	Ven 22-01-10	Sun 10-03-12	Mon 14-04-13	Mar 23-01-16	Rah 19-05-18

Mercury MAHADASHA, AGE 71-88

Me-Me Age: 71	Me-Ke Age: 74	Me-Ve Age: 75	Me-Su Age: 78	Me-Mo Age: 79	Me-Ma Age: 80	Me-Ra Age: 81	Me-Ju Age: 83	Me-Sa Age: 86
Mer 05-10-18	Ket 03-03-21	Ven 28-02-22	Sun 29-11-24	Mon 04-11-25	Mar 17-12-25	Rah 27-04-27	Jup 22-12-28	Mer 25-03-33
Ket 07-02-19	Ven 24-03-21	Sun 19-08-22	Mon 13-01-25	Mar 17-12-25	Rah 27-04-27	Jup 22-12-28	Sat 07-02-31	Mer 25-03-33
Ven 30-03-19	Sun 23-05-21	Mon 10-12-22	Mar 08-02-25	Rah 16-01-26	Jup 20-06-27	Sat 22-12-28	Mer 19-06-31	Mer 16-11-33
Sun 24-08-19	Mon 10-06-21	Mar 04-01-23	Rah 04-04-25	Jup 14-04-26	Sat 07-08-27	Mer 04-10-29	Ket 27-09-31	Ven 12-01-34
Mon 06-10-19	Mar 10-07-21	Rah 06-03-23	Jup 05-06-25	Sat 12-06-26	Mer 04-10-27	Ket 27-09-29	Ven 01-12-31	Sun 25-06-34
Mar 12-12-19	Rah 01-08-21	Jup 08-08-23	Sat 03-12-25	Mer 05-08-26	Ket 24-11-27	Ven 20-11-29	Sun 17-04-32	Mon 13-08-34
Rah 08-02-20	Jup 24-09-21	Sat 24-09-23	Mer 05-06-26	Ket 13-07-26	Ven 13-07-26	Sun 25-04-30	Mon 06-05-32	Mar 31-12-34
Jup 19-06-20	Sat 11-11-21	Mer 05-06-26	Ket 29-10-24	Ven 13-09-26	Sun 18-02-28	Mon 25-04-30	Mar 06-08-32	Rah 31-12-34
Sat 14-10-20	Mer 07-01-22	Ket 29-10-24	Ven 13-09-26	Sun 05-06-24	Mon 14-12-26	Mar 03-03-28	Rah 27-08-30	Mer 27-05-35

Ketu MAHADASHA, AGE 88-95

Ke-Ke Age: 88	Ke-Ve Age: 89	Ke-Su Age: 90	Ke-Mo Age: 90	Ke-Ma Age: 91	Ke-Ra Age: 91	Ke-Ju Age: 92	Ke-Sa Age: 93	Ke-Me Age: 94
Ket 05-10-35	Ven 03-03-36	Sun 02-05-37	Mon 02-05-37	Mar 08-04-38	Rah 04-09-38	Jup 23-09-39	Sat 29-08-40	Mer 08-10-41
Ven 14-10-35	Sun 12-05-36	Mon 09-05-37	Mar 25-09-37	Rah 17-04-38	Jup 01-11-38	Sat 07-11-39	Mer 11-11-40	Ket 28-11-41
Sun 08-11-35	Mon 03-06-36	Mar 19-05-37	Rah 07-10-37	Jup 09-05-38	Sat 22-12-38	Mer 31-12-39	Ket 28-12-40	Ven 19-12-41

Saturne n'est pas une planète aussi expansive que Jupiter. Ce n'est simplement pas sa nature. Elle n'est également pas si directement impliquée avec les Raja Yogas du thème natal. Elle est en fait davantage impliquée avec les Yogas inverses ou *Vipreet Raja Yoga*, indiquant qu'il peut y avoir davantage de difficultés vaincues, conduisant à des gains supplémentaires. Par conséquent, nous pouvons nous attendre à ce que cette personne entre dans une période de consolidation avec Saturne.

Exemple de thème ayant des Raja Yogas politiques

Le Raja Yoga est évidemment très important dans les thèmes des politiciens et des dirigeants mondiaux. Leurs thèmes contiennent invariablement de telles associations. Mais le fait de posséder de telles associations n'est pas suffisant pour faire de quelqu'un un Président ou pour lui procurer une position élevée. Le thème d'un politicien doit être très puissant pour qu'il puisse accéder à une telle position élevée.

Le thème suivant est celui de Walter Mondale, américain né le 5 janvier 1928 à Ceylan dans le Minnesota, USA. Walter Mondale est un politicien américain, diplomate et avocat qui a exercé en tant que 42ème Vice-Président des États-Unis de 1977 à 1981, et qui fut Sénateur des États-Unis (1964 à 1976). Il fut le candidat du Parti Démocrate présidentiel durant les élections présidentielles de 1984, mais c'est Ronald Reagan qui a gagné par une majorité écrasante.

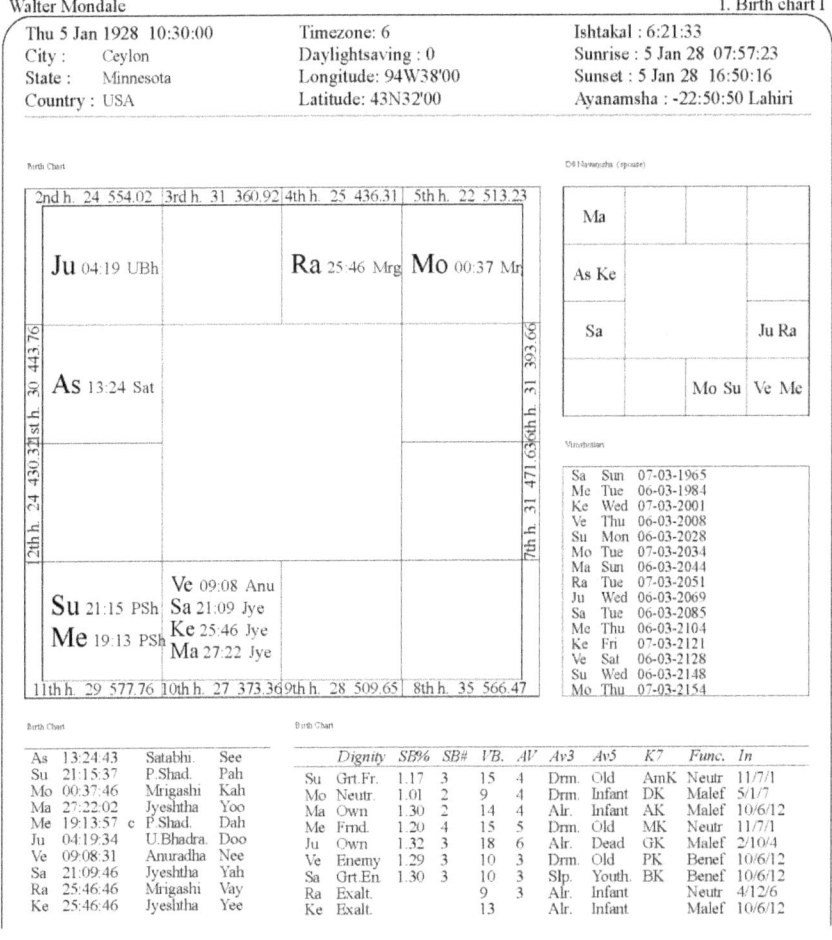

Ce thème est intéressant parce qu'il contient un Yoga similaire à celui du thème d'exemple précédent. L'Ascendant est Verseau avec une association de Mars et de Vénus en maison 10 et maîtres des maisons 9 et 10, entraînant le même genre de Raja Yoga. Dans le cas présent, le Yoga s'associe à Saturne, maître de l'Ascendant, le rendant plus puissant. Le maître de la maison 10 situé dans sa propre maison forme un *Ruchaka Yoga*, ou *Maha Purusha Yoga*, de la planète Mars. Ce Yoga possède la puissance supplémentaire de Ketu, servant à soutenir l'influence des planètes avec lesquelles il est conjoint. Rahu, situé dans un Kendra aspecté par Vénus, maître d'un Trikona, forme un autre léger Raja Yoga. De plus, Jupiter en maison 2 aspecte la maison 10 en partant de son propre signe, procurant de la richesse et du pouvoir. C'est une maison 10 extraordinaire lui procurant du statut et de la reconnaissance.

Le thème possède un Ascendant Verseau compatissant avec une Lune favorable en Gémeaux en maison 5 presque pleine et aspectée par son maître, Mercure. Cela rend le natif honnête, aimable, écrivain et conseiller. Jupiter, maître de la maison 10 en partant de la Lune, est situé en maison 10 et en Kendra réciproque avec le maître de l'Ascendant, formant un autre genre de Raja Yoga. Jupiter, ici, forme un *Hamsa Yoga* (Maha Purusha Yoga de Jupiter) et un *Gaja Kesari Yoga* (parce qu'il forme un Kendra avec la Lune). De bonnes planètes et associations en maisons 2, 5 et 11 procurent de la richesse ainsi que d'excellentes aptitudes pour l'écriture et l'élocution.

Les Dashas

Le natif a eu d'excellents Dashas en commençant par le Maha Dasha de Jupiter à l'âge de 21 ans en 1949, lui permettant de réussir socialement. Le Dasha de Saturne, de 1965 à 1984, lui a conféré de grandes victoires, y compris la vice-présidence en période Saturne/Lune en 1976, qui est certainement le poste de conseiller le plus élevé au monde. La période très puissante de Saturne/Mars, associée au Lagna et aux influences du gouverneur de la maison 10, s'est produite de septembre 1977 à octobre 1978.

Le Dasha de Mercure a commencé en mars 1984 mais n'avait pas la force de le soutenir. Il a été candidat aux présidentielles dans la période Mercure/Mercure et a sérieusement perdu. La planète Mercure n'était pas liée au puissant Raja Yoga en maison 10. D'autres facteurs ont contribué à sa perte. L'Ascendant Verseau n'est généralement pas puissant politiquement parce qu'il a tendance à manquer de charisme, avec son maître de l'Ascendant gouvernant la maison 12.

Jupiter MAHADASHA, AGE 21-37

Ju-Ju Age: 21	Ju-Sa Age: 23	Ju-Me Age: 25	Ju-Ke Age: 28	Ju-Ve Age: 29	Ju-Su Age: 31	Ju-Mo Age: 32	Ju-Ma Age: 33	Ju-Ra Age: 34
Jup 07-03-49	Sat 25-04-51	Mer 05-11-53	Ket 11-02-56	Ven 17-01-57	Sun 18-09-59	Mon 06-07-60	Mar 05-11-61	Rah 12-10-62
Sat 16-06-49	Mer 19-09-51	Ket 03-03-54	Ven 02-03-56	Sun 28-06-57	Mon 03-10-59	Mar 16-08-60	Rah 25-11-61	Jup 21-02-63
Mer 20-10-49	Ket 28-01-52	Ven 20-04-54	Sun 28-04-56	Mon 16-08-57	Mar 27-10-59	Rah 13-09-60	Jup 15-01-62	Sat 18-06-63
Ket 08-02-50	Ven 22-03-52	Sun 05-09-54	Mon 15-05-56	Mar 05-11-57	Rah 13-11-59	Jup 25-11-60	Sat 02-03-62	Mer 03-11-63
Ven 25-03-50	Sun 23-08-52	Mon 16-10-54	Mar 12-06-56	Rah 01-01-58	Jup 27-12-59	Sat 29-01-61	Mer 25-04-62	Ket 07-03-64
Mon 02-08-50	Mon 08-10-52	Mar 24-12-54	Rah 02-07-56	Jup 27-05-58	Sat 04-02-60	Mer 24-06-61	Ket 12-06-62	Ven 27-04-64
Mon 10-09-50	Mar 24-12-52	Rah 11-02-55	Jup 22-08-56	Sat 04-10-58	Mer 21-03-60	Ven 24-06-61	Ven 02-07-62	Sun 20-09-64
Mar 14-11-50	Rah 16-02-53	Jup 15-06-55	Sat 07-10-56	Mer 07-03-59	Ket 02-05-60	Ven 23-07-61	Sun 28-08-62	Mon 03-11-64
Rah 29-12-50	Jup 05-07-53	Sat 03-10-55	Mer 30-11-56	Ket 23-07-59	Ven 19-05-60	Sun 12-10-61	Mon 14-09-62	Mar 15-01-65

Saturn MAHADASHA, AGE 37-56

Sa-Sa Age: 37	Sa-Me Age: 40	Sa-Ke Age: 42	Sa-Ve Age: 43	Sa-Su Age: 47	Sa-Mo Age: 48	Sa-Ma Age: 49	Sa-Ra Age: 50	Sa-Ju Age: 53
Sat 07-03-65	Mer 10-03-68	Ven 18-11-70	Ven 27-12-71	Sun 26-02-76	Mon 08-02-76	Mar 08-09-77	Rah 18-10-78	Jup 24-08-81
Mer 28-08-65	Ket 27-07-68	Ven 11-12-70	Sun 07-07-72	Mon 15-03-75	Mar 27-03-76	Rah 02-10-77	Jup 23-03-79	Sat 25-12-81
Ket 30-01-66	Ven 22-09-68	Sun 17-02-71	Mon 03-09-72	Mar 13-04-75	Rah 30-04-76	Jup 02-12-77	Sat 09-08-79	Mer 21-05-82
Ven 05-04-66	Sun 05-03-69	Mon 09-03-71	Mar 08-12-72	Rah 04-05-75	Jup 25-07-76	Sat 25-01-78	Mer 21-01-80	Ket 29-09-82
Sun 05-10-66	Mon 23-04-69	Mar 12-04-71	Rah 14-02-73	Jup 25-06-75	Sat 11-10-76	Mer 30-03-78	Ket 16-06-80	Ven 22-11-82
Mon 29-11-66	Mar 14-07-69	Rah 05-05-71	Jup 06-08-73	Sat 10-08-75	Mer 10-01-77	Ket 26-05-78	Ven 16-08-80	Sun 25-04-83
Mar 28-02-67	Rah 09-09-69	Jup 05-07-71	Sat 08-01-74	Mer 04-10-75	Ket 06-05-77	Ven 16-06-80	Mar 11-06-83
Rah 03-05-67	Jup 04-02-70	Sat 28-08-71	Mer 10-07-74	Ket 22-11-75	Ven 06-05-77	Sun 25-08-78	Mon 30-03-81	Mar 27-08-83
Jup 15-10-67	Sat 15-06-70	Mer 31-10-71	Ket 21-12-74	Ven 12-12-75	Sun 08-10-77	Mon 14-09-78	Mar 24-06-81	Rah 20-10-83

Mercury MAHADASHA, AGE 56-73

Me-Me Age: 56	Me-Ke Age: 58	Me-Ve Age: 59	Me-Su Age: 62	Me-Mo Age: 63	Me-Ma Age: 64	Me-Ra Age: 65	Me-Ju Age: 68	Me-Sa Age: 70
Mer 06-03-84	Ket 03-08-86	Ven 31-07-87	Sun 31-05-90	Mon 07-04-91	Mar 05-09-92	Rah 02-09-93	Jup 22-03-96	Sat 27-06-98
Ket 09-07-84	Ven 24-08-86	Sun 20-01-88	Mon 16-06-90	Mar 20-05-91	Rah 26-09-92	Jup 24-05-94	Mer 10-07-96	Mer 30-11-98
Ven 29-08-84	Sun 24-10-86	Mon 11-03-88	Mar 11-07-90	Rah 19-06-91	Jup 19-11-92	Sat 25-05-94	Mer 18-11-96	Ket 18-04-99
Sun 23-01-85	Mon 11-11-86	Mar 06-06-88	Rah 30-07-90	Jup 04-09-91	Sat 07-03-93	Mer 25-11-94	Ket 15-03-97	Ven 15-06-99
Mon 08-03-85	Mar 11-12-86	Rah 05-08-88	Jup 14-09-90	Sat 12-11-91	Mer 05-03-93	Ket 27-02-95	Ven 03-05-97	Sun 26-11-99
Mar 20-05-85	Rah 01-01-87	Jup 02-02-89	Sat 26-10-90	Mer 02-02-92	Ket 25-04-93	Ven 23-04-95	Sun 23-04-98	Mon 14-01-00
Rah 11-07-85	Jup 24-02-87	Sat 25-05-89	Mer 14-12-90	Ket 16-05-92	Ven 16-05-93	Sun 25-09-95	Mon 29-10-97	Mar 12-04-00
Jup 19-11-85	Sat 14-04-87	Mer 05-11-89	Ket 17-01-91	Ven 10-08-92	Sun 16-07-93	Mon 11-05-96	Mar 06-01-98	Rah 01-06-00
Sat 17-03-86	Mer 10-06-87	Ket 01-04-90	Ven 14-02-91	Sun 10-08-92	Mon 03-08-93	Mar 27-05-96	Rah 23-02-98	Jup 26-10-00

Ce Raja Yoga de Walter Mondale impliquant trois maléfiques naturelles et une seule bénéfique naturelle n'allait pas le renforcer non plus. De plus, le thème est davantage celui d'un grand Conseiller que celui d'un dirigeant puissant. Le natif était probablement trop spirituel pour s'abaisser jusqu'au niveau nécessaire pour pouvoir gagner dans cette période de mise en avant. Le moment choisi est cependant un facteur important dans les événements passagers tels que les élections. Les transits et le thème solaire pourraient révéler davantage d'informations.

Par conséquent, le fait de posséder seulement des Raja Yogas dans son thème n'est pas suffisant si l'ordre des Dashas n'est pas favorable à leur déploiement complet. Si les Dashas des planètes formant des Raja Yogas arrivent trop tôt ou trop tard dans la vie, *ces Yogas n'auront pas beaucoup d'effet*. Presque tous les thèmes possèdent des genres de Raja Yoga. Les périodes planétaires de ces planètes feront partie des meilleures périodes pour le natif mais ces Yogas peuvent produire des résultats ordinaires et ne pas s'opposer aux effets d'un thème faible général, s'il n'existe pas d'autres éléments pour les soutenir.

Yogas célèbres en astrologie védique

Il existe des centaines de Graha Yogas (associations planétaires) en Jyotish. Il est plus important d'apprendre comment s'associent les planètes et comment celles-ci s'influencent entre elles, de façon positive ou négative, que de mémoriser des centaines de Yogas. Ainsi, il existe plusieurs Yogas notoires et très importants à connaître. Veuillez noter que les Yogas bénéfiques peuvent être annulés par divers facteurs. Cette annulation s'appelle *Bhanga*, qui signifie « casser ». Cette annulation peut provenir de diverses façons, généralement par des associations de planètes débilitées dans le thème. Voici une liste de certains de ces Yogas.

Aristha Yoga
Ce sont les associations planétaires entraînant la malchance. Ces associations annulent les résultats favorables et entraînent des difficultés.

Adhi Yoga
Association planétaire formée par les planètes bénéfiques occupant les maisons 6, 7 et 8 en partant de la Lune ou en partant de l'Ascendant. Ce Yoga entraîne les résultats appropriés permettant à la personne de s'élever dans la société.

Bhadra Yoga
C'est l'une des cinq associations planétaires favorisant la grandeur humaine, le Pancha Maha Purusha Yoga, formé par Mercure exalté ou dans son propre signe occupant une maison Cardinale soit en partant de l'Ascendant soit en partant de la Lune. Cette association produit un Bhadra Yoga.

Chandra Mangala Yoga
Ce Yoga se forme lorsque Mars est associé à la Lune par conjonction ou aspect. Ce Yoga indique l'acquisition de biens immobiliers, une bonne réputation, et la richesse. Il indique aussi la nervosité et les soucis.

Daridra Yoga
Association planétaire peu propice entraînant la pauvreté.

Dhana Yoga
Ces Yogas confèrent la richesse. Chaque planète et maison en

astrologie peut octroyer la richesse et la prospérité au natif. 1) Le maître du Lagna associé au maître des maisons 2 ou 5 ou des maisons 9 ou 11, entraînant quatre associations. 2) Le maître de la maison 2 associé avec le maître de la maison 5, 9 ou 11, entraînant trois associations. 3) Le maître de la maison 5 associé avec le maître de la maison 9 ou 11. 4) Le maître de la maison 9 associé avec le maître de la maison 11.

Dharma Yoga

Association planétaire formée par l'emplacement de Jupiter et de Vénus avec le maître de la 2 en maison 9. Ce Yoga rend la personne très pieuse, aimant la guerre, qui est chevaleresque et commandant d'une armée.

Durudhara Yoga

Nom d'associations planétaires formées par des planètes situées de chaque côté de la Lune. Ces associations produisent généralement l'aisance telle que la prospérité, une vie confortable, et une situation sociale élevée.

Gaja Yoga

Association planétaire dans laquelle le maître de la maison 7 en partant de l'Ascendant, devenant maison 9 en partant de la maison 11, est situé en maison 11 avec la Lune et sont aspectés par le maître de la maison 11. Une personne née sous cette combinaison est toujours heureuse, riche, religieuse et mène une vie luxueuse.

Gaja Kesari Yoga

Association planétaire favorable formée par certaines relations entre la Lune et Jupiter. Le Gaja Kesari Yoga est formé lorsque Jupiter est en Kendra, par exemple en maisons 1, 4, 7 ou 10 en partant de la Lune.

Hamsa Yoga

C'est l'une des cinq associations planétaires favorisant la grandeur humaine, le Pancha Maha Purusha Yoga, formé par Jupiter exalté ou dans son propre signe et fort occupant une maison Cardinale soit en partant de l'Ascendant soit en partant du signe de la Lune.

Kalasarpa Yoga

Ce Yoga se forme lorsque toutes les planètes se trouvent entre Rahu et Ketu, ou Ketu et Rahu. Même si des planètes favorables sont placées entre eux ou dans leur propre maison, ce Yoga est puissant. C'est un Yoga difficile. Généralement, la première partie de la vie sera conflictuelle.

Kamal Yoga

Association planétaire formée par toutes les planètes situées en maisons 1, 4, 7 et 10, ce qui rend la personne célèbre, heureuse et douée dans de nombreux domaines.

Kedar Yoga

Association planétaire formée par toutes les planètes occupant quatre maisons du thème natal. Ce Yoga rend la personne toujours prête à faire une guerre juste, à entreprendre une mission vertueuse, intéressée par l'agriculture et respectée dans son milieu.

Kemadruma Yoga

Association planétaire formée par la Lune lorsqu'elle n'est pas entourée par des planètes de n'importe quel côté. Le Soleil est exclu de cette association. Pour que la Lune forme cette association, aucune planète ne doit être située dans une maison Cardinale dans le thème. Ce Yoga rend la personne dépourvue d'éducation et d'intelligence. Elle est dans le dénuement et rencontre de nombreuses difficultés dans sa vie.

Kesari Yoga

Ce Yoga se forme lorsque Jupiter et la Lune sont mutuellement en Kendra (formant un Angle entre eux). Surtout lorsque Jupiter est en Kendra, en maison 7 en partant de la Lune (avec une Lune lumineuse). Cela entraîne la richesse, la renommée et la célébrité.

Kuja Dosha

Ce Yoga entraîne la mort (la séparation, comme le divorce par exemple) du conjoint. Il est très puissant avant l'âge de 30 ans bien qu'il puisse agir tout au long de la vie. Ce Yoga est annulé lorsque les deux partenaires ont un Kuja Dosha. Il est formé lorsque Mars (Kuja) occupe les maisons 1, 2, 4, 7, 8 ou 12. Tous ces emplacements font que Mars aspecte la maison 7, maison du mariage.

Lakshmi Yoga

Association planétaire formée par un puissant maître de l'Ascendant, par le maître de la maison 9 dans sa propre maison (en domicile), en exaltation ou en signe Trikona occupant une maison Cardinale. Les personnes ayant cette association sont gracieuses, religieuses, fortunée, accomplies, célèbres et aiment les positions élevées dans la société.

Maha Purusha Yogas (Pancha Maha Purusha Yoga)

Associations planétaires indiquant la maturité de l'âme. Ces associations sont formées par l'une des cinq planètes, à savoir Saturne, Mars, Mercure, Jupiter et Vénus. Les associations planétaires formées par ces planètes situées dans leur propre signe (en domicile) ou en exaltation, et occupant une maison Cardinale. Ces planètes produisent cinq types de personnages illustres, et ces associations sont connues en tant que *Sasa, Ruchaka, Bhadra, Hamsa, et Malavya Yogas* formés respectivement par Saturne, Mars, Mercure, Jupiter et Vénus. Ces associations entraînent la personne à se libérer d'actions involontaires et à diriger ses propres efforts conscients vers des buts spécifiques.

Malavya Yoga

C'est l'une des cinq associations planétaires favorisant la grandeur humaine, le Pancha Maha Purusha Yoga, formé par Vénus exaltée ou dans son propre signe (en domicile) et située dans une maison Cardinale. Ce Yoga entraîne la personne à être à la tête d'une organisation culturelle, lui conférant une durée de vie de 70 ans minimum.

Neecha Bhanga Raja Yoga

Association planétaire qui annule les effets adverses d'une planète débilitée. L'annulation permet à la personne d'obtenir une position très élevée comme celle d'un roi. L'association est formée de diverses manières, telles que : 1) une planète débilitée a le maître de ce signe débilité, ou le maître de son signe exalté dans une maison Cardinale soit en partant de l'Ascendant soit en partant de la Lune. 2) Le maître du signe du Navamsha occupé par la planète de naissance débilitée est situé dans une maison Cardinale, ou en maison Trikona en partant de l'Ascendant tandis que le maître de l'Ascendant lui-même se trouve dans un Navamsha gouverné par un signe Mutable.

Parivarthana Yoga
Ce Yoga signifie l'échange mutuel de maisons. Chaque gouverneur peut échanger sa maison.

Parivrajya Yoga
Association planétaire favorisant l'ascétisme ou *Sannyasa Yoga*.

Raja Yoga
Association planétaire entraînant l'aisance, la richesse et les positions royales comme nous l'avons déjà abordée.

Ruchaka Yoga
C'est l'une des cinq associations planétaires favorisant la grandeur humaine, le Pancha Maha Purusha Yoga, formé par Mars situé dans un Kendra en partant de l'Ascendant, ce qui signifie que Mars se trouve en maisons 1, 4, 7 ou 10 en partant de l'Ascendant dans un de ces trois signes, à savoir Bélier, Scorpion et Capricorne. Cette association forme un Ruchaka Yoga dans le thème.

Sasa Yoga
C'est l'une des cinq associations planétaires favorisant la grandeur humaine, le Pancha Maha Purusha Yoga, formée par Saturne occupant une maison Cardinale tout en occupant son propre signe (en domicile) ou son propre signe exalté.

Vasi Yoga
Ce Yoga se forme lorsqu'une planète se trouve en maison 12 en partant du Soleil, entraînant la renommée et la célébrité.

Vesi Yoga
Ce Yoga se forme lorsqu'une planète autre que la Lune occupe la maison 2 en partant du Soleil ; un emplacement similaire en maison 2 forme le Vasi Yoga.

Viparita Raja Yogas
Les Viparita Raja Yogas sont naturellement un genre de Raja Yoga mais ces grands Yogas proviennent des difficultés de la vie. Il y a trois Viparita Raja Yogas - *Harsha*, *Sarala*, et *Vimala*. Il faut affronter les évènements négatifs et réussir à vaincre cette négativité.

Pour ces Yogas, les maisons négatives sont impliquées comme les Dusthanas. Ce sont les maisons 6, 8 et 12.

Harsha Yoga

Le Harsha Yoga se forme lorsque le maître de la maison 6 se trouve en maisons 6, 8 et 12. Ainsi la personne affrontera les obstacles des questions relatives aux maisons 6, 8 et 12. Cela entraînera des difficultés au natif mais qui vaincra tous ses ennemis et toutes les situations hostiles et sortira gagnant.

Sarala Yoga

Le Sarala Yoga se forme lorsque le maître de la maison 8 se trouve dans les maisons 6, 8 ou 12.

Vimala Yoga

Le Vimala Yoga se forme lorsque le maître de la maison 12 se trouve dans les maisons 6, 8 et 12.

Vishnu Yoga

Cette association se forme par les maîtres des maisons 9 et 10 ainsi que par le maître de la maison 9 du Navamsha situé en maison 2. Ce Yoga entraîne le natif à être grandement favorisé par le gouvernement. Le natif est par nature patient, érudit, doué pour l'art du débat et est un conformiste engagé.

9
Les Nakshatras

Les Nakshatras représentent une partie importante du Jyotish et en constituent un des traits caractéristiques. Nakshatra signifie « la façon d'accéder au Divin ». Les Nakshatras reflètent l'aspiration de notre âme ainsi que la façon dont nous sommes réceptifs aux influences célestes. Lorsque les anciens Rishis contemplèrent le ciel, ils y découvrirent les Nakshatras qui nous permettent d'établir une communication avec les influences cosmiques. En tant que demeures lunaires, les vingt-sept Nakshatras indiquent les maisons de la Lune, car la Lune passe une journée dans chacune d'entre elles. Ainsi, ils reflètent une connexion plus intime avec les cieux que les douze signes. Les Nakshatras représentent également un système purement sidéral puisqu'ils dépendent de positions stellaires observables.

Les Nakshatras sont importants dans les aspects mondains et prédictifs de l'astrologie védique et sont couramment employés à ces fins. Ils sont également utilisés pour la compatibilité de tempérament, par exemple pour le mariage et pour déterminer les moments les plus favorables pour entreprendre quelque chose, ainsi que pour d'autres considérations extérieures et quotidiennes. On s'intéresse tout particulièrement au Nakshatra dans lequel réside la Lune chaque jour, les Nakshatras constituent les bases des différentes périodes planétaires (Dasha) utilisées en Jyotish. La série des constellations, comme celle des signes, commence au degré zéro du Bélier. Il existe plusieurs façons de classifier les Nakshatras ; en les associant par qualité ou par d'autres correspondances que nous examinerons en détail.

Significations des vingt-sept Nakshatras

Chaque Nakshatra possède une divinité spécifique le gouvernant. À l'origine, les Nakshatras ont été nommés d'après leurs divinités, indiquant l'énergie spirituelle à l'origine de la constellation concernée. Ces divinités proviennent de la période la plus ancienne du Jyotish et sont de caractère entièrement védique. De même, leur signification s'aligne sur les Vedas et non sur la place que tiennent ces dieux dans la mythologie hindoue postérieure. Plusieurs ouvrages sur les Vedas, en particulier le Rig Veda, peuvent être consultés pour de plus amples informations sur ce sujet.

Le système des Nakshatras est important dans les aspects yogiques de l'astrologie védique. Les divinités védiques leur sont directement reliées, alors que les douze signes n'y apparaissent qu'a titre épisodique. En réalité, les divinités originelles provenant des Vedas peuvent être identifiées avec les Nakshatras. Les Nakshatras contiennent les connaissances stellaires et astrologiques les plus anciennes.

Nous pouvons utiliser les divinités pour examiner les questions spirituelles de l'existence ainsi que les énergies de notre psychisme profond. Elles représentent ainsi l'aspect le plus profond de l'astrologie védique. Ci-dessous vous trouverez leur liste ainsi que leurs significations principales.

Nous pouvons associer les divinités aux noms des Nakshatras, à leur gouverneur planétaire, aux planètes exaltées ou débilités, aux signes dans lesquels elles sont situées et aux gouverneurs (dépositeurs) des signes. Il est toujours important de visualiser les Nakshatras tels qu'ils sont situés dans les signes. Alors que les douze signes représentent les formes externes des choses, les Nakshatras représentent leurs énergies internes.

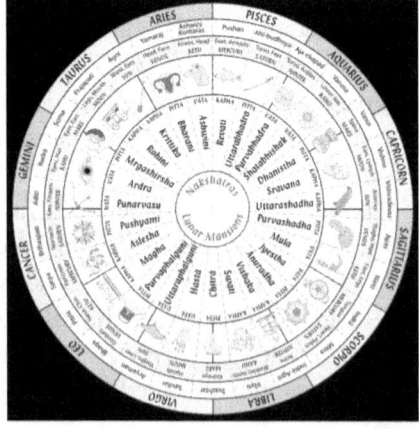

1. Ashwini - 00°00 à 13°20 Bélier : « La tête du cheval »

Point de vue astronomique : Beta Arietis (Sheratan), Gamma Arietis
Divinité : les Ashwins, les cavaliers jumeaux
Symbole : la tête du cheval
Mode de fonctionnement : actif
Caste : Vaishya (marchand)
Genre : masculin
Dosha : Vata
Direction : centre, est, sud et nord-ouest
Parties du corps : les genoux et la partie supérieure des pieds
Guna : Sattva
Tattwa : Terre
Gana : Deva
Orientation : mouvement horizontal
Disposition : mobile ou éphémère
Planète gouvernant : Ketu
Sons : Chu, Chey, Cho, La (syllabes)
Symbole animal : le cheval
Motivation principale : Dharma
Ennemi : Jyeshtha

Ashwini est gouverné par les *Ashwin*. Ce sont les Dieux jumeaux, dont le nom signifie littéralement « les cavaliers ». Les Ashwins conduisent un chariot à travers les airs, qui parcourt tous les mondes. Ils voyagent également en bateau à travers les mers. Ils nous sauvent des calamités à l'aide de leur véhicule magique fait de chants, de mantras et de prières. Ils sont les grands faiseurs de miracles des Dieux, ceux qui guérissent les malades, ressuscitent les morts, sauvent les opprimés et accomplissent des merveilles. Ils sont d'excellents médecins et magiciens. Ils détiennent la connaissance secrète de l'*amrita*, la béatitude procurant l'immortalité ou la connaissance spirituelle.

Ashwini représentait la tête du cheval sacrifié qui symbolisait le Soleil, l'année et le commencement du cycle du temps. Ils sont les seigneurs du voyage et nous emmènent sur le chemin de la lumière conduisant au Divin (Soleil). Ils sont les premières divinités de lumière et ils précèdent le lever du jour. Ils sont juvéniles ou même enfantins, les jumeaux magiques. Dans les cultures anciennes, les jumeaux étaient considérés comme une sorte de naissance divine et on leur attribuait des pouvoirs de guérison spéciaux. Ils représentent l'équilibre et la restauration. Si ces éléments font défaut au commencement de nos entreprises, nous ne pourrons pas réussir. Dans la mythologie, les Ashwins sont responsables d'avoir apporté l'Ayurvéda à l'humanité.

Connexions planétaires

Ashwini est gouverné par Ketu, la planète de l'obscurité, de la connaissance et de l'esprit critique. Comme Ashwini se trouve dans le signe du Bélier, Ketu étend son ombre sur Mars qui gouverne le Bélier. Ici, il faut apprendre à remettre en question nos impulsions et nos passions vitales et martiales, qui sont très nuisibles. Nous devons faire attention à ne pas être trop volontaires ni égoïstes sinon nous nous disperserons et nous perdrons littéralement « la tête ».

Ashwini est le lieu d'exaltation du Soleil. Ashwini peut nous procurer la connaissance de Soi et la connaissance spirituelle ou bien il peut nous entraîner à projeter aveuglément et impulsivement nos désirs personnels (ego). L'objet principal de ce Nakshatra est la béatitude, en quoi nous trouvons notre bonheur dans notre vie. Cela dépend de comment nous définissons qui nous sommes et ce que nous recherchons dans la vie. Sous son influence fortement orientée vers l'action, nous nous projetons dans le monde ou par son aspect fortement lié au Soi, nous pouvons nous réorienter vers l'intérieur.

2. Bharani - 13°20 à 26°40 Bélier : « Donner naissance »

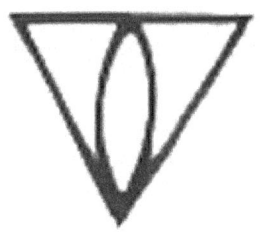

Point de vue astronomique : 35 Arietis, Lilii Borea et 41 Arietis
Divinité : Yama (le Dieu de la mort), Kali
Symbole : l'organe reproducteur féminin (Yoni), l'éléphant
Mode de fonctionnement : équilibré
Caste : Mleccha (intouchables)
Dosha : Pitta
Direction : est, sud-est et sud
Genre : féminin
Parties du corps : la tête et la plante des pieds
Guna : Rajas
Tattwa : Terre
Gana : Manusha (humain)
Orientation : mouvement descendant
Disposition : féroce ou sévère
Planète gouvernant : Vénus
Sons : Lee, lu, lay, lo
Symbole animal : l'éléphant
Motivation principale : Artha
Ennemi : Anuradha

Bharani est gouverné par Yama, le Dieu de la mort. Le seigneur Yama manifeste un sens de la justice car il soupèse le bien et le mal. Il n'est pas seulement celui qui apporte la mort, il est le défenseur de toutes les lois. Il marche droit sur le chemin de la morale, ce qui fait de lui l'image divine du dharma et l'âme la plus vertueuse et la plus sage. Le Nakshatra Bharani est l'expression de la vérité suprême, de l'intense pureté et de la plus grande loyauté.

C'est ici que se posent les questions de savoir comment nous dirigeons nos énergies vers nos objectifs, comment nous nous orientons. Les indications du nom Bharani se réfèrent principalement à l'aspect féminin de la nature et à son potentiel de recevoir, concevoir, nourrir et anéantir. Souvent compris en tant que passage vers un autre monde, Bharani représente la création, la catharsis, l'indulgence et le sacrifice. Yama, le Dieu de la discipline et de la mort de l'ego reste le guide tout au long du chemin mystique de la lumière.

Connexions planétaires

Vénus gouverne Bharani. Il indique le prestige et l'illusion, le désir pouvant nous conduire à la mort ou à l'amour et à la dévotion et nous entraînant au-delà de la mort. Cet esprit est mis en valeur par son symbole, l'organe reproducteur féminin (*yoni*). Bharani procure un fort instinct sexuel. Mais il est généralement davantage de nature sensuelle ou affective. Il représente la quête de notre propre plaisir ou la joie manifestée. Alors que Ashwini projette l'énergie Mars/Bélier d'une manière personnelle, Bharani la projette vers l'autre. Bharani peut aussi la transformer en un réceptacle de discipline spirituelle.

Dans Bharani, Saturne atteint son degré maximum de débilité : Saturne situé ici entraîne l'obscurité, le doute, la négativité et des risques d'oppression. Il confère une volonté et vitalité affaiblies. Bharani ne requiert pas une énergie saturnienne négative, mais plutôt une discipline martienne positive. Celle-ci provient d'une définition correcte de l'objectif de notre travail et non du rejet ou de la suppression de l'énergie dont nous disposons. Cela suppose de diriger correctement notre énergie, non pas de la nier.

3. Krittika - 26°40 Bélier à 10°00 Taureau : « Ce qui coupe »

Point de vue astronomique : la Pléiade
Divinité : Agni (le Dieu du Feu), Karttikeya
Symbole : la hache, le rasoir, la lame, le couteau, la flamme
Mode de fonctionnement : actif
Caste : Brahmane
Genre : féminin
Dosha : Kapha
Direction : l'arc recouvrant les directions à partir de l'est, du sud-est jusqu'au sud
Parties du corps : les hanches, les reins et le sommet de la tête
Guna : Rajas
Tattwa : Terre
Gana : Rakshasa (démoniaque)
Orientation : mouvement descendant
Disposition : mixte (alterne entre vif et doux)
Planète gouvernant : Soleil
Sons : A, Ee, Oo, Ay
Symbole animal : le mouton ou la chèvre
Motivation principale : Kama
Ennemi : Vishakha

Krittika est gouverné par *agni*, le Dieu védique du Feu en particulier du Feu sacré ou du rituel de Feu dans lequel des offrandes sont faites aux dieux. Toute la religion védique est basée sur des offrandes au Feu, comme le sont la plupart des religions de cultures anciennes. Le Feu est la représentation la plus naturelle de la divinité, l'esprit caché au sein de la matière. Au niveau intérieur, ce Feu védique représente la flamme de la conscience et de la présence consciente, l'attention juste. Krittika procure le carburant approprié pour que ce Feu divin prenne naissance et agisse.

C'est dans Krittika ou les Pléiades que le Dieu du Feu est né. Les Pléiades sont les femmes des sept Rishis. Krittika ou les Pléiades marquent les forces féminines. C'est ici qu'est né le fils de Shiva, le Dieu Karttikeya de la guerre, grande divinité gouvernant la planète Mars. Il est l'enfant du Feu et au niveau intérieur il représente le pouvoir perceptif de l'esprit innocent. Les Pléiades représentent ses nurses. Les Pléiades, les six sœurs, représentent les cinq sens et l'esprit, la septième sœur cachée représentant la conscience elle-même. Krittika est le ventre du Dieu du Feu, sa matrice matérielle. Ainsi, étant donné que ce Nakshatra est situé principalement dans le domaine passif du Taureau, il est capable de nourrir et de donner naissance à la lumière. La Mère Divine en tant que mère du guerrier est représentée ici sous la forme de Durga ou Uma.

Connexions planétaires

Krittika est gouverné par le Soleil. Il indique la lumière, la créativité et la croissance personnelle, dirigées en particulier vers le monde matériel, soit pour poursuivre la manifestation ou pour apporter une énergie divine. L'énergie solaire est nécessaire pour fonctionner à son niveau supérieur et plus profond. Seul l'esprit solaire peut procurer de l'ordre et de l'harmonie à la manifestation matérielle. Dans Krittika, le pouvoir de la manifestation de soi obtenu en Taureau est dirigé vers le domaine de l'action créative propre au Bélier. Le Feu naît tout d'abord en tant que Terre.

Krittika est également le lieu d'exaltation de la Lune. Le principe lunaire donne naissance au Dieu du Feu : l'esprit donne naissance à la perception profonde. Ou bien, il représente la déesse guerrière Durga donnant naissance à Skanda (Karttikeya), le fils guerrier. Cela requiert à la fois la passivité du champ et la projection de la semence. Les qualités lunaires de réceptivité et d'ouverture fonctionnement très bien ici, non pour nier le soi mais pour permettre l'émergence d'un pouvoir supérieur.

4. Rohini - 10°00 à 23°20 Taureau : « Le chevreuil femelle de couleur rouge »

Point de vue astronomique : Taureau Alpha (Aldébaran)
Divinité : Prajapati, ou Brahma (le Seigneur de la Création)
Symbole : le char à bœufs tiré par deux bœufs
Mode de fonctionnement : équilibré
Caste : Shudra
Genre : féminin
Dosha : Kapha
Direction : sud, sud-est et nord-ouest
Parties du corps : le front, les chevilles, les tibias et les mollets
Guna : Rajas
Tattwa : Terre
Gana : Manusha (humain)
Orientation : mouvement montant
Disposition : Dhruva (fixe ou permanent)
Planète gouvernante : la Lune
Sons : O, Va, Vi, Vu
Symbole animal : le cobra
Motivation principale : Moksha
Ennemi : Swati

Rohini est gouvernée par Prajapati, le Seigneur de la Création. Prajapati est une sorte de démiurge ou créateur du cosmos, tel que le Dieu Brahma de la trinité hindoue ultérieure. Il n'est pas le créateur suprême guidant la création d'en haut. Il est le créateur immanent qui devient l'univers, l'homme cosmique ; il crée l'univers à travers son propre désir ou imagination provenant de ses *tapas* (austérités) ou pouvoirs d'autodiscipline. En tant que tel, il représente la chute de l'esprit dans la matière. Il est l'esprit qui crée le monde, qui se perd afin de devenir le monde extérieur.

Rohini confère la créativité, la fertilité, et l'aptitude à créer de nouvelles choses dans le monde matériel. Sous Rohini, le principe du désir devient actif et stimulé. Ce désir peut nous diriger à l'intérieur vers la réceptivité et la dévotion, mais extérieurement il nous rend très attirés par le plaisir sexuel et les beautés du monde ; le corps et les cinq sens. Rohini est très fertile et bénéfique pour les enfants, les maisons, les terres et autres entreprises matérielles. Il peut procurer un grand confort et prospérité, mais n'est pas matérialiste. Il existe toujours des facteurs artistiques et sa motivation est liée à un désir d'idéaliser la matière.

Connexions Planétaires

Rohini est gouvernée par la Lune. Elle est la vache rouge ou rougeâtre qui donne le lait nourrissant. Ou elle est la biche attractive et attirante qui capte notre attention. Rohini favorise la croissance et la prospérité. Elle possède la loyauté, la foi, l'amour et le respect profond envers la Terre. La lune est ici très puissante mais dirigée davantage vers l'extérieur qu'en Krittika. La grâce féminine et le pouvoir maternel ressortent ici. Rohini nous rend attirants et aimés.

5. Mrigashira - 23°20 Taureau à 06°40 Gémeaux : « La tête de l'antilope »

Point de vue astronomique : la constellation Orion
Divinité : Soma (le Dieu de l'immortalité), Chandra
Symbole : le daim, le récipient rempli de *soma* (Amrita)
Mode de fonctionnement : passif
Caste : fermier
Genre : neutre
Dosha : Pitta
Direction : sud-ouest et nord-ouest
Parties du corps : les yeux et les sourcils
Guna : Tamas
Tattwa : Terre
Gana : Deva
Orientation : mouvement horizontal
Disposition : Mridu (doux, clément et tendre)
Planète gouvernant : Mars
Sons : Ve, Vo, Ka, Kee
Symbole animal : le serpent
Motivation principale : Moksha
Ennemi : Dhanishta

Mrigashira est gouverné par Soma, le Dieu védique du nectar mystique, également identifié à la Lune. Soma est l'ambroisie immortelle (amrita), l'essence du ravissement, la joie cachée à l'intérieur de toutes les formes manifestes. Mrigashira signifie littéralement la tête de l'animal, et est l'animal sacrifié pour les Dieux, l'objet de la chasse mystique, généralement une antilope qui est aussi un animal de la Lune. C'est dans ce Nakshatra que réside Soma. Il indique notre plaisir intérieur, là où nous trouvons du plaisir à travers le corps et les sens ou à travers l'esprit et l'âme (atman). Les personnes nées sous ce Nakshatra recherchent le plaisir, ce qui les pousse souvent vers le monde extérieur. Toutefois, en continuant leur quête, elles sont poussés vers des sources intérieures de bonheur. Elles sont perpétuellement en mouvement, cherchant et voulant toujours plus, ce qui, en dernière instance, les porte à un niveau supérieur de compréhension et d'appréciation.

Connexions planétaires

Mrigashira est gouverné par Mars, planète active, énergique et orientée vers la réalisation d'un objectif. Il trouve son plaisir dans le travail, l'effort et dans une application constante, à travers la quête ou la chasse. Cela procure un esprit chercheur et aventureux, et un esprit intrépide et curieux. Ce n'est pas le côté agressif de Mars qui ressort ici mais son côté curieux. Mars nous fournit une vision de notre objectif et les moyens de l'atteindre.

Dans Mrigashira, les capacités matérielles acquises en Taureau sont dirigées vers le domaine de connaissance et de sensation des Gémeaux. Nous accumulons des ressources afin d'en profiter. Mrigashira favorise la paix et l'illumination par la recherche intérieure. Dans la poursuite matérielle, Mrigashira confère la satisfaction temporaire, la désillusion et le chagrin parce que les indications plus profondes de ce Nakshatra ne sont pas réalisées.

6. Ardra - 06°40 à 20°00 Gémeaux : « L'humide »

Point de vue astronomique : Béta Orion (Bételgeuse)
Divinité : Rudra (le Dieu de la tempête), Shiva
Symbole : le diamant, la larme
Mode de fonctionnement : équilibré
Caste : boucher
Genre : féminin
Dosha : Vata
Direction : sud-ouest, ouest et nord
Parties du corps : les yeux et l'avant et l'arrière de la tête
Guna : Tamas
Tattwa : Eau
Gana : Manusha (humain)
Orientation : mouvement montant
Disposition : Tikshna ou vif
Planète gouvernant : Rahu
Sons : Ku, Kha, Nga, Chha
Symbole animal : le chien
Motivation principale : Kama
Ennemi : Shravana

Ardra est gouverné par Rudra, le Dieu de la tempête et la forme originelle de Shiva. Rudra est un Dieu terrible entraînant le chagrin et la mort et est vénéré par les Rishis afin d'éviter son courroux et sa flèche. Rudra est féroce et nous ne pouvons l'invoquer qu'avec de grandes difficultés, mais lorsque nous obtenons ses faveurs, nous sommes à même de tout surmonter. Rudra est aussi le plus grand médecin et guérisseur, guérissant toutes formes de fièvres et dont les mains redonnent la vie. Il représente la crise et la catharsis entraînant la transformation. Rudra signifie celui qui hurle de terreur et, sous son influence nous sommes souvent forcés de pleurer ou de crier, remettant en question les complications qui nous assaillent. Ardra confère également des pouvoirs d'expression et de communication. Il signifie également le rougeâtre ou le rouge et procure une énergie intense pouvant surcharger le système nerveux.

Ardra, qui signifie l'humide, entraîne la pluie et le tonnerre. Étant donné que la colère divine rentre en jeu à ce niveau, nous devons être particulièrement attentifs aux conséquences de ce que nous effectuons. Ardra est le chaos actif de la création divine où la manifestation provient du désir et du karma. Ce Nakshatra se traduit comme « humide » ou « frais ». L'humidité est l'aspect qui confère la vie à la Terre parce que cette pluie nous nourrit.

Connexions planétaires

Ardra, est gouverné par Rahu, la force de la perturbation, de l'éclipse et de la diffusion extériorisée. Ce Nakshatra est très volatile et changeant et entraîne de nombreuses transformations. Son effet est déstabilisant mais représente le plus souvent le chaos d'une nouvelle formation. Il procure de la sensibilité mentale et nerveuse pouvant s'étendre également à un niveau psychique et spirituel. Il est difficile de savoir ce qui proviendra de cette influence (comme avec Rahu) mais elle fera ressortir à la surface de nombreuses énergies profondes et troublantes. Elle nous empêchera de rester ignorants ou de garder quoi que ce soit de caché.

Ardra peut être considéré comme l'association des énergies de Mercure et de Rahu. Mercure et Rahu sont toutes deux des planètes intellectuelles traitant de la dualité de la vie et de la nature. Le côté mercuriel de Rahu est transmis par ce Nakshatra. Cet aspect augmente la capacité intellectuelle et de réflexion des natifs d'Ardra, les conduisant à des activités axées sur la communication, la pensée ou l'utilisation de leurs mains. Ce Nakshatra assure une abondante énergie mentale et nerveuse ainsi que les qualités de Mercure telles que la finesse d'esprit, la versatilité, la vivacité d'esprit et l'aptitude à communiquer.

7. Punarvasu - 20°00 Gémeaux à 03°20 Cancer : « Le retour de la lumière »

Point de vue astronomique : Gémeaux Alpha (Castor) et Gémeaux Bêta (Pollux)
Divinité : Aditi (la Mère des Dieux)
Symbole : le carquois rempli de flèches
Mode de fonctionnement : passif
Caste : Vaishya
Genre : masculin
Dosha : Vata
Direction : ouest, nord et nord-est
Parties corporelles : les doigts et le nez
Guna : Sattva
Tattwa : Eau
Gana : Deva
Orientation : mouvement horizontal
Disposition : Chara ou mobile
Planète gouvernant : Jupiter
Sons : Kay, Ko, Ha, Hee
Symbole animal : le chat
Motivation principale : Artha
Ennemi : Uttara Ashadha

Punarvasu est gouverné par Aditi, la Mère des Dieux, souvent identifiée à la planète Terre. Aditi est spécifiquement la Mère des Dieux solaires appelée « Adityas ». Elle représente le principe holistique, l'Un indivisible. Elle est la source, l'origine à partir de laquelle tout provient et par laquelle tout se dissout. Punarvasu est le lien des origines de l'harmonie, de l'équilibre et du renouveau ; il indique le retour de la lumière après l'orage. Il est aussi un Nakshatra jumeau ou double nous permettant d'intégrer les dualités présentes en nous. En tant que tel, il est un Nakshatra prometteur nous montrant l'intégration de nos énergies personnelles permettant de diriger nos efforts vers une manifestation supérieure.

Aditi est la Mère Divine dans son rôle transcendant. Sous son influence, toutes les choses sont nourries et harmonisées. Punarvasu est son emplacement zodiacal lui procurant sa sagesse et sa grâce. Mais il est également un Nakshatra exigeant parce qu'il exige la pureté de notre part sinon Aditi nous dévorera dans notre ignorance. Aditi signifie également « celui qui mange ». C'est ici que se posent les questions liées à la nourriture et à la nutrition non seulement par rapport au corps mais également par rapport aux sens, aux émotions et aux pensées. Ce que nous absorbons nous mange également puisque nous devenons ce que nous mangeons. Punarvasu nous fournit une impression d'une remise à neuf positive allant de l'obscurité à la lumière. L'interaction des opposés est en fait l'essence de ce Nakshatra.

Connexions planétaires

Punarvasu est gouverné par Jupiter, planète expansive. Il procure la connaissance et la sagesse, en particulier l'aptitude à comprendre la dualité. Il stimule l'esprit permettant l'intégration des émotions de nature rationnelle. Il favorise l'expansion de l'esprit vers l'intuition, les émotions et les relations. Ainsi, il possède un penchant plus philosophique que Ardra et il est davantage apte à juger les choses, alors que Ardra est plus sensible et réceptif aux influences.

Dans Punarvasu, la connaissance et l'énergie obtenues en Gémeaux se développent et se dirigent vers le domaine Cancer des émotions, des relations et de la sagesse. Ce Nakshatra constitue l'énergie source de Jupiter et se traduit par la manifestation de bonté. Punarvasu signifie demeure, retour au foyer, résidence et réapparition.

8. Pushya - 03°20 à 16°40 Cancer : « Celui qui nourrit »

Point de vue astronomique : Gamma Cancri
Divinité : Brihaspati (guru des Dieux)
Symbole : la mamelle d'une vache laitière, roue
Mode de fonctionnement : passif
Caste : Kshatriya
Genre : Masculin
Dosha : Pitta
Direction : de l'ouest au nord
Parties du corps : la bouche et le visage
Guna : Tamas
Tattwa : Eau
Gana : Divin
Orientation : mouvement montant
Disposition : léger et rapide
Planète gouvernant : Saturne
Sons : Hoo, He, Ho, Dah
Symbole animal : la chèvre
Motivation principale : Dharma
Ennemi : Purva Ashadha

Pushya est gouverné par Brihaspati, le prêtre ou guru des Dieux, identifié à la planète Jupiter. Brihaspati tel un grand maître détient toutes les clés du savoir. Son domaine concerne à la fois les enseignements extérieurs et intérieurs, les rituels et la méditation, en utilisant les uns afin de parvenir aux autres. Pushya est le Nakshatra du prêtre, du ritualiste, celui qui dispense les eaux de la vie, nourrit et éduque l'âme. Il est le Nakshatra de la naissance spirituelle, du baptême, de l'onction et de l'initiation. Pushya lui-même signifie épanouissement ou nourrissant. Ici un épanouissement intérieur se produit, pouvant nous entraîner profondément dans la spiritualité, bien que cela reste souvent à un niveau émotionnel.

Brihaspati est le seigneur du verbe, du mantra, et procure l'énergie spirituelle de la parole. Notre parole y est puissante parce qu'elle est stimulée par le contenu émotionnel de notre âme. Au niveau intérieur, ce Nakshatra nous procure un grand pouvoir de contemplation ou une grande imagination au niveau extérieur. Par lui, nous obtenons le pouvoir de la prière et la possibilité de diriger nos vœux, en particulier pour continuer à aider ceux que nous aimons ou en qui nous croyons. Nous pouvons utiliser ces forces pour révéler la vérité ou au niveau extérieur pour créer des choses. Pushya est également un Nakshatra très créatif et propice.

Connexions planétaires

Pushya est gouverné par Saturne, l'austère. Pour obtenir une expansion, il faut d'abord une contraction, cela suppose une discipline et une structure permettant à nos potentiels de se manifester. Une fleur a besoin d'une certaine rigueur de soins pour l'aider à pousser, un jeune arbre a besoin d'un tuteur pour rester droit, une rivière a besoin d'une rive pour diriger son cours. Ces facteurs sont fournis par Saturne. Nous avons besoin d'ordre ou de structure pour que notre expression émotionnelle se transforme en une force créative. Mais à cause de cela, Saturne peut procurer une certaine rigidité et peut insister sur la forme et les cérémonies pouvant oppresser l'être intérieur et réduire le degré de son épanouissement.

Pushya est le Nakshatra dans lequel Jupiter est né et dans lequel il devient exalté. Cela procure de la sagesse intuitive, de la foi, de la compréhension et de la compassion, possédant le pouvoir de transformer l'esprit et les émotions. Ce Nakshatra est très heureux et entraîne la bienveillance, la créativité et la sagesse.

9. Ashlesha - 16°40 à 30°00 Cancer : « Le serpent »

Point de vue astronomique : Hydra
Divinité : Sarpa (le serpent), Nagas
Symbole : le serpent enroulé
Mode de fonctionnement : actif
Caste : Mleccha
Genre : féminin
Dosha : Kapha
Direction : du nord-ouest au nord
Parties du corps : les coudes, les articulations, les genoux, les ongles, les oreilles
Guna : Sattva
Tattwa : Eau
Gana : Rakshasa (démoniaque)
Orientation : mouvement descendant
Disposition : dur, cinglant et redoutable
Planète gouvernant : Mercure
Sons : Dee, Doo, Day, Don
Symbole animal : le chat
Motivation principale : Dharma
Ennemi : Mula

Ashlesha est gouverné par le Dieu serpent, Sarpa. Ce Nakshatra indique les qualités sinueuses du serpent telles que collant, enlaçant ou qui étreint. Il représente le principe de la connaissance et la conscience cachée dans le subconscient. À cet effet, c'est un Nakshatra très stimulant qui exige d'être très honnête, lucide et d'agir avec beaucoup d'intégrité. Le serpent possède un statut inférieur dans les Vedas, en tant que force d'ignorance obscurcissant la perception de notre nature véritable. Il doit être fauché par le pouvoir de la discrimination lorsque nous voulons découvrir la véritable nature des choses. À ce niveau supérieur, le serpent représente la sagesse derrière l'illusion.

Ashlesha marque la transition et la transformation. Il favorise au plus haut point notre manifestation personnelle dans laquelle nous devons apprendre à considérer notre relation avec les autres en tant qu'individus indépendants. Il existe dans ce Nakshatra le danger d'utiliser les autres à des fins personnelles. Nous ne pouvons pas nous accrocher à ceux que nous avons mis au monde mais nous devons les laisser vivre leur propre vie.

Connexions planétaires

Ashlesha est gouverné par Mercure. Au niveau supérieur, c'est un Nakshatra de sagesse intuitive, ayant besoin de maîtriser son influence. En effet, cela exige de posséder un esprit innocent et de nature pure, et au niveau inférieur, c'est un Nakshatra de tromperie et de ruse. Il est souvent difficile de comprendre la motivation des personnes nées sous ce Nakshatra qui opèrent souvent sous des influencent plus profondes ou collectives qu'elles ne comprennent pas. Les traits de Mercure négatifs sont surtout activés dans ce Nakshatra, tels que le caractère évasif, la déception et la sournoiserie. Ashlesha peut utiliser l'empressement, la perspicacité et la capacité calculatrice de Mercure pour servir ses propres fins égoïstes. La véritable fonction d'Ashlesha ici est de contrôler le mental (Lune). Ashlesha est supposé être l'endroit où l'intellect se développe pour contrôler et diriger le vaste subconscient et les mécanismes instinctuels de l'esprit.

Dans le Nakshatra Ashlesha, Mars atteint son degré maximum de débilité. Il entraîne la manipulation, la tromperie, procure de la violence et des blessures. Il ne s'entend pas bien avec l'énergie émotionnelle de ce Nakshatra qu'il dirige mal ou endommage. Souvent l'énergie de Mars tend à manipuler les autres plutôt qu'à participer aux activités constructives du monde extérieur.

10. Magha - 00°00 à 13°20 Lion : « Le Bienveillant »

Point de vue astronomique : Alpha Leonis (Régulus)
Divinité : Pitris (les Pères), les ancêtres
Symbole : le trône
Mode de fonctionnement : actif
Caste : Shudra
Genre : féminin
Dosha : Kapha
Direction : est, sud, nord-ouest et sud-ouest
Parties du corps : le nez, les lèvres et le menton
Guna : Tamas
Tattwa : Eau
Gana : Rakshasa (démoniaque)
Orientation : mouvement descendant
Disposition : Ugra (féroce, agressif)
Planète gouvernant : Ketu
Sons : Ma, Mi, Me
Symbole animal : le rat
Motivation principale : Artha
Ennemi : Revati

Magha est gouverné par les Pitris / Pitaras, les Pères, les Dieux ou esprits ancestraux védiques. Les questions spirituelles liées à ce Nakshatra sont donc en grande partie celles des ancêtres, du rapport au père ou à la tradition en général, en particulier avec tous nos guides spirituels, nos véritables géniteurs antiques. Les Pères védiques sont les grands sages ou Rishis qui guident l'humanité par le pouvoir de leur caractère et de leur vision. Ils vivent en nous à travers notre aspiration humaine vers la sagesse. Le lien existant avec les sages est l'aspect le plus profond de l'énergie de Magha. Magha lui-même signifie la personne de bon augure, le prodigue ou le bienveillant. Il indique la nature bénéfique de l'énergie masculine ou paternelle, le pouvoir provenant de la maîtrise de soi.

Dans ce Nakshatra notre karma lié au caractère est puissant. Nous essayerons peut-être de devenir nous-mêmes une tradition ou une légende. Il se peut que nous devenions une image paternelle dominant les autres ou bien de tels symboles peuvent dominer notre vie. Nous pouvons aspirer à une forme d'aristocratie de l'esprit, dans la lignée des grands personnages du passé. Nous pouvons développer du paternalisme ou aimer fonctionner en tant que figure parentale. En cas d'affliction, nous risquons de vivre dans l'ombre de l'autorité ou d'être constamment en révolte contre elle.

Connexions planétaires

Magha est gouverné par Ketu. Les qualités et attributs de Ketu telles que la perception profonde, la perspicacité pénétrante et l'indépendance d'esprit, qui sont similaires à celles du Soleil, sont manifestées par Magha.

Ici, nous nous mettons à douter de l'autorité et de la tradition contre lesquelles nous essayons de nous affirmer. Lorsque nous prenons en considération ces implications spirituelles, ce doute peut nous amener à avoir un rapport plus profond avec notre Soi intérieur. Nous risquons d'exagérer notre importance individuelle. Toutefois, seul le rapport avec le Soi éternel peut vraiment satisfaire ce doute.

Les types Magha aiment créer des familles, des traditions ou des lignées. Mais en général ils y tiennent eux-mêmes une place centrale. Ils ne sont pas des suiveurs mais des dirigeants, pas des révolutionnaires mais des réformateurs, renouvelant ou maintenant l'influence du passé. Ils se tournent vers l'ancien, l'originel et le durable, en dernière instance vers l'éternel lui-même.

11. Purva Phalguni - 13°20 à 26°40 Lion : « Le premier rougeâtre »

Point de vue astronomique : Delta Leonis (Zosma) et Theta Leonis
Divinité : Bhaga (le Soleil de la Béatitude)
Symbole : les deux pieds avant d'un lit, hamac
Mode de fonctionnement : équilibré
Caste : Brahmane
Genre : féminin
Dosha : Pitta
Direction : sud-est et est
Parties du corps : les organes sexuels, les lèvres et la main droite
Guna : Rajas
Tattwa : Eau
Gana : Manusha (humain)
Orientation : mouvement montant
Disposition : Ugra (féroce)
Planète gouvernant : Vénus
Sons : Mo, Ta, Tee, Too
Symbole animal : le rat
Motivation principale : Kama
Ennemi : Uttara Bhadrapada

Purva Phalguni est gouverné par Bhaga, la forme béatifiée du Dieu Soleil, parfois identifié à l'étoile du matin. Bhaga est l'un des Âdityas, les sept déités célestes, fils de Âditi, ou du Soleil. De ce nom provient le fondement du mot Bhagavan ou Seigneur, parfois appliqué pour les maîtres et les avatars. Purva Phalguni traite des questions du bonheur, de la jouissance et du contentement. Il montre notre joie de vivre inhérente. Notre nature est de rechercher le plaisir et de graviter vers les sources de plaisir. Lorsque nous les voyons dans le monde extérieur, nous devenons matérialistes. Lorsque nous les discernons dans le monde intérieur, nous devenons des chercheurs spirituels.

Bhaga confère du charme, du charisme et l'aptitude à influencer les autres, à les attirer vers nous en tant que source de bonheur et de lumière. Cela procure un sens artistique, de l'expression, du caractère et de la personnalité. Cela favorise les relations intimes ou certains rôles dramatiques. Purva Phalguni indique la jouissance de notre propre être. Il peut entraîner un manque de confiance en soi et une certaine dramatisation. Mais son expression est joyeuse, ce qui, à un niveau inférieur, peut représenter une certaine glorification de l'ego.

Connexions planétaires

Purva Phalguni est gouverné par Vénus, significateur planétaire de la beauté et du plaisir. Ce Nakshatra favorise une certaine beauté de caractère, se transformant parfois en vanité ou narcissisme. Il nous permet d'inspirer les autres et de découvrir l'aspiration en nous-mêmes. C'est un Nakshatra chanceux et heureux procurant de la reconnaissance sociale et du prestige et de la reconnaissance. Sous son pouvoir, les personnes sont inspirées à travailler et à transformer la vie en objet de beauté et de plaisir.

Vénus gouvernant ce Nakshatra indique la procréation. Vénus est associé aux forces qui produisent l'attraction entre les sexes opposés, et le principal centre d'intérêt de Purva Phalguni se concentre autour de cette attraction. Le Soleil est connecté à son propre amour-propre et n'est pas très à l'aise à l'idée de perdre son propre soi au profit de quelqu'un d'autre, ce que Vénus implique naturellement. Purva Phalguni peut servir de champ de bataille pour le conflit entre l'ego (le Soleil) et l'amour et l'harmonie (Vénus).

12. Uttara Phalguni - 26°40 Lion à 10°00 Vierge : « Le second rougeâtre »

Point de vue astronomique : Beta Leonis (Denébola)
Divinité : Aryaman (le Soleil en tant que bien-aimé)
Symbole : les deux pieds arrière d'un lit
Mode de fonctionnement : équilibré
Caste : Kshatriya
Genre : féminin
Dosha : Vata
Direction : est et sud
Parties du corps : les lèvres, les organes sexuels et la main gauche
Guna : Rajas
Tattwa : Feu
Gana : Manusha (humain)
Orientation : mouvement descendant
Disposition : Dhruva (fixe ou permanent)
Planète gouvernante : le Soleil
Sons : Tay, To, Pa, Pee
Symbole animal : la vache
Motivation principale : Moksha
Ennemi : Purva Bhadrapada

Uttara Phalguni est gouverné par Aryaman, le Dieu Soleil représentant l'ami, le compagnon et l'amoureux. Aryaman est l'un des Âdityas, les sept divinités célestes, fils de Âditi ou le Soleil. Aryaman est notre compagnon éternel, notre meilleur ami, toujours présent pour nous aider, peut-être même notre ange gardien. Les personnes nées sous le Nakshatra d'Aryaman se sentent souvent poussées à devenir des aides, des secouristes, des amis pour ceux qui sont dans le besoin. Aryaman est aussi celui qui arrange les mariages. Il est l'intermédiaire ou le meilleur ami organisant le mariage ou la rencontre entre amoureux. Ainsi les types Aryaman trouvent leur bonheur en rendant les autres heureux mais ne trouvent pas toujours leur propre bonheur.

Ils sont toujours prêts à se sacrifier pour leurs amis et alliés ainsi que pour les causes qu'ils épousent. Mais ce ne sont pas des fanatiques, leur rôle est plus défensif et protecteur et détient un certain aspect éducatif. Ils ne sont pas des serviteurs et ils n'aiment pas qu'on les exploite. D'une part, ils aiment aider, mais d'autre part, ils n'acceptent pas un rôle inférieur. Ils préfèrent être un catalyseur, le moyen de transformer, et non le simple rouage d'une machine. Uttara Phalguni confère également l'aptitude de guérir et est efficace dans les entreprises de guérison spirituelle et physique. Le risque ici est de vouloir trop aider les autres ou d'élever ceux qui ne veulent pas s'aider eux-mêmes.

Connexions planétaires

Uttara Phalguni est gouverné par le Soleil. Il indique la noblesse de caractère et le lien avec le Soi intérieur. Il procure l'aptitude à organiser le monde matériel selon une intelligence solaire qui nous aide et nous guide. La conscience de soi obtenue en Lion se dirige vers le domaine du travail pratique de la Vierge. Ce Nakshatra procure une grande aptitude au travail physique et intellectuel. Il est bénéfique pour la recherche, la concentration et la discrimination détaillée. Il s'efforce de se diriger vers la perfection, non pas dans un objectif mécanique mais afin d'aider les autres.

Mercure est associé à Uttara Phalguni par le fait qu'une grande partie de ce Nakshatra se trouve en Vierge, signe gouverné par Mercure. Uttara Phalguni traite principalement du lien entre l'âme et l'intellect. Sous l'influence de ce Nakshatra, l'énergie solaire est dirigée vers un travail pratique et concret afin de réaliser certains objectifs dictés par l'âme.

13. Hasta - 10°00 à 23°20 Vierge : « La main »

Point de vue astronomique : la constellation Corvus
Divinité : Savitar (le soleil de l'inspiration)
Symbole : la main, le poing serré, le tour d'un potier
Mode de fonctionnement : passif
Caste : Vaishya
Genre : masculin
Dosha : Vata
Direction : est, sud, nord et nord-ouest
Parties du corps : les mains
Guna : Rajas
Tattwa : Feu
Gana : Deva
Orientation : mouvement horizontal
Disposition : léger et rapide
Planète gouvernant : la Lune
Sons : Pu, Sha, Nu, Tu
Symbole animal : le buffle
Motivation principale : Moksha
Ennemi : Shatabhishak

Hasta est gouverné par Savitar, le Dieu Soleil de l'inspiration. Savitar est l'un des Âdityas, les sept déités célestes, fils de Âditi, ou le Soleil. Il nous stimule à rechercher la vérité et à ouvrir notre cœur. Il nous dirige vers le chemin de la lumière et de la vérité et est le significateur védique de la pratique du yoga. Savitar procure aussi le pouvoir de la Parole Divine. En tant qu'artisan, il façonne les formes parfaites et fait refléter en toute chose la vérité de son archétype intérieur. Il est le guide sur le chemin de l'évolution spirituelle et le Dieu, patron des Vedas. À travers son influence, nous nous efforçons d'apporter la perfection et l'ordre juste à tous les aspects de notre être.

Hasta, signifiant la main, procure souvent des aptitudes manuelles, mécaniques, artisanales ou artistiques. C'est un signe créatif qui nous pousse à aimer faire des choses, à vouloir fabriquer et façonner des choses. Mais il n'est pas simplement un Nakshatra utilitaire. Il s'efforce de créer la beauté et la vérité, des choses manifestant leur idéal ou des archétypes. Hasta est le plaidoyer d'une vie civilisée, raffinée qui agit sérieusement mais avec de la joie sous son apparence.

Connexions planétaires

La Lune gouverne Hasta. À travers lui notre esprit devient réceptif. Dans ce Nakshatra, l'esprit est orienté vers le monde matériel, non afin d'y être attaché ou d'y être impliqué, mais pour l'améliorer ou l'organiser selon un idéal plus élevé. L'esprit ici est sensible, flexible et adaptable, avec beaucoup de talent et de capacités. Mais lorsque nous ne sommes pas correctement guidés, cela peut engendrer le matérialisme et la forme des choses devient plus importante que l'esprit sous-jacent.

Dans Hasta, Mercure devient exalté. Hasta procure de bons pouvoirs à la fois aux mains et à la parole qui sont les deux côtés de l'énergie de Mercure. D'une part, il est un Nakshatra de Hatha Yoga et de l'autre, de Mantra Yoga. Il procure de la flexibilité tant physique que mentale. Il est un signe traditionnel qui encourage à développer une connaissance pratique. Avec Mercure cela demande également que nous engagions notre intellect dans un processus spirituel mais ce n'est pas un Nakshatra de foi ou de dévotion.

14. Chitra - 23°20 Vierge à 06°40 Balance : « Le brillant »

Point de vue astronomique : Vierge Alpha (Spica)
Divinité : Twashtar (l'artisan divin)
Symbole : le grand bijou lumineux et brillant
Mode de fonctionnement : actif
Caste : fermier
Genre : féminin
Dosha : Pitta
Direction : sud-est, vers le sud, vers l'ouest
Parties du corps : le front et le cou
Guna : Tamas
Tattwa : feu
Gana : Rakshasa (démoniaque)
Orientation : mouvement horizontal
Disposition : doux, clément et tendre
Planète gouvernant : Mars
Sons : Pe, Po, Ra, Re
Symbole : le tigre
Motivation principale : Kama
Ennemi : aucun

Chitra est gouverné par Twashtar, l'artisan védique. Twashtar façonne la forme des choses et représente le démiurge cosmique. Il est proche et aimé de toutes les déesses car il contient la semence divine. Ce Nakshatra peut nous orienter vers l'activité sexuelle, mais peut également diriger l'énergie sexuelle vers un idéal spirituel. Le principal objectif de Chitra est de vaincre l'illusion et *maya*.

De même que Hasta, Chitra est un Nakshatra de travail et d'artisanat, mais il est plus spécifiquement artistique. Il crée les choses non pour elles-mêmes mais pour les montrer aux autres, les exposer, comme une bague bien faite. Il cherche un partenaire pouvant apprécier ce qu'il crée. Il estime davantage l'appréciation des autres que les formes de sa création. Ainsi, il peut devenir esclave de l'apparence, de l'illusion ou de l'influence. Il est plus préoccupé par la production d'objets que par la perfection de ce qu'il produit.

Connexions planétaires

Chitra est gouverné par Mars. Il indique le besoin de travail et d'une application pratique permettant d'atteindre nos objectifs. Il est sans cesse en mouvement, énergétique et il peut être passionné. Il s'efforce de conquérir et de gagner par son action, non par la force mais par la démonstration de ses capacités et de ses prouesses. Il représente le mâle qui gagne la victoire afin de conquérir une femme. Mais il possède le sens de la chevalerie, de l'honneur et a de la sensibilité. Il ne s'intéresse pas à la victoire à tout prix, mais à une bonne victoire bien appréciée. Les acquisitions pratiques atteintes en Vierge sont dirigées vers un objectif artistique ou social comme cela est indiqué par la Balance.

C'est ici que Vénus atteint son degré maximum de débilité. Le principe vénusien de forme et de beauté peut donner naissance à l'attachement et à l'illusion. Nous pouvons nous sentir satisfaits par une simple idée ou par une vision imaginaire des choses et ne pas vouloir procéder à leur élaboration. Nous pouvons être trompés par une image erronée et entreprendre un travail sur elle. Nous pouvons également produire une image erronée afin d'acquérir du pouvoir sur les autres.

15. Swati - 06°40 à 20°00 Balance : « L'étoile se motivant seule »

Point de vue astronomique : Bootes Alpha (Arcturus)
Divinité : Vayu, (le Dieu du Vent), Prana
Symbole : le corail, l'épée
Mode de fonctionnement : passif
Caste : boucher
Genre : féminin
Dosha : Kapha
Direction : ouest, sud-ouest et sud-est
Parties du corps : la poitrine
Guna : Tamas
Tattwa : Feu
Gana : Deva
Orientation : mouvement horizontal
Disposition : mobile
Planète gouvernant : Rahu
Sons : Ru, Ray, Ra Tha
Symbole animal : le buffle
Motivation principale : Artha
Ennemi : Rohini

Swati est gouverné par Vayu, le Dieu du Vent ou de la force vitale. Il procure de la mobilité, de la vélocité, de la facilité de mouvement et de communication. C'est ici que le prana ou l'énergie vitale est la plus manifeste et extériorisée. Swati crée un esprit et un système nerveux sensibles, et des sens actifs. Nous comprenons très rapidement les choses et agissons directement, mais parfois trop vite. Pourtant, avec une telle énergie vitale puissante, Swati apporte également une certaine concentration sur soi. Nous pouvons rassembler les autres autour de nous et chercher à projeter notre influence sur l'ensemble du monde. Ainsi nous risquons de projeter des illusions, des croyances et des idéologies qui inspirent mais divisent, ce qui nous permet d'influencer les autres mais nous met également sous l'influence des forces collectives. Dans ce Nakshatra, l'ego risque de se cacher sous le masque du bien social.

Swathi doit être utilisé à bon escient pour éliminer les influences négatives car il peut conduire à la négativité. Symbolisé par une jeune pousse poussée par le vent, Swathi suggère toute forme de délicatesse. Swati procure une sensibilité aux influences et aux tendances collectives ce qui peut nous élever dans le monde extérieur.

Connexion planétaire

Swati est gouverné par Rahu représentant également une influence très aérienne. Il possède un certain effet dispersant mais il détruit les limites et améliore la communication. Étant donné que Rahu représente maya, il existe différents pouvoirs d'illusion dans ce Nakshatra. Nous devons exercer notre discernement en ce qui concerne nos motifs et ne pas simplement chercher à influencer ou être influencé mais à rester proches de la vérité. Rahu est de nature diplomate, très similaire à celle de Vénus. Rahu, comme Vénus, est par nature une planète sociale qui apprécie la compagnie. Swati peut s'avérer être le plus prétentieux des Nakshatras.

Saturne atteint ici son degré maximum d'exaltation. Saturne bénéficie du côté positif de l'énergie de Vayu et est propulsé à un niveau supérieur d'harmonie, d'équilibre et de justice. De même, Saturne fonctionne bien ici favorisant le détachement et l'harmonie afin d'éviter les illusions de ce Nakshatra. Le côté social de Saturne ressort ici en tant qu'autorité ; il apporte de l'ordre et des structures. Rahu, Mercure, Vénus et Saturne donnent de puissants résultats dans Swati. Le Soleil, Mars et Ketu fonctionnent moins bien ici ; Jupiter et la Lune sont neutres.

16. Vishakha - 20°00 Balance à 03°20 Scorpion : « Les deux branches »

Point de vue astronomique : Alpha Librae, Beta Librae, Gamma Librae, et Iota Librae
Divinité : Indra-Agni (le double Dieu du Feu et du Tonnerre)
Symbole : la porte d'entrée, le tour du potier
Mode de fonctionnement : actif
Caste : Mleccha
Genre : féminin
Dosha : Kapha
Direction : ouest et nord
Parties du corps : les bras et les seins
Guna : Sattva
Tattwa : Feu
Gana : Rakshasa (démoniaque)
Orientation : mouvement descendant
Disposition : mixte (brusque et doux)
Planète gouvernant : Jupiter
Sons : Ti, Tu, Te, To
Symbole animal : le tigre
Motivation Principale : Dharma
Ennemi : Krittika

Vishakha est gouverné par le double Dieu Indra-Agni, le Seigneur du Tonnerre et le Dieu du Feu. Cette constellation agit dans deux directions, comme cela est indiqué par le fait d'être gouverné par deux divinités et aussi parce qu'elle gouverne une partie de la Balance et du Scorpion, deux signes très opposés. Il indique un lieu de division ou un croisement dans notre vie, dans lequel nous pouvons soit essayer de croître davantage spirituellement ou de nous plonger plus profondément dans le monde matériel. La Balance sociale, superficielle et idéaliste laisse place au Scorpion personnel, profond et très mélancolique. La direction que nous prendrons dépend de ce à quoi nous nous dévouons dans la vie.

Mais Indra et Agni ne sont pas des dieux contradictoires. En tant que feu et éclairs, ils travaillent conjointement en tant qu'agents actifs pour promouvoir la lumière et détruire les pouvoirs de l'obscurité. Ils confèrent des pouvoirs de clarté et de jugement pouvant entraîner des châtiments ou des rétributions. Ici, leur effort commun est requis pour nous permettre de transiter du social en général jusqu'au psychique profond, de l'extérieur vers l'intérieur.

Connexions planétaires

Jupiter gouverne Vishakha. Il fait partie d'une énergie d'expansion et de croissance qui exige de l'optimisme, de l'enthousiasme et de la créativité. Cela ressemble à une foliole poussant dans différentes directions ou à un éclair déchirant le ciel. Ici les gains sociaux et créatifs obtenus en Balance sont dirigés et se développent dans le domaine de la conscience psychique du Scorpion.

La Lune atteint ici son point maximum de débilité, au dernier degré de Vishakha. Ici sont requises l'action et la décision et non la réceptivité et la passivité. Indra et Agni représentent ensemble une nouvelle Lune. C'est ici que la Lune ne possède aucune luminosité et qu'elle est absorbée de nouveau dans le Soleil. À cette étape, nous devons chercher en nous-mêmes, et non à l'extérieur. Nous devons décider d'assumer la responsabilité de notre propre chef et non attendre que les autres nous montrent le chemin. Ce qui est requis est l'action immédiate et décisive découlant du discernement lucide entre le vrai et le faux.

17. Anuradha - 03°20 à 16°40 Scorpion : « Succès à venir »

Point de vue astronomique : Beta-Scorpionis (Acrab), Delta-Scorpionis (Isidis) et Pi-Scorpionis
Divinité : Mitra (l'ami divin)
Symbole : le bâton, le lotus, la porte d'entrée triomphante ornée de feuilles
Mode de fonctionnement : passif
Caste : Shudra
Genre : masculin
Dosha : Pitta
Direction : nord, sud, ouest
Parties du corps : les seins, l'estomac, les intestins et l'utérus
Guna : Tamas
Tattwa : Feu
Gana : Deva
Orientation : mouvement horizontal
Disposition : Mridu ou doux, et clément
Planète gouvernant : Saturne
Sons : Na, Ni, Nu, Ne
Symbole animal : le cerf
Motivation principale : Dharma
Ennemi : Bharani

Anuradha est gouverné par Mitra, le Dieu Soleil en tant qu'ami divin, sauveur et Seigneur de la Compassion. Mitra est l'un des Âdityas, les sept déités célestes, fils de Âditi, ou Soleil. Ici ressort l'amour profond du Scorpion, pouvant se transformer en attachement ou en une intense sensibilité psychique. Mitra favorise l'équilibre et l'harmonie dans les relations, l'honneur et la réalisation de la célébrité. Il détruit les ennemis et est expert en art et en créativité.

Ce Nakshatra encourage la foi et la dévotion. Il possède un certain pathos qui lui est associé, parfois tragique, mais souvent très poétique. Il nous entraîne dans un rapport profond et puissant avec les choses qui d'ordinaire restent cachées et ne peuvent pas s'exprimer personnellement. Cela peut nous entraîner dans des amours non partagés. Ainsi, les natifs de ce Nakshatra peuvent rechercher un tel amour platonique. Ce caractère appartient au Scorpion qui recherche ce qui est profond et mystérieux. La profondeur de sentiment leur est plus importante que l'obtention de l'objet du désir. Ainsi, les natifs de ce Nakshatra peuvent rechercher le chagrin afin de transmuer les émotions humaines en compassion divine.

Connexions planétaires

Anuradha est gouverné par Saturne. Il requiert une certaine discipline pour que ses énergies se mettent en mouvement. Une telle force émotionnelle ne réussira pas à moins de la relier à une loi supérieure et plus stricte et de l'aborder avec pureté et détachement quant aux apparences extérieures. Cette forme saturnienne peut se manifester en tant que solitude ou manque de reconnaissance émotionnelle, ce qui ramène cette force vers l'intérieur. Dans Anuradha, nous nous contenons ou nous nous réprimons.

Saturne confère à Anuradha un aspect sérieux en ce qui concerne la vie en général. Les natifs d'Anuradha vont au-delà des couches superficielles des interactions sociales habituelles et sont à la recherche de réponses aux mystères de la vie. Cela leur permet de comprendre et de transcender les limitations du domaine matériel. Ici on trouve la recherche d'un sens bien défini de but concernant notre propre existence par l'influence des planètes situées dans ce Nakshatra. Toutes les planètes peuvent fonctionner de manière bénéfique dans ce Nakshatra.

18. Jyeshtha - 16°40 à 30°00 Scorpion : « Le plus ancien »

Point de vue astronomique : Alpha-Scorpionis (Antares), Sigma-Scorpionis et Tau-Scorpionis
Divinité : Indra (le Dieu de la foudre)
Symbole : le talisman rond, le parapluie
Mode de fonctionnement : actif
Caste : serviteur
Genre : féminin
Dosha : Vata
Direction : nord, sud
Parties du corps : cou et côté droit du torse
Guna : Sattva
Tattwa : Air
Gana : Rakshasa (démoniaque)
Orientation : mouvement horizontal
Disposition : dur, brusque et redoutable
Planète gouvernant : Mercure
Sons : No, Ya, Yi, Yu
Symbole animal : le cerf
Motivation principale : Artha
Ennemi : Ashwini

Jyeshtha est gouverné par Indra, le roi des Dieux. Indra est le grand Dieu du pouvoir, le guerrier divin qui tue tous les démons, en particulier le serpent ou le dragon, représenté par le Scorpion, signe dans lequel ce Nakshatra est situé, et par la Kundalini, à laquelle ce signe est lié. Indra domine la foudre, l'éclair ou la roue solaire de la perception directe. Il représente le pouvoir de la vérité que rien ne peut vaincre, la volonté irrépressible de vérité logée au cœur de l'âme qui accepte, invite et surmonte tous les obstacles. Ici, nous devons proclamer notre propre autonomie et pouvoir, la suprématie de notre être intérieur régnant sur toutes les circonstances externes.

Les questions reliées à Jyeshtha concernent le pouvoir, l'autorité, la suprématie et l'indépendance. Afin de maîtriser les émotions et le subconscient nous devons devenir Indra. Nous devons scruter les profondeurs psychiques de nos peurs et de nos attachements et les éliminer. Nous devons aller jusqu'au fond des choses pour découvrir ce qu'est vraiment la vérité. Ce Nakshatra inclut le *tantra* et les individus sous son influence peuvent devenir de grands yogis ou des experts en magie noire. Lorsqu'il est affligé, nous pouvons nous sentir inférieurs et ne jamais accéder à notre propre pouvoir.

Connexions planétaires

Jyeshtha est gouverné par Mercure. C'est ici que surgit la question de nos valeurs, en particulier celles liées à la manifestation de soi, à la façon dont nous nous définissons et nous valorisons. C'est ici que nous nous demandons ce qui est le plus grand, le plus important ou le meilleur. À moins d'avoir un jugement pénétrant, nous risquons d'être captivés par les images d'accomplissement du monde extérieur qui est, en fin de compte, irréel. Pour posséder un tel jugement, le principe mercuriel doit être très développé. L'esprit doit être stable et limpide, équilibré avec une perception juste et non stagnant et rempli d'opinions dépendantes.

Mercure est le gouverneur principal de ce Nakshatra. Les énergies de Mercure se raffinent et délaissent son énergie de déception, de ruse, de commencements puérils pour manifester une énergie plus sérieuse essayant de contrôler le fonctionnement dispersé du mental. Le fonctionnement de Mercure ici est dirigé sur le contrôle de cette énergie instable propre au mental et au conditionnement collectif.

19. Mula - 00°00 à 13°20 Sagittaire : « La racine »

Point de vue astronomique : Epsilon Scorpii jusqu'à Nu Scorpii (système de 9 étoiles)
Divinité : Nirriti (la Déesse de la négation)
Symbole : la racine, le bouquet de racines liées
Mode de fonctionnement : actif
Caste : boucher
Genre : neutre
Dosha : Vata
Direction : sud-ouest, nord-ouest et est
Parties du corps : les pieds, le côté gauche du torse
Guna : Tamas
Tattwa : Air
Gana : Rakshasa (démoniaque)
Orientation : mouvement descendant
Disposition : dur, brusque et redoutable
Planète gouvernant : Ketu
Sons : Ye, Yo, Bha, Bhe
Symbole animal : le chien
Motivation principale : Kama
Ennemi : Ashlesha

Mula est gouverné par Nirriti, la Déesse de la calamité, du mensonge, de la mort et de la destruction. Elle représente l'abysse ou le vide mais également le fondement, le fond de la création. Elle représente le grand vide ou l'illusion derrière chaque chose. Elle est maya ou l'ignorance. Mula est un Nakshatra de jugement, de danger et de transition. Ce Nakshatra est également un signe de négation et de transformation. Au niveau supérieur, il est lié à moksha ou à la dissolution dans l'absolu. Mula, signifiant racine, nous emmène vers les racines premières des choses et nous aide à examiner qui nous sommes vraiment. Cela peut nous rendre profondément perceptifs ou très prétentieux selon la manière dont nous dirigeons cette énergie de négation.

Mula confère de profonds pouvoirs de perception et l'aptitude à aller au-delà des choses, même de nier le monde. Dans ce Nakshatra se trouve le centre galactique, la source de lumière du système solaire. Il est difficile d'être en résonance avec ce centre et cela exige un grand travail pour notre âme. Lorsque les points cardinaux des saisons tombent sur ce Nakshatra, comme cela se produit en ce moment avec le solstice d'hiver, il se produit alors une grande transformation dans la société, parfois précipitée par des désastres de la nature. Cette transformation peut provenir de notre propre action qui est en dysharmonie avec la volonté divine et cosmique.

Connexions planétaires

Mula est gouverné par Ketu, la planète de moksha et de la négation atteignant ici sa pleine expression et pouvoir. Les individus nés sous ce Nakshatra doivent être prudents. Ils peuvent être excessivement fiers ou arrogants, mais ces traits proviennent d'un doute et d'une insécurité profondément ancrés. Ici, l'ego est souvent en expansion, avant d'atteindre son point de dissolution. Nous pouvons devenir les policiers du monde et chercher à imposer aux autres nos principes, même par la force si nécessaire, ce qui se retourne souvent contre nous. Nous ne devons pas oublier de nous remettre en question et surtout de remettre l'ego en question.

Mula étant un Nakshatra destructeur, il est lié au potentiel destructeur de Ketu. La capacité destructive de Ketu est toujours bénigne dans le sens qu'elle initie soit un nouveau commencement, soit une transformation spirituelle. Ketu est la planète signifiant les impulsions de base sous-jacentes à toutes les pensées et à toutes les actions. Il est aussi une planète procurant accès et perspicacité aux domaines invisibles ainsi qu'aux causes invisibles des choses ou évènements visibles

20. Purva Ashadha - 13°20 à 26°40 Sagittaire : « La victoire antérieure »

Point de vue astronomique : Epsilon-Sagittarii (Kaus Australis), Delta-Sagittarii (Kaus Media) et Epsilon-Sagittarii (Kaus Boreaiis)
Divinité : Apas (la Déesse des Eaux)
Symbole : l'éventail
Mode de fonctionnement : équilibré
Caste : brahmane
Genre : féminin
Dosha : Pitta
Direction : du nord-est au sud-est, en passant par l'est
Parties du corps : les cuisses et le dos (du cou à la taille)
Guna : Rajas
Tattwa : Air
Gana : Manusha (humain)
Orientation : mouvement descendant
Disposition : Ugra (féroce et sévère)
Planète gouvernant : Vénus
Sons : Bu, Dah, Bha, Dha
Symbole animal : le singe
Motivation principale : Moksha
Ennemi : Pushya

Purvashadha (Purva Ashadha) est gouverné par Apas, la Déesse des Eaux. Elle indique les eaux cosmiques ou l'océan supérieur de la conscience, la voie lactée. C'est un Nakshatra de purification et d'absolution. Il détient de grands pouvoirs de guérison, le soma (amrita) qui pousse dans les eaux ; les eaux procurant la béatitude, le bien-être et la jouissance. Il est aussi un Nakshatra de victoire et d'abondance. L'eau favorise la purification et entraîne la purification. Ici, nous devons permettre à notre karma passé d'être lavé par les eaux cosmiques de la vérité. Nous devons offrir nos limitations personnelles à l'intelligence créatrice illimitée.

Dans ce Nakshatra, les déluges de la force divine et de la victoire peuvent se déverser sur nous. C'est ce déluge qui entraîne la défaite de nos véritables ennemis que sont l'ignorance et le chagrin. Purvashadha est le pouvoir et la pureté d'esprit de l'enfant, représenté par Jupiter (Sagittaire) sous forme de foi et d'émerveillement.

Connexions planétaires

Purvashadha est gouverné par Vénus. Il nous confère la sagesse de Vénus sous forme d'amour divin. Il est fertile et créatif mais en un sens plus collectif, car il est davantage axé sur les objectifs universels ou les projets idéalistes. Les individus concernés ont du charme, mais un charme lié à la connaissance ou à la compréhension. Ils possèdent une force de principe ou d'intégrité pouvant influencer les autres et attirer les autres vers eux. D'un point de vue négatif, les individus nés sous ce Nakshatra peuvent être trop expansifs, optimistes et trop rechercher le succès extérieur.

Purvashadha est le point culminant où Vénus atteint son énergie positive et est gouverné par les Eaux. C'est la constellation qui nous fournit l'énergie requise pour survivre. Vénus atteint sa plus haute énergie individuelle en tant que planète dans ce Nakshatra, bien que le summum de son expression provienne du Nakshatra Revati, où elle atteint son exaltation maximum.

21. Uttara Ashadha - 26°40 Sagittaire à 10°00 Capricorne : « La victoire ultérieure »

Point de vue astronomique : Zeta Sagittarii, Sigma Sagittarii (Nunki)
Divinité : Les Vishvedevas (les Dieux universels)
Symbole : la défense d'éléphant
Mode de fonctionnement : équilibré
Caste : Kshatriya (guerrier)
Genre : féminin
Dosha : Kapha
Direction : sud, ouest, nord-est et est
Parties du corps : cuisses et taille
Guna : Sattva
Tattwa : Air
Gana : Manusha (humain)
Orientation : mouvement montant
Disposition : Dhruva (fixe ou permanent)
Planète gouvernante : le Soleil
Sons : Be, Bo, Ja, Ji
Symbole animal : la mangouste
Motivation principale : Moksha
Ennemi : Punarvasu

Uttarashadha (Uttara Ashadha) est gouverné par les dix Dieux Universaux appelés Vishvedevas. Ils représentent toute la multitude des Dieux de lumière et le principe d'universalité, le concept que tout est unité et que l'unité est tout. C'est ici qu'on trouve la manifestation des pouvoirs cosmiques la plus complète, la plus complexe et la plus intégrée. C'est le Nakshatra de la grande victoire, l'universalisation de l'être cosmique en nous et la défaite des forces de la mesquinerie de l'ego et de la limitation. Le principal danger réside dans le fait que notre énergie peut devenir trop généralisée, extériorisée et expansive.

Uttarashadha peut se traduire par plusieurs significations telles que « le dernier invincible » ou « le dernier qui n'a pas été conquis ». Il est évident d'après sa signification que Uttarashadha se concentre davantage sur l'objectif final que sur les moyens d'atteindre l'objectif. La faculté de l'âme à affecter son entourage atteint son point culminant dans ce Nakshatra. Dans son aspect culminant, la volonté individuelle est entièrement accordée à la volonté universelle, entraînant ainsi, toutes les actions du monde à s'effectuer sans ego.

Connexions planétaires

Uttarashadha est gouverné par le Soleil. C'est ici que la réalisation maximum de l'individualité est possible ainsi que sa manifestation dans le monde extérieur. Mais cette individualité provient de notre compréhension du cosmos et de notre identification à l'univers. Celui-ci n'est pas personnel mais universel. L'univers a pour but de réaliser notre unité avec le Soleil ou source universelle de lumière. Dans Uttarashadha, la sagesse et les principes réalisés en Sagittaire se tournent vers le domaine du Capricorne transformant et perfectionnant le monde extérieur. Ainsi un grand nombre de responsabilités prennent forme ici.

Jupiter atteint son degré maximum de débilité dans ce Nakshatra. Son énergie devient trop extravertie et diffuse. À ce stade, nous n'avons pas besoin d'optimisme et d'expansivité mais de sens pratique, de simplicité et d'intégration. Nous devons commencer sur le chemin de la contraction et de la consolidation. C'est l'endroit pour l'action et non pour les paroles. L'action pratique concrète qui a lieu ici, façonne le monde matériel conformément aux lois universelles.

22. Shravana 10°00 à 23°20 Capricorne : « Apprendre, écouter »

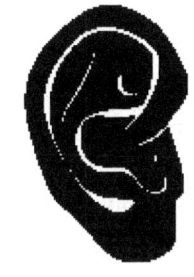

Point de vue astronomique : Alpha Aquilae (Altaïr), Beta Aquilae (Alshain), Gamma Aquilae (Tarazed)
Divinité : Vishnu (l'Omniprésent)
Symbole : l'oreille, le trident, les empreintes dans le sable
Mode de fonctionnement : passif
Caste : Mleccha
Genre : masculin
Dosha : Kapha
Direction : sud, nord-ouest
Parties du corps : les oreilles, les organes génitaux
Guna : Rajas
Tattwa : Air
Gana : Deva
Orientation : mouvement montant
Disposition : mobile
Planète gouvernant : la Lune
Sons : Ju, Je, Jo, Gha
Symbole animal : le singe
Motivation principale : Artha
Ennemi : Ardra

Shravana est gouverné par Vishnu l'Omniprésent, la présence divine immanente ou intelligence cosmique qui maintient l'ordre et le rythme de l'univers. Shravana est la source de la loi et de l'ordre cosmiques tels qu'ils sont maintenus par le préservateur cosmique. Ses trois enjambées stimulent le cosmos et établissent la triple loi. Ils créent les mondes en y établissant l'espace divin de la Conscience. Shravana nous confère ainsi l'aptitude à nous étendre et à influencer profondément, à organiser les choses selon un espace et une compréhension intérieurs. À travers lui, nous englobons les choses et les saisissons à l'aide de notre compréhension.

Shravana est un Nakshatra de parole et d'écoute. Il fournit la connaissance et la compréhension à travers lesquelles l'essence des choses est absorbée. Dans les enseignements védantiques, l'essence consiste à écouter véritablement. Entendre la vérité que tout est Dieu, c'est la réaliser. Rien d'autre n'est requis que la simple écoute sans préconceptions ni motivations égoïstes. L'ouverture de l'esprit dans l'écoute représente également l'ouverture à la présence cosmique.

Connexions planétaires

Shravana est gouverné par la Lune. Il procure des pouvoirs pour se relier au public et au monde en général et pour communiquer sa personnalité au monde. Il confère de grands pouvoirs de communication et nous entraîne au-delà des identifications sociales limitées. La Lune est puissante ici dans ses grandes implications sociales, politiques, universelles et humanitaires, comme cela est révélé par la nature du signe du Capricorne dans lequel est situé ce Nakshatra.

La Lune et Saturne sont les deux planètes gouvernant ce Nakshatra. La Lune est le gouverneur planétaire principal de ce Nakshatra et Saturne gouverne le Capricorne, le signe dans lequel il est situé. La Lune se rapporte à la partie réceptive et douce de Shravana tandis que Saturne se rapporte à ses aspects de persévérance et d'organisation. La Lune ainsi que Saturne sont intimement liées aux masses et à la mentalité de masse. C'est ainsi que ce Nakshatra obtient le pouvoir d'influencer les opinions de masse. À cause de l'extrême réceptivité de ce Nakshatra, l'erreur de jugement reste possible.

23. Dhanishta - 23°20 Capricorne à 06°40 Verseau : « Le plus célèbre »

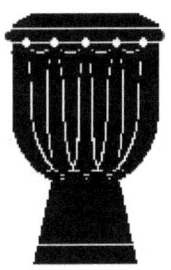

Point de vue astronomique : Alpha Delphini (Sualocin), Delta Delphini
Divinité : les Vasus (les Dieux de la lumière)
Symbole : le tambour (tabla), la flûte
Mode de fonctionnement : actif
Caste : fermier
Genre : féminin
Dosha : Pitta
Direction : est, sud-est, sud, ouest, sud-ouest
Parties du corps : le dos et l'anus
Guna : Tamas
Tattwa : Éther
Gana : Rakshasa (démoniaque)
Orientation : mouvement montant
Disposition : mobile ou éphémère
Planète gouvernant : Mars
Sons : Ga, Gi, Gu, Ge
Symbole animal : le lion
Motivation principale : Dharma
Ennemi : Mrigashira

Dhanishta est gouverné par les Vasus, les Dieux de la lumière, en particulier de la lumière matinale. Les Vasus brillent à l'aube et dispensent la richesse de la plénitude de la lumière. Dhanishta confère l'abondance et la richesse, soit celle du monde matériel, soit celle de la manifestation complète de notre esprit et son universalisation. Il procure la clarté et la perspicacité nous permettant d'achever nos activités. Il est concerné par l'actualisation, la réalisation et son approche n'est pas du tout théorique. Son principal danger est de se définir d'une manière trop matérialiste. La véritable abondance est celle de la perception. La véritable richesse est celle de l'unité. Sans cette compréhension, Dhanishta nous offre le succès mais nous rend étroits et avides d'esprit, pensant que nous avons besoin de toujours plus du monde extérieur.

La constellation de Dhanishta est connue pour apporter de l'harmonie dans la vie des autres. Dhanishta se traduit par « le plus bienveillant » ou le plus fortuné ». Il est également connu comme le *Shravishta*, signifiant « le célèbre ». En tant que Nakshatra social, Dhanishta adore les activités de groupe, tout en étant conscient de son « dharma ».

Connexions planétaires

Dhanishta est gouverné par Mars et représente le pinacle de l'énergie martienne. Par conséquent, la bravoure et le courage sont fortement associés à ce Nakshatra. Ce Nakshatra trouve son expression à travers les gens impliqués dans des activités telles que militaires, dans l'aventure ou le sport extrême. Le gouverneur de Saturne (Verseau) est lié à la nature persévérante et à la capacité d'organisation de ce Nakshatra. Il se fixe généralement des objectifs à long terme, qu'il aime réaliser à tout prix. Dhanishta est le Nakshatra qui accomplit finalement la difficile tâche d'harmoniser les énergies divergentes de Mars et de Saturne.

C'est ici que Mars atteint son degré d'exaltation maximum. Ainsi, Mars est extrêmement puissant ici. Il procure des grands pouvoirs d'accomplissement, en ce qui concerne la science, la mécanique et la technologie. Intérieurement, il peut nous conférer une grande perception, une grande clarté, un excellent jugement et raison ; la profondeur de l'esprit inquisiteur représentant la face intérieure de Mars et son aptitude à la recherche. C'est ici que l'impact sur le monde extérieur effectué en Capricorne est dirigé vers le domaine idéaliste et humanitaire du Verseau.

24. Shatabhishak - 06°40 à 20°00 Verseau : « Une centaine de médecins »

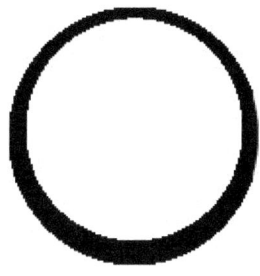

Point de vue astronomique : Gamma Aquarii (Sadachbia)
Divinité : Varuna (le Dieu de l'océan cosmique)
Symbole : un cercle vide
Mode de fonctionnement : actif
Caste : boucher
Genre : neutre ou eunuque
Dosha : Vata
Direction : sud-ouest vers le sud-est
Parties du corps : les mâchoires
Guna : Tamas
Tattwa : Éther
Gana : Rakshasa (démoniaque)
Orientation : mouvement montant
Disposition : Mutable
Planète gouvernant : Rahu
Sons : Go, Sa, Si, Su
Symbole animal : la jument
Motivation principale : Dharma
Ennemi : Hasta

Shatabhishak est gouverné par Varuna, le Seigneur de l'océan cosmique. Varuna est l'un des Âdityas, les sept déités célestes, fils de Âditi, ou le Soleil. Le Seigneur Varuna lui-même est le seigneur suprême de maya et exerce sa force créative et soignante. Maya est la pluie provenant de la grâce de Varuna. Il est maya ou l'illusion de la Rédemption qui nous délivre de maya ou de l'illusion du péché. Shatabhishak est un Nakshatra très mystérieux et puissant. Il confère l'eau de la sagesse qui est versée en Verseau.

Shatabhishak est un signe de guérison, bénéfique pour les médecins, les guérisseurs et les psychologues. C'est un Nakshatra de catharsis et de délivrance. Il est également lié au karma et au jugement, et à la rétribution. Il nous soumet aux calamités ou à la colère divine afin que nous allions rechercher la grâce divine pour nous sauver. Mais les personnes qui ne sont pas réceptives à la grâce divine demeurent sous son influence, à l'abandon, devenant des voyous ou des délinquants. Ce Nakshatra expose le centre fragile de l'ego pouvant nous entraîner à faire partie d'un gang ou à dépasser entièrement l'ego. Ainsi, il est un des Nakshatras les plus ambivalents, les plus spirituels et mondains.

Connexions planétaires

Shatabhishak est gouverné par Rahu. Shatabhishak représente l'amélioration de la race humaine, et est gouverné par Rahu. En réalité, Shatabhishak forme le paroxysme de la conclusion du fonctionnement de Rahu. Le seul aspect et le plus important qui différencie Shatabhishak des autres Nakshatras est le secret ou la dissimulation. C'est ici que nous devons affronter les illusions tant en nous-mêmes que dans le monde extérieur.

Dans son aspect supérieur, ce Nakshatra transmet le côté de Rahu ayant le plus grand savoir et le plus philosophique. Rahu, étant un enfant de maya, porte en lui-même l'entière connaissance du fonctionnement caché et complexe de la nature. S'il fonctionne dans son aspect inférieur, il transmet l'aspect de Rahu qui est responsable de la consommation et de la fabrication de tous types d'intoxicants et de drogues.

25. Purva Bhadra - 20°00 Verseau à 03°20 Poissons : « Le prometteur premier »

Point de vue astronomique : Alpha Pegasus (Markab), Beta Pegasi (Scheat)
Divinité : Aja Ekapat (la chèvre à une corne)
Symbole : un homme à deux visages, partie avant de la natte funéraire
Mode de fonctionnement : passif
Caste : brahmane
Genre : masculin
Dosha : Vata
Direction : ouest et sud-est
Parties du corps : les côtes, l'abdomen, les côtés des jambes, la cuisse gauche et la plante des pieds
Guna : Sattva
Tattwa : Éther
Gana : Manusha (humain)
Orientation : mouvement descendant
Disposition : Ugra (cruel et féroce)
Planète gouvernant : Jupiter
Sons : Se, So, The, Di
Symbole animal : le lion
Motivation Principale : Artha
Ennemi : Uttara Phalguni

Purva Bhadra ou Purva Bhadrapada est gouverné par Aja Ekapat, signifiant littéralement la chèvre à une jambe ou à une corne. Certains la considèrent comme une licorne. D'autres, comme un serpent et dans les Vedas, elle apparaît avec l'océan. Ce Nakshatra est intuitif et confère une sagesse profonde. Il nous rend francs, individuels et exige de l'indépendance, mais sous une forme spirituelle et non personnelle. Il indique notre individualité supérieure en tant qu'âme divine. Il est un Nakshatra créatif qui nous permet de manifester nos idéaux dans le domaine des relations ou des aspirations.

Les énergies de Purva Bhadra se traduisent en aspiration spirituelle élevée. La nature même de Purva Bhadra est concernée par le sens de la transformation et de la transition. Ce Nakshatra est souvent considéré comme étant très difficile car la débauche, les quêtes macabres, la morosité et la violence lui sont attribuées. Étant un Nakshatra intense, Purva Bhadra manifeste ses énergies négatives à travers son égocentricité lorsque l'intérêt central se porte sur le matériel et non sur le spirituel. Malheureusement, les côtés négatifs de ce Nakshatra ont généralement tendance à se manifester.

Connexions planétaires

Purva Bhadra est gouverné par Jupiter. Il est un Nakshatra de prospérité, d'heureux auspices, d'expansion et de croissance. Il est créatif, fertile et épanouissant. C'est ici que la sagesse et la foi obtenues en Verseau se transforment en amour et en dévotion plus approfondis en Poissons. Ce Nakshatra est favorable à la famille, aux enfants, aux entreprises affectives et artistiques qui exigent une certaine expression externe.

Il est difficile pour certains de comprendre comment une planète bénéfique telle que Jupiter peut gouverner un Nakshatra maléfique. C'est la nature à deux visages de ce Nakshatra. Ce Nakshatra est très apte à manifester une face jupitérienne, acceptable socialement et conservatrice. Ses moyens de gagner de l'argent sont toutefois toujours douteux. C'est une constellation expansive fidèle à la tendance naturelle de Jupiter. Elle peut utiliser son expansivité pour d'autres causes plus obscures ou destructives. L'énergie de Jupiter culmine dans ce Nakshatra. Peu de planètes fonctionnent bien dans Purva Bhadra.

26. Uttara Bhadra - 03°20 à 16°40 Poissons : « Le prometteur ultérieur »

Point de vue astronomique : Gamma Pegasi (Algenib), Alpha Andromedae (Alpheratz)
Divinité : Ahir Budhnya (le Dragon des profondeurs)
Symbole : les jumeaux, la partie arrière de la natte funéraire
Mode de fonctionnement : équilibré
Caste : Kshatriya
Genre : masculin
Dosha : Pitta
Direction : ouest et nord
Parties du corps : les jambes, les tibias et les plantes des pieds
Guna : Tamas
Tattwa : Éther
Gana : Manusha (humain)
Orientation : mouvement montant
Disposition : fixe
Planète gouvernant : Saturne
Sons : Du, Tha, Jha, Na
Symbole animal : la vache
Motivation Principale : Kama
Ennemi : Purva Phalguni

Uttara Bhadra ou Uttara Bhadrapada est gouverné par Ahir Budhnya, le serpent ou le dragon qui réside au fond des mers ; le dragon des profondeurs. Ce Nakshatra se réfère à la sagesse profonde ou intuitive, le côté supérieur du serpent ou du dragon. Il nous entraîne au cœur des choses et nous relie à l'énergie vitale universelle qui y sont présentes. Au niveau inférieur, il représente également un Nakshatra de tromperie, d'illusion et d'expansivité excessive. Il nous rend prisonniers des courants vitaux profonds et peut nous rendre vulnérables ou impressionnables, submergés par les choses ou immergés en elles. Nous restons prisonniers des pulsions profondes et élémentaires et nous n'arrivons pas à émerger ni à revenir en terrain neutre pour percevoir les choses objectivement.

Une partie du symbolisme de Uttara Bhadra provient du fait qu'il est extrêmement imprévisible et qu'il peut se métamorphoser à souhait selon les demandes de la situation. Il est, par conséquent, difficile de cibler les motivations inhérentes de ce Nakshatra parce qu'il est un entrepôt de diverses énergies profondes.

Connexions planétaires

Uttara Bhadra est gouverné par Saturne, l'austère. Il exige de la patience, de la discipline et la connaissance de soi pour gérer la chance qui nous attend dans ce Nakshatra. C'est l'endroit où les leçons saturniennes apprises sous les signes du Capricorne et du Verseau sont synthétisées et transformées en véritable sagesse et illumination. Le rôle de Saturne ici n'est pas celui d'un maître exigeant des tâches difficiles, mais d'un professeur sage et âgé enseignant avec patience, persévérance et exemple. Les aspects les plus raffinées du fonctionnement de Saturne se manifestent dans ce Nakshatra.

C'est ici que Mercure est débilité. Le pouvoir du jugement rationnel représenté par l'intellect est souvent gêné et obscurci par les questions émotionnelles et intuitives surgissant dans ce Nakshatra. Le pouvoir de l'intellect n'est pas non plus approprié car il est trop fluctuant et calculateur. Mercure, planète de la surface, ne fonctionne pas bien dans ce Nakshatra des profondeurs.

27. Revati - 16°40 à 30°00 Poissons : « Le riche ou le somptueux »

Point de vue astronomique : Zeta Piscium
Divinité : Pushan (le Soleil dans son aspect protecteur)
Symbole : le poisson nageant dans l'océan, le tambour (tabla)
Mode de fonctionnement : équilibré
Caste : Shudra
Genre : féminin
Dosha : Kapha
Direction : nord et nord-est
Parties du corps : les pieds, les chevilles, l'abdomen et l'aine
Guna : Sattva
Tattwa : Éther
Gana : Deva
Orientation : mouvement horizontal
Disposition : doux
Planète gouvernante : Mercure
Sons : The, Tho, Cha, Chi
Symbole animal : l'éléphant
Motivation Principale : Moksha
Ennemi : Magha

Revati est gouverné par Pushan, la forme védique du Dieu Soleil en tant que nourricier, Dieu des champs, des pâturages et de la terre et Dieu de la fertilité. Il est également le Seigneur du Chemin qui se tient au commencement de tous les chemins et indiquant la voie de la lumière. Revati est un Nakshatra intuitif conférant la foi et la conscience profondes. Il procure aussi la richesse, l'abondance et l'accomplissement, comme ce qui provient d'un voyage réussi. En tant que dernier des Nakshatras, il est lié à l'accomplissement. Alors qu'il peut procurer l'abondance, il peut aussi nous priver d'initiative. Nous pouvons être satisfaits de ce que nous avons réalisé et ne pas vouloir continuer. Nous pouvons souhaiter nous retirer dans l'abondance que nous connaissons.

Revati se réfère à celui qui est fortuné et cet aspect est transmis à divers niveaux par l'essence de cette constellation. Sinon, Revati peut se traduire par « l'aptitude à transcender ». Revati reste impassible même dans les moments d'échec. C'est le signe du rêveur imperturbable face aux activités du monde. Puisque c'est le dernier des Nakshatras, il peut être considéré comme le point culminant de toutes les énergies zodiacales.

Connexions planétaires

Revati est gouverné par Mercure. Revati représente le point culminant de l'énergie de Mercure. Il requiert de la clarté et de la discrimination pour fonctionner, en particulier pour connaître la réalité. Il représente l'aspect supérieur de Mercure qui est requis ici, et non son aspect inférieur empreint d'astuce intellectuelle. Ici, nous pouvons apprendre à discerner l'objectif et la fin de toute chose, ce qui représente le commencement à un autre niveau.

Vénus ici atteint son exaltation maximale, étant donné que le principe de dévotion peut être intégré au principe de sagesse. Revati confère l'abondance de la joie, de la créativité et de la béatitude divine. Il fournit une grande beauté, une grande puissance d'imagination et d'expression artistique. Toutes les qualités positives de Vénus se manifestent dans ce Nakshatra.

Le 28ème Nakshatra Abhijit

Abhijit - 06° 40' à 10° 53' 20 Capricorne : « Victoire complète, victorieux »

Point de vue astronomique : Alpha Lyra (Véga)
Divinité : Brahma (le Seigneur cosmique)

Le Nakshatra Abhijit commence à partir du dernier quart du Nakshatra Uttara Ashadha et va jusqu'à la 1/15ème partie du Nakshatra Shravana. Ainsi, Abhijit n'est pas un Nakshatra classique ayant quatre *Padas* mais il sert la plupart du temps de constellation *intercalaire*. L'intercalation dans le temps consiste en l'insertion d'un jour intercalaire, ou d'une semaine supplémentaire pour que le calendrier suive les saisons ou les phases de la Lune. En d'autres mots, le Nakshatra Abhijit permet au calendrier indien de concorder avec les cycles lunaires.

Selon la mythologie, les 27 Nakshatras sont les femmes du Dieu Chandra, la Lune, qui reste chaque jour du mois sidéral avec l'une de ses femmes. Abhijit n'est pas mentionné aussi fréquemment que les autres constellations dans la mythologie, et est considéré comme étant le seul Nakshatra masculin. Le Seigneur Krishna s'appelle Abhijit comme son Nakshatra personnel, puisque la tradition veut qu'il soit né sous ce Nakshatra.

De nos jours, les astrologues ne prennent pas Abhijit en considération lorsqu'ils font des prédictions, sauf lors de l'astrologie horaire (Prashana). Certains affirment que toute planète située dans Abhijit entravera toute planète circonscrite dans Rohini. D'autres remarquent que l'impulsion motivationnelle du Nakshatra Abhijit est kama ou le désir. Abhijit a une influence créative procurant des aspects favorables pour le bien social ou universel. Faisant partie du Capricorne, il peut soutenir les entreprises charitables et universalisées qui se concentrent sur le bien.

On remarque que l'aspect « victorieux » d'Abhijit est très similaire à celui de Uttara Ashadha. Abhijit se situe plus ou moins dans les derniers 10 degrés de Uttara Ashadha. Uttara Ashadha est le Nakshatra où se produit le triomphe du bien sur le mal. Abhijit peut ainsi être considéré comme la partie spécifique de Uttara Ashadha où règne la domination absolue de tout le bien d'un point vue universel.

N°	Nom	Pada 1	Pada 2	Pada 3	Pada 4	Planète Gouverneur	Déité Gouvernante
1	Aśvinī (अश्विनि)	चु Chu	चे Che	चो Cho	ला La	Ketu	Aswini Kumara
2	Bharaṇī (भरणी)	ली Li	लू Lu	ले Le	लो Lo	Vénus	Yama
3	Kṛttikā (कृत्तिका)	अ A	ई I	उ U	ए E	Soleil	Agni
4	Rohiṇī (रोहिणी)	ओ O	वा Va/Ba	वी Vi/Bi	वु Vu/Bu	Lune	Prajapati
5	Mṛgaśīrṣā (मृगशीर्षा)	वे Ve/Be	वो Vo/Bo	का Ka	की Ke	Mars	Soma
6	Ārdrā (आर्द्रा)	कु Ku	घ Gha	ङ Ng/Na	छ Chha	Rahu	Rudra
7	Punarvasu (पुनर्वसु)	के Ke	को Ko	हा Ha	ही Hi	Jupiter	Aditi
8	Puṣya (पुष्य)	हु Hu	हे He	हो Ho	ड Da	Saturne	Brihaspati
9	Āśleṣā (आश्लेषा)	डी Di	डू Du	डे De	डो Do	Mercure	Sarpa
10	Maghā (मघा)	मा Ma	मी Mi	मू Mu	मे Me	Ketu	Pitris
11	Pūrva Phālgunī (पूर्व फाल्गुनी)	नो Mo	टा Ta	टी Ti	टू Tu	Vénus	Bhaga
12	Uttara Phālgunī (उत्तर फाल्गुनी)	टे Te	टो To	पा Pa	पी Pi	Soleil	Aryaman
13	Hasta (हस्त)	पू Pu	ष Sha	ण Na	ठ Tha	Lune	Savitar
14	Chitrā (चित्रा)	पे Pe	पो Po	रा Ra	री Ri	Mars	Twashtar
15	Svāti (स्वाति)	रू Ru	रे Re	रो Ro	ता Ta	Rahu	Vāyu
16	Viśākhā (विशाखा)	ती Ti	तू Tu	ते Te	तो To	Jupiter	Indra Agni
17	Anurādhā (अनुराधा)	ना Na	नी Ni	नू Nu	ने Ne	Saturne	Mitra
18	Jyeṣṭhā (ज्येष्ठा)	नो No	या Ya	यी Yi	यू Yu	Mercure	Indra
19	Mūla (मूल)	ये Ye	यो Yo	भा Bha	भी Bhi	Ketu	Nirriti
20	Pūrva Aṣāḍhā (पूर्वाषाढा)	भू Bhu	धा Dha	फा Bha/Pha	ढा Dha	Vénus	Apas

21	Uttara Aṣāḍhā (उत्तराषाढ़ा)	भे Bhe	भो Bho	जा Ja	जी Ji	Soleil	les Vishvedevas
22	Śrāvaṇa (श्रावण)	खी Ju/ Khi	खू Je/ Khu	खे Jo/ Khe	खो Gha/ Kho	Lune	Vishnu
23	Dhaniṣṭhā (धनिष्ठा)	गा Ga	गी Gi	गु Gu	गे Ge	Mars	les Vasus
24	Śatabhiṣā (शतभिषा)	गो Go	सा Sa	सी Si	सू Su	Rahu	Varuna
25	Pūrva Bhādrapadā (पूर्वभाद्रपदा)	से Se	सो So	दा Da	दी Di	Jupiter	Aja Ekapat
26	Uttara Bhādrapadā (उत्तरभाद्रपदा)	दू Du	थ Tha	झ Jha	ञ Da/ Tra	Saturne	Ahir Budhnya
27	Revati (रेवती)	दे De	दो Do	च Cha	ची Chi	Mercure	Pushan

10
Le Système de l'Ashtakavarga

Ashtakavarga signifie « se rapportant aux huit *Vargas* ou divisions » (bien qu'il n'ait aucun rapport avec les « Vargas » des subdivisions zodiacales). Selon ce système, les planètes rapportent des points pour les signes, appelés *Bindu*, non seulement à partir de leur emplacement dans le thème mais également à partir de la position des autres planètes du thème. Ainsi, une planète projette un certain nombre de points sur chaque signe, dépendant de sa position et de la position des autres planètes du thème.

L'Ashtakavarga constitue un autre système unique à l'astrologie védique qui est employé pour déterminer la force et la faiblesse planétaire ainsi que l'influence exercée par les planètes sur les différents signes. Il est principalement utilisé pour les transits mais peut également s'employer pour l'examen général du thème natal. Ce système contient des concepts nouveaux n'ayant aucun équivalent en astrologie occidentale. Cela peut ainsi nous prendre beaucoup de temps et de travail avant de le comprendre.

Le système de l'Ashtakavarga lui-même est très compliqué et complexe, aussi nous nous limiterons aux caractéristiques les plus pertinentes et utiles. Les personnes recherchant de plus amples détails sur ce sujet peuvent consulter le livre de mon professeur (en langue anglaise) de R.G. Krishnan *Ashtakavarga Made Simple for the Western Astrologer* qui constitue la source principale d'une grande partie de l'information contenue dans ce chapitre. Avant d'examiner comment utiliser l'Ashtakavarga, examinons les caractéristiques fondamentales.

Dans l'Ashtakavarga, nous pouvons utiliser trois types de thèmes :
1. Bhinna Ashtakavarga
2. Prastar Ashtakavarga
3. Sarva Ashtakavarga

Bhinna Ashtakavarga indique que la force générale d'une planète du thème sera liée à la quantité de points qu'elle attribue au signe dans lequel elle est située. Ainsi, les points d'Ashtakavarga, nous aident à comprendre la force et la faiblesse d'une planète. Cela signifie littéralement « thème individuel d'Ashtakavarga ». On établit un thème pour sept planètes et on prend en compte l'Ascendant bien qu'aucun thème ne soit généralement monté pour lui. Cela donne sept thèmes au total. Certaines méthodes utilisent le thème de l'Ascendant, résultant dans ce cas en huit thèmes de Bhinna Ashtakavarga.

Prastar Ashtakavarga est utilisé pour la prédiction des types d'évènements, la nature des évènements et le moment où ils vont se manifester. Cela signifie littéralement « thème Ashtakavarga de distribution des Bindus ». Ce thème montre la distribution des points bénéfiques (Bindus) dans les maisons pour chaque planète et pour les autres thèmes basés sur lui.

Sarva Ashtakavarga (ou Samudaya Ashtakavarga) indique le total des points attribués par toutes les planètes pour chaque signe, ainsi nous obtenons un total de points pour chaque signe. Cela signifie littéralement « thème Ashtakavarga de la somme totale de tous les Bindus ». Ce total nous aide à comprendre la force de ce signe particulier et la maison qui s'y rapporte.

Les thèmes d'exemple suivants sont des thèmes à l'Ascendant Bélier.

Thèmes de Bhinna Ashtakavarga (BA)

Bhinnashtaka Varga for Sun				Bhinnashtaka Varga for Moon				Bhinnashtaka Varga for Mars			
4	4	3	5	4	0	6	4	2	5	3	3
1			5	6			4	2			2
6			4	6			6	6			2
4	2	6	4	3	3	1	6	2	3	4	5

Bhinnashtaka Varga for Mercury

3	6	3	4
2			5
7			4
4	6	5	5

Bhinnashtaka Varga for Jupiter

4	6	4	1
5			7
4			7
5	4	3	6

Bhinnashtaka Varga for Venus

4	3	3	6
4			6
4			3
5	6	4	4

Bhinnashtaka Varga for Saturn

2	3	2	4
2			6
5			4
3	0	3	5

Bhinnashtaka Varga for Lagna

5	1	4	5
6			3
4			5
6	4	3	3

Thèmes de Prastar Ashtakavarga (PA)

Prastarashtaka Varga

Sun Sign	9	10	11	12	1	2	3	4	5	6	7	8	
Saturn	1	1	0	1	1	0	1	0	0	1	1	1	8
Jupiter	1	0	0	0	0	0	1	1	0	0	1	0	4
Mars	0	1	0	0	1	1	1	1	1	0	1	1	8
Sun	1	1	0	1	0	0	1	1	1	1	1	0	8
Venus	0	0	0	0	1	1	0	0	0	0	1	0	3
Mercury	0	1	0	1	1	0	0	1	1	1	1	0	7
Moon	1	1	0	0	0	1	0	0	1	0	0	0	4
Lagna	0	1	1	1	0	0	1	1	0	1	0	0	6
Totals	4	6	1	4	4	3	5	5	4	4	6	2	48

Prastarashtaka Varga

Moon Sign	12	1	2	3	4	5	6	7	8	9	10	11	
Saturn	0	0	1	0	1	1	0	0	0	0	1	0	4
Jupiter	0	0	1	0	0	1	1	0	1	1	1	1	7
Mars	1	0	0	1	1	1	0	0	1	1	0	1	7
Sun	0	0	1	1	1	0	1	1	0	0	0	1	6
Venus	1	0	1	0	1	1	1	0	0	0	1	1	7
Mercury	1	0	1	1	0	1	1	0	1	0	1	1	8
Moon	1	0	1	0	0	1	1	0	0	1	1	0	6
Lagna	0	0	0	1	0	0	1	0	0	0	1	1	4
Totals	4	0	6	4	4	6	6	1	3	3	6	6	49

Prastarashtaka Varga

Mars Sign	7	8	9	10	11	12	1	2	3	4	5	6	
Saturn	1	1	1	1	0	1	0	0	1	0	0	1	7
Jupiter	0	1	1	1	0	0	0	0	0	1	0	0	4
Mars	1	1	0	1	0	0	1	1	0	1	1	0	7
Sun	1	0	0	0	1	0	1	1	0	0	0	1	5
Venus	1	0	0	0	0	0	1	0	1	0	0	1	4
Mercury	0	0	0	1	0	1	1	0	0	0	0	1	4
Moon	0	0	0	1	0	0	0	1	0	0	1	0	3
Lagna	0	0	0	1	1	0	1	0	1	0	0	1	5
Totals	4	3	2	6	2	2	5	3	3	2	2	5	39

Prastarashtaka Varga

Mercury Sign	8	9	10	11	12	1	2	3	4	5	6	7	
Saturn	1	1	1	0	1	1	0	1	0	0	1	1	8
Jupiter	0	1	1	0	0	0	0	0	1	0	1	0	4
Mars	1	0	1	0	0	1	1	1	1	1	0	1	8
Sun	1	0	0	0	0	1	1	0	0	1	0	1	5
Venus	1	1	1	1	1	0	0	1	1	0	1	0	8
Mercury	1	0	1	0	1	1	0	0	1	1	1	1	8
Moon	0	1	1	0	0	1	0	1	0	1	0	1	6
Lagna	1	0	1	1	0	1	1	0	1	0	1	0	7
Totals	6	4	7	2	3	6	3	4	5	4	5	5	54

Prastarashtaka Varga

Jupiter Sign	11	12	1	2	3	4	5	6	7	8	9	10	
Saturn	1	0	0	1	0	1	1	0	0	0	0	0	4
Jupiter	1	1	1	1	0	0	1	1	0	1	1	0	8
Mars	0	0	1	1	0	1	1	0	1	1	0	1	7
Sun	1	1	0	0	1	1	1	1	1	0	1	1	9
Venus	0	1	1	0	0	1	1	1	0	0	1	0	6
Mercury	1	1	1	0	0	1	1	1	0	1	1	0	8
Moon	0	0	1	0	0	1	0	1	0	1	0	1	5
Lagna	1	0	1	1	0	1	1	1	1	0	1	1	9
Totals	5	4	6	4	1	7	7	6	3	4	5	4	56

Prastarashtaka Varga

Venus Sign	8	9	10	11	12	1	2	3	4	5	6	7	
Saturn	1	1	1	0	0	0	1	1	1	0	0	1	7
Jupiter	1	1	0	0	0	0	0	1	0	0	1	1	5
Mars	0	1	0	1	1	0	0	1	0	1	1	0	6
Sun	1	0	0	0	0	0	0	0	1	0	0	1	3
Venus	1	1	1	1	1	0	0	1	1	1	1	0	9
Mercury	0	0	1	0	1	1	0	0	1	0	1	0	5
Moon	1	0	1	1	1	1	1	1	1	0	0	1	9
Lagna	1	1	0	1	0	1	1	1	1	1	0	0	8
Totals	6	5	4	4	4	3	3	6	6	3	4	4	52

Prastarashtaka Varga

Saturn Sign	12	1	2	3	4	5	6	7	8	9	10	11	
Saturn	0	0	1	0	1	1	0	0	0	0	1	0	4
Jupiter	0	0	0	1	1	0	0	0	0	1	1	0	4
Mars	1	0	0	0	1	1	1	0	0	1	0	1	6
Sun	1	0	0	1	1	0	1	1	0	1	1	0	7
Venus	0	1	0	0	0	0	1	1	0	0	0	0	3
Mercury	0	1	0	1	1	1	1	1	0	0	0	0	6
Moon	0	0	1	0	0	1	0	0	0	0	1	0	3
Lagna	0	1	0	1	1	0	1	0	0	0	1	1	6
Totals	2	3	2	4	6	4	5	3	0	3	5	2	39

Prastarashtaka Varga

Lagna Sign	1	2	3	4	5	6	7	8	9	10	11	12	
Saturn	0	1	1	0	1	0	0	0	1	1	0	1	6
Jupiter	0	1	1	1	1	0	1	1	1	0	1	1	9
Mars	0	0	0	1	1	0	1	0	1	0	0	1	5
Sun	0	1	0	0	0	1	1	1	0	0	1	1	6
Venus	0	0	1	1	0	0	0	1	1	1	1	1	7
Mercury	1	0	1	0	1	1	0	1	1	0	1	0	7
Moon	0	1	0	0	1	0	0	0	1	1	1	0	5
Lagna	0	0	1	0	0	1	0	0	0	1	1	0	4
Totals	1	4	5	3	5	3	3	4	6	4	6	5	49

Thèmes de Sarva Ashtakavarga (ou Samudaya) (SA)

Samudaya Ashtakavarga

23	27	24	27
22			35
38			30
26	24	26	35

Samudaya Ashtakavarga

	1	2	3	4	5	6	7	8	9	10	11	12	
Lagna	1	4	5	3	5	3	3	4	6	4	6	5	49
Sun	4	3	5	5	4	4	6	2	4	6	1	4	48
Moon	0	6	4	4	6	6	1	3	3	6	6	4	49
Mars	5	3	3	2	2	5	4	3	2	6	2	2	39
Mercury	6	3	4	5	4	5	5	6	4	7	2	3	54
Jupiter	6	4	1	7	7	6	3	4	5	4	5	4	56
Venus	3	3	6	6	3	4	4	6	5	4	4	4	52
Saturn	3	2	4	6	4	5	3	0	3	5	2	2	39
Totals	27	24	27	35	30	35	26	24	26	38	22	23	337

Le thème de Sarva Ashtakavarga (ou Samudaya Ashtakavarga) se trouve en haut à droite de nos thèmes d'exemple des douze ascendants ; sur la deuxième page, vous trouverez le thème natal de l'Inde du nord. Ce thème est utilisé dans toutes les interprétations de Jyotish pour comprendre la force ou le pouvoir de chaque signe et de chaque maison du thème. Ce thème est une partie essentielle de l'interprétation et doit être consulté pour chaque question.

Il existe un thème Sarva supplémentaire appelé le *Sarva Chakra Ashtakavarga* (ou *Sarva Chancha Chakra Ashtakavarga*) que nous examinerons ultérieurement dans le volume deux pour l'astrologie prédictive. Il consiste en une méthode spéciale d'utilisation du thème Sarva Ashtakavarga, établi en un cercle (chakra) pour comprendre l'implication d'une date exacte d'un moment dans le temps. Voici un thème d'exemple ci-dessous :

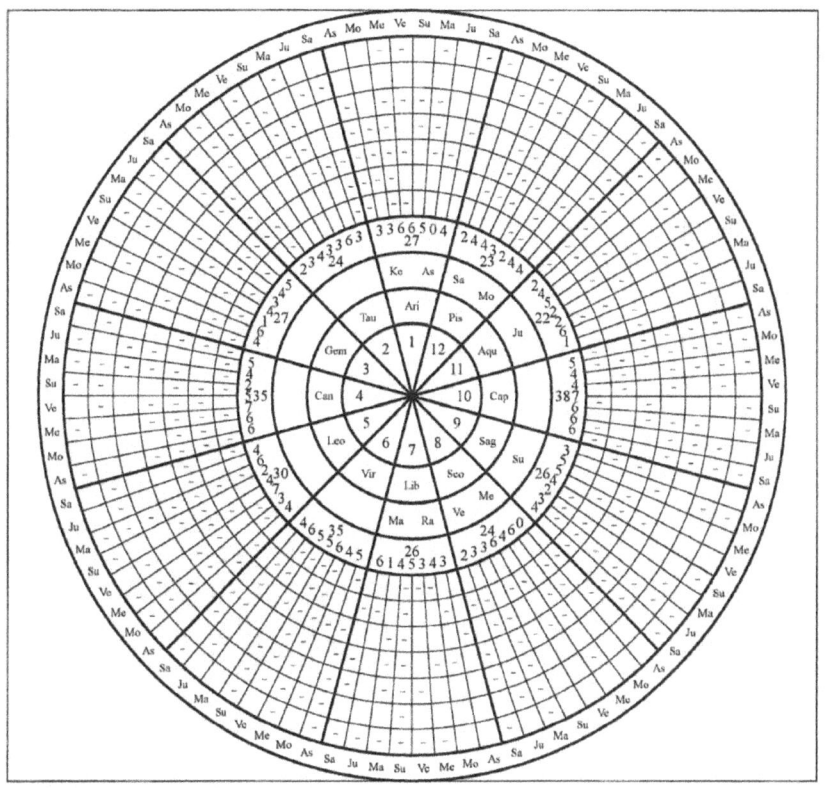

Bhinna Ashtakavarga

La plupart des astrologues se servent d'un logiciel d'astrologie védique pour déterminer l'Ashtakavarga et il n'est, par conséquent, pas nécessaire de comprendre la façon dont il est calculé, bien qu'il soit utile de comprendre son mécanisme. Les calculs prennent du temps mais ils ne sont pas compliqués d'un point de vue mathématique.

Chaque planète possède un certain nombre de points fixes (Bindus) d'Ashtakavarga. Chaque planète projette certains points *à partir de sa position* dans le thème mais également à partir de la position des autres planètes et de leurs positions dans le thème. Le total de points d'Ashtakavarga de chaque planète s'appelle Bhinna Ashtakavarga. Il se calcule comme suit :

Le Soleil - Total : 48 points
Emplacements bénéfiques :
- Soleil : 8 $1^{er}, 2^{ème}, 4^{ème}, 7^{ème}, 8^{ème}, 9^{ème}, 10^{ème}, 11^{ème}$
- Lune : 4 $3^{ème}, 6^{ème}, 10^{ème}, 11^{ème}$
- Mars : 8 $1^{er}, 2^{ème}, 4^{ème}, 7^{ème}, 8^{ème}, 9^{ème}, 10^{ème}, 11^{ème}$
- Mercure : 7 $3^{ème}, 5^{ème}, 6^{ème}, 9^{ème}, 10^{ème}, 11^{ème}, 12^{ème}$
- Jupiter : 4 $5^{ème}, 6^{ème}, 9^{ème}, 11^{ème}$
- Vénus : 3 $6^{ème}, 7^{ème}, 12^{ème}$
- Saturne : 8 $1^{er}, 2^{ème}, 4^{ème}, 7^{ème}, 8^{ème}, 9^{ème}, 10^{ème}, 11^{ème}$
- Ascendant : 6 $3^{ème}, 4^{ème}, 6^{ème}, 10^{ème}, 11^{ème}, 12^{ème},$

La Lune – Total : 49 points
Emplacements bénéfiques
- Soleil : 6 $3^{ème}, 6^{ème}, 7^{ème}, 8^{ème}, 10^{ème}, 11^{ème}$
- Lune : 6 $1^{er}, 3^{ème}, 6^{ème}, 7^{ème}, 10^{ème}, 11^{ème}$
- Mars : 7 $2^{ème}, 3^{ème}, 5^{ème}, 6^{ème}, 9^{ème}, 10^{ème}, 11^{ème}$
- Mercure : 8 $1^{er}, 3^{ème}, 4^{ème}, 5^{ème}, 7^{ème}, 8^{ème}, 10^{ème}, 11^{ème}$
- Jupiter : 7 $1^{er}, 4^{ème}, 7^{ème}, 8^{ème}, 10^{ème}, 11^{ème}, 12^{ème}$
- Vénus : 7 $3^{ème}, 4^{ème}, 5^{ème}, 7^{ème}, 9^{ème}, 10^{ème}, 11^{ème}$
- Saturne : 4 $3^{ème}, 5^{ème}, 6^{ème}, 11^{ème}$
- Ascendant : 4 $3^{ème}, 6^{ème}, 10^{ème}, 11^{ème}$

Mars – Total : 39 points
Emplacements bénéfiques
- Soleil : 5 $3^{ème}, 5^{ème}, 6^{ème}, 10^{ème}, 11^{ème}$
- Lune : 3 $3^{ème}, 6^{ème}, 11^{ème}$
- Mars : 7 $1^{er}, 2^{ème}, 4^{ème}, 7^{ème}, 8^{ème}, 10^{ème}, 11^{ème}$
- Mercure : 4 $3^{ème}, 5^{ème}, 6^{ème}, 11^{ème}$
- Jupiter : 4 $6^{ème}, 10^{ème}, 11^{ème}, 12^{ème}$
- Vénus : 4 $6^{ème}, 8^{ème}, 11^{ème}, 12^{ème}$
- Saturne : 7 $1^{er}, 4^{ème}, 7^{ème}, 8^{ème}, 9^{ème}, 10^{ème}, 11^{ème}$
- Ascendant : 5 $1^{er}, 3^{ème}, 6^{ème}, 10^{ème}, 11^{ème}$

Mercure – Total : 54 points
Emplacements bénéfiques
- Soleil : 5 $5^{ème}, 6^{ème}, 9^{ème}, 11^{ème}, 12^{ème}$
- Lune : 6 $2^{ème}, 4^{ème}, 6^{ème}, 8^{ème}, 10^{ème}, 11^{ème}$
- Mars : 8 $1^{er}, 2^{ème}, 4^{ème}, 7^{ème}, 8^{ème}, 9^{ème}, 10^{ème}, 11^{ème}$
- Mercure : 8 $1^{er}, 3^{ème}, 5^{ème}, 6^{ème}, 9^{ème}, 10^{ème}, 11^{ème}, 12^{ème}$

Jupiter : 4   6ème, 8ème, 11ème, 12ème
Vénus : 8   1er, 2ème, 3ème, 4ème, 5ème, 8ème, 9ème, 11ème
Saturne : 8   1er, 2ème, 4ème, 7ème, 8ème, 9ème, 10ème, 11ème
Ascendant : 7   1er, 2ème, 4ème, 6ème, 8ème, 10ème, 11ème

Jupiter – Total : 56 points
Emplacements bénéfiques
   Soleil : 9   1er, 2ème, 3ème, 4ème, 7ème, 8ème, 9ème, 10ème, 11ème
   Lune : 5   2ème, 5ème, 7ème, 9ème, 11ème
   Mars : 7   1er, 2ème, 4ème, 7ème, 8ème, 10ème, 11ème
   Mercure : 8   1er, 2ème, 4ème, 5ème, 6ème, 9ème, 10ème, 11ème
   Jupiter : 8   1er, 2ème, 3ème, 4ème, 7ème, 8ème, 10ème, 11ème
   Vénus : 6   2ème, 5ème, 6ème, 9ème, 10ème, 11ème
   Saturne : 4   3ème, 5ème, 6ème, 12ème
   Ascendant : 9   1er, 2ème, 4ème, 5ème, 6ème, 7ème, 9ème, 10ème, 11ème

Vénus – Total : 52 point
Emplacements bénéfiques
   Soleil : 3   8ème, 11ème, 12ème
   Lune : 9   1er, 2ème, 3ème, 4ème, 5ème, 8ème, 9ème, 11ème, 12ème
   Mars : 6   3ème, 5ème, 6ème, 9ème, 11ème, 12ème
   Mercure : 5   3ème, 5ème, 6ème, 9ème, 11ème
   Jupiter : 5   5ème, 8ème, 9ème, 10ème, 11ème
   Vénus : 9   1er, 2ème, 3ème, 4ème, 5ème, 8ème, 9ème, 10ème, 11ème
   Saturne : 7   3ème, 4ème, 5ème, 8ème, 9ème, 10ème, 11ème
   Ascendant : 8   1er, 2ème, 3ème, 4ème, 5ème, 8ème, 9ème, 11ème

Saturne – Total : 39 points
Emplacements bénéfiques
   Soleil : 7   1er, 2ème, 4ème, 7ème, 8ème, 10ème, 11ème
   Lune : 3   3ème, 6ème, 11ème
   Mars : 6   3ème, 5ème, 6ème, 10ème, 11ème, 12ème
   Mercure : 6   6ème, 8ème, 9ème, 10ème, 11ème, 12ème
   Jupiter : 4   5ème, 6ème, 11ème, 12ème
   Vénus : 3   6ème, 11ème, 12ème
   Saturne : 4   3ème, 5ème, 6ème, 11ème
   Ascendant : 6   1er, 3ème, 4ème, 6ème, 10ème, 11ème

Total de l'Ashtakavarga	
Soleil	48
Lune	49
Mars	39
Mercure	54
Jupiter	56
Vénus	52
Saturne	39
TOTAL	**337**

Nous remarquons une variation dans la quantité de points attribués par chaque planète. Jupiter avec 56 points fait une moyenne de presque 5 points par signe (56 divisés par 12). Saturne et Mars avec seulement 39 points font une moyenne d'environ seulement 3 points (39 divisés par 12).

Bhinna Ashtakavarga pour les différentes planètes

Ci-dessous, vous trouverez les indications de chaque planète en ce qui concerne la quantité de points qu'elle possède dans le signe dans lequel elle est située dans le thème. Nous énumérons quelques-uns des résultats typiques produits par un total de points élevé ou faible pour chaque planète.

Ashtakavarga du Soleil

0 à 1 point :
    Maladies, chagrin, déshonneur, échec des buts personnels, incapacité à réaliser des projets de valeur

2 points :
    Malentendu, problèmes avec les autorités ou le gouvernement, tristesse, faible vitalité, difficultés professionnelles

3 points :
    Affaiblissement de la vitalité, agitation mentale, difficulté à atteindre ses objectifs

4 points :
    Autant d'honneur que de déshonneur, perte et gains, tristesse et bonheur

5 points :
    Amitié avec des personnes bienveillantes, naissance d'enfants, gains matériels, réussite éducative et professionnelle

6 points :
> Bonne santé, caractère fort, acquisition de richesse, promotion professionnelle

7 points :
> Statuts, honneur, richesse

8 points :
> Pouvoir politique ou honneur, grand respect

Bhinnashtaka Varga for Sun

4	4	3	5
1			5
6			4
4	2	6	4

Birth Chart

Mo Sa	As Ke		
Ju			
Su	Ve Me	Ma Ra	

Lorsque le signe dans lequel se trouve le Soleil possède une faible quantité de points, les affaires gouvernées par le Soleil de façon naturelle ou temporaire en souffrent. Lorsque le signe possède un total de points élevé, les affaires prospèrent.

Le Soleil avec un total de points élevé est associé à la réussite professionnelle, aux honneurs, aux statuts et au pouvoir, au caractère élevé et à la connaissance de soi ainsi qu'aux autres facteurs propres à un Soleil puissant.

Le Soleil avec un total de points faible est associé à l'échec professionnel, au manque de reconnaissance, au déshonneur, au manque d'amour propre, à l'humiliation, à une faible vitalité, à une faible volonté ainsi qu'aux autres facteurs propres à un Soleil faible.

Nous devons également prendre en compte la nature de la maison gouvernée par le Soleil. Un Soleil avec un nombre de points élevé gouvernant la maison 8 procurera une bonne longévité, des gains provenant de l'héritage, une connaissance profonde ainsi que d'autres indications propres à la maison 8.

De même, nous devons prendre en compte la nature de la maison dans laquelle se trouve le Soleil. Par exemple, le Soleil situé en maison 10 avec un faible total de points n'aura pas assez de puissance pour nous procurer la réussite professionnelle, ni la reconnaissance sociale, ni les autres indications positives propres à la maison 10.

Ashtakavarga de la Lune

1 point :
>Blessures, affliction, aliénation, détresse mentale et émotionnelle, tristesse

2 points :
>Problème concernant la mère, malaises, maladies, agitation émotionnelle, manque de popularité

3 points :
>Détresse émotionnelle, difficulté dans les relations sociales, problème concernant la mère

4 points :
>Equilibre entre le bonheur et le malheur

5 points :
>Paix de l'esprit, nature éthique, gains provenant des contacts sociaux

6 points :
>Esprit serein, idéaux élevés, popularité

7 points :
>Bonheur, satisfaction, compétence dans les mantras et les pratiques yogiques

8 points :
>Nature très éthique ou spirituelle, vie heureuse et chanceuse, renommée

Bhinnashtaka Varga for Moon			
4	0	6	4
6			4
6			6
3	3	1	6

Birth Chart			
Mo Sa	As Ke		
Ju			
Su	Ve Me	Ma Ra	

Lorsque le signe dans lequel se trouve la Lune possède un total de points faible, les affaires gouvernées par la Lune de façon naturelle ou temporaire en souffrent. Lorsque le signe possède un total de points élevé, les affaires prospèrent.

La Lune avec un total de points élevé procure le bonheur, la popularité, la reconnaissance sociale, la paix d'esprit, la prospérité pour la mère, une nature éthique et la connaissance spirituelle ainsi que d'autres indications propres à une Lune puissante.

La Lune avec un total de points faible entraîne l'agitation mentale et émotionnelle, la tristesse, l'aliénation, la solitude, les problèmes pour la mère, les échecs éthiques ou spirituels ainsi que d'autres indications propres à une Lune faible.

Il faut prendre, à nouveau, en considération la maison gouvernée par la Lune. Par exemple, la Lune gouvernant la maison 2 avec un total de points élevé entraînera des revenus fructueux, un grand pouvoir d'élocution, du bonheur dans l'enfance ainsi que d'autres facteurs propres à une maison 2 bénéfique.

Quant à la position dans la maison, la Lune, par exemple, avec un total de points faible et située en maison 6, entraînera des maladies, des problèmes avec les ennemis, une faible énergie et une agitation mentale ainsi que d'autres problèmes relatifs à cette maison.

Ashtakavarga de Mars

0 point :
    Problèmes digestifs graves, blessures, mort
1 point :
    Maladies, blessures, fièvre, faible vitalité
2 points :
    Conflit, séparation de la famille et des amis, incapacité à atteindre ses objectifs
3 points :
    Problèmes avec la famille et les amis, obstacles dans le travail et obstruction de l'énergie
4 points :
    Proportion égale de gains et de pertes, périodes de succès et d'échecs
5 points :
    Bonne énergie et bon pouvoir d'action, bonne conduite
6 points :
    Traitement de faveur provenant de personnes puissantes, aptitude à accomplir ses objectifs, grande énergie
7 points :
    Succès provenant de l'action et du travail, forte volonté, prospérité des frères et des amis
8 points :
    Grande énergie, ennemis vaincus, acquisition de terres et de biens

Bhinnashtaka Varga for Mars			
2	5	3	3
2			2
6			2
2	3	4	5

Birth Chart			
Mo Sa	As Ke		
Ju			
Su	Ve Me	Ma Ra	

Lorsque le signe dans lequel se trouve Mars possède un total de points faible, les affaires que Mars gouverne de façon naturelle ou temporaire en souffrent. Lorsque le signe possède un total de points élevé, les affaires prospèrent.

Mars avec un total de points élevé est associé à une bonne énergie, à la réussite professionnelle, à vaincre les obstacles et les opposants, à une bonne perception et un bon jugement, à l'obtention de richesse et de propriétés, à la réussite des frères et sœurs et des amis, ainsi qu'aux autres indications relatives à un Mars puissant.

Mars avec un total de points faible est associé à une faible énergie, aux maladies, à la défaite, à l'échec professionnel, au danger pour les amis et les frères et sœurs, aux blessures, au mauvais jugement ainsi qu'aux indications similaires propres à un Mars faible.

En ce qui concerne le gouverneur de maison, Mars, par exemple, maître de la maison 10, avec un total de points élevé entraînera la réussite professionnelle, vaincra ses ennemis, possédera une bonne énergie et un efficace pouvoir d'action général, de l'habilité et une grande aptitude dans sa vocation.

En ce qui concerne l'emplacement dans les maisons, Mars, par exemple, situé en maison 6 avec un total de points faible, entraînera une faible vitalité, une faible digestion, des maladies, des fièvres chroniques, une faiblesse sanguine ou des troubles hémorragiques, ainsi que des indications similaires.

Ashtakavarga de Mercure

0 point :
    Danger de mort ou de blessure, échec de l'intelligence, de la mémoire et du pouvoir de communication

1 point :
> Perte de la richesse ou de la profession, détresse mentale

2 points :
> Difficultés de communication, de compréhension, pertes professionnelles

3 points :
> Anxiété et tension mentale, difficultés dans son travail

4 points :
> Equilibre entre la paix et la tension mentale

5 points :
> Bons pouvoirs de communication, nouvelles compréhensions

6 points :
> Acquisition de connaissance et de perspicacité, avancement par l'écriture ou la communication

7 points :
> Honneur et renommée provenant de compétence intellectuelle ou de communication

8 points :
> Grande reconnaissance provenant de compétence intellectuelle

Bhinnashtaka Varga for Mercury

3	6	3	4
2			5
7			4
4	6	5	5

Birth Chart

Mo Sa	As Ke		
Ju			
Su	Ve Me	Ma Ra	

Lorsque le signe dans lequel se trouve Mercure possède un total de points faible, les affaires que Mercure gouverne de façon naturelle ou temporaire en souffrent. Lorsque le signe possède une quantité de points élevée, les affaires prospèrent.

Lorsque Mercure a une quantité de points élevée, cela entraîne un bon pouvoir d'élocution, des compétences intellectuelles, des acquisitions professionnelles ou un développement spirituel, selon la disposition et le tempérament du natif.

Lorsque Mercure a une faible quantité de points, cela entraîne des défauts d'élocution, des tensions nerveuses, une faiblesse intellectuelle ou des échecs intellectuels, des pertes professionnelles, des difficultés dans l'enfance ainsi que d'autres facteurs relatifs à un faible Mercure dans le thème.

Les maisons gouvernées par Mercure et la maison dans laquelle Mercure est situé doivent également être prises en compte. Un Mercure possédant un faible total de points et maître de la maison 7 par exemple, entraînera des problèmes dans les relations et le partenariat, qui proviennent généralement d'une mauvaise communication ou d'avoir formé des relations trop rapidement ou à un trop jeune âge.

Quant à l'emplacement dans les maisons, Mercure avec peu de points et situé en maison 11 par exemple, entraînera de faibles revenus, peu d'intelligence, une incapacité à accomplir ses objectifs et une difficulté de communication avec des groupes ou des organisations.

Ashtakavarga de Jupiter
0 point :
    Perte de proches et de richesse, mauvaise santé générale et mauvaise chance
1 point :
    Mauvaise santé et afflictions, difficulté à atteindre ses objectifs
2 points :
    Problème avec les autorités, difficultés dans les projets, faible vitalité
3 points :
    Problèmes de santé mineurs, perte d'énergie, obstacles
4 points :
    Équilibre entre une bonne et une mauvaise chance

5 points :
  Surmonte les obstacles, réussite
6 points :
  Atteint ses objectifs, richesse, enfants, mariage (pour les femmes)
7 points :
  Grande chance et bonheur, nature très éthique
8 points :
  Grande renommée, bonheur et richesse, nature très éthique

Bhinnashtaka Varga for Jupiter

4	6	4	1
5			7
4			7
5	4	3	6

Birth Chart

Mo Sa	As Ke		
Ju			
Su	Ve Me	Ma Ra	

Lorsque le signe dans lequel se trouve Jupiter possède un total de points faible, les affaires que Jupiter gouverne de façon naturelle ou temporaire en souffrent. Lorsque le signe possède une quantité de points élevée, les affaires prospèrent.

Une quantité de points élevée pour Jupiter est associée à la santé, à la richesse, au bonheur, aux enfants, aux gains professionnels, à l'acquisition de la sagesse, à la religion, aux principes éthiques et spirituels et à d'autres facteurs Jupitériens.

Un total de points faible pour Jupiter est associé aux maladies, à la pauvreté, aux pertes matérielles, aux problèmes concernant les enfants, aux imperfections morales et éthiques, aux problèmes concernant la foi, les sujets religieux ou les pratiques spirituelles ainsi qu'aux autres facteurs relatifs à un faible Jupiter.

La nature des maisons doit également être prise en compte. Un Jupiter faible, maître de la maison 5, est plus à même d'entraîner des problèmes concernant les enfants, la créativité et autres sujets propres à la maison 5. D'autre part, un Jupiter faible et maître de la maison 11 sera plus à même d'entraîner des problèmes de revenus et de pauvreté.

La maison dans laquelle Jupiter se trouve doit être examinée en conséquence. Par exemple, lorsque Jupiter est situé en maison 5 avec un total de points faible (même s'il gouverne d'autres maisons), nous pouvons prévoir des problèmes relatifs à la maison 5.

Ashtakavarga de Vénus

0 point :
    Faible vitalité, pas apprécié par tous, défavorable à la longévité

1 point :
    Maladies (en particulier des organes reproducteurs), faible vitalité, impopularité, solitude

2 points :
    Manque de beauté, échec dans les relations (en particulier pour les hommes, incapacité à trouver une épouse)

3 points :
    Conflits avec les partenaires, pertes matérielles

4 points :
    Égalité entre le bonheur et la tristesse, le plaisir et la douleur

5 points :
    Association avec les amis, bonheur ou beauté

6 points :
    Gains provenant des femmes et des entreprises artistiques, accroissement du bonheur et des talents artistiques

7 points :
    Acquisition de richesse, talent ou reconnaissance

8 points :
    De nombreux talents, bonheur et plaisirs

Bhinnashtaka Varga for Venus

4	3	3	6
4			6
4			3
5	6	4	4

Birth Chart

Mo Sa	As Ke		
Ju			
Su	Ve Me	Ma Ra	

Lorsque le signe dans lequel se trouve Vénus possède un total de points élevé, les affaires gouvernées par Vénus de façon naturelle ou temporaire en souffrent. Lorsque le signe possède un total de points élevé les affaires prospèrent.

Peu de points pour le signe dans lequel se trouve Vénus est associé à une pénurie de richesse, un manque de charme ou de beauté, un manque de véhicules, des problèmes maritaux et de relations et une mauvaise santé, représentant les problèmes typiques causés par une Vénus faible.

Une quantité de points élevée entraîne la richesse, une bonne épouse, de la puissance sexuelle, des aptitudes artistiques ou la reconnaissance, le luxe, la satisfaction, des connaissances occultes, la dévotion, l'amour ainsi que d'autres réalisations propres à une Vénus forte.

Il faut évidemment considérer la nature de la maison gouvernée par Vénus. Par exemple, lorsque Vénus gouverne la maison 1, peu de points entraîneront une faible énergie générale ou un manque de réussite dans sa vie. Lorsque Vénus gouverne la maison 5, cet aspect est à même d'entraîner des problèmes concernant les enfants ainsi que les entreprises créatives ou spéculatives.

Il faut également examiner l'emplacement dans les maisons. Une forte Vénus en maison 12 entraînera le luxe, les plaisirs secrets, la satisfaction et autres facteurs relatifs à une forte maison 12.

Ashtakavarga de Saturne

0 à 1 point :
Perte de la richesse, maladies, possibilité de mort prématurée
2 points :
Séparation, mauvaise santé, mauvaise chance générale et adversité
3 points :
Obstacles, retard, aliénation générale ou grave
4 points :
Équilibre entre le bonheur et le malheur, bonne et mauvaise chance
5 points :
Acquisition de richesse et de bonheur, sérénité
6 points :
Pouvoir sur les autres, caractère fort et puissant
7 points :
Pouvoir sur les autres et sur les biens, forte volonté
8 points :
Dirige les autres, maîtrise les ressources matérielles

Bhinnashtaka Varga for Saturn

2	3	2	4
2			6
5			4
3	0	3	5

Birth Chart			
Mo Sa	As Ke		
Ju			
Su	Ve Me	Ma Ra	

Lorsque le signe dans lequel se trouve Saturne possède peu de points, les affaires gouvernées par Saturne de façon naturelle ou temporaire en souffrent. Lorsque le signe possède un total élevé, les affaires prospèrent.

Peu de points pour Saturne sont associés à la pauvreté, aux maladies, aux échecs dans les relations, à la solitude, à l'agitation mentale, aux troubles du système nerveux ou à l'arthrite. Ces aspects constituent des résultats typiques d'un Saturne affligé.

Un total élevé pour Saturne est associé à l'acquisition de biens, à la faveur du gouvernement ou des organisations, à une bonne longévité, à une forte endurance, à un esprit équilibré, à un système nerveux fort et à d'autres indications propres à un Saturne puissant.

En examinant les maisons gouvernées par Saturne, par exemple, Saturne avec un total élevé comme indicateur Raja Yoga (pour les Ascendants Taureau et Balance), situé dans un Kendra ou un Trikona, entraînera de grands pouvoirs, la réussite, le prestige et mettra en valeur le Raja Yoga. Le Raja Yoga aura des résultats mineurs avec peu de points.

Utilisation de l'Ashtakavarga

La règle générale de l'Ashtakavarga veut qu'une planète gagne de la force lorsqu'elle a un Ashtakavarga de 5 points (Bindus) ou plus dans le signe dans lequel elle est située. Une planète perd de la force lorsqu'elle a moins de 4 points. Le maximum pour une planète est de 8 points, procurant d'excellents résultats. Le minimum est de 0 point, procurant généralement des résultats très difficiles.

Il existe également des variantes à cette règle. Les planètes bénéfiques telles que Jupiter, Mercure et Vénus fournissent une plus grande quantité de points. Les maléfiques telles que Mars et Saturne en fournissent moins. Le Soleil et la Lune se situent entre les deux. Ainsi, 4 points sont plus bas que la moyenne pour Jupiter, Mercure et Vénus mais plus élevés que la moyenne pour Mars et Saturne. Toutefois, il est important de noter que les maléfiques entraînent généralement des épreuves alors que les bénéfiques entraînent des avantages. Le système de point d'Ashtakavarga reflète simplement cette réalité.

Les résultats produits dépendent de la maison dans laquelle la planète est située. Par exemple, lorsqu'une planète située en maison 10 a 3 points ou moins, la carrière du natif en souffrira parce qu'il lui sera impossible d'obtenir du travail ou il perdra son travail. D'autre part, lorsque la planète est associée à 5 points ou plus, la carrière sera prospère, le natif réalisera les objectifs de sa carrière et sera reconnu socialement.

Même les planètes bien placées dans un thème, comme celles qui sont exaltées dans leurs propres signes, perdent de leur force positive lorsqu'elles n'ont pas la quantité de points exigée dans le signe dans lequel elles sont situées. De même, les planètes faibles ou débilitées fournissent de meilleurs résultats que ceux auxquels nous nous attendons lorsqu'elles possèdent un total de points élevé.

Cela ne signifie pas qu'une planète totalisant un nombre élevé de points entraîne nécessairement des effets positifs ou que totalisant peu de points, elle soit négative. Les points indiquent la quantité de force d'une planète pour lui permettre d'accomplir son rôle dans le thème. Les points n'indiquent pas entièrement quel sera son rôle, ceci sera déterminé par l'étude général du thème.

L'Ashtakavarga peut ajuster *mais ne peut pas entièrement transformer les indications* des planètes du thème. Une très faible planète bénéficiera d'une grande quantité de points. Une planète très forte perdra ses effets bénéfiques. Mais aucune condition ne pourra être entièrement inversée par le seul Ashtakavarga. Toutefois, lorsque des planètes faibles totalisent un total faible ou que des planètes fortes totalisent un total élevé, cela rendra leurs conditions encore plus évidentes.

De même, un total de points élevé n'implique pas nécessairement que les résultats d'une planète seront spirituels ou qu'ils favoriseront la réalisation spirituelle. Les résultats concernent généralement les objectifs ordinaires de notre vie, comme le développement spirituel du natif. Le niveau des effets bénéfiques d'une planète dépend dans une certaine mesure du tempérament du natif. Une personne avec une inclination spirituelle risque d'obtenir une grande connaissance spirituelle avec un Mercure fort. Une personne ordinaire peut obtenir une connaissance intellectuelle ou la réussite dans les affaires ou le commerce. Il faut être par conséquent prudent lors de l'interprétation des effets d'une planète.

Il est très facile d'examiner la quantité de points pour chaque planète dans le signe dans lequel elle est située dans le thème. Cette information doit être prise en compte dans toute étude astrologique parce qu'elle représente un facteur important pour établir la force et la faiblesse planétaire.

Les planètes ayant un total de points supérieur à la moyenne sont à même d'être bénéfiques. Celles ayant un total de points inférieur sont à même de créer des difficultés. Une planète avec un total de points le plus élevé peut devenir la planète la plus forte du thème, tandis que celle avec un total le plus faible peut devenir la plus faible. L'Ashtakavarga est souvent plus utile que le *Shadbala*.

Prastar Ashtakavarga

Les thèmes de Prastar Ashtakavarga sont établis avant les thèmes de Bhinna Ashtakavarga qui sont eux-mêmes basés sur les calculs du Prastar Ashtakavarga. Cela signifie que les thèmes du Prastar Ashtakavarga doivent toujours être établis, mais qu'ils ne sont pas nécessairement utilisés individuellement étant donné que les deux thèmes Bhinna et Sarva sont dépendants d'eux.

Sarva Ashtakavarga

Lorsque nous additionnons les points attribués à chaque signe pour chacune des sept planètes, nous obtenons le *Sarva Ashtakavarga*. Tandis que le Bhinna Ashtakavarga mesure la force planétaire, le Sarva Ashtakavarga mesure la force des signes et des maisons auxquelles elles sont liées. Étant donné que le total des points d'Ashtakavarga est de 337 points, la moyenne des points pouvant être attribués à chaque signe est d'environ 28 points (337 divisés par 12 signes). Le Sarva Ashtakavarga représente vraisemblablement le chiffre d'Ashtakavarga le plus important et tient une place importante pour déterminer la force des transits. Les signes ayant un nombre de points élevés dans les Sarva Ashtakavarga sont favorables dans les transits. Les signes ayant un total de points faible dans les Sarva

Ashtakavarga entraînent des difficultés. Mais étant donné que le total des points est identique pour tous les thèmes, lorsqu'une personne possède des signes ayant un nombre de points élevés en Sarva Ashtakavarga, elle aura forcément d'autres signes avec peu de points.

Comment utiliser le Sarva Ashtakavarga

Le Sarva Ashtakavarga nous fournit un indice de la force et de la faiblesse de chaque signe. Il représente un facteur très important que nous devons toujours considérer dans l'examen d'un thème et des transits.

- 26 et 27 points sont généralement neutres.
- La règle générale veut que les maisons ayant 25 points ou moins entraînent généralement des résultats un peu difficiles.
- La règle générale veut que les maisons ayant 19 points ou moins entraînent des résultats difficiles.
- Les bons résultats sont indiqués lorsque les points se situent entre 28 et 29.
- De 30 points et au-delà de 30 points, il se manifeste d'excellents résultats.

Les planètes fortes sous d'autres rapports ou bien placées dans le thème, telle qu'exaltées dans leur propre signe ou situées dans des Kendras ou des Trikonas, perdent de leur force par le fait d'être associées à un total faible dans le Sarva Ashtakavarga du signe où elles se trouvent. Les planètes faibles sous d'autres rapports ou mal placées, telles que débilitées ou situées dans des maisons difficiles comme les maisons 6, 8 et 12, peuvent être susceptibles d'entraîner des résultats favorables à condition qu'elles soient associées à un total de points élevé dans le signe dans lequel elles se trouvent.

À nouveau, il est important d'accorder de l'importance à la nature de la maison par rapport au signe. Par exemple, lorsque le Cancer, ayant peu de points, est situé en maison 2, on peut s'attendre à des difficultés de communication et avec ses moyens d'existence. Lorsqu'un signe situé dans une maison particulière possède peu de points en Sarva Ashtakavarga, les affaires de cette maison en souffrent. S'il possède beaucoup de points, les affaires prospèrent.

Interprétation

Voici quelques règles générales sur le Sarva Ashtakavarga. Elles peuvent être considérées comme des associations typiques à étudier :

- Si l'Ascendant ou les maisons 9, 10 et 11 ont 30 ou plus de points, la personne réussira dans sa vie. Si ces maisons ont moins de 25 points, elle échouera vraisemblablement.
- Si l'Ascendant et les maisons 9, 10 et 11 sont associées à moins de 20 points, et que des planètes maléfiques sont situées dans des maisons formant des Trikonas, il y a des chances de rester pauvre.
- Si l'Ascendant n'a pas moins de 30 points et que la maison 3 a plus de 25 points, on obtient du pouvoir et une bonne situation.
- Lorsqu'il y a 30 points pour l'Ascendant, 30 points pour le signe de la Lune ainsi que pour chacune des maisons 10 et 11 et que l'Ascendant et la Lune sont associés ou aspectés par Jupiter, nous obtenons une bonne situation dans notre vie. Nous sommes même en mesure de devenir dirigeants si les maisons 2, 9, 10 et 11 possèdent 30 points ou plus.
- Lorsque la maison 4 et le signe occupé par le maître de la maison 4 possèdent plus de 30 points, que la maison 4 est occupée par une bénéfique et que le signe occupé par le gouverneur de la maison 4 est aspecté par une bénéfique, ou bien lorsque la maison 4 avec 30 points est aspectée par Saturne et que le maître de la maison 4 est situé dans un Kendra, la vie nous bénira de toutes ses commodités.
- La renommée, la richesse et le bonheur se produisent lorsque la maison 11 possède plus de points que la maison 10, que la maison 12 a moins de points que la maison 11 et lorsque les points de l'Ascendant sont plus élevés que ceux de la maison 12.
- Il y aura acquisition de gloire et de fortune après quarante ans lorsque l'Ascendant, les maisons 4 et 11 totalisent plus de 30 points chacun.
- Lorsque les maisons 4 et 9 possèdent plus de 28 points, la personne acquerra alors de la richesse à la fin de ses 28 ans ou peu après.

Remarques supplémentaires

Les résultats de l'Ashtakavarga sont principalement utilisés pour interpréter les transits (Gochara) et les Périodes Planétaires (Dasha) que nous examinerons plus tard, et nous avons principalement fourni leurs indications relatives au thème natal. Il se produira des résultats similaires pour les transits, en particulier en ce qui concerne les gains et les pertes.

Vaidya Atreya Smith

11
Les Transits ou Gochara

En astrologie, le terme transit, *Gochara*, se réfère au mouvement constant des planètes, contrairement à leurs positions fixes dans le thème. Puisque les planètes sont liées au moment actuel, les transits reflètent notre réalité collective dans le temps. Toutes les planètes transitent autour de l'écliptique (le zodiaque), qui est la bande centrale ceinturant la Terre. Lorsque les astrologues se réfèrent à un transit, ils se réfèrent à un évènement spécifique dans le temps, comme une planète qui transite et qui s'aligne avec une planète, une maison ou un signe du thème natal.

L'Astrologie védique considère les transits à la fois en partant de l'Ascendant, de la Lune et du maître du Maha Dasha. Les transits en partant de l'Ascendant indiquent davantage la forme extérieure des événements, à savoir s'ils se manifestent ou non dans le monde extérieur. Les transits en partant de la Lune indiquent davantage notre relation intérieure avec les événements, comment nous les intégrons et réagissons psychologiquement aux transits. Le gouverneur du Maha Dasha nous indique le karma qui sera activé par le transit. De nombreux astrologues n'utilisent plus le transit en partant de la Lune, ce qui est une erreur car c'est une manière très traditionnelle de calculer les transits. Ces trois points de départs de calcul des transits doivent être analysés pour chaque transit important.

Les planètes traversent le zodiaque à différentes vitesses. Nous devons en tenir compte. La Lune traverse le zodiaque chaque mois. Ses fluctuations reflètent donc des tendances à court terme ou des fluctuations mensuelles. Mercure, Vénus et le Soleil traversent le zodiaque chaque année, ce qui implique des fluctuations annuelles. Mars traverse le zodiaque en un peu moins de deux ans, Jupiter en douze ans, Rahu et Ketu en dix-huit ans et Saturne en trente ans. Ces planètes peuvent ainsi être utilisées pour examiner les fluctuations à plus long terme et plus extrêmes. La quantité de fluctuations que nous expérimentons en matière de bonheur et de malheur, de succès et d'échec au cours d'un mois est nettement moindre que celle que nous expérimentons sur trente ans. Par conséquent, les transits des planètes distantes sont beaucoup plus importants.

- Les transits de la Lune peuvent être considérés comme étant **Mineurs** - chaque mois.
- Les transits du Soleil, de Mercure, Vénus et Mars peuvent être considérés comme étant **Normaux** - chaque année (ou deux ans).
- Les transits de Jupiter et de Saturne, de Rahu et de Ketu doivent être considérés comme étant **Majeurs** - chaque douze ans ou plus.

Les résultats des transits, aussi puissants soient-ils, sont toujours subordonnés au thème natal. Les transits manifestent des potentiels dans le thème natal. Ils ne peuvent les créer s'ils ne sont pas déjà présents dans ce thème natal. Pour interpréter les transits, il faut tenir compte de ces deux aspects :
1. L'Ashtakavarga de la planète qui transite
2. La nature de l'endroit où elle transite (signe / maison) et son Sarva Ashtakavarga
3. Les périodes planétaires et le maître (gouverneur) du Maha Dasha

Il est important de prendre en compte les transits des planètes par rapport aux périodes planétaires et du gouverneur du Maha Dasha. Les transits les plus importants sont ceux des planètes les plus puissantes, ou du maître de l'Ascendant du thème natal. Il est important d'accorder de l'importance aux transits des planètes gouvernant les cycles majeurs et mineurs, aux gouverneurs des Maha Dashas et des Bhukti Dashas. Les transits représentent environ 1/3 de l'interprétation des effets des périodes concernées. Le reste est déterminé par les relations de ces planètes entre elles. Les transits puissants possèdent une certaine importance lorsqu'ils se produisent à la jonction de ces périodes planétaires.

Nous prenons en considération les transits des planètes distantes telles que Jupiter, Saturne, Rahu et Ketu, pour les périodes planétaires mineures étant donné que leurs effets peuvent durer jusqu'à une année. Pour les sous-périodes mineures, nous examinons les transits des planètes les plus proches, telles que Mars, le Soleil, Vénus et Mercure, puisque leurs influences se propagent pendant une période plus courte.

L'Ashtakavarga et les Transits (Gochara)

Dans ce chapitre nous continuerons à examiner l'Ashtakavarga en ce qui concerne l'étude des transits et des périodes planétaires. De plus, nous introduirons d'autres facteurs relatifs au calcul des événements, car les transits sont souvent évalués avec l'Ashtakavarga et non pas exclusivement à partir de lui. Finalement, nous expliquerons comment l'Ashtakavarga peut être utilisé dans les prévisions astrologiques.

Interprétation des transits

Quand une planète transite dans un signe considéré comme étant favorable qui a moins de 4 points dans son propre Ashtakavarga, il y aura une diminution de résultats favorables. Si la somme est de 4 points, ils seront bénéfiques et si elle a plus de 4 points, ils seront excellents. De même, lorsqu'une planète transite dans un endroit défavorable mais qu'elle a une grande quantité de points, les effets maléfiques seront proportionnellement réduits en fonction du nombre de points. De même, un transit favorable dans un signe ayant peu de points réduira les effets bénéfiques, tandis qu'un transit défavorable dans un tel signe augmentera les effets maléfiques.

Sous les résultats généraux de chaque planète est indiqué la quantité de points qu'elle possède dans le signe qu'elle transite. Les résultats sont similaires à ceux des planètes dans leur propre Ashtakavarga que nous avons déjà énumérées. Une fois de plus, ils sont très généraux et indiquent principalement des gains et des pertes, dont la nature reste à déterminer par la position de la planète dans le thème et par le tempérament général de la personne.

Transit du Soleil
    8 points Prospérité, reconnaissance, faveur de l'autorité
    7 points Prospérité, bonheur et avancement
    6 points Pouvoir élevé
    5 points Richesse
    4 points Autant de résultats favorables que défavorables
    3 points Fatigue provenant des voyages, diminution de projets
    2 points Actions erronées
    1 point   Faible vitalité, maladie
    0 point   Maladies graves

Le Soleil transite dans les douze signes chaque année. Il est donc peu probable qu'il donne des résultats frappants ou inhabituels, à moins que d'autres facteurs viennent renforcer ses influences

Transit de la Lune
    8 points Bonheur, prospérité et aide des proches
    7 points Gains matériels, abondance
    6 points Étude d'enseignements spirituels et association avec des personnes religieuses
    5 points Courage et satisfaction mentale
    4 points Équilibre entre bonheur et malheur
    3 points Conflits avec les amis et la famille
    2 points Conflits avec le partenaire, lutte concernant l'argent
    1 point   Pertes inattendues
    0 point   Tristesse et anxiété

La Lune transite chaque mois dans les douze signes. Les fluctuations qu'elle apporte sont donc généralement mineures, à moins qu'une certaine quantité de facteurs supplémentaires viennent les renforcer.

Transit de Mars
    8 points Gain de terrains ou de maisons, triomphe sur l'opposition
    7 points Prospérité provenant des frères et des amis
    6 points Faveur de personnes ayant du pouvoir

5 points   Avancement, gain d'énergie
4 points   Autant de résultats favorables que défavorables
3 points   Séparation avec la famille et les amis
2 points   Conflits avec le partenaire, contretemps financiers
1 point   Maladies, maladies contagieuses et fièvres
0 point   Maladies, débilité, faiblesse digestive

Mars transite dans les douze signes en moins de deux ans. Ses résultats sont donc plus accentués que ceux des planètes plus proches du Soleil mais ne sont pas frappants, à moins que d'autres facteurs soient impliqués.

Transit de Mercure
8 points   Reconnaissance, abondance
7 points   Augmentation de la prospérité et de la connaissance
6 points   Succès résultant des efforts
5 points   Réconciliation avec sa famille
4 points   Équilibre entre stress mental et bonheur
3 points   Pensées perturbantes
2 points   Agitation mentale et maladies
1 point   Agitation mentale ou nerveuse
0 point   Pertes inattendues et soucis en résultant

Mercure étant proche du Soleil, il transite aussi dans les douze signes en une année. Ses fluctuations sont donc normales ou représentent ce qu'une personne expérimente généralement au cours d'une année.

Transit de Jupiter
8 points   Abondance, succès, bonheur
7 points   Gain de richesse et de bonheur
6 points   Gain de richesse, de véhicules et d'amis
5 points   Victoire sur les ennemis, accomplissement des objectifs
4 points   Équilibre entre les gains et les pertes
3 points   Obstacles, retards
2 points   Perte de faveur auprès des autorités
1 point   Perte des richesses et de proches
0 point   Perturbation mentale, perte de richesse et d'enfants

Jupiter transite en douze années dans les douze signes. Ses résultats sont donc plus significatifs et plus sujets à variation que ceux des planètes plus proches du Soleil.

Transit de Vénus

8 points   Abondance, luxe, confort et succès
7 points   Réalisation des souhaits, gains
6 points   Bonheur dû à une femme agréable
5 points   Rencontre d'amis
4 points   Équilibre entre bonheur et malheur
3 points   Désagrément et incompréhension avec les amis et la famille
2 points   Faible vitalité, opposition
1 point   Possibilité de maladies et de blessures
0 point   Grande faiblesse et manque de support

Vénus transite aussi en une année dans les douze signes, de sorte qu'elle procure le genre de fluctuations annuelles normales.

Transit de Saturne

8 points   Acquisition de position de pouvoir
7 points   Acquisition d'employés ou de disciples
6 points   Faveur provenant de personnes au pouvoir, même d'ennemis
5 points   Gains et avancement
4 points   Équilibre entre chance et malchance
3 points   Diminution de la richesse et du bonheur
2 points   Peur, instabilité, maladie
1 point   Difficultés inhabituelles et obstacles
0 point   Difficultés extrêmes

Saturne traverse les douze signes en trente ans. Ses résultats sont donc plus extraordinaires. Cependant, comme Saturne reste dans un signe pendant deux ans et demi, ses résultats vont s'étendre sur une plus longue période et ne se manifesteront peut-être pas de manière immédiate.

Lieux ou signes/maisons de transit

Ce qui suit concerne les résultats probables des effets produits par les planètes quand elles traversent différents signes en partant de celui occupé par la Lune (Lune natale) ou en partant de l'Ascendant à l'heure de naissance. Les indications classiques indiquées ici sont stéréotypées et parfois contraires, de sorte qu'il vaut mieux ne pas les prendre avec trop de rigidité. Elles suivent généralement l'analogie des maisons. Ainsi, les planètes en maison 11 en partant de la Lune ou l'Ascendant tendent à procurer des gains et des revenus. En maison 12 en partant de la Lune ou l'Ascendant, elles tendent à entraîner des pertes et des dépenses. Généralement, les transits sur les maisons Upachaya (3, 6, 11) sont favorables, non seulement pour les maléfiques mais aussi pour les bénéfiques. Les transits sur les maisons en Kendra (1, 4, 7, 10) en partant de la Lune ne sont pas toujours favorables.

Les transits en partant de la Lune sont plus indiqués dans les textes classiques de Jyotish que ceux en partant de l'Ascendant. Personnellement, je considère qu'il est préférable d'utiliser les deux, tout en donnant plus d'importance aux transits en partant de l'Ascendant qu'à ceux en partant de la Lune.

Lorsqu'une planète transite dans un signe, non seulement elle fournit les résultats indiqués dans le thème, ainsi que ceux de la planète qui lui procure des points, mais ces résultats se manifestent aussi extérieurement, selon l'emplacement du transit par rapport à l'Ascendant. Tandis que les maisons en partant de la Lune indiquent le bonheur ou la peine ou des facteurs internes qui proviennent des transits, les maisons en partant de l'Ascendant indiquent les facteurs extérieurs habituels.

Les transits doivent être interprétés par rapport au thème natal pour être vraiment précis. Le Sarva Ashtakavarga du signe doit être également pris en compte. Les signes ayant un Sarva Ashtakavarga élevé donneront de bons résultats. Ceux en ayant un faible entraîneront des difficultés. Ceux qui ont plus de vingt-huit points seront importants. Ceux en dessous de vingt-deux points compteront peu.

Effets des planètes en différentes maisons
Le Soleil
1. Diminution des revenus, inconfort, possibilité de déménagement, fatigue et mauvaise santé.

2. Augmentation des dépenses mais possibilité d'augmentation de revenus, maladie des yeux, déception
3. Succès, absence de maladie, surmonte les obstacles, énergie accrue
4. Difficultés relationnelles, déshonneur, affections généralisées, particulièrement à l'estomac
5. Tristesse, opposition, mauvais jugement, et indisposition physique
6. Avantages sur l'ennemi, joie et bonne santé, rétablissement
7. Voyage, errance, problèmes en cas de sédentarisation, santé précaire
8. Afflictions, difficultés relationnelles, séparation, humiliation
9. Accidents, problèmes d'estomac, anxiété et opposition, rupture de carrière
10. Honneur croissant et réalisation de ses objectifs, acquisition de reconnaissance
11. Augmentation des revenus, respect, santé et prospérité
12. Dépenses, pertes, humiliation, libération

Les emplacements favorables du transit du Soleil sont les maisons 3, 6, 10 et 11 en partant de la Lune natale. Ses emplacements de transits difficiles sont les maisons 1, 2, 4, 5, 7, 8, 9 et 12.

La Lune
1. Favorable pour le plaisir : aliments, confort et vêtements, possessions et bonheur
2. Diminution du respect, de l'argent et augmentation des obstacles, problèmes de communication
3. Bonheur domestique et accès à l'argent
4. Perte de confiance envers les autres et manque de paix mentale, problèmes affectifs et de santé
5. Frustrations, déception, perte du travail (affaires), santé précaire et jugements erronés
6. Bonheur, augmentation des revenus, avantage sur l'ennemi et bonne santé
7. Reconnaissance sociale, gains inattendus, amitié, favorable pour les relations
8. Difficultés, appréhension, malaise et soucis, problèmes de santé

9. Intimidation, malaise et inquiétude, isolement et problèmes de santé
10. Bien-être, réalisation des objectifs, gains provenant de la carrière, faveurs du gouvernement
11. Prospérité, nouveaux amis, bons revenus, bonheur accru
12. Préjudices ou blessures possibles, dépenses croissantes, obstacles dus à des actions erronées

Les endroits de transits favorables de la Lune en partant de la Lune natale sont les maisons 1, 3, 6, 7, 10, et 11. Les endroits défavorables sont les maisons 2, 4, 5, 8, 9, et 12.

Mars
1. Vie agitée, conflits, blessures ou maladies
2. Perte de biens, ennemis, accidents, maladies, conflits avec les autres
3. Aide provenant des autres, gains financiers, acquisition de position sociale, victoire dans les conflits
4. Problèmes de santé croissants, possibilité de fièvre, problèmes digestifs, problèmes d'hémorragie ou baisse de vitalité, ennuis provenant des amis et du foyer
5. Pertes matérielles, maladies, incompréhensions avec les enfants, querelles et énergie physique en baisse
6. Avantages sur les ennemis, hausse de revenu, résolution des conflits familiaux, acquisition de pouvoir et de prestige
7. Conflits avec le partenaire, fatigue, augmentation des problèmes de santé tels que maladies des yeux et problèmes digestifs
8. Problèmes de santé croissants tels qu'hémorragie, anémie, diminution de richesse et de renom, accidents, préjudice, humiliation
9. Baisse de réputation, dépenses inhabituelles, affaiblissement de la santé, défaites
10. Acquisition d'argent inattendue, issue heureuse dans les conflits et tristesse possible
11. Réputation et autorité en hausse, acquisition de biens et d'amis
12. Frais imprévus, querelle avec sa femme ou partenaire, problèmes de santé tels que maladies des yeux et troubles biliaires (Pitta)

Les endroits favorables de transit de Mars en partant de la Lune sont les maisons 3, 6, 10, et 11. Ses endroits défavorables sont les maisons 1, 2, 4, 5, 7, 8, 9, et 12. Notez que les transits de Mars sur la Lune sont généralement défavorables comme on pouvait s'y attendre.

Mercure
1. Surmenage, mauvais conseils, déception, mauvaises associations, conflits, difficultés en voyage
2. Acquisition de connaissance, succès et richesse mais des difficultés concernant la réputation
3. Nouveaux amis, gains, mais peur des autorités et des ennemis, voyages excessifs
4. Prospérité pour les proches et membres de la famille, revenus, avancement de carrière
5. Incompréhensions avec le partenaire et les enfants, mais les affaires personnelles se portent bien
6. Stabilité, gain de reconnaissance, succès rapide et bonne popularité
7. Faible énergie, conflits et appréhension mentale
8. Succès, bonheur et acquisition de nouvelles choses, victoire
9. Obstacles, maladies et appréhension, faible énergie ou maladies
10. Défaite des ennemis, acquisition d'argent, bonne communication, associations heureuses
11. Acquisition de richesse, de connaissance, de bonheur et d'amis
12. Dépenses, incompréhensions, insultes et vitalité faible

Les endroits favorables de transit de Mercure en partant de la Lune sont les maisons 2, 3, 4, 6, 10, 11. Ses lieux défavorables sont les maisons 1, 5, 7, 9, 12. Ces transits de Mercure par rapport à la Lune sont généralement favorables mais pas autant qu'on pourrait le croire.

Jupiter
1. Perte d'argent et baisse d'intelligence, peur, indécision, incompréhensions, querelles
2. Bonheur, harmonie domestique et gains financiers, élimination des ennemis
3. Déménagements constants, obstacles pour créer et acquérir

son propre travail et perte de position
4. Possibilité de pertes matérielles, inquiétudes concernant les proches mais développement de bonnes qualités
5. Bonheur, créativité, acquisition de partenaire, d'enfants et de biens et développement de bonnes qualités, vertu grandissante
6. Affliction mentale, peine, amis se transformant en ennemis
7. Bonheur dans les relations, plaisir, bons revenus, bonne communication, reconnaissance
8. Insatisfaction, obstacles, complications, maladies
9. Acquisition d'influence, naissance d'enfants, succès dans le travail et acquisition de richesses de source inattendue, célébrité, reconnaissance
10. Risque de perdre sa place et sa position, perte d'argent et de santé
11. Stabilité, succès, statut social, retour à une position antérieure, rétablissement de la santé
12. Possibilité de mauvaise conduite et peine grandissante, pertes financières, surmenage

Les lieux favorables de transit de Jupiter en partant de la Lune sont les maisons 2, 5, 7, 9, 11. Ses endroits défavorables sont les maisons 1, 3, 4, 6, 8, 10, 12. C'est d'autant plus étrange qu'on croit généralement que Jupiter transitant la Lune ou en Kendra par rapport à la Lune devrait être favorable. En particulier, le transit de Jupiter dans le signe où se trouve la Lune n'est pas favorable comme nous pourrions le penser.

Vénus
1. Plaisir, luxe, joie, épanouissement affectif et émotionnel, confort et décorations
2. Gains matériels, naissance d'enfants, relations affectives, bonheur en famille
3. Bonheur, influence, richesse et respect, gain de renommée, victoire sur les ennemis
4. Prospérité générale, bonheur au foyer, force et reconnaissance
5. Renouvellement des contacts avec ses amis, réputation grandissante, influence, richesse et pouvoir

6. Peur des ennemis, maladies et humiliation, cependant maintien de la prospérité
7. Difficulté dans le partenariat, chagrin, humiliation, maladies et danger
8. Bonheur provenant du partenaire, plaisir mais complications possibles
9. Acquisition d'une nouvelle maison, d'articles de luxe et d'une femme/compagne pour les célibataires
10. Célébrité menant à des conflits, déshonneur et conflit
11. Croissance des revenus, gains provenant des amis et des proches, confort
12. Acquisition de nouveaux amis, d'argent, d'articles de luxe, mais quelques dépenses

Les endroits favorables de transit de Vénus en partant de la Lune sont les maisons 1, 2, 3, 4, 5, 9, 11, 12. Ses endroits défavorables sont les maisons 6, 7, 10. Les transits de Vénus sur la Lune natale sont donc généralement très favorables.

Saturne

1. Danger, obstacles, voyages en pays étrangers, perte d'argent, séparation de la famille et des amis, maladies, malheur
2. Tristesse, perte de confort, acquisitions possibles mais sans plaisir ni richesse
3. Accroissement de la richesse, biens et autres conforts, bonne santé, bonheur général et victoire sur les obstacles et les ennemis
4. Possibilité de séparation de ses amis et membres de la famille, agitation mentale et émotionnelle
5. Séparation de ses enfants, perte d'argent, échec des entreprises spéculatives, incompréhension et querelles
6. Victoire sur les ennemis et les maladies, acquisition de relations et de biens
7. Séparation de son partenaire et des enfants, affliction mentale et errance sans but
8. Opposition, problèmes de santé, humiliation possible, actions erronées, blessures et pertes
9. Malchance, pertes financières, inimitié, problèmes inattendus, difficultés dans la vie spirituelle

10. Gain de travail possible, mais perte de réputation, de richesse et de statut social
11. Acquisition de richesse et de biens, statut et position sociale mais actions erronées possibles
12. Dépenses, chagrin, mauvaise santé, humiliation et affliction générale

Les emplacements favorables de transits de Saturne en partant de la Lune sont les maisons 3, 6, 11. Tous les autres sont défavorables. Les emplacements défavorables sont les maisons 1, 2, 4, 5, 8, 9, 10, 12. Les transits de Saturne sur la Lune sont donc généralement défavorables, comme on pouvait s'y attendre. Comme ce sont les plus durables, ils sont les transits les plus importants à considérer. Les difficultés produites durant la période de sept ans et demi de transit de Saturne sur la Lune (*Sade Sati*), sont réduites lorsque les maisons 1, 2 et 12 en partant de la Lune ont plus de trente points de Sarva Ashtakavarga.

Rahu et Ketu

1. Maladie et peur
2. Perte de richesse, conflits et incompréhension
3. Bonheur et bonnes nouvelles
4. Maladie, danger et chagrin
5. Pertes financières et soucis
6. Plaisir et bonheur dans les relations
7. Pertes et peur
8. Danger pour la santé ou la vie
9. Conflit, inquiétude mentale et perte
10. Inimitiés, obstacles
11. Bonheur et acquisition d'argent
12. Dépenses et danger

Nous pouvons également considérer les transits de Rahu en partant de la Lune, bien que généralement on ne tienne pas compte de Rahu dans l'Ashtakavarga. Ketu étant opposé à Rahu, il n'est pas nécessaire de le considérer séparément. Nous énumérons, ci-dessous, les effets généraux des transits de Rahu en partant de la Lune.

Les lieux favorables de transit de Rahu en partant de la Lune sont les maisons 3, 6, et 11, maisons Upachaya. Tous les autres sont défavorables. Les transits de Rahu sont donc généralement défavorables comme on pouvait s'y attendre.

Calcul des évènements et les périodes planétaires

Le Prastar Ashtakavarga, tableau de calculs des points, pour chaque planète peut servir au calcul des événements, soit à l'aide des périodes planétaires et des transits (Gochara). Cette forme d'Ashtakavarga peut restreindre les effets des périodes ou des transits, puisque grâce à lui nous pouvons diviser chaque signe en huit parties et en examiner les résultats.

L'Ashtakavarga peut être utilisé pour affiner les prédictions basées sur les périodes planétaires. Nous devons donc considérer d'abord les facteurs habituels relatifs à la période planétaire. La force ou la faiblesse du maître du Maha Dasha (Période Principale) doit être examinée en fonction de sa position par signe et par maison, ses aspects, et autres facteurs s'y rapportant.

En dernier lieu, nous pouvons prendre en considération le nombre de points qu'une planète possède dans son propre Ashtakavarga (les points d'Ashtakavarga du signe dans lequel elle est située et auquel elle contribue). Cette méthode suit les mêmes règles d'interprétation que nous avons examinées pour calculer les points pour chaque planète de l'Ashtakavarga, mais qui s'applique ici aux résultats des périodes planétaires, plutôt qu'aux résultats généraux du thème natal. Par conséquent, Jupiter, ayant peu de points comme maître de la maison 5 sera vraisemblablement à même soit de nier les enfants durant cette période, soit de causer des ennuis les concernant.

Dans le Prastar Ashtakavarga chaque signe est divisé en huit parties gouvernées par les planètes suivantes.

1. Saturne   00°00 – 03°45
2. Jupiter   03°45 – 07°30
3. Mars   07°30 – 11°15
4. Soleil   11°15 – 15°00
5. Vénus   15°00 – 18°45
6. Mercure   18°45 – 22°30
7. Lune   22°30 – 26°15
8. Ascendant   26°15 – 30°00

Pour cela il faut examiner le Prastar Ashtakavarga pour la planète en question, regarder dans quel signe il est situé, et descendre le long de la colonne de ce signe jusqu'à la huitième partie où il est situé. La présence d'un point est indiquée par un 1, son absence de point par un 0. Nous devons vérifier s'il y a un point dans la huitième partie dans laquelle la planète est située. Ce point lui confère de la force. Si cette section n'a pas de point, cela affaiblit la planète. Si une planète apporte un point cela entraîne de meilleurs résultats dans les périodes planétaires et les transits de la planète relatifs au Prastar Ashtakavarga.

Il peut arriver qu'une planète ait peu de points mais qu'elle en ait un dans la huitième partie où elle se trouve. Cela permet de contrebalancer les effets du nombre faible de points qu'elle totalise. De même, une planète ayant un grand nombre de points peut ne pas en avoir dans sa propre huitième section. Ses résultats seront donc limités.

Interprétation des périodes planétaires

Pour interpréter les périodes planétaires il faut voir si le maître (gouverneur) de la période planétaire principale (Maha Dasha) ou le maître de la période planétaire secondaire (Bhukti) compte dans l'Ashtakavarga.

Plusieurs règles générales se dégagent :
- Le maître du Maha Dasha aura un effet bénéfique sur les maisons et les significations des planètes qui gouvernent cette période s'il a suffisamment de points (5 ou plus).
- Il se montrera défavorable si la planète qui gouverne cette période n'a pas suffisamment de points (3 ou moins).
- Une quantité moyenne de points (4) procurera des résultats ordinaires. Cela vaut aussi pour le maître du Bhukti Dasha.

Les huit parties des signes peuvent nous donner des informations supplémentaires sur les périodes planétaires.

- Si un gouverneur de période planétaire a un point dans la huitième section dans laquelle il est situé, ses résultats seront meilleurs. S'il n'a aucun point, les résultats seront moins bons.
- Si un gouverneur de période planétaire a suffisamment de

points, les affaires concernant les planètes qui donnent des points au signe dans lequel elles sont situées, donneront de bons résultats durant cette période planétaire.
- Si le gouverneur de la période planétaire n'a pas suffisamment de points, les planètes ne procurant pas de point au signe dans lequel elles sont situées, seront défavorables durant cette période planétaire.

Un total de points élevé pour le maître de la période planétaire rend cette période favorable, même si la planète est considérée comme étant maléfique ou mal disposée en tant que gouverneur de cette période. Un total peu élevé pour le maître de cette période planétaire peut rendre la période difficile, même si c'est la période d'une planète bénéfique et bien placée.

Nous pouvons aussi examiner les points que le gouverneur de la période planétaire possède dans les signes qu'il gouverne, ainsi que dans le signe qu'il occupe conformément au Sarva Ashtakavarga. Si ceux-ci sont nombreux, les résultats favorables sont améliorés. Si le total est faible, cela entraînera davantage de difficultés. De même, si une planète transite dans un signe avec un Sarva Ashtakavarga fort ou faible, ses résultats tendront à être ou favorables ou défavorables selon le cas.

Généralement, la tendance des événements d'une période planétaire dépend des indications de la maison dans laquelle le maître de la période est situé. De plus, les planètes qui procurent des points à ce signe peuvent produire des résultats pour les affaires qu'elles régissent et les maisons qu'elles gouvernent, occupent ou aspectent.

Si Mars procure un point à Jupiter (selon le Prastar Ashtakavarga) durant la Période de Jupiter, par exemple, les significations de Mars, telles que l'énergie et le pouvoir de volonté seront renforcés. Les maisons qu'il gouverne dans le thème seront également renforcées.

Interprétation

Nous avons déjà vu qu'en fonction du système Prastar Ashtakavarga, chaque signe est divisé en huit parties (*Kakshyas*), dans l'ordre : Saturne, Jupiter, Mars, Soleil, Vénus, Mercure, Lune et Ascendant. Lors de son transit dans un signe, une planète traverse chaque huitième partie dans l'ordre indiqué ci-dessus. Le thème Prastar indique les planètes qui fournissent des points au signe. Étant donné que les planètes en transit traversent leurs emplacements, cela indique des gains dans les domaines qu'ils indiquent.

Ainsi, si Jupiter traverse le $20^{\text{ème}}$ degré d'un signe, cet endroit appartient à Mercure (voir p. 278). Si Mercure donne un point, cela augmentera quelque peu les effets de Jupiter (croissance et expansion), concernant les affaires de Mercure (connaissance, communication ou tout ce qu'il gouverne dans le thème).

Partout où il y a des points totalisés dans un signe, les planètes en transit tendront à entraîner de bons résultats, et ceci en ce qui concerne les affaires des planètes conférant ces points. Si la planète en transit a une bonne relation avec la planète qui procure des points au signe dans le thème natal, les résultats seront très bons.

Nous ne devons pas oublier les règles générales pour les transits et les forces planétaires. Si une planète transite dans son propre signe ou son signe d'exaltation par exemple, les résultats tendront à être favorables. Si elle transite dans un signe ennemi ou un emplacement de débilité, les résultats tendront à être difficiles.

Prévisions astrologiques par l'Ashtakavarga

L'Ashtakavarga est une autre méthode utilisée pour déterminer les moments favorables pour entreprendre certaines actions.

Le Soleil

- Lorsque le Soleil transite dans des signes ayant un nombre élevé de points, la période est favorable pour entreprendre de longs voyages, des pèlerinages, faire des changements importants dans sa carrière, célébrer des mariages et entreprendre d'autres bonnes actions.
- Lorsque le Soleil transite dans des signes avec peu de points, il est préférable d'éviter les actions importantes.

La Lune

- Lorsque la Lune traverse des signes ayant un total de points élevé d'Ashtakavarga, le moment est propice au mariage, aux entreprises sociales, aux affaires familiales, au commencement des études, et pour se faire des amis.
- Lorsque la Lune transite dans des signes avec peu de points, il est préférable d'éviter les mariages, les entreprises sociales et les affaires familiales.

Mars

- Lorsque Mas traverse des signes ayant un total de points élevé d'Ashtakavarga, cette période sera favorable pour l'acquisition de terres, de maisons et autres biens immobiliers, et pour entreprendre une poursuite judiciaire ou d'autres actions draconiennes.
- Lorsque Mars transite dans des signes ayant peu de points, il est préférable d'éviter l'acquisition de terres, de maisons et autres biens immobiliers, et d'entreprendre une poursuite judiciaire ou d'autres actions draconiennes.

Mercure

- Lorsque Mercure traverse des signes ayant un total de points élevé d'Ashtakavarga, ce sera favorable pour l'éducation, l'écriture, les conférences, le commerce, et les autres entreprises commencées lorsque Mercure transite un signe associé à un grand nombre de points.
- Lorsque Mercure transite dans des signes ayant peu de points, il est préférable d'éviter les conférences, le commerce et les autres domaines de communication.

Jupiter

- Lorsque Jupiter traverse un signe qui compte un grand nombre de points dans son Ashtakavarga, cette période sera propice à l'initiation spirituelle, aux pratiques yogiques, pour entreprendre des études spirituelles telles que l'étude des Vedas, pour gagner de l'argent, célébrer des cérémonies religieuses et faire des enfants.
- Lorsque Jupiter transite dans des signes avec peu de points, il est préférable d'éviter les affaires de Jupiter pendant cette période.

Vénus

- Lorsque Vénus transite dans un signe qui compte un nombre élevé de points dans son Ashtakavarga, l'étude de la musique, les célébrations, et l'acquisition de gemmes sont favorables.
- Lorsque Vénus transite dans des signes ayant peu de

points, il est préférable d'éviter les célébrations, et l'acquisition de gemmes.

Saturne
- Lorsque Saturne traverse des signes ayant un total de points élevé d'Ashtakavarga il est conseillé d'acquérir des propriétés, de commencer un travail sérieux, de démarrer une exploitation agricole.
- Lorsque Saturne transite dans des signes ayant peu de points, il est préférable d'éviter d'acquérir des propriétés et de commencer un travail sérieux.

Notre thème ascendant Bélier :

Birth Chart			
Mo Sa	As Ke		
Ju			
Su	Ve Me	Ma Ra	

Vaidya Atreya Smith

12
Les Thèmes Harmoniques (Varga)

Le Jyotish de l'Inde du nord a tendance à accorder plus d'importance aux thèmes *Varga* que le système de l'Inde du sud. Le système de l'Inde du sud a tendance à utiliser davantage le thème natal, les Nakshatras ainsi que les gouverneurs du Nakshatra avec le Navamsha que les thèmes Varga. Le système de l'Inde du nord accorde plus d'importance au thème natal et aux seize Vargas traditionnels appelés *Shodashvarga*. Ces seize thèmes sont expliqués dans le chapitre Sept du Brihat Parasara Hora Sastra (BPHS).

Les seize subdivisions zodiacales (ou thèmes harmoniques) sont souvent réduites à six Vargas (*Shadvargas*), ou sept Vargas (*Saptavargas*). Cette réduction est faite pour une raison très importante – tous les thèmes harmoniques se révèlent inutiles si l'heure de naissance n'est pas précise. Étant donné que les thèmes harmoniques divisent chaque signe en nombres de plus en plus petits ; la plus petite division étant de soixante et la plus grande étant de deux, ils deviennent de moins en moins significatifs si l'heure de naissance n'est pas précise à une minute près. Ainsi, pour pouvoir utiliser les seize Vargas, l'astrologue doit d'abord rectifier l'heure de naissance jusqu'à une minute près. Dans le cas contraire, tout thème harmonique après le Navamsha s'avèrera inutile. Ou pire, ces thèmes fourniront des informations erronées à propos du natif. C'est la raison pour laquelle les astrologues de l'Inde du sud ont tendance à se servir uniquement du Navamsha, ou 9ème subdivision zodiacale (voir ci-dessous).

Lorsqu'une erreur de quinze minutes dans l'heure de naissance change le signe de l'Ascendant, le thème change radicalement parce que chaque planète change de maison, les valeurs de l'Ashtakavarga sont entièrement modifiées et toute l'interprétation s'avère non valable. Même lorsqu'un changement de quinze minutes ne change pas l'Ascendant, le début du Vimshottari Dasha et des périodes de Bhukti peuvent changer de trois semaines à trois mois. Tous les thèmes Varga changent aussi et, par conséquent, on ne peut pas se fier à eux. Le thème du Navamsha change généralement avec une erreur de treize minutes. Il existe cinquante pour cent de chance que tous les thèmes harmoniques après le D3 et le D4 changent à cause d'une heure de naissance non précise.

Même avant d'utiliser le Navamsha, il est conseillé de rectifier l'heure de naissance. Une différence de quatre minutes peut changer l'Ascendant du Navamsha et toutes les indications.

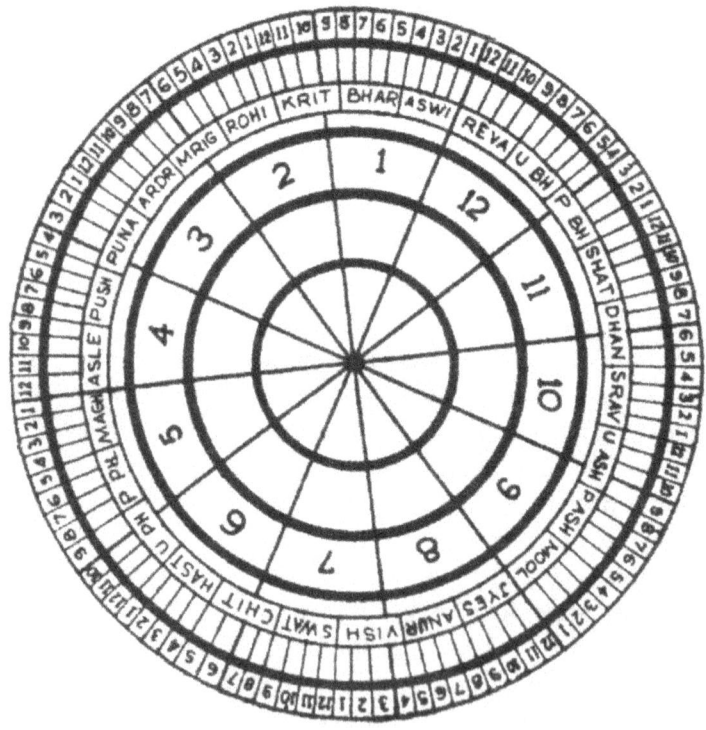

Étant donné que le Navamsha est considéré par tous comme étant la subdivision zodiacale ou le thème harmonique le plus important, il est important d'être conscient de ce phénomène avant de faire une interprétation. Ainsi, si vous pensez que l'heure de naissance a été arrondie (par exemple 11h00 ou 11h30), mais si vous avez confiance que l'heure de naissance est correcte dans une marge de quinze minutes, alors tant que le thème du natif n'a pas un Ascendant au tout début ou à la fin d'un signe, l'interprétation du thème se passera bien. Toutefois, vous ne pourrez pas utiliser les périodes de Dasha, l'Ashtakavarga ni tout autre Varga (thèmes harmoniques). L'heure de naissance doit être précise à cinq minutes près pour pouvoir utiliser le Navamsha, l'Ashtakavarga et les Dashas.

Tous les thèmes Varga peuvent être examinés mais dans la tradition de l'Inde du sud, le thème harmonique le plus important est la 9ème subdivision zodiacale ou le Navamsha (D9).

Ces thèmes harmoniques fournissent davantage de détails et de spécificité pour déterminer les influences planétaires. Les thèmes harmoniques sont utilisés couramment pour déterminer les forces planétaires. Les planètes obtiennent de la puissance lorsqu'elles sont situées dans les signes de leur exaltation, en domicile, ou dans des signes amis et perdent de la puissance lorsqu'elles sont situées dans les signes de leurs ennemis ou en chute. Nous pouvons examiner les signes où se trouvent les planètes dans chaque subdivision zodiacale. Nous les interprétons d'après les règles d'amitié et d'hostilité planétaire du thème natal. Les thèmes harmoniques possèdent des caractéristiques spécifiques et se concentrent sur des domaines spécifiques de la vie.

En général, les aspects des planètes ne sont pas utilisés dans les thèmes Varga. Généralement, les Yogas non plus ne sont pas utilisés dans les thème Varga. *Les thèmes harmoniques ne sont pas des thèmes indépendants par eux-mêmes.* Ils fournissent des informations approfondies et spécifiques, dans les domaines précis de la vie, mais doivent être analysés dans le contexte du thème natal et non analysés indépendamment pour les Yogas. Ce qui ne signifie pas qu'on ne doive pas observer l'interaction des planètes dans les Vargas étant donné qu'elles ont toutes une signification.

Vargottama signifie qu'une planète occupe le même signe à la fois dans le thème natal et dans le thème du Navamsha. Vargottama renforce la planète, pour le meilleur ou le pire, lorsque la position est répétée dans le thème natal et dans le Navamsha. Une planète Vargottama donne des résultats multipliés par deux pendant la période de son Mahadasha. On donne plus d'importance à une planète Lagna-Vargottama qu'à une planète ayant un signe Ascendant identique dans le thème natal et dans Navamsha. Le concept de Vargottama est principalement utilisé dans le thème du Navamsha, mais il peut aussi être utilisé dans tous les thèmes Varga.

Un autre point important à noter est que si une planète est Vargottama dans n'importe quel thème Varga, elle aura tendance à procurer les effets des significations de ces thèmes de manière très accentuée. Par exemple, prenons un Ascendant Capricorne avec Mercure en Vierge en maison 9 (gouvernant les maisons 6 et 9) et avec Vargottama dans le Navamsha (en Vierge dans le Navamsha). Maintenant, ce Mercure, bien qu'il ne gouverne pas la maison 7 du mariage, et n'est même pas associé à la Lune (maître de la maison 7), aura tendance à précipiter le mariage du natif puisque le Navamsha (D9) est également le thème du mariage, et Mercure est devenu Vargottama dans ce thème harmonique spécifique. Ainsi, une planète qui est Vargottama dans le Varga Chaturamsha (D4) prendra les indications de la maison 4 quel que soit son emplacement dans le thème natal.

N°	Varga	Thème	Zone d'influence
1	Rashi	D-1	Corps et toute indication générale
2	Hora	D-2	Richesse, famille
3	Drekkana	D-3	Frères et sœurs
4	Chaturamsha	D-4	Fortune et propriété
5	Saptamsha	D-7	Enfants / progéniture
6	Navamsha	D-9	Épouse, dharma
7	Dashamsha	D-10	Position sociale, profession
8	Dvadashamsha	D-12	Parents
9	Shodashamsha	D-16	Véhicules et voyages
10	Vimshamsha	D-20	Quête spirituelle, vénération
11	Chaturvimsamsha	D-24	Études et connaissance
12	Saptavimsamsha	D-27	Force et faiblesse
13	Trimsamsha	D-30	Indications maléfiques ou malchance
14	Kavedamsha	D-40	Effets propices/défavorables
15	Akshavedamsha	D-45	Tout domaine de la vie
16	Shashtiamsha	D-60	Tout domaine de la vie

Il est également important de noter ce qui est appelé *Bhavgottama*, ou la maison (Bhava) qui se répète dans le thème natal et dans les thèmes harmoniques. Par exemple, si une planète se trouve en maison 8 dans le thème natal et en maison 8 dans le Navamsha mais en différents signes, elle renforcera les effets de la maison 8 dans les deux thèmes. C'est une répétition de maison et non de signe. Bhavgottama est moins fort que Vargottama, mais important à observer.

Première Subdivision : Rashi Chakra (D1)

Le Rashi est le thème natal de base, qui sera toujours interprété avec les autres thèmes harmoniques. Les éléments présents dans le thème natal peuvent être renforcés ou avoir moins d'importance dans les thèmes harmoniques mais ils ne peuvent pas être annulés par eux. L'objectif des thèmes harmoniques est d'affiner les significations du thème natal mais ils ne les changent pas. Le thème natal est celui qui détermine le domaine dans lequel celles-ci opèrent et il doit être examiné avec les thèmes harmoniques. Les thèmes harmoniques sont ainsi inclus à l'intérieur du thème natal.

Deuxième Subdivision : Hora (D2)

L'acquisition de richesse, la prospérité et les finances sont analysée dans le thème Hora. La deuxième subdivision ou thème Hora indiquant le Soleil et la Lune, représente la nature du natif et la puissance des planètes par rapport aux énergies du Soleil et de la Lune, de l'actif et du passif, du masculin et du féminin, de l'individuel et du social, du mental et de l'émotionnel. Les planètes masculines, telles que le Soleil, Mars et Jupiter sont plus puissantes dans le thème Hora. Celles de nature féminine, telles que la Lune, Vénus et Saturne sont plus puissantes dans le Hora de la Lune.

Troisième Subdivision : Drekkana (D3)

La troisième subdivision ou thème Drekkana gouverne les frères, les sœurs, les amis et les alliances. Elle correspond à la maison 3. Elle indique notre capacité à travailler en groupe ou en association pour réaliser un objectif. Elle indique notre énergie, notre curiosité, notre courage, notre passion et nos prouesses.

Quatrième Subdivision : Chaturamsha (D4)

Les maisons, les véhicules, la mère et la prospérité sont analysés à partir du Chaturamsha. La quatrième subdivision, tout comme la maison 4, traite traditionnellement du bien-être général, des émotions, du foyer et du bonheur. Lorsque des planètes bénéfiques, telles que Jupiter et Vénus, ou les gouverneurs de maisons bénéfiques, sont puissants dans ce thème, le bien-être est alors mis en valeur.

Septième Subdivision : Saptamsha (D7)

La septième subdivision se réfère aux projections créatives de l'individu en général, ce qui pour la majorité d'entre nous, est lié à la procréation, aux enfants et aux petits-enfants. Dans ce thème nous observons nos capacités créatives et l'étendue de ses réalisations concrètes ou de ses reconnaissances. Saptamsha se réfère à la maison 5 et indique l'accomplissement, la chance accumulée des karmas passés et son impact sur la vie présente. C'est un thème harmonique indiquant les activités et les résultats de l'interaction sexuelle et signifie l'accouchement pour les femmes.

Neuvième Subdivision : Navamsha (D9)

Chacun des 27 Nakshatras mesure 13 degrés et 20 minutes, ou la vitesse moyenne de la Lune transitant chaque jour. Bien que chaque planète soit considérée comme étant un aspect de la conscience, la Lune est le reflet direct de l'âme (le Soleil ou la pure conscience), et est ainsi fondamentale pour notre incarnation sur Terre. C'est la Lune et le Nakshatra de la Lune qui indiquent le mental et les traits émotionnels d'un individu. Le signe et le Nakshatra de l'Ascendant donnent l'élan dharmique de la vie, tandis que le signe et le Nakshatra de la Lune montrent comment l'individu sera à même de gérer cette destinée karmique.

Étant donné que le Nakshatra de la Lune nous indique comment l'esprit aura tendance à opérer, le timing le plus important de la destinée karmique est généralement indiqué par le Nakshatra de la Lune natale. Ce système de timing s'appelle le système du Vimshottari Dasha que nous avons déjà étudié. Cette séquence de 120 années est complétement dépendante de la position de la Lune dans le thème natal et dans le thème du Navamsha pour donner des résultats. Le thème du Navamsha provient de la portion mathématique précise du signe et du Nakshatra où se trouve chaque planète natale, mesurée en neuf portions. *Le thème du Navamsha est la connexion entre le Rashi (les 12 signes du zodiaque) et les 27 Nakshatras*

Dans l'interprétation d'un thème, le thème Rashi a une importance de 55% et le Navamsha de 45%. La Navamsha est la principale subdivision qui, ainsi que la première subdivision ou thème natal, s'utilise pour examiner tous les domaines de la vie. Elle se réfère traditionnellement au mariage et au partenaire. Elle traite des relations en général et du complément que nous avons besoin. Elle se réfère principalement à notre capacité de partager nos valeurs intérieures ou spirituelles dans nos relations. En comparant les thèmes du Navamsha d'un couple, nous obtenons une meilleure idée de sa compatibilité spirituelle ou dharmique.

Les indications les plus importantes de la neuvième subdivision sont similaires à la maison 9. Elle indique notre dharma, nos valeurs internes, notre motivation spirituelle ou religieuse. Elle reflète davantage la nature de notre incarnation personnelle et de notre ego. Étant donné qu'elle indique les forces qui nous transforment au niveau intérieur, elle est souvent une bonne indication de notre vie future et de l'évolution de notre âme. À cet égard, elle reflète souvent davantage qui nous sommes réellement et ce que notre âme a l'intention de réaliser.

Un puissant Navamsha avec un thème natal faible a tendance à indiquer une âme forte qui a choisi une incarnation difficile. Un Navamsha faible avec un Rashi puissant indique une forte personnalité mais une âme faible.

Dixième Subdivision : Dashamsha (D10)

La dixième subdivision est très similaire à la maison 10. Elle doit être examinée avec le Soleil, Mercure, Jupiter et le maître de la maison 10. Elle indique le pouvoir, la position, la réussite et les compétences.

Douzième Subdivision : Dvadashamsha (D12)

C'est le thème du destin, du karma passé. Traditionnellement, elle indique les parents, mais généralement elle représente le karma passé et le conditionnement (y compris les facteurs héréditaires) et elle indique les influences de la vie passée. Elle est souvent utilisée comme référence de la vie passée et peut s'examiner comme le thème natal de la précédente incarnation.

Seizième Subdivision : Shodashamsha (D16)

Les accidents peuvent être prédits à partir du Shodashamsha. Le confort et le malaise provenant des véhicules sont analysés à partir de ce thème. Le chiffre seize représente quatre fois quatre, par conséquent, ce thème se réfère traditionnellement à la maison 4 ; au bonheur, au foyer, aux propriétés et à l'acquisition de véhicules. Ce thème est utilisé presque pareil que le quatrième thème harmonique et indique les désirs profonds de l'âme, tandis que le quatrième thème harmonique possède souvent des valeurs allant plus vers l'extérieur. Ce thème est également important en psychologie, parce qu'il se rapporte à la stabilité mentale et à la satisfaction émotionnelle.

Vingtième Subdivision : Vimshamsha (D20)

Traditionnellement, c'est le thème de l'Upasana ou de la « méditation dévotionnelle ». Cette subdivision indique le développement religieux de l'âme et notre aptitude au yoga de la dévotion (Bhakti Yoga). Elle indique souvent les tendances religieuses provenant de nos vies passées et les religions avec lesquelles nous nous sommes associés. Elle indique la Shakti, la Déesse de l'énergie, agissant à travers nos vies et indiquant notre aptitude à nous en remettre à la volonté Divine. Elle nous aide en nous montrant quelle forme divine nous avons envie de vénérer (Ishat Devata). Elle indique également l'aptitude créative et artistique.

Vingt-quatrième Subdivision : Chaturvimsamsha (D24)

Traditionnellement, c'est le thème de la réalisation spirituelle ou provenant de la méditation, y compris les siddhis ou pouvoirs psychiques. Au niveau plus élevé, c'est le thème de la connaissance spirituelle indiquant le développement spirituel de l'âme dans les vies passées. Elle indique notre aptitude pour le yoga de la Connaissance (Jnana Yoga). C'est le thème harmonique le plus important pour l'établissement de la nature spirituelle et pour le potentiel à la réalisation.

Vingt-septième Subdivision : Saptavimsamsha (D27)

Ce thème calcule la force et la faiblesse des planètes par rapport aux vingt-sept constellations lunaires (Nakshatras) dans lesquelles elles sont situées. C'est un ajustement supplémentaire du Navamsha.

Trentième Subdivision : Trimshamsha (D30)

C'est le thème traditionnel de la malchance, des dommages, des ennemis et des maladies. Ce thème est important pour découvrir les dangers à éviter. Nous pouvons y observer les difficultés de santé majeures ou les dommages potentiels lorsque des planètes maléfiques y sont présentes.

Quarantième Subdivision : Khavedamsha (D40)

Ce thème traite des effets spécifiques bénéfiques ou peu propices des planètes, parfois aussi des bonnes et mauvaises habitudes, en particulier les tendances de la nature émotionnelle et psychologique.

Quarante-cinquième Subdivision : Akshavedamsha (D45)

Ce thème aide à ajuster toutes les indications générales bien que traditionnellement il se réfère à la nature morale ou éthique de l'individu. En tant que neuf fois cinq, il possède les indications du bon et du mauvais karma des maisons 5 et 9.

Soixantième Subdivision : Shashtiamsha (D60)

C'est le thème le plus subtil des subdivisions et il est souvent utilisé pour les jumeaux. Il est utilisé pour l'ajustement subtil des effets planétaires et possède des divinités spécifiques gouvernant chaque subdivision.

Ces thèmes possèdent tous une importance à des degrés différents. Les thèmes les plus importants sont les neuvième, troisième, vingtième, vingt-quatrième, vingt-septième et trentième subdivisions zodiacales.

La position de l'Ascendant dans ces thèmes est l'élément le plus spécifique mais à moins d'avoir une heure de naissance précise, il est impossible de se fier à ces subdivisions subtiles de thèmes. Par exemple, une erreur de 5 minutes dans l'heure de naissance changera l'Ascendant des subdivisions plus subtiles, comme au-delà de la douzième subdivision. C'est la raison pour laquelle, dans ces thèmes subtils, nous nous fions davantage à la position de la Lune et à l'Atmakaraka. Ces thèmes sont basés sur l'Ascendant et on comptera les maisons en partant de son emplacement.

Étant donné que les planètes se déplacent lentement, toutes leurs subdivisions subtiles peuvent être calculées avec exactitude. Elles sont souvent plus révélatrices que les emplacements des signes du thème natal.

Les positions de Jupiter et de Saturne dans les subdivisions subtiles sont importantes pour indiquer la chance et la malchance générales.

Le thème Varga Navamsha - Dr Deepak Chopra

Le thème du Navamsha (D9) est la connexion entre les 12 Rashis (signes) et les 27 Nakshatras (constellations lunaires). Le thème du Navamsha est parfois plus fort que le thème natal. Saturne, maître des maisons 9 et 10, à lui seul, forme un Raja Yoga dans le Navamsha. Le Soleil, maître de la maison 4, maléfique gouvernant un Kendra, y participe. Mars ne cause pas de difficultés à ce Raja Yoga parce que Mars est maître de la maison 10 dans le thème natal et de la maison 7 dans le Navamsha.

Il se produit ici une autre position intéressante. Mercure en tant que *Atma Karaka* (planète ayant les degrés et les minutes les plus élevés dans un thème) est le dépositeur final dans le Navamsha en partant de la maison 2, maison de la parole et des écrits. Bien que cela ne soit pas un Raja Yoga, cela renforce Mercure et la maison 2, avec ses potentiels d'élocution et d'écriture.

Nous remarquons que Vénus et Jupiter sont débilitées dans le Navamsha. Toutes deux sont situées dans des maisons favorables formant des Trikonas, ainsi leur débilité ne crée pas beaucoup de problèmes. Vénus, en tant que maître de l'Ascendant située en maison 5 est une bonne position, de même que Jupiter, maître des maisons 8 et 11 et située en maison 9. La Lune en maison 10 est un autre emplacement favorable.

Le thème Varga Drekkana - Dr Deepak Chopra

Le Drekkana (D3) indique non seulement les frères et sœurs, mais notre propre énergie vitale, notre curiosité et nos intérêts. Il indique l'expression de notre prana ou énergie vitale. En tant que tel, il concerne non seulement la santé mais toutes les entreprises créatives ainsi que la carrière. Il établit une mise au point du thème natal. Par exemple, une personne ayant en Drekkana un Ascendant Gémeaux possédera des traits intellectuels Gémeaux.

Astrologie Védique

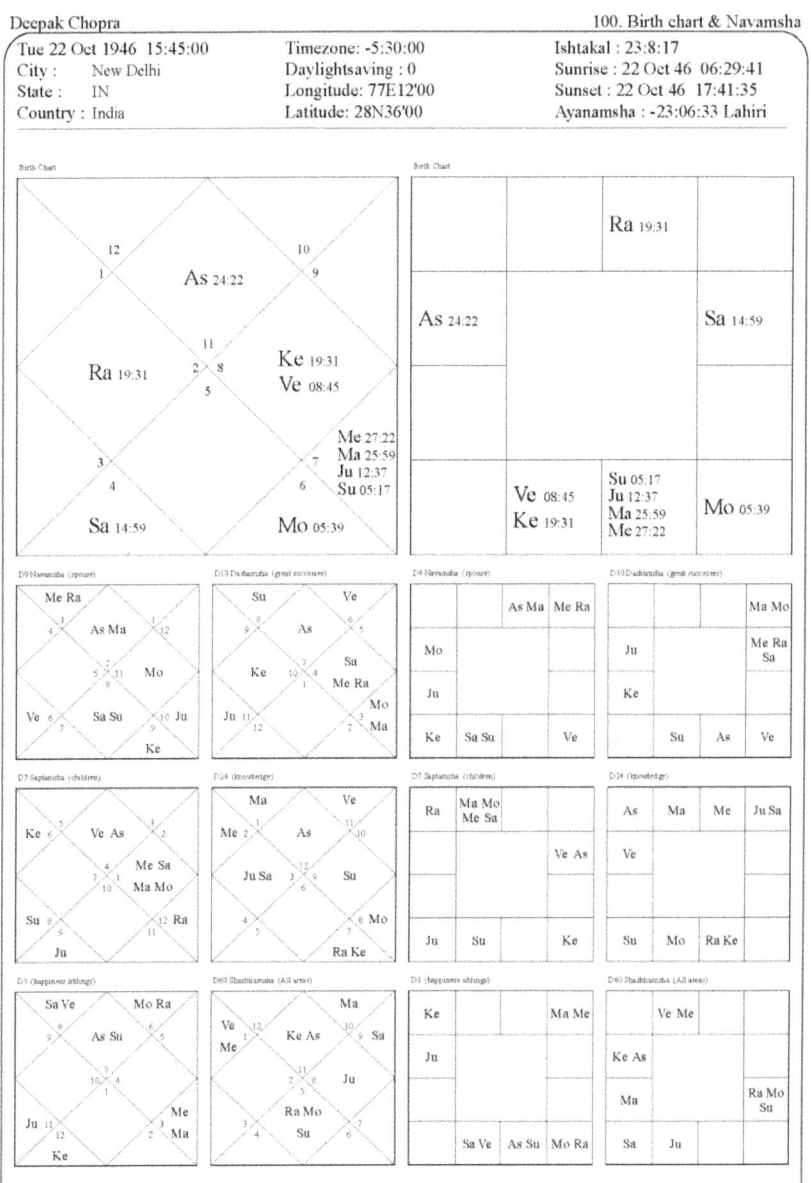

Ici, le Lagna du Drekkana (D3) est Balance. Vénus, maître de l'Ascendant, est conjointe à Saturne maître des maisons 4 et 5, formant un autre Raja Yoga puissant en maison 2 de la parole (maître de la maison 1 avec le maître des maisons 4 et 5). Mercure est à nouveau dépositeur final dans le thème parce qu'il est situé dans la maison 9 bénéfique, en domicile en Gémeaux. Il est conjoint à Mars, maître de la maison 2, qui est également maître des maisons 10 et 3 dans le thème natal, augmentant leurs indications dans la troisième subdivision zodiacale. Mercure et Mars sont aspectés par Jupiter à partir de la maison 5 de l'intelligence créative. Mercure est maître d'une Lune faible en maison 12, ce qui la rend bénéfique. La Lune, maître de la maison 10 est en maison 12 en Vierge, indique également un travail à l'étranger. Le Soleil, maître de la maison 11 situé à l'Ascendant procure des gains et sa débilité est affaiblie.

Le thème Varga Dashamsha - Dr Deepak Chopra

Le Dashamsha (D10) ou dixième subdivision zodiacale, est spécifiquement lié à la maison 10 de la carrière. Nous examinons tout d'abord la puissance générale du thème natal. Étant donné que le thème natal possède de nombreuses indications favorables à la carrière, nous recherchons ces confirmations dans le Dashamsha. Nous le faisons de deux façons, tout d'abord en notant la force générale du Dashamsha et deuxièmement en notant l'emplacement du maître de la maison 10 dans le Dashamsha.

Le Dashamsha contient divers Raja Yogas puissants. Son Ascendant est également en Balance. Mercure, maître de la maison 9, est situé en maison 10 en Cancer, signe de la Lune. La Lune, maître de la maison 9, se trouve en Gémeaux, signe de Mercure. On retrouve à nouveau un échange mutuel des gouverneurs des maisons 9 et 10, formant le Raja Yoga le plus puissant. De plus, Saturne est conjoint à Mercure en maison 10, rendant ce Yoga encore plus puissant. L'axe Rahu-Ketu est situé dans l'axe des maisons 10 et 4, gouverné par la Lune et Saturne, renforçant ce Raja Yoga. Rahu est situé dans un Kendra conjoint à un maître de Trikona formant un autre Raja Yoga. Saturne et Mercure ainsi que Rahu sont maîtres de Trikonas.

Le bénéfique Jupiter en maison 5 aspecte l'Ascendant et la Lune. Le Soleil, maître de la maison 11, situé en maison 2, favorise les gains. Vénus à nouveau en maison 12 peut indiquer un travail à l'étranger, bien qu'elle soit faible à cet endroit, étant débilitée et influencée par Mars et Saturne. Mars, maître de la maison 10 dans le thème natal, est situé en maison 9 dans le Dashamsha et est conjoint au maître de la maison 10 du Dashamsha. Mercure, maître de la maison 10 en partant de la Lune dans le thème natal, est situé en maison 10 dans le Dashamsha.

13
L'astrologie Nadi

L'astrologie Nadi (nāḍi) signifie deux choses différentes. La première se réfère à une forme d'astrologie très ancienne. La croyance veut que les grands Rishis de la période védique aient présagé le passé, le présent et le futur de tous les êtres humains et qu'ils aient écrit cette information sur les écorces des arbres ou sur des feuilles de palmier. Ces feuilles de palmier existent encore de nos jours, bien que les astrologues sérieux estiment qu'un individu a seulement 10% de chance de retrouver sa feuille de palmier. Le plus célèbre de ces astrologues Nadi s'appelle Rishi Agastya. Un autre Rishi très connu associé à l'astrologie Nadi est Bhrigu, l'auteur du *Bhrigu Samhitâ*.

La seconde signification du Nadi Jyotish concerne le même système que nous venons d'expliquer ci-dessus, appliqué à l'astrologie natale prédictive. Lorsque nous interprétons un thème natal et répondons aux questions du natif, nous faisons de l'astrologie prédictive à partir de son thème natal. Les *Nadi Granthas* (livres sur l'astrologie Nadi) contiennent certaines techniques utilisables en astrologie prédictive et uniques au Jyotish. Le texte le plus utilisé est le *Chandra Kala Nadi* (alias *Deva Keralam*). Le feu Sri C. S. Patel est certainement l'astrologue moderne le plus célèbre ayant fait des recherches sur le Nadi Grantha et ayant élaboré un système cohérent à partir de ces textes en se servant du thème Navamsha et du système Ashtakavarga. C'est le système de Sri C. S. Patel et de son disciple Sri R. G. Krishnan que nous allons introduire ici. J'ai eu la chance d'étudier avec ces éminents astrologues à la fin des années 1990 et début 2000.

Le concept fondamental de l'astrologie Nadi est basé sur une unité appelée « Nadi ». Il y a 150 Nadis dans un signe, ces divisions de Nadi s'appellent *Nadiamsas*. Les douze signes du zodiaque sont groupés en trois catégories : Cardinal (Chara), Fixe (Sthira) et Mutable (Dvisvabhava). La manière dont sont énumérés ces 150 Nadiamsas est particulière à chacun des trois types de signes. Dans les signes Cardinaux (Chara) l'ordre est de 1 à 150 ; dans les signes Fixes (Sthira), l'ordre est de 150 à 1 ; et dans les signes Mutables (Dvisvabhava) l'ordre est de 76 à 150 et de 1 à 75. Au total, il y a 1800 Nadiamsas dans 360 degrés. Chacun des 150 Nadiamsas a son propre nom et est répété trois fois : une fois pour Cardinal, une fois pour Fixe et une fois pour Mutable. Il y a ainsi 450 noms et numéros distincts dans tout le zodiaque. Les textes Nadi utilisent ce concept de Nadi comme unité de base pour la prédiction (pour plus de détails, voir *Nadi Astrology*, C. S. Patel, Sagar Publications, New Delhi, 1998).

Le trait le plus fondamental des textes du Nadi Grantha est que ces divisions de Nadi sont en fait la somme totale de toutes les divisions (Varga) d'un signe résultant des seize subdivisions zodiacales (Shodashavargas, voir le chapitre 12). Il y a précisément 150 divisions distinctes possibles d'un signe. Mais ces divisions sont inégales, la plus grande division étant d'un demi degré et la plus petite étant d'un trente-sixième d'un degré. Lorsque les prédictions sont basées sur les Nadiamsas, cela signifie que les résultats combinés de tous les seize thèmes des subdivisions zodiacales (Vargas) sont pris en compte. Par conséquent, l'astrologie Nadi est la méthode la plus détaillée et la plus exacte qui requiert une heure de naissance extrêmement précise pour fonctionner.

L'astrologie Nadi nécessiterait plusieurs formations et années pour être étudiée car elle est extrêmement détaillée. L'objectif, ici, est de présenter les parties les plus faciles de l'astrologie Nadi pour les utiliser dans les prédictions. De loin, la façon la plus facile d'utiliser les méthodes de Nadi est de regarder le maître des Nakshatras et de voir s'ils échangent leur gouverneur. C'est de fait un Parivarthana Yoga (voir chapitre 9) qui indiquait un échange mutuel de gouverneurs. Ce Yoga s'appelle « *Nadi Yoga* » et est considéré comme étant plus fort qu'un Parivarthana Yoga.

Dans notre thème d'exemple de l'Ascendant Bélier, nous observons les indications suivantes d'un Nadi Yoga :

```
     Degree   RC Rashi Nakshatra    p# lrd/sb/ssb  Dignity  SB
As  12:38:51     Ari   Ashwini      4  Ke/Me/Ra
Su  14:07:24     Sag   P.Shad.      1  Ve/Ve/Ma    Grt.Fr.  1.22
Mo  09:00:58     Pis   U.Bhadra.    2  Sa/Ve/Ra    Frnd.    1.03
Ma  17:56:03     Lib   Swati        4  Ra/Su/Me    Frnd.    1.14
Me  22:13:34     Sco   Jyeshtha     2  Me/Mo/Mo    Frnd.    1.01
Ju  06:56:27     Aqu   Satabhi.     1  Ra/Ra/Ra    Frnd.    1.43
Ve  02:43:26     Sco   Vishakha     4  Ju/Ra/Ve    Frnd.    1.37
Sa  18:24:59     Pis   Revati       1  Me/Me/Sa    Frnd.    1.04
Ra  23:19:11     Lib   Vishakha     1  Ju/Sa/Ra    Neutr.
Ke  23:19:11     Ari   Bharani      3  Ve/Sa/Ma    Neutr.
```

Veuillez noter que Jupiter se trouve dans le 1ᵉʳ Pada du Shatabhishak Nakshatra qui est gouverné par Rahu. De même, Rahu se trouve dans le 1ᵉʳ Pada du Vishakha Nakshatra qui est gouverné par Jupiter. Cela donne un Nadi Yoga qui augmente la force à la fois de Jupiter en maison 11 et de Rahu en maison 7. Cet aspect peut indiquer que la personne reçoit une reconnaissance sociale et de l'argent de ses relations. C'est le cas en fait d'une personne ne travaillant pas et recevant de l'argent de diverses relations (pas de sa famille). C'est un élément qu'il est difficile de constater dans le seul thème natal étant donné que Saturne conjoint la Lune en maison 12 est le maître de Jupiter en maison 11.

Birth Chart			
Mo Sa	As Ke		
Ju			
Su	Ve Me	Ma Ra	

L'autre méthode d'utilisation de l'astrologie Nadi est plus compliquée mais s'avère extrêmement précise pour la prédiction. Pour cette méthode, il nous faut utiliser le thème Navamsha circulaire ci-dessous :

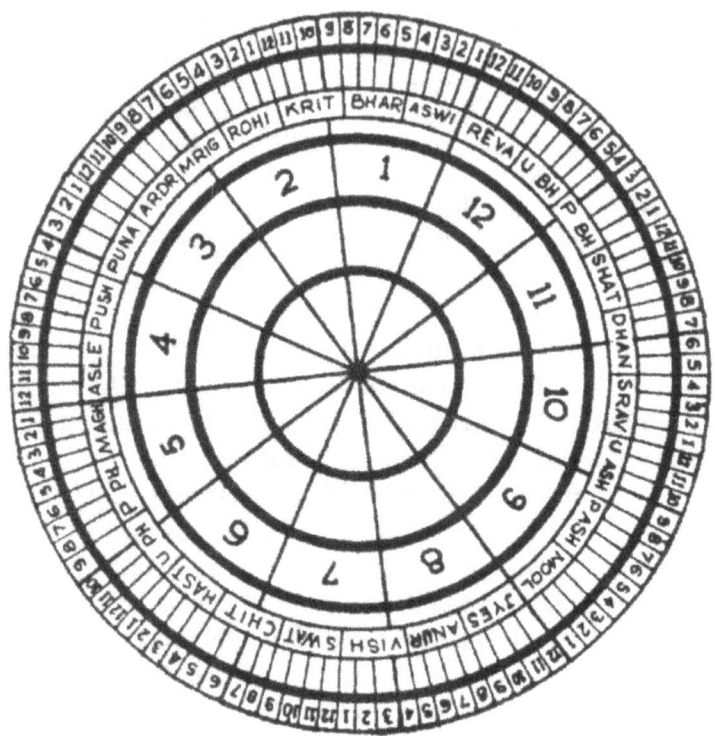

Légende pour la compréhension du thème :
1. Premier cercle - Division du Navamsha de 3°20" en 12 signes
2. Second cercle - Division en Pada de chaque Nakshatra
3. Troisième cercle - Noms des Nakshatras
4. Quatrième cercle - Vide
5. Cinquième cercle - Numéros des signes
6. Sixième cercle - Numéros des maisons (à remplir)
7. Septième cercle - Vide

Veuillez noter que les Padas 36, 64, 72 et 96 donnent des résultats défavorables lorsqu'ils sont transités par une planète maléfique.

Comptez ces Padas respectivement en partant de la Lune, de l'Ascendant et du Soleil. Le 64ème Pada est le pire des Padas maléfiques.

Ci-dessous, vous trouverez le thème d'exemple pour l'Ascendant Vierge transposé en thème Navamsha circulaire. En prenant la Lune comme point de départ, nous pouvons compter les Padas maléfiques et voir quand des planètes maléfiques transitent ces zones. Par cette méthode, il est possible de prédire avec précision les moments difficiles de la vie du natif.

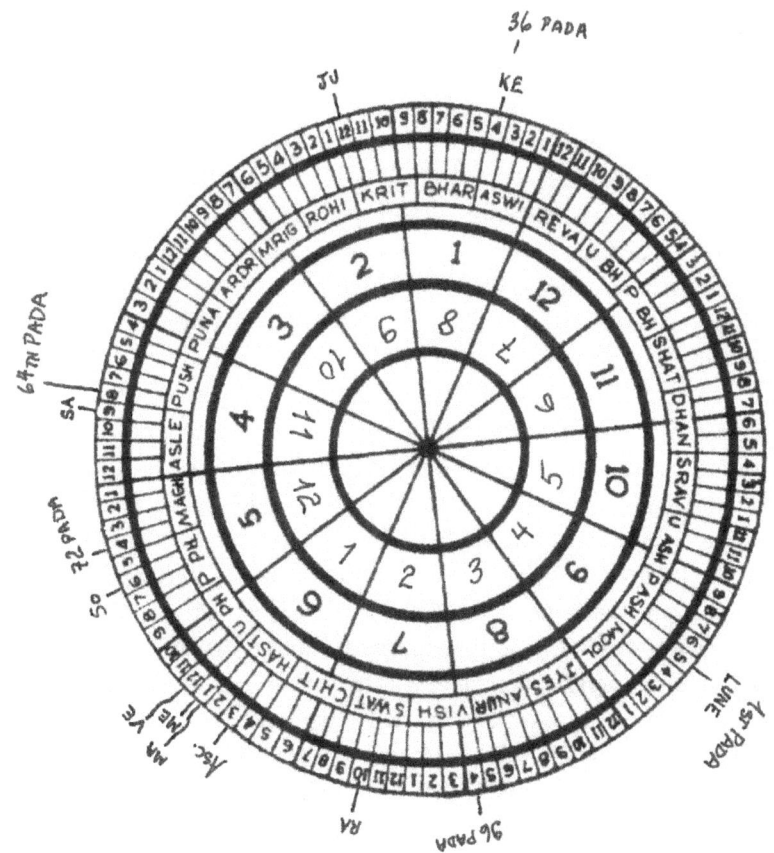

Veuillez noter que dans le thème de l'Ascendant Vierge, le 36ème Pada est également l'emplacement de Ketu natal. Cela indique que lorsqu'une planète transite ce Pada le côté difficile de Ketu se manifestera, et même de façon plus accentuée si la planète qui transite est de nature maléfique. Observez que le 36ème Pada en partant de la Lune est également le 63ème Pada en partant de l'Ascendant. Cela signifie que le Pada suivant est le 64ème Pada redouté en partant de l'Ascendant et qu'il est situé en maison 8 indiquant des problèmes de santé lorsque les planètes transitent cette région.

Veuillez noter que Saturne natal se trouve près du 64ème Pada en partant de la Lune. C'est également une région sensible pour les planètes maléfiques qui y transitent. Dans ce cas, compté en partant de la Lune, cela pourrait signifier une diminution du bonheur et du bien-être psychologique. Saturne s'avère déjà difficile pour l'esprit et situé près du 64ème Pada, cette région devient sensible aux planètes maléfiques, affectant la psychologie en général. Il est très utile de savoir où se trouvent ces régions difficiles du thème pour aider le natif à éviter les problèmes ou à réduire leurs effets à l'aide d'une planification adéquate.

Un autre Pada difficile et supposé être presqu'aussi maléfique que le 64ème Pada est le 22ème Drekkana. Le thème du Drekkana Varga s'emploie pour trouver ce Pada en partant de l'Ascendant. Un Drekkana est une division de 10° aussi le 22ème Drekkana est à 220° en partant de l'Ascendant ou le 67ème Pada en partant de l'Ascendant. Ainsi dans ce thème, les 64ème et 67ème Padas sont présents en maison 8 en partant de n'importe quel point du thème. Le 22ème Drekkana s'emploie uniquement à partir de l'Ascendant et indique des problèmes de santé en ce qui concerne le corps. Ce sont les problèmes fondamentaux de la maison 8, toutefois connaître le Pada exact de la maison 8, permet de connaître la période précise de manifestation des troubles de santé.

Il y a aussi des Padas ou régions bénéfiques pour chaque thème. Il y a 24 Padas bénéfiques, deux pour chaque signe. Ils s'appellent les *Pushkara Navamsha*. Ces Pushkara Navamsha sont situés au même endroit pour tous car ils sont liés à des endroits fixes dans les Nakshatras. Ils sont tous gouvernés par des planètes bénéfiques.

Le thème ci-dessus indique l'emplacement de tous ces Navamshas bénéfiques. Ces Padas ou Navamshas indiquent aussi l'emplacement des planètes Vargottama du thème. Il y un emplacement de Vargottama pour chaque signe. Lorsqu'une planète tombe dans cet emplacement, elle devient Vargottama et est située au même endroit dans le thème Navamsha Varga. Les Pushkara Navamshas sont rarement utilisés dans les textes astrologiques.

Toutefois, ils font partie de l'astrologie Nadi et se trouvent dans le principal texte de Nadi astrologie, *Chandra Kala Nadi* (alias Deva Keralam).

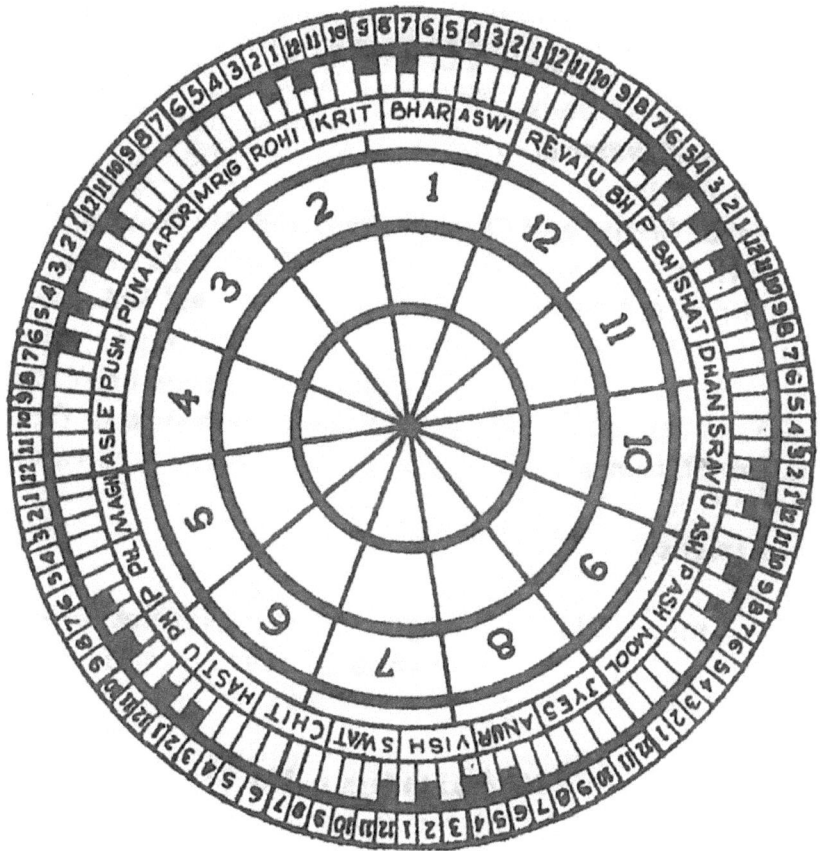

Ces régions bénéfiques du thème Navamsha sont utilisées pour déterminer le meilleur moment ou le plus favorable pour les évènements. Ils sont utilisés dans le *Muhurta* lorsque nous avons besoin de connaître le meilleur moment du commencement ou de la « naissance » d'un évènement tel que savoir à quel moment partir en voyage, quand se marier, etc. Chaque signe a un Pushkara Navamsha contenant un degré spécifique appelé *Pushkaramsas*. À partir du Bélier, les Pushkaramsas sont comme suit : 21°, 14°, 24°, 7°, 21°, 14°, 24°, 7°, 21°, 14°, 24°, et 7°. Ces points de degré sont les plus forts pour obtenir les meilleurs résultats. Ainsi, ils sont importants pour planifier un évènement ou pour choisir les meilleurs moments pour tout signe et pour les indications propres aux maisons de ce signe. Par exemple,

21° en Bélier tombe dans le 7ème Navamsha ou Pada et dans le thème de l'Ascendant Vierge, il tombe en maison 8 des maladies chroniques. Par conséquent, il indiquerait le meilleur moment pour entreprendre un traitement susceptible de donner des résultats positifs. D'autres indications de la maison 8 concernent les polices d'assurance, la recherche, etc. Toute indication de la maison 8 pour l'Ascendant Vierge, devrait de préférence débuter lorsque la Lune transite dans le Pushkaramsa de 21° du Bélier, qui est le 3ème Pada du Nakshatra Bharani.

14
Classifications supplémentaires des Nakshatras

Nakshatras et Gunas
Chaque Nakshatra est associé à l'un des trois gunas ou qualités premières de la nature. Il est affecté par les gunas à trois niveaux : primaire, secondaire et tertiaire. Alors que le niveau primaire est plus évident pour l'action extérieure du Nakshatra, la qualité tertiaire est plus évidente au niveau plus profond.

Les gunas primaires
Les Nakshatras sont divisés en trois groupes selon les trois gunas.
- La première série ou le premier tiers du zodiaque allant de 0° Bélier à 0° Lion ou les Nakshatras de 1 à 9, allant d'Ashwini à Ashlesha, se trouve sous une influence rajasique ou active. Elle traite de la projection, de la motivation, de la mise en œuvre des choses et du mouvement dynamique. Elle projette la personnalité et l'individualité et est associée au soi.
- La deuxième série ou le deuxième tiers du zodiaque allant de 0° Lion à 0° Sagittaire ou les Nakshatras de 10 à 18, allant de Magha à Jyeshtha, se trouve sous une influence tamasique ou d'inertie. Elle traite du développement de la forme, de la substance, de la matérialisation des choses, de la création de la stabilité, de l'endurance et des structures. Elle crée de l'ordre et de la substance dans notre vie. Elle est associée à l'autre ou à l'opposé, au partenaire. Elle possède un caractère fixe car elle contient deux signes fixes, le Lion et le Scorpion. Fixe et

tamasique sont également similaires.
- La troisième série ou le troisième tiers du zodiaque allant de 0° Sagittaire à 0° Bélier ou les Nakshatras 19 à 27, allant de Mula à Revati, se trouve sous une influence sattvique ou harmonieuse. Elle concerne la création de l'équilibre et de l'harmonie, l'accomplissement, la spiritualité, l'universalisation ou la négation des choses. Elle développe le collectif, l'impersonnel ou l'universel et est associée à la multitude. Elle possède un caractère mutable car elle contient deux signes Mutables : le Sagittaire et les Poissons. Mutable et sattvique sont similaires.

Les gunas secondaires

Chacune de ces trois séries de gunas primaires est divisée en trois selon la subdivision des gunas. Ainsi le premier tiers de chaque série est rajasique, le deuxième tiers tamasique et le dernier tiers sattvique.

Les gunas tertiaires

Chacune des séries secondaires est divisée en trois, comme la subdivision des gunas. Ainsi, le premier Nakshatra de ce groupe est rajasique, le second tamasique et le troisième sattvique. Ainsi, rajas, tamas et sattva alternent d'un Nakshatra à l'autre, commençant par Ashwini rajasique, Bharani tamasique, etc.

Les planètes et les Nakshatras

Le gouverneur planétaire d'un Nakshatra possède une orientation et une signification différentes de celle de son gouverneur de signe. Les signes reflètent la signification de la planète qui les gouverne. Les Nakshatras reflètent également la signification de la planète qui les gouverne. Mais dans ce cas, les planètes qui gouvernent indiquent des questions plus profondes. Elles nous indiquent les énergies profondes de ces parties du zodiaque et la façon de parvenir à une transformation à travers elles.

Les planètes gouvernant les Nakshatras viennent en complément ou d'une certaine manière compensent celles qui gouvernent les signes. Elles indiquent la façon intérieure de gérer ces énergies représentées extérieurement par les gouverneurs des signes. Ainsi, le Soleil gouverne le signe du Lion, il procure des pouvoirs extérieurs solaires puissants de volonté et de caractère. Mais le soleil gouverne les Nakshatras de Krittika, Uttara Phalguni et Uttara Ashada. Ceux-ci nécessitent une force solaire de volonté et de caractère pour gérer leur énergie.

Chaque planète gouverne trois Nakshatras. Ils diffèrent selon la qualité des signes dans lesquels ils sont situés, étant Cardinal (Chara), Fixe (Sthira) et Mutable (Dvisvabhava). Ils diffèrent également selon la qualité de leur guna ; rajasique, tamasique ou sattvique. Ainsi, les Nakshatras forment trois groupes, comme nous l'avons vu auparavant.

Nous remarquons que le premier des Nakshatras du zodiaque gouverné par une planète indique l'endroit où cette énergie planétaire est créée. Il représente son Nakshatra rajasique. Le deuxième Nakshatra que cette planète gouverne indique l'endroit où cette énergie agit, où il prend forme. Il représente son Nakshatra tamasique. Le troisième indique l'endroit où l'énergie atteint son point culminant. Il représente son Nakshatra sattvique.

Le premier tiers des Nakshatras allant d'Ashwini à Ashlesha, représente le domaine de la création. À cet endroit, l'accent est mis sur le soi et sur sa manifestation. Le second tiers allant de Magha à Jyeshtha représente le domaine de l'activité. Ici, l'accent porte sur l'autre, l'objet ou le partenaire. La troisième section allant de Mula à Revati représente le domaine de l'accomplissement. À cet endroit, l'accent est mis sur le monde, le collectif ou l'universel. Ainsi, les jugements provenant des derniers tiers des Nakshatras sont plus puissants car c'est en eux que se manifestent les résultats généraux et à long terme.

Ketu
- Ketu gouverne Ashwini, Magha et Mula dont les divinités sont les Ashwins, les Pères et Nirriti (la Déesse de la négation).

Ce sont des signes de nouveaux commencements, de difficultés initiales, du danger de présomption ou d'impulsivité. Ketu gouverne les commencements, représentant ce qui est repris depuis sa fin. Il indique aussi le vide et la crainte à l'origine de la manifestation, étant donné qu'elle est limitée dans le temps et irréelle en fin de compte. Toute manifestation passe par Ketu qui, en essence, représente l'éclipse du soleil ou notre nature spirituelle. De même, en niant la manifestation au profit de notre Soi intérieur, nous devenons aptes à la transcender. Ainsi, Ketu représente à la fois le commencement et la fin. C'est seulement en revenant vers nous-mêmes que nous achevons notre manifestation.

L'énergie de Ketu est conçue dans Ashwini. Elle prend forme dans Magha et atteint son achèvement ou apogée dans Mula. Ketu se manifeste sous forme de doute dans Ashwini et procure de la difficulté et de l'hésitation à la puissante énergie impulsive de Mars exacerbée en Bélier. Ashwini nous entraîne soit à essayer de nous affirmer dans le monde extérieur, soit à nous interroger.

Magha nous entraîne à examiner notre identité en ce qui concerne le passé, la tradition et les ancêtres ou à projeter un puissant sens de soi et une réputation puissante, à essayer de nous transformer en image parentale, en symbole d'autorité ou en célébrité. Ici, Ketu entraîne le doute et nous pousse à nous créer une identité ou une histoire personnelle.

Mula nous entraîne à douter profondément de qui nous sommes. Ce doute peut nous amener à développer un immense orgueil et égoïsme pour le compenser, prenant parfois une ampleur diabolique ou bien il peut nous permettre de nous nier et de nier notre ego au bénéfice d'une identité supérieure. Cela dépend de la pureté des principes que nous suivons. Mula peut nourrir une grande autosatisfaction et procure une grande aptitude à l'introspection critique.

Vénus

- Vénus gouverne Bharani, Purva Phalguni, et Purva Ashadha dont les divinités sont Yama, Bhaga et Apas (la Déesse des Eaux).

Ce sont des Nakshatras de croissance et de gain, de chaleur, d'expansion et de mouvement vers la communication. Ils confèrent du plaisir, du bonheur et de l'abondance qui peuvent toutefois nous tromper. Ce sont des Nakshatras d'accroissement et de développement de nos pouvoirs qui nous conduisent à être attirés par des objets de plaisir ou de beauté afin de nous en parer. Ces Nakshatras sont situés en signes de Feu et procurent une lumière de beauté à nos actions. L'énergie de Vénus est conçue dans Bharani. Elle prend forme dans Purva Phalguni et atteint son point culminant ou achèvement dans Purva Ashadha.

Bharani, représenté par l'organe reproducteur féminin, nous procure un puissant sens de désir, le besoin d'être comblé par l'autre, ce qui fait partie de notre propre projection.

Dans Purva Phalguni, notre sens du désir se manifeste par l'envie de se parer ou de se glorifier, par la beauté et la fierté dans ce que nous sommes et dans nos relations personnelles.

Dans Purva Ashadha, notre sens du désir nous relie à la source de la vie cosmique et à l'esprit de l'univers. Ici, nous recherchons notre gloire dans le collectif et nous nous efforçons d'obtenir une vie plus riche.

Le Soleil

- Le Soleil gouverne Krittika, Uttara Phalguni, et Uttara Ashadha dont les divinités sont Agni, Aryaman et Vishvedevas.

Ce sont des signes d'énergie, de pouvoir et de réalisation. Ils représentent le travail et le développement et nous dirigent vers l'épanouissement personnel. Ils procurent de la puissance, l'aptitude à achever et mettre en pratique, et à manifester les choses. L'énergie de la force solaire parvient à la manifestation dans Krittika. Elle prend forme dans Uttara Phalguni. Elle atteint son point culminant ou réalisation dans Uttara Ashadha.

Krittika permet à la force ou au pouvoir solaire d'être orienté vers l'activité créative. Le Soi se dirige vers le développement de son fondement matériel, de ses ressources et de ses alliances.

Uttara Phalguni lui permet d'être orienté vers le travail et les réalisations pratiques. Nous travaillons pour les autres ou pour achever des buts spécifiques.

Uttara Ashadha permet son universalisation ou son orientation vers le monde dans son ensemble. Nous nous dirigeons vers des principes supérieurs et vers leurs manifestations influençant le monde.

La Lune

- La Lune gouverne Rohini, Hasta, Shravana dont les divinités sont Prajapati, Savitar, et Vishnu.

Ce sont des Nakshatras de créativité, de réceptivité de connaissance et d'expression. Ils sont productifs et formateurs et entraînent la manifestation des choses. Ils sont de nature terrestre et solide car ils sont situés entièrement dans des signes de Terre. L'énergie lunaire est conçue dans Rohini. Elle prend forme dans Hasta qui procure de grandes aptitudes intellectuelles et manuelles. Elle atteint son achèvement ou perfection dans Shravana où l'esprit peut devenir totalement réceptif, ouvert et à l'écoute de la voix de la vérité.

Rohini est le Nakshatra le plus matériel et productif mais il ne conduit pas les choses à leur aboutissement. Il fait naître et croître.

Hasta est le plus créatif pratiquement et intellectuellement, mais il agit par impulsions provenant d'autres sources. Il façonne les pulsions lunaires et les aptitudes mentales et les transforme en objets et concepts spécifiques.

Shravana procure l'habilité maximum pour changer le monde et l'idée que nous nous en faisons. Il n'est pas si créatif mais nous rend aptes à la communication. Il nous permet d'universaliser nos souhaits et nos tendances et nous rend réceptifs à des réalités supérieures.

Mars

- Mars gouverne Mrigashira, Chitra, Dhanishta dont les divinités sont Soma, Twashtar et les Vasus.

Ce sont des Nakshatras de pouvoir, de lumière, de travail, de recherche et de combat. Ils nous entraînent à rechercher les choses, à essayer de les accomplir et à nous efforcer d'obtenir des gains. Ils sont sans cesse en mouvement. Dans ces Nakshatras, nous allons des ressources matérielles aux applications mentales. Nous prenons nos matières premières et essayons de les façonner pour en faire des concepts ou de réaliser des objectifs que nous avons conçus par notre pensée. L'énergie de Mars est conçue dans Mrigashira, endroit où nous découvrons la signification de nos désirs. Elle prend forme ou agit dans Chitra, là où les objets façonnés selon nos désirs sont réalisés selon un but précis. Elle atteint son achèvement ou perfection dans Dhanishta. À cet endroit, nos succès matériels s'étendent aux principes collectifs ou cosmiques.

Dans Mrigashira, nous commençons à rechercher notre joie de vivre, que nous recherchons tout d'abord à travers les objets des sens.

Plus nous évoluons, plus nous recherchons profondément, plus nous nous interrogeons et plus nous sommes déçus par ce que nous avons déjà accompli.

Dans Chitra, nous obtenons le plus grand pouvoir de désirs et leurs réalisations. Nous devenons aptes à façonner notre vie pour en faire des objets de nos désirs. Nous recherchons le bien-aimé mais non pour s'abandonner à lui mais plutôt pour le mouler dans notre idéal.

Dans Dhanishta, nous devenons capables d'obtenir une grande richesse, une affluence et un bonheur orientés vers la famille, la société ou à un niveau supérieur vers le bien universel. Nous sommes capables de réaliser nos objectifs dans ce Nakshatra mais ceux-ci cessent d'être personnels.

Rahu

- Rahu gouverne Ardra, Swati, Shatabhishak dont les divinités sont Rudra, Vayu et Varuna.

Ce sont des Nakshatras de changement, de dispersion, de jugement et de tempête. Ils entraînent des fluctuations, des dangers, des défis, de la difficulté et de l'obscurité. Ils sont volatiles et aériens, étant entièrement dans des signes d'Air. Ce sont des Nakshatras à la fois de maladie et de guérison. L'énergie de Rahu est conçue dans Ardra, l'emplacement de la tempête. Elle prend forme ou agit dans Swati, le lieu du vent. Elle atteint son achèvement ou perfection dans Shatabhishak, le lieu de la crise salutaire.

Ardra indique la stimulation du principe de Rahu dans l'esprit en tant que sensibilité, impressionnabilité et principe réactionnel. Il rend l'esprit actif et réactif, brassant son contenu.

Dans Swati, nous devenons mentalement sensibles à nos partenaires et à nos homologues sociaux à travers la communication.

Dans Shatabhishak, nous devenons sensibles à l'ensemble de la réalité et à la vérité ou au mensonge de qui nous sommes. Cela nous entraîne à rechercher la libération. Nous nous sentons accablés et victimes et recherchons une source supérieure pour nous sauver.

Jupiter

- Jupiter gouverne Punarvasu, Vishakha, Purva Bhadra dont les divinités sont Aditi, Indragni et Aja Ekapat.

Ce sont des Nakshatras de croissance, de développement, de joie et d'expression. Ils indiquent le mouvement de la pensée vers l'expression émotionnelle. L'énergie de Jupiter est conçue dans Punarvasu, où les pensées deviennent des émotions, de la compassion et de la dévotion. Elle prend forme ou agit dans Vishakha où les idéaux deviennent pathétiques et se transforment en recherche profonde. Elle atteint son achèvement ou sa perfection dans Purva Bhadra où les principes universels viennent façonner la manifestation extérieure.

Punarvasu fournit l'expansion de l'intellect, de la simple pensée en sentiment et en sagesse, dans les circonstances adéquates.

Vishakha procure l'expansion de notre sens social passant des relations personnelles au pathos, de l'intensité des sentiments qui nous relie à la vie profonde.

Purva Bhadra fournit l'expression de notre monde ou du sens universel. Il transforme nos idéaux en foi, notre aspiration en engagement.

Saturne

- Saturne gouverne Pushya, Anuradha, Uttara Bhadra dont les divinités sont Brihaspati, Mitra, Ahir Budhnya.

Ce sont des Nakshatras nécessitant de la discipline et du détachement. Ils sont tous situés dans des signes d'Eau, ce qui est à l'opposé de la nature et de la qualité de Saturne. Saturne crée, en quelque sorte, les berges afin de permettre à cette eau de couler plus profondément. Leurs divinités sont réceptives et intuitives, ce qui diffère également de Saturne. L'énergie de Saturne est conçue dans Pushya, où l'énergie émotionnelle doit être contrôlée. Elle prend forme ou agit dans Anuradha où l'énergie émotionnelle doit être dirigée. Elle s'achève ou atteint sa perfection dans Uttara Bhadra où l'énergie doit être intériorisée.

Pushya nécessite une discipline et une culture minutieuses afin de promouvoir une croissance et un épanouissement nouveaux.

Anuradha requiert de la patience et du tact pour favoriser le développement et le développement des émotions et de la sensibilité psychique.

Uttara Bhadra nécessite de la sérénité et du calme pour contenir la sensibilité intuitive de l'esprit acquise en Poissons.

Mercure
- Mercure gouverne Ashlesha, Jyeshtha, Revati dont les divinités sont le Dieu Serpent, Indra et Pushan.

Ce sont des Nakshatras de sagesse, de connaissance et de profondeur. Ils exigent non seulement des talents intellectuels mais également un pouvoir de discrimination intellectuelle afin de les traiter correctement. Ils nécessitent les aspects profonds de l'énergie mercurienne. Ils sont situés entièrement dans des signes d'Eau, nécessitant ce fonctionnement approfondi de Mercure qui est normalement superficiel. L'énergie de Mercure est conçue dans Ashlesha où la raison doit contrôler les pulsions émotionnelles profondes et les instincts subconscients. Elle prend forme ou se manifeste dans Jyeshtha, où la sagesse doit contrôler l'ego et ses impulsions. Elle atteint son achèvement ou sa perfection dans Revati où la sagesse doit se développer intuitivement.

Ashlesha confère une habilité profonde ou une grande perspicacité intellectuelle. Nous pouvons percer les sentiments des autres et les utiliser pour parvenir à une plus grande compréhension ou pour les exploiter.

Jyeshtha permet de nous comprendre et de comprendre nos désirs subconscients profonds ainsi que nos instincts et notre énergie.

Revati nous permet de comprendre notre vie et l'existence entière. Mais dans tous ces cas, Mercure est appelé à fonctionner intuitivement. Au niveau purement intellectuel, il nourrit la tromperie, particulièrement l'aveuglement en ce qui nous concerne résultant du fait d'être sous l'emprise de nos propres émotions.

Les Nakshatras masculins et féminins

Les Nakshatras sont également divisés selon leur genre masculin ou féminin. Les Nakshatras masculins possèdent un caractère plus actif. Ils peuvent manifester leurs forces de manière plutôt directe. Les Nakshatras féminins possèdent un caractère plus passif. Ils nécessitent la motivation d'une force extérieure provenant des planètes, afin que leurs pouvoirs latents se mettent à fonctionner. Ils possèdent une nature plus réceptive et créative.

Les planètes masculines telles que le soleil, Mars et Jupiter agissent avec davantage d'énergie dans les Nakshatras masculins. Dans les Nakshatras féminins, elles possèdent un effet plus créatif et fructifiant. Les planètes féminines, telles que la Lune et Vénus, acquièrent un caractère plus actif dans les Nakshatras masculins, alors que leur pouvoir reste passif dans les Nakshatras féminins, à moins d'être activés par d'autres aspects ou associations planétaires. Dans les Nakshatras féminins, la Lune par exemple, est meilleure pour la fertilité et la procréation.

La division des Nakshatras en masculin et en féminin est la suivante. Il est évident que cette division ne suit aucun schéma mathématique simple :

Nakshatras masculins
1. Ashwini, 2. Bharani, 8. Pushya, 9. Ashlesha, 10. Magha, 12. Uttara Phalguni, 15. Swati, 18. Jyeshta, 19. Mula, 20. Purva Ashadha, 21. Uttara Ashadha, 22. Shravana, 25. Purva Bhadra

Nakshatras Féminins
3. Krittika, 4. Rohini, 5. Mrigashira, 6. Ardra, 7. Punarvasu, 11. Purva Phalguni, 13. Hasta, 14. Chitra, 16. Vishakha, 17. Anuradha, 23. Dhanishta, 24. Shatabhishak, 26. Uttara Bhadra, 27. Revati

Les Nakshatras et les quatre objectifs de la vie

Les Nakshatras sont aussi classifiés selon les quatre buts de la vie ; dharma, artha, kama et moksha ou les forces motivantes des principes, l'activité dirigée, les désirs ou l'aspiration et la libération. La division des Nakshatras suit ainsi un schéma simple. Le premier Nakshatra est associé au dharma, le second à artha, le troisième à kama et le quatrième à moksha, avec le schéma ensuite inversé ; le cinquième gouvernant moksha, le sixième kama, le septième artha et le huitième dharma.

Nakshatras de Dharma
1. Ashwini, 8. Pushya, 9. Ashlesha, 16. Vishakha, 17. Anuradha, 23. Dhanishta, 24. Shatabhishak.
Nakshatras d'Artha
2. Bharani, 7. Punarvasu, 10. Magha, 15. Swati, 18. Jyeshtha, 22. Shravana, 25. Purva Bhadra.

Nakshatras de Kama
3. Krittika, 6. Ardra, 11. Purva Phalguni, 14. Chitra, 19. Mula, 26. Uttara Bhadra
Nakshatras de Moksha
3. Rohini, 5. Mrigashira, 12. Uttara Phalguni, 13. Hasta, 20. Purva Ashadha, 21. Uttara Ashada, 27. Revati

Notons que dans la première série, le Nakshatra Abhijit était utilisé. Il est situé entre Uttara Ashada et Shravana et se rapporte à kama.

Nous ne pouvons pas utiliser ces facteurs de façon simpliste pour déterminer lequel de ces quatre buts est le plus important pour chaque individu. Ils indiquent davantage l'attitude que l'orientation. Les Nakshatras de dharma nous rendent plus attentifs au principe ou au caractère. Ce qui compte est le principe suivi et non le but atteint. Les signes artha nous rendent plus soucieux de l'action dirigée vers un but. Le plus important est le but atteint et non les moyens d'y parvenir. Kama nous relie davantage aux désirs, aux souhaits ou à l'aspiration. C'est l'aspiration de l'objet ou du but qui est développé ici et non le fait de l'obtenir. Moksha nous rend plus intéressés par la libération ou la liberté. Il entraîne la négation des buts et des actions. Quant à savoir si de tels facteurs agissent à un niveau plus ou moins élevé dépend d'autres facteurs du thème astral.

Les Nakshatras et les quatre directions

Chaque Nakshatra est lié à l'une des quatre directions ; est, sud, ouest ou nord. Elles n'ont rien en commun avec la direction des cieux dans lesquels les Nakshatras sont situés. Cette division est symbolique ou abstraite. Nous comptons les Nakshatras en plaçant le premier au sud, le second à l'ouest, le troisième au nord et le quatrième à l'est.

Nakshatras Sud
1. Ashwini, 5. Mrigashira, 9. Ashlesha, 13. Hasta, 17. Anuradha, 21. Uttara Ashadha, 24. Shatabhishak
Nakshatras Ouest
2. Bharani, 6. Ardra, 10. Magha, 14. Chitra, 18. Jyeshta, 24. Purva Bhadra

Nakshatras Nord
3. Krittika, 7. Punarvasu, 11. Purva Phalguni, 15. Swati, 19. Mula, 25. Uttara Bhadra
Nakshatras Est
4. Rohini, 8. Pushya, 12. Uttara Phalguni, 16 Anuradha, 20. Purva Ashadha, 23. Dhanishta, 27. Revati.

Notons que dans cet ordre, Abhijit était lié à l'ouest.

Le sud est la direction de l'action et de la manifestation. Le nord est la direction de l'inaction et de la contemplation. L'est est la direction de l'origine, de la lumière. L'ouest est la direction des relations et de la communication.

Les Nakshatras et la classe sociale

Chaque Nakshatra est classé selon la classe ou caste (*jati* ou *varna*) correspondant aux sept classes sociales. Elles sont respectivement celles des Brahmanes, des Kshatriyas, des Vaishyas, des Shudras, des Paysans, des Bouchers et des Parias (intouchables). Les Brahmanes ou prêtres appartiennent à la classe la plus élevée. Les Kshatriyas, guerriers ou nobles, viennent en deuxième position. Les Vaishyas ou classe marchande représentaient à l'origine la population en général. Les Shudras étaient les serviteurs ou la classe inférieure qui se tenait en dehors de la culture religieuse. Les paysans étaient à l'origine une subdivision des Vaishyas. Les bouchers faisaient partie des Shudras. Les parias comprenaient non seulement les parias inférieurs qui étaient exclus de toute norme ou règle sociale, mais également les parias supérieurs comprenant les yogis et *sannyasins* appartenant à aucune règle sociale.

Nakshatras des Vaishyas ou des Marchands
1. Ashwini, 7. Punarvasu 13. Hasta
Nakshatras des Parias (intouchables)
2. Bharani, 9. Ashlesha, 16. Vishakha, 22. Shravana
Nakshatras des Brahmanes
3. Krittika, 11. Purva Phalguni, 20. Purvashadha, 25. Purva Bhadra
Nakshatras des Shudras
4. Rohini, 10. Magha, 17. Anuradha, 27. Revati

Nakshatras des Paysans
5. Mrigashira, 14. Chitra, 18. Jyeshtha, 23. Dhanishta
Nakshatras des Bouchers
6. Ardra, 15. Swati, 19. Mula, 24. Shatabhishak
Nakshatras des Kshatriyas / Guerriers
8. Pushya, 12. Uttara Phalguni, 21. Uttarashadha, 26. Uttara Bhadra

Notons que Abhijit, à l'origine, faisait partie des Nakshatras des Vaishyas.

Cette classification n'est pas non plus utilisée de façon simpliste pour déterminer la classe d'une personne. Elle indique un mode d'opération du Nakshatra. Par exemple, les Nakshatras bouchers tels que Mula, opèrent avec une certaine brutalité. Shatabhishak en tant que boucher est également un médecin, un chirurgien qui, sans pitié, extrait une tumeur afin de sauver notre vie. Les Nakshatras des Kshatriyas ou des guerriers nous entraînent à agir avec un esprit guerrier et exigent que nous luttions avec des motifs nobles afin d'atteindre nos objectifs.

Les Nakshatras et les espèces animales

Chaque Nakshatra est associé à un animal particulier. Ils se réfèrent à la nature vitale déterminée par chaque Nakshatra. Ils indiquent le tempérament de l'aspect animal de notre nature. Ainsi, ils sont importants dans les affaires humaines où le plan vital est important, où l'harmonie des impulsions physiques et émotionnelles est requise, comme dans les relations familiales ou professionnelles. Il existe 14 animaux pour les Nakshatras, étant donné que chaque animal possède un côté masculin et un côté féminin.

Les Nakshatras et les types d'animaux

Chaque Nakshatra est aussi associé à un type ou catégorie animale. Ils comprennent les types humains, les quadrupèdes, les habitants des forêts, les animaux aquatiques et les insectes. Ils sont associés au type d'animal du signe dans lequel ils sont situés. À cet égard, les Nakshatras de même type d'animal s'entendent mieux.

- Le Bélier, le Taureau et le Capricorne (la chèvre) sont des quadrupèdes.
- Le Lion est un habitant des forêts

- Les Gémeaux, la Vierge et le Verseau sont des humains
- Le Cancer et les Poissons sont aquatiques
- Le Scorpion est un insecte.

Les Nakshatras par paires

Les Nakshatras viennent par groupes de deux, partageant des qualités similaires et ils sont généralement tous deux soit favorables soit néfastes.

Purva Bhadra et Uttara Bhadra

Ces deux Nakshatras sont très favorables comme l'indique leur nom Bhadra et sont bénéfiques tant du point de vue mondain que spirituel.

Revati et Ashwini

Ces deux Nakshatras sont généralement favorables bien qu'ils gouvernent des Gandantas. Ils gouvernent la fin et le commencement des entreprises personnelles.

Bharani et Krittika

Ces deux Nakshatras sont généralement néfastes. Le premier est davantage associé à la lutte contre la mort, le second à la lutte de la naissance.

Rohini et Mrigashira

Ces deux Nakshatras sont généralement très favorables. Rohini est spécifiquement le Nakshatra de Lakshmi ou de la chance. Mrigashira procure également des gains mais exige une recherche afin de les obtenir.

Ardra

Il est généralement néfaste et indique la lutte et l'agitation, mais cela peut conduire à de nouvelles réalisations lorsque les difficultés sont dépassées.

Punarvasu et Pushya

Ces deux Nakshatras sont en général très favorables. Punarvasu représente la mère divine et Pushya le père divin.

Ashlesha et Magha

Ces deux Nakshatras sont généralement néfastes et gouvernent des Gandantas. Tous deux sont associés à la mort et à la fin. Ashlesha représente plutôt le fait d'infliger la mort, alors que Magha indique le passage dans l'autre monde.

Purva Phalguni et Uttara Phalguni

Tous deux sont en général favorables, en quelque sorte comme Purva et Uttara Bhadra. Ils procurent des gains, des alliances et favorisent le mariage.

Hasta et Chitra

Ces deux Nakshatras sont généralement favorables et tous deux procurent de bonnes aptitudes créatives et artistiques.

Swati

Il est généralement favorable mais peut être de nature changeante.

Vishakha et Anuradha

Ces deux Nakshatras sont généralement favorables, le second davantage mais ils impliquent des efforts.

Jyeshtha et Mula

Ce sont en général les Nakshatras les plus néfastes qui gouvernent les pires Gandantas. Jyeshtha qui est opposé à Rohini dans le zodiaque, est supposé être Alakshmi ou le malheur.

Purva Ashadha et Uttara Ashadha

Ces deux Nakshatras sont en général favorables mais demandent des efforts pour réussir. Ils indiquent la victoire dans nos luttes.

Shravana et Dhanishta

Ces deux Nakshatras sont généralement favorables, procurant des gains et des relations. Dhanishta est également appelé Shravishta, superlatif de Shravana.

Shatabhishak

Il n'est favorable qu'après les difficultés initiales ou après avoir rectifié les dommages passés.

L'utilisation des Nakshatras

Il est important de noter les Nakshatras dans lesquels les planètes sont situées, en particulier la Lune. Ils indiquent notre type de personnalité ou l'énergie karmique avec laquelle nous agissons. Nous devons aussi noter les Nakshatras dans lesquels sont situés l'Ascendant et le Soleil. Nous devons examiner la relation existant entre les planètes situées dans le Nakshatra et son gouverneur. Les planètes s'expriment à travers le gouverneur du Nakshatra dans lequel elles sont situées. Si l'Ascendant est dans Vishakha gouverné par Jupiter, il s'exprimera à travers Jupiter.

Les questions spirituelles du thème sont souvent exprimées à travers le Nakshatra où se situe la Lune ou le Nakshatra dans lequel se trouve la planète qui le gouverne. Les Nakshatras qui gouvernent les Nœuds Lunaires sont également importants. Ils indiquent des potentiels karmiques.

D'autres applications spécifiques des Nakshatras sont liées aux études de compatibilité et de calcul des moments propices à certains événements. Pour ce calcul, nous nécessitons un calendrier ou des éphémérides indiquant les positions quotidiennes de la Lune dans les Nakshatras. Cela est très important en astrologie horaire.

Chaque Nakshatra est divisé en quatre quarts, qui sont eux-mêmes gouvernés par une planète spécifique et associés à un signe particulier. Ils sont identiques aux emplacements des planètes dans le Navamsha. Par conséquent, nous remarquons que l'importance du Navamsha reflète l'importance des Nakshatras.

15
Rectification d'un thème astral

Lorsqu'on a besoin d'une interprétation précise, ou d'utiliser les thèmes Varga, ou bien si l'on veut employer les méthodes prédictives de l'Ashtakavarga, nous devons rectifier l'heure de naissance du natif. Ce chapitre vous explique comment rectifier l'heure à une minute près. En astrologie, ce processus permettant de corriger de l'heure de naissance s'appelle « rectification ».

Les principaux outils pour corriger l'heure de naissance sont l'utilisation des périodes de Dasha, basées sur la position de la Lune natale, l'Ascendant, et les principaux transits de Saturne, Rahu, Ketu et Jupiter. La plupart du temps, l'Ascendant ne changera pas. Toutefois, si l'Ascendant se trouve dans les cinq premiers ou cinq derniers degrés d'un signe, l'Ascendant pourra changer. Ainsi, c'est l'endroit par où commencer si l'Ascendant se trouve à cinq degrés ou moins de la maison ou du signe suivant.

La première étape consiste à observer si l'Ascendant actuel correspond à la vie du natif. Essayez de changer l'heure de 15 minutes dans les deux sens et observez si l'Ascendant change. S'il ne change pas, ou si l'Ascendant se trouve au milieu de la maison 1, vous pouvez passer cette étape. Si l'Ascendant change, utilisez alors les règles classiques du Jyotish pour les gouverneurs de maison, les amitiés ou les ennemis, les aspects et les Yogas pour vérifier si l'un des deux Ascendants correspond bien à la vie du natif.

L'étape suivante consiste à demander au natif qu'il dresse une liste des dates importantes de sa vie. Les évènements principaux sont

les seules dates utiles telles que :
1. L'obtention de diplômes, de prix, de récompenses scolaires
2. Les morts dans la proche famille (frères, sœurs ou parents)
3. Le mariage
4. La naissance d'un enfant
5. Le divorce
6. Les maladies ou interventions chirurgicales
7. Les accidents
8. Les procès
9. Les nouvelles activités, un nouveau travail ou profession
10. La perte de son emploi

Cette liste ci-dessus n'est pas exhaustive, utilisez tout évènement important de la vie du natif. Cette liste est facile à comprendre astrologiquement avec les Dashas et transits. Essayez de réduire la liste aux évènements les plus importants de la vie de la personne. Il existe un tableau psychologique standard appelé « Le test de stress » utile à connaître. Il peut nous aider à décider quels sont les évènements les plus importants dans la vie du natif. L'échelle va d'habitude de 0 à 100 points ; 100 points étant pour le pire évènement possible :

Évènements	Score
Mort de l'épouse	100
Divorce	73
Séparation du couple	65
Peine de prison	63
Mort d'un membre de la proche famille	63
Accident ou maladie	53
Mariage	50
Perte de l'emploi	47
Retraite	45
Problème de santé d'un membre de la famille	44
Grossesse	40
Difficultés sexuelles	39
Naissance ou adoption d'un enfant	39
Réorganisation du travail	39

Changement de statut financier	38
Mort d'un ami proche	37
Changement de travail	36

Commencez par le Mahadasha et ensuite par les périodes de Bhukti Dasha pour les évènements importants de la personne. Ces périodes de Dasha doivent correspondre à la vie du natif. Si elles ne correspondent pas, l'heure de naissance doit être changée en augmentant par paliers de cinq minutes jusqu'à ce qu'elle se rapproche le plus possible. Lorsque vous obtenez une concordance, changez l'heure de naissance par paliers d'une minute jusqu'à ce que le Dasha corresponde le plus possible aux expériences de la vie de la personne.

Maintenant, prenez un évènement et calculez les transits pour cette période de temps. Les transits doivent concorder avec la réalité de la vie du consultant. Les transits agissent généralement comme catalyseurs des périodes de Dasha. En d'autres termes, une période de Dasha peut se produire sans qu'il ne se manifeste d'évènements majeurs jusqu'au moment où une planète en transit change de signe ou de maison. Lorsque cela se produit, la planète qui arrive (en transit) va déclencher l'évènement. Normalement, les planètes en transit commencent à affecter les planètes du thème natal lorsqu'elles arrivent à cinq degrés de la planète natale. C'est la distance moyenne d'une planète en transit pour affecter la planète natale. Cet effet devient de plus en plus puissant jusqu'à ce que la planète en transit arrive au même degré de la planète natale. Le moment le plus puissant peut être lorsque la planète en transit est à un degré de la planète natale.

Il existe une autre situation courante avec les planètes en transit, lorsqu'elles passent sur la planète natale, puis deviennent rétrogrades et qu'elles repassent sur la planète natale. Ce faisant, la planète en transit devra à un moment donné redevenir directe et lorsque tous ces allers et retours se seront produits, cela constituera la troisième conjonction de la planète en transit sur la planète natale. Par exemple, Jupiter en transit passe sur Mars natal (1), puis Jupiter devient rétrograde et repasse sur Mars dans le sens inverse (2) puis Jupiter en transit redevient directe et repasse une autre et dernière fois sur le Mars natal (3). Ainsi, le troisième passage de Jupiter sera le plus puissant des trois passages.

Lors de la rectification de l'heure de naissance, l'astrologue a besoin d'observer les transits pour être sûr que la possibilité de plusieurs passages d'une planète en transit sur une planète natale soit prise en compte. S'il y a un évènement important, cela correspondra généralement, mais pas toujours, au troisième ou dernier transit. Le Dasha est le plus important, suivi par les transits. Ne changez pas l'heure de naissance pour correspondre aux transits si le Dasha ne correspond pas à la vie du natif. L'ordre suivant doit toujours être respecté :

1. L'Ascendant
2. Le Dasha
3. Les Transits

Si cet ordre est suivi, il sera relativement facile d'arriver à une minute près de l'heure de naissance exacte de la personne.

16
Le Shad Bala

Ce chapitre examine le *Shad Bala* (Shadbala) ou les six (*Shad*) façons différentes de déterminer la force ou la faiblesse planétaire (*Bala*). Le système du Shad Bala sert à déterminer la force des planètes dans le thème natal. Cette information est introduite surtout comme référence et il n'est pas nécessaire d'en avoir une compréhension détaillée, en particulier en ce qui concerne les calculs. Le Shad Bala est un système élaboré de calculs et comme ces calculs sont complexes, nécessitent une grande compétence et prennent beaucoup de temps, il est préférable d'utiliser un logiciel.

Thème d'exemple d'Ascendant Vierge :

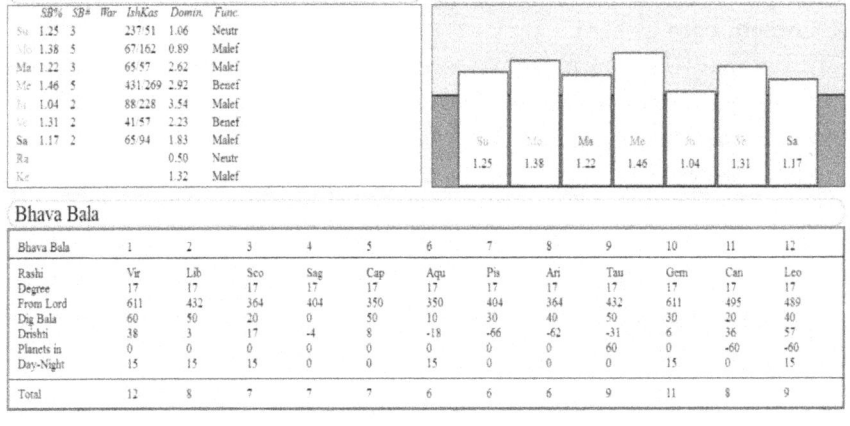

Bhava Bala	1	2	3	4	5	6	7	8	9	10	11	12
Rashi	Vir	Lib	Sco	Sag	Cap	Aqu	Pis	Ari	Tau	Gem	Can	Leo
Degree	17	17	17	17	17	17	17	17	17	17	17	17
From Lord	611	432	364	404	350	350	404	364	432	611	495	489
Dig Bala	60	50	20	0	50	10	30	40	50	30	20	40
Drishti	38	3	17	-4	8	-18	-66	-62	-31	6	36	57
Planets in	0	0	0	0	0	0	0	0	60	0	-60	-60
Day-Night	15	15	15	0	0	15	0	0	0	15	0	15
Total	12	8	7	7	7	6	6	6	9	11	8	9

C'est en faisant la moyenne de tous les différents types de Shad Bala calculés que nous déterminons la force ou la faiblesse planétaire générale. Généralement, on considère que si une planète possède un Shad Bala de 1,0 ou plus, celle-ci a le pouvoir d'agir selon sa position dans le thème. Si le Shad Bala est inférieur à 1, elle sera considérée comme faible et pourra créer des difficultés. Les Shad Balas se produisent généralement jusqu'à 1,3 et exceptionnellement jusqu'à 1,8. Ils se produisent généralement à partir de 0,8 et rarement à partir de 0,6. Ils atteignent une moyenne de 1,1 ou 1,2.

- Certains astrologues considèrent seulement le principal Rupa du Shad Bala. Ainsi, ils préfèrent découvrir la planète la plus faible et la planète la plus puissante en termes de Shad Bala, avant toute division spécifique de la somme totale.
- D'autres astrologues donnent plus d'importance aux facteurs spécifiques du Shad Bala, tels que la Force d'Exaltation (Uccha Bala) et ne prennent pas en compte les sommes totales de la planète.

Si une planète possède un Shad Bala élevé, cela ne signifie pas nécessairement qu'elle entraînera de bons résultats ou bien, si elle en possède un faible, qu'elle donnera de mauvais résultats. Il faut prendre en compte d'autres éléments. De même, si une planète possède un Shad Bala moyen mais si sa position et ses aspects dans le thème sont puissants, elle pourra toujours agir de façon puissante. Le Shad Bala nous indique la force et la faiblesse fondamentales des planètes mais nous devons nous référer au thème pour savoir comment elles agiront.

Le Shad Bala ne prend apparemment pas en compte les aspects planétaires. Il prend en compte la force des aspects mais cela ne compte pas beaucoup. Les aspects sont certainement plus importants que les facteurs de Shad Bala. Les facteurs de Shad Bala s'annulent parfois les uns aux autres. Bien qu'il soit utile de prendre en compte ces calculs, il n'est pas toujours utile d'en faire la moyenne. L'astrologie a besoin de jugements qualitatifs qui ne peuvent pas toujours se réduire à de simples calculs quantitatifs. Il n'existe encore aucun substitut à la perspicacité ni à l'expérience.

Les six facteurs de Shad Bala sont :
1. La Force Positionnelle   (Sthana Bala)
2. La Force Directionnelle   (Dig Bala)
3. La Force Temporelle   (Kala Bala)
4. La Force de Mouvement   (Chesta Bala)
5. La Force Naturelle   (Naisargika Bala)
6. La Force des Aspects   (Drik Bala)

1. La Force Positionnelle
Celle-ci est également constituée de cinq facteurs :
  A. La Force d'Exaltation   (Ucha Bala)
  B. La Force des Subdivisions   (Saptavargaja Bala)
  C. La Force des Signes impairs et pairs (Ojayugmarasyamsa Bala)
  D. La Force Angulaire   (Kendra Bala)
  E. La Force des Décans   (Drekkana Bala)

A. La Force d'Exaltation

La Force d'Exaltation est toujours importante et doit être prise en compte même lorsque le Shad Bala n'est pas calculé. Les planètes sont toujours plus puissantes lorsqu'elles sont exaltées et plus faibles lorsqu'elles sont en chute. De même, la Lune est plus puissante pleine que lorsqu'elle est nouvelle. La détermination de la Force d'Exaltation est simple :

- Une planète reçoit 60 points lorsqu'elle est située à un degré d'exaltation et 0 point lorsqu'elle est à un degré de chute.
- Elle perd un point tous les trois degrés de distance à partir de l'exaltation et prend un point pour tous les trois degrés de distance à partir de la chute.

La Force d'Exaltation a ses limites. Premièrement, elle ne prend pas en compte le degré où une planète en chute peut être annulée (et si la chute est annulée, l'exaltation doit être annulée par les facteurs opposés). Deuxièmement, elle ne prend pas en compte le domicile des planètes. Les planètes ne perdent pas leur force de façon identique entre l'exaltation et la chute, étant donné qu'elles gagnent de la puissance dans les signes qu'elles gouvernent.

B. La Force Subdivisionnelle

Elle est calculée d'après les sept subdivisions zodiacales (ou thèmes harmoniques) ; les première, seconde, troisième, septième, neuvième, douzième et treizième subdivisions zodiacales (Vargas). Elle suit les mêmes règles d'amitié et d'hostilité que celles du thème natal, et donne à chacune un certain total de points.

Force Subdivisionnelle des planètes
- Domicile   30 points
- Grand ami   22,5 points
- Ami   15 points
- Signe neutre   7,5 points
- Signe hostile 3,75 points
- Grand ennemi   1,875 points

Il est nécessaire pour cela de déterminer l'amitié et l'hostilité planétaires des sept subdivisions zodiacales. Il existe une considération particulière pour la planète dans sa division de Mulatrikona dans son thème natal de base ou première subdivision zodiacale (Rashi) où elle obtient 45 points. Sinon, le Mulatrikona n'est pas pris en compte.

Ceci est un point important à prendre en compte. Cependant, nous rencontrons des anomalies. Saturne atteint sa faiblesse maximum à 20° du Bélier, bien qu'il soit dans le Navamsha de la Balance où il est exalté. De même, la Lune atteint sa faiblesse maximum à 3° du Scorpion, également dans le Navamsha du Cancer.

C. La Force des Signes impairs et pairs

Les planètes gagnent de la force lorsqu'elles sont dans les signes impairs ou pairs dans le Rashi (première subdivision zodiacale) et dans le Navamsha (neuvième subdivision zodiacale).

- Soleil, Mars, Jupiter, Mercure et Saturne fonctionnent mieux dans les signes impairs.
- Lune et Vénus fonctionnent mieux dans les signes pairs.

Par conséquent, la plupart des planètes gagnent de la force dans les signes impairs et en perdent dans les signes pairs.

- Les planètes obtiennent 15 points lorsqu'elles sont dans leurs signes appropriés impairs ou pairs dans le Rashi et le Navamsha, leur donnant ainsi un maximum de 30 points.

Ce point est une question mineure à laquelle il ne faut pas donner trop d'importance. Cependant, il peut être annulé par d'autres facteurs. Mercure, par exemple, n'a pas de force de parité de signe en Vierge, bien qu'il y soit exalté.

D. La Force en Kendra (Angles)

Cette force est un facteur important parce que les planètes sont généralement plus puissantes dans les Kendras. Les qualités des maisons sont des facteurs importants dans toutes les descriptions et il faut toujours les prendre en compte même si nous ne calculons pas le Shad Bala.

E. La Force du Décan

Les planètes sont divisées en masculin, féminin et neutre.

- Planètes masculines   Soleil, Mars et Jupiter
- Planètes féminines   Lune et Vénus
- Planètes neutres   Mercure et Saturne

Elles gagnent de la force lorsqu'elles sont situées dans le décan approprié ou la division de dix degrés d'un signe. La règle pour déterminer la Force du Décan est la suivante :

- Les planètes masculines gagnent 15 points lorsqu'elles sont situées dans le premier décan d'un signe (0° à 9°60)
- Les planètes neutres gagnent 15 points lorsqu'elles sont situées dans le deuxième décan d'un signe (10° à 19°60)
- Les planètes féminines gagnent de la force lorsqu'elles sont situées dans les troisième décan d'un signe (20° à 29°60)

Cette force est un aspect mineur qui ne doit pas compter pour plus de 15 points. Elle peut également annuler d'autres facteurs. Par exemple, Jupiter est en chute à 15° du Capricorne mais gagnerait encore 15 points par la Force du Décan.

Résume de la Force Positionnelle

La force des subdivisions zodiacales est certainement la plus importante et le Shad Bala est un excellent moyen pour la déterminer. Nous devons déterminer les planètes fortes, moyennes ou faibles dans la Force des Subdivisions zodiacales, mais il est impossible de simplement faire la moyenne de tous ces facteurs. Nous devons associer à la fois les Forces de l'Exaltation et des Subdivisions en un seul facteur et ne pas leur permettre de s'annuler entre elles. La Force en Kendra (en Angle) doit prendre en compte le Milieu du Ciel (maison 10) et non simplement les signes. La Force des Décans ou des signes impairs et pairs peuvent être éliminés ou bien elle doit faire en sorte de ne pas aller à l'encontre d'indications plus puissantes.

2. La Force Directionnelle

Le point de la Force Directionnelle est similaire à celui de la Force d'Exaltation. Tout comme les planètes possèdent un emplacement de signe dans lequel elles sont exaltées, elles possèdent une maison dans laquelle elles gagnent en Force Directionnelle. Le calcul est le suivant :

- Une planète gagne 60 points de force à l'emplacement de la pleine Force Directionnelle et 0 point à l'endroit opposé.
- Les positions intermédiaires sont également divisées par trois. Tous les trois degrés qui s'éloignent de l'emplacement de la Force Directionnelle entraînent une perte d'un point.

Les planètes possèdent une Force Directionnelle dans différentes directions :

- Soleil et Mars   Sud (maison 10)
- Saturne   Ouest (maison 7)
- Lune et Vénus   Nord (maison 4)
- Jupiter et Mercure Est (maison 1)

Ce calcul a la même limitation que celui de la Force en Kendra (Angle). À nouveau, il peut annuler ou être annulé par la Force en Kendra. Nous devons également inclure la Force Directionnelle avec la Force de Position comme facteurs procurant de la force ou de la faiblesse à la position. Elle ne doit pas être considérée seule. Par exemple, la Lune en Cancer en maison 10 sera très puissante, parce qu'elle est située dans un Kendra et en son domicile. Dans un tel cas, il ne faut pas accorder trop d'importance à son manque de Force Directionnelle.

3. La Force Temporelle

Elle est l'association de neuf facteurs basés sur le moment de naissance en heures, jours, mois, années, etc. Ce sont :
A. Les Forces Diurne et Nocturne (Nathonnatha Bala)
B. La Force Mensuelle (Paksha Bala)
C. La Force de Quatre Heures (Tribanga Bala)
D. La Force du Gouverneur de l'Année (Abdadhipati Bala)
E. La Force du Gouverneur du Mois (Masadhipati Bala)
F. La Force du Gouverneur du Jour (Varadhipati Bala)
G. La Force de la Force Horaire (Hora Bala)
H. La Force de Déclinaison (Ayana Bala)
I. La Force de la Guerre Planétaire (Yuddha Bala)

Cette force est un facteur important rarement pris en compte en astrologie occidentale. Après la force Positionnelle, c'est pour le Shad Bala le facteur le plus significatif qui compte le plus dans ses calculs.

A) Les Forces Diurne et Nocturne
Il existe plusieurs règles pour ce calcul. Les planètes sont puissantes à divers moments de la journée :

- Lune, Mars et Saturne   Minuit
- Soleil, Jupiter et Vénus   Midi
- Mercure est toujours puissant   Il obtient toujours 60 points

Chaque planète gagne 60 points pendant ces périodes de force. Le temps qui s'est écoulé à partir de ces périodes de force est divisé en six portions d'environ 24 minutes. Ainsi, chaque planète perd un point de force pour toutes les 24 minutes éloignées de ces périodes. Ceci est un aspect significatif mais pas autant que ce que nous lui accordons.

B) La Force Mensuelle
Ce calcul possède des règles similaires. Les planètes sont plus puissantes à certaines périodes du mois :

- Bénéfiques – quinzaine lunaire claire
- Maléfiques – quinzaine lunaire obscure

Les bénéfiques sont Jupiter, Vénus, la Lune lorsqu'elles sont brillantes et que Mercure est non affligé. Les maléfiques sont le Soleil, Mars, Saturne, la Lune lorsqu'elles ne sont pas brillantes et que Mercure est affligé. Les facteurs de calcul sont les suivants :

- La distance de la Lune par rapport à sa position nouvelle est divisée par trois.
- Cette somme est ajoutée aux planètes bénéfiques.
- La distance de la Lune par rapport à sa position pleine est divisée par trois et est ajoutée aux maléfiques. Cependant le maximum est de soixante points.

D'autres part, si la Lune est presque nouvelle ou si elle est considérée comme maléfique, le calcul est inversé :

- La distance de la Lune par rapport à sa position nouvelle est divisée par trois. Cette somme est ajoutée aux planètes maléfiques.
- La distance de la Lune par rapport à sa position pleine est divisée par trois et est ajoutée aux bénéfiques.

Cette somme attribuée à la Lune est parfois multipliée par deux. La principale complication de ce système est de déterminer si la Lune et Mercure doivent être comptés comme bénéfiques ou maléfiques, ainsi cela vaut la peine de le prendre en compte. Cependant, cela pourrait être beaucoup trop pour les planètes autres que la Lune. Pour les planètes autres que la Lune, leur distance par rapport au Soleil doit être prise en compte, surtout pour les planètes comme Mercure et Vénus qui croissent et décroissent telles que la Lune.

C) La Force de Quatre Heures

Nous divisons maintenant le jour et la nuit en trois portions égales d'environ quatre heures. Cela varie selon la saison, étant donné que la journée hindoue se compte à partir du lever du Soleil.

La planète qui gouverne cette période de quatre heures environ, la portion d'un tiers de jour ou de nuit, obtient une force de 60 points.

- Mercure   Premier tiers du jour
- Soleil   Deuxième tiers du jour
- Saturne   Dernier tiers du jour
- Lune   Premier tiers de la nuit
- Vénus   Milieu de la nuit
- Mars   Dernier tiers de la nuit
- Jupiter   Obtient toujours 60 points

Ce facteur est semblable aux Forces Diurne et Nocturne et peut l'annuler. Par exemple, Mars est plus puissant à minuit dans les Forces Diurne et Nocturne mais en termes de Force des Quatre Heures, il est plus puissant deux heures avant le lever du Soleil.

D) à G) La Force des Gouverneurs de l'année, du mois, du jour et de l'heure

Les règles ici sont très simples :

- Maître de l'année   15 points
- Maître du mois   30 points
- Maître du jour   45 points
- Maître de l'heure   60 points

Le maître du jour est la planète gouvernant le jour par ordre classique. Le Soleil dimanche, la Lune lundi, Mars mardi, etc. avec le jour védique normal calculé à partir du lever du Soleil. Le maître de l'heure se calcule selon les planètes gouvernant l'heure, commençant chaque jour avec le lever du soleil (consultez les éphémérides ou un logiciel).

Ces maîtres de ces périodes de temps sont importants. Les

gouverneurs de l'heure, du jour, du mois et de l'année représentent les puissances de temps sous lesquelles nous vivons. Ils doivent être déterminés naturellement pour chaque thème astral. En général, une personne fonctionnera mieux sous l'influence des gouverneurs de l'heure, du jour, du mois et de l'année de ceux de sa naissance. Lorsque ceux-ci se répètent durant le cours de sa vie, de grands changements se produiront.

H) La Force de Déclinaison

Cette force prend en compte les déclinaisons des planètes (à quelle distance au nord ou au sud de l'équateur zodiacal elles se situent). Elle est basée sur le Zodiaque Tropical et peut être considérée comme un ajustement pour celui-ci. Nous pouvons également nous référer à elle en tant que « Force Équinoxiale ou saisonnière ». Elle est semblable et a autant de valeur que la Force en Kendra et Directionnelle (voir la section sur le Graha Yuddha).

Nous devons tout d'abord convertir le zodiaque sidéral en un zodiaque tropical pour aboutir aux points directionnels des solstices et des équinoxes. Nous pouvons le faire en additionnant notre Ayanamsha à la position des planètes. À cela sont ajoutés des calculs complexes. La règle est la suivante :

- Une planète ayant la meilleure Force Directionnelle obtient 60 points, au pire descend à zéro, perdant un point tous les trois degrés éloignés de leur point maximum de Force Directionnelle.

Nous devons alors prendre en compte les points spécifiques de Force de Déclinaison pour chaque planète, ce qui varie selon leur position par l'intermédiaire des points du solstice et équinoxial :

- Soleil, Mars, Jupiter et Vénus   Emplacement du solstice d'été
- Lune et Saturne   Emplacement du solstice d'hiver
- Mercure   Emplacement des équinoxes

Le Soleil, Mars, Jupiter et Vénus fonctionnent le mieux lorsque leur déclinaison est située le plus au nord, tandis que la Lune et Saturne fonctionnent le mieux lorsqu'ils sont le plus au sud. Mercure fonctionne le mieux lorsqu'il est à l'équateur ou au point neutre, ni au nord, ni au sud. Par conséquent, nous pouvons généralement établir la Force de Déclinaison en prenant note des déclinaisons des planètes, à savoir, à quelle distance elles se situent par rapport au point du solstice.

Il existe un moyen plus simple pour calculer la Force de Déclinaison, en particulier si vous n'avez pas de logiciels. Additionnez l'Ayanamsha de chaque planète. Ajoutez les degrés de séparation de la planète par rapport au point saisonnier où elle est la plus faible, et divisez le tout par trois Cela donnera la Force de Déclinaison ou une Force Équinoxiale exacte.

I) La Force de Guerre Planétaire (Yuddha Bala)

Cette force est un facteur spécifique qui rentre uniquement en compte lorsque les planètes (à part le Soleil, la Lune, Rahu et Ketu) sont à un degré l'une de l'autre. Comme cela est assez compliqué, voir la section sur la Guerre Planétaire à la fin de ce chapitre. Nous pouvons aussi considérer cet élément en tant que facteur indépendant, séparément du Shad Bala. Dans tous les cas, ici, la nature des planètes rentre en jeu.

4. La Force de Mouvement

D'après l'un des systèmes, nous considérons la distance d'une planète par rapport au Soleil. Les planètes sont plus puissantes lorsqu'elles sont le plus éloignées du Soleil et sont plus faibles lorsqu'elles sont en conjonction avec lui. Elles obtiennent 60 points lorsqu'elles sont le plus éloignées et zéro point lorsqu'elles lui sont conjointes. Comme Mercure et Vénus ne s'éloignent jamais loin du Soleil, leur position n'est pas facile à déterminer.

Ces calculs sont cependant plus compliqués. La Force de Mouvement pour le Soleil et la Lune est également prise en compte, mais elle est liée à Ishta et Kashta Phala, les résultats bénéfiques et maléfiques des planètes qui ne seront pas développés ici.

Tout ce facteur peut être simplifié en divisant la distance du Soleil par rapport à la planète par trois et en convertissant ce calcul en points pour les planètes supérieures qui sont Mars, Jupiter et Saturne. Pour Mercure, nous pouvons utiliser 29° et pour Vénus 47°, étant donné que ces degrés sont les points les plus éloignés du Soleil et ensuite, nous les diviserons par 60. Nous pouvons également prendre en compte la Lune, lui donnant une force maximale lorsqu'elle est pleine.

5. La Force Naturelle

Elle est identique dans tous les thèmes. Les planètes, par ordre de force, sont le Soleil, la Lune, Vénus, Jupiter, Mercure, Mars et Saturne. Cette force prend en compte leur clarté apparente. Le Soleil obtient 60 points. Cette somme est réduite d'un septième pour les autres planètes, par ordre de clarté :

Soleil	60 points	Lune	51 points
Vénus	43 points	Jupiter	34 points
Mercure	26 points	Mars	17 points
Saturne	9 points		

Ce calcul est une addition simple et importante pour toute considération des planètes, bien qu'il soit à nouveau difficile de lui donner une importance spécifique.

6. La Force des Aspects

Cette force prend en compte les aspects majeurs et mineurs selon l'arc exact (l'orbe) de l'aspect. Les aspects des bénéfiques sont comptés comme positifs, ceux des maléfiques comme négatifs. Les aspects spécifiques des planètes sont considérés plus importants. Ce facteur est tellement réduit qu'il obtient rarement jusqu'à 30 points, qu'il soit positif ou négatif ! Il devient l'un des facteurs les moins importants du Shad Bala, avec la Force des Décans. Il est également en désaccord avec la Force des Aspects planétaires indiqués généralement dans les analyses de thème en astrologie védique.

Par conséquent, bien que nous considérions la Force des Aspects comme faisant partie du Shad Bala, nous devons toujours la prendre en compte dans le thème lui-même car elle a sa propre importance en dehors du Shad Bala. Nous devons également considérer la question des maléfiques et des bénéfiques. Celle-ci prend uniquement en compte leurs statuts naturels, et non leurs statuts temporels, ni leur emplacement. Un aspect de Saturne peut être bénéfique pour un Ascendant Balance où il est un bénéfique temporel. Ou un aspect de Saturne en Balance, où il est exalté peut le rendre bénéfique par son exaltation.

Deuxièmement, les aspects ne s'annulent pas simplement les uns par rapport aux autres. Chaque aspect peut apporter quelque chose de différent. L'aspect de Saturne sur la Lune peut entraîner le détachement, tandis que celui de Jupiter peut apporter de la sagesse. Les aspects peuvent fonctionner ensemble, et ne se neutralisent pas forcément les uns par rapport aux autres. Les facteurs qui prennent en compte si les planètes sont entourées par des maléfiques ou des bénéfiques ne sont pas calculés dans le Shad Bala.

Total du Shad Bala

Tous les facteurs de Shad Bala sont additionnés. Ce total s'appelle *Virupa*. Un *Rupa* est égal à 60 Virupas. Le total pour chaque planète est divisé différemment selon chaque Rupa :

Division du total Rupa pour chaque Planète :

Soleil	par 6,5	(390 Virupas)
Lune	par 6	(360 Virupas)
Mars	par 5	(300 Virupas)
Mercure	par 7	(420 Virupas)
Jupiter	par 6,5	(390 Virupas)
Vénus	par 5,5	(330 Virupas)
Saturne	par 5	(300 Virupas)

Ce total nous fournit le ratio de la force de Shad Bala. Une planète nécessite un ratio de force d'au moins 1,0 pour avoir suffisamment de force Shad Bala. Les planètes avec des Shad Bala élevés obtiennent un plus grand pouvoir et sont supérieures à celles qui en ont des plus faibles.

Il existe des thèmes avec un Shad Bala élevé pour toutes les planètes et où le natif a une vie misérable et n'a rien accompli. Cela peut s'expliquer par des afflictions ordinaires telles que des mauvais aspects ou des positions de maisons difficiles. Ces choses ne s'effacent pas simplement avec des indications positives de Shad Bala.

Il y a des thèmes où aucune des planètes ne possède un Shad Bala élevé et où le natif s'en sort très bien. En général, si un Shad Bala est très faible ou très élevé, cela donnera une indication de faiblesse ou de puissance sur la planète. Des Shad Bala moyens peuvent donner des résultats bénéfiques ou maléfiques, tout cela dépendra des autres facteurs.

Par conséquent, bien qu'ils aient une grande valeur, les détails de Shad Bala peuvent nécessiter une analyse spécifique pour que nous en bénéficiions vraiment. À nouveau, il n'existe pas de moyen simple pour convertir les jugements astrologiques en calculs mécaniques. Bien que tous ces systèmes soient généralement utiles, ils possèdent de nombreuses limitations.

Les résultats positifs et négatifs des planètes

Appelés *Ishta Phala* et *Kashta Phala* en sanskrit, ils se réfèrent à l'aptitude des planètes à procurer de bons (*Ishta*) ou de mauvais (*Kashta*) résultats (*Phala*) durant leurs périodes. Le pouvoir d'une planète à faire le bien durant sa période est déterminé en multipliant sa force d'exaltation par sa force de mouvement et en prenant la racine carrée de ce résultat. Son pouvoir à créer des difficultés est déterminé en soustrayant la force d'exaltation par 60 et la force de mouvement par 60, puis en les multipliant et en prenant la racine carrée de ce résultat. Ces deux totaux sont alors comparés. Si le pouvoir d'être bénéfique est supérieur alors la planète donnera de bons résultats durant ses périodes. Si le pouvoir de faire du mal est supérieur, cela tendra à créer des difficultés. Une bonne règle est de ne jamais donner plus d'un quart d'importance aux effets des interprétations mécaniques telles que le Shad Bala, mais il ne s'agit pas non plus de les ignorer.

17
Le Graha Yuddha (La Guerre Planétaire)

Cette section a été rédigée par Edith Hathaway, l'un de mes professeurs, expert sur ce sujet.

Le *Graha Yuddha* (*Graha* : celui qui vous capture, et *Yuddha* : combat, conflit, dispute) est une Guerre Planétaire. Elle se produit quand deux planètes se trouvent à un seul degré maximum l'une de l'autre, qu'elles soient dans le même signe ou en signes adjacents. Seules cinq planètes peuvent y prendre part : Mercure, Vénus, Mars, Jupiter et Saturne. En fonction de nombreux facteurs, la planète vaincue (surtout si elle est maître de l'Ascendant) peut produire des effets immodérés, perdant son pouvoir de maître de maison et de Karaka (significateur) sur le domaine qu'elle gouverne. On peut aussi observer ce phénomène avec des planètes en transit, en particulier si elles reproduisent un Graha Yuddha du thème natal ou si le maître de l'Ascendant est impliqué. Mars dans le rôle de perdant, produit des résultats exceptionnels. Cependant, en utilisant les règles données ici, il faudrait le considérer avec toute conjonction planétaire qui concerne ces planètes, dont la plus cruciale est la conjonction de Jupiter et de Saturne.

Principes pratiques pour l'évaluation des deux planètes du Graha Yuddha

Les principes suivants fonctionnent extrêmement bien en Graha Yuddha, et ils sont cohérents avec la plupart des classiques, surtout le texte extrait plus tard du *Brihat Samhita* par Vaharamihira.

Le vainqueur du Graha Yuddha dépend de ces facteurs, par ordre décroissant :
1. Taille et influence de la planète
2. Éclat ou luminosité
3. Vitesse en orbite
4. Si la planète victorieuse (déterminée en fonction des points 1 à 3) est aussi située au nord de la planète vaincue, que ce soit en longitude céleste, déclinaison ou latitude – mais particulièrement en déclinaison – elle remporte aussi d'ordinaire une victoire décisive. Cependant, le vainqueur peut aussi être au sud.
5. Mars fait figure d'exception, étant donné qu'en général, il perd en Graha Yuddha, même quand il est plus au nord, ou plus gros ou momentanément plus rapide que l'autre planète. Et en tant que planète de la guerre, il ne perd pas facilement ! Mars, s'il est vaincu en Graha Yuddha, peut particulièrement causer des ravages.

Ainsi, voici ce qui arrive la plupart du temps en Graha Yuddha :
1. Saturne gagne le plus souvent à cause de sa plus grande influence. Avec ses anneaux multiples, il couvre plus de distance que Jupiter, même si Jupiter possède la masse la plus importante. De plus, en tant que planète du karma, Saturne domine sur Jupiter, planète du dharma.

2. Jupiter l'emporte sur Vénus par sa taille, même si Vénus est plus brillante que Jupiter. À part notre Soleil et notre Lune, Vénus est l'objet le plus lumineux dans le ciel, vue de la Terre.

3. Vénus gagne sur Mercure, étant donné qu'elle est plus brillante que lui.

4. Mercure l'emporte sur Mars, à cause de sa plus grande célérité en orbite. La vitesse moyenne de Mercure, avec 48 km/sec vaut deux fois celle de Mars. Donc Mars est la seule planète parmi les cinq à être condamnée à perdre.

5. Le Graha Yuddha est influencé par la condition de la planète possédant le signe et le Nakshatra où il se déroule, et aussi par la maison qu'il occupe à compter de l'Ascendant. Ensuite, c'est la maison du Navamsha et la position en signe qui influence le résultat.

6. Une seule planète va sortir nettement du lot comme vainqueur, en relation avec le domaine particulier qu'elle gouverne, à la fois en tant que maître de maison et Karaka (significateur général). Ceci deviendra particulièrement clair durant le Dasha–Bhukti ou même l'Antar Dasha de la planète en question.

7. Si le vainqueur et le vaincu sont des ennemis planétaires, la planète défaite souffrira davantage. Même si elles sont amies, le perdant peut aussi souffrir beaucoup. Les planètes réciproquement amies en astrologie védique sont : Mercure, Vénus et Saturne ; et dans l'autre groupe : Mars et Jupiter. Des couples de planètes mutuellement neutres l'une envers l'autre : Vénus et Mars, Jupiter et Saturne. Vénus et Mars en interaction mutuelle peuvent créer une immense énergie axée sur le pouvoir, augmentée par une accentuation en maisons Angulaires (Kendra). Les pulsions sexuelles peuvent aussi être aggravées, y compris si Mars-Vénus sont conjoints en Taureau, Balance ou Gémeaux, et aspectés par une planète maléfique classique.

Résumé des principes généraux

Situé en haut de l'échelle, Saturne peut conquérir les 4 autres planètes en vertu de son orbe d'influence et de sa taille. Saturne possède l'ensemble d'anneaux le plus vaste et le plus complexe de toutes les planètes. Au début octobre 2009, un télescope à infrarouges a encore découvert un autre anneau autour de Saturne, confirmant l'énormité de l'espace couvert par Saturne dans le ciel. Ce nouvel anneau s'étend sur plus de 17,6 millions de kilomètres à partir de Saturne, avec une inclinaison de 27 degrés par rapport à la planète. En seconde position, sous Saturne donc, se trouve Jupiter, avantagé par sa taille, qui l'emporte sur les planètes restantes, à l'exception de Saturne. Au niveau suivant, Vénus, qui a l'avantage de sa luminosité, l'emportant sur Mercure et Mars. Et au niveau le plus bas, Mercure, qui tire avantage sur Mars grâce à sa vitesse. Donc Mars est la seule planète qui, à l'évidence, ne possède aucun avantage à ces niveaux. Et, ironie du sort, Mars est la planète de la guerre ! C'est aussi Mars qui possède le plus d'exceptions dans la Guerre Planétaire. Par exemple, il est plus gros que Vénus, qui est plus brillante. Il est aussi plus gros que Mercure, qui est plus rapide. Néanmoins, Mars a tendance à perdre tous les Graha Yuddha, même quand il est plus septentrional.

Quand une planète est plus septentrionale en longitude, elle possède d'ordinaire un grand avantage, surtout si la planète est aussi plus septentrionale en déclinaison. Cependant, si notre liste de critères n'est pas prise aussi en compte, selon l'ordre correct d'importance – l'analyse de l'astrologue sera erronée.

Bien qu'on l'appelle habituellement combustion, il existe un genre de Graha Yuddha qui peut aussi se produire avec le Soleil – quand une planète se trouve à 1 degré maximum de lui. La lumière de cette planète peut affecter négativement la lumière du Soleil, surtout dans le cas du Soleil et de Saturne, puisque ce sont deux ennemis jurés. Pour la combustion, la pire condition, c'est quand une planète est située dans les 5 degrés du Soleil, surtout si la planète est située à une longitude inférieure à celle du Soleil. Cependant, quand le Soleil et Mercure se trouvent dans le même degré et la même minute, on obtient les meilleurs résultats.

Définition des termes utilisés dans cette section

Déclinaison

Arc de méridien céleste compris entre un astre et l'équateur céleste. C'est donc la distance nord ou sud d'une planète par rapport au plan de l'équateur céleste. La déclinaison ressemble donc à la latitude céleste, mais se mesure depuis l'équateur et non depuis l'écliptique. La déclinaison se trouve indiquée dans les éphémérides.

Longitude céleste

Arc d'écliptique compris entre le point vernal et le cercle de latitude de l'astre. La Longitude d'une planète (ou d'une maison) correspond à sa position sur le zodiaque. Elle est indiquée en degré soit à partir du premier degré (0° Bélier, de 0° à 359°) soit à partir du premier degré d'un signe (de 0° à 29°)

Latitude céleste

Arc de cercle formé entre un astre et l'écliptique (vu de la Terre). Contrairement à la déclinaison qui se mesure par rapport à l'équateur céleste.

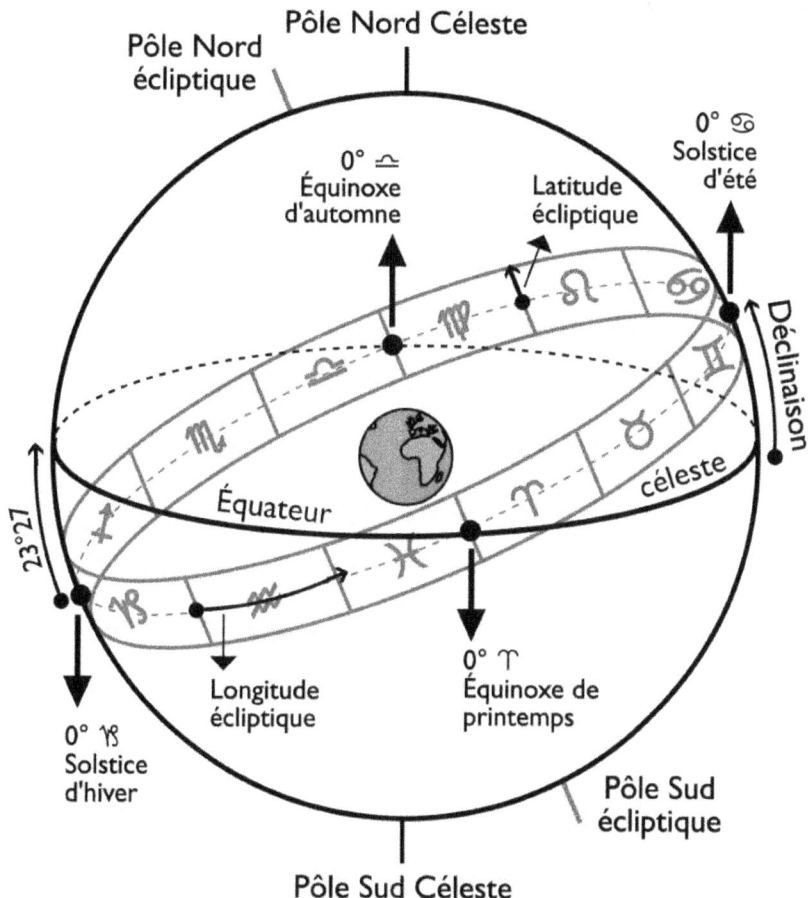

Observez le thème d'exemple d'Ascendant Vierge. Mars et Mercure sont en Guerre Planétaire (Graha Yuddha). Mars est à 12° 57' et Mercure est à 12° 52' en Vierge en maison 1. Mars gagne les quatre premières règles et étant Mars, il perd la cinquième.

Regardez les résultats du Dasha de Mars, du 5 novembre 2009 au 5 novembre 2016. Ce n'était pas un très bon Dasha pour la personne, ni pour le mariage (divorce), ni pour le partenariat et définitivement pas pour la santé (accident, bras cassé, prise de poids), avec le maître de l'Ascendant, Mercure, conjoint Mars, maître de la maison 8. Toutefois, puisque Mars doit perdre devant Mercure, sa santé ne fut pas compromise parce que Mercure est le maître de l'Ascendant. Aussi, avec Mercure, maître du signe, et la Lune, maître du Nakshatra, tous deux Digbala, le natif a pu acheter des biens immobiliers et/ou faire des profits significatifs, possiblement liés aux amis ou aux relations sociales (voir le thème du Navamsha, MA-ME en Bélier en maison 11). Puis en prenant le maître du Dasha comme Lagna, qui dans ce cas duplique le Lagna du Rashi, ils reçoivent tous deux des aspects du bénéfique Jupiter et du maléfique Saturne, facteurs ultérieurs de changement. Notez également que Vénus-Mercure-Mars sont en maison 10 en partant du thème du Lagna de la Lune, ce qui est puissant car Mercure est Svakshetra et Mars Digbala.

Thème d'exemple d'Ascendant Vierge :

Fri Sep 3, 1976 10:00:00
City : Paris
State :
Country : France

Timezone: -1
Daylightsaving : 1
Longitude: 02E20'00
Latitude: 48N52'00

Ishtakal : 6:51:42
Sunrise : Sep 3,76 07:15:19
Sunset : Sep 3,76 20:23:36
Ayanamsha : -23:32:04 Lahiri

```
Ke 11:37    Ju 07:13

                    Sa 17:29

                    Su 17:24

                    Ve 08:25
                    Me 12:52
Mo 15:13    Ra 11:37  Ma 12:57
                    As 17:19
```

Vimshottari
Ma-Su 11-29-2015
Ma-Mo 04-05-2016
Ra-Ra 11-04-2016
Ra-Ju 07-18-2019
Ra-Sa 12-11-2021
Ra-Me 10-17-2024
Ra-Ke 05-06-2027
Ra-Ve 05-24-2028
Ra-Su 05-24-2031
Ra-Mo 04-17-2032
Ra-Ma 10-17-2033
Ju-Ju 11-04-2034
Ju-Sa 12-23-2036
Ju-Me 07-06-2039
Ju-Ke 10-11-2041
Ju-Ve 09-17-2042
Ju-Su 05-18-2045
Ju-Mo 03-06-2046
Ju-Ma 07-06-2047
Ju-Ra 06-11-2048

Samudaya Ashtakavarga

26	24	33	31
36			35
26			18
25	26	30	27

Vimshottari
Venus   11-05-1973
Sun   11-04-1993
Moon   11-05-1999
Mars   11-04-2009
Rahu   11-04-2016
Jupiter 11-04-2034
Saturn   11-04-2050
Mercury 11-04-2069
Ketu   11-04-2086
Venus   11-04-2093

	Degree	RCRashi	Nakshatra	p#	lrd/sb/ssb	Dignity	SB
As	17:19:25	Vir	Hasta	3	Mo/Sa/Ra		
Su	17:24:25	Leo	P.Phalg.	2	Ve/Ma/Ra	Moolt.	1.25
Mo	15:13:10	Sag	P.Shad.	1	Ve/Ve/Me	Enemy	1.38
Ma	12:57:30	Vir	Hasta	1	Mo/Ra/Me	Grt.En.	1.22
Me	12:52:23	Vir	Hasta	1	Mo/Ra/Me	Exalt.	1.46
Ju	07:13:41	Tau	Krittika	4	Su/Ke/Mo	Grt.En.	1.04
Ve	08:25:32	Vir	U.Phalg.	4	Su/Ve/Mo	Debil.	1.31
Sa	17:29:48	Can	Ashlesha	1	Me/Me/Mo	Grt.En.	1.17
Ra	11:37:00	Lib	Swati	2	Ra/Sa/Su	Neutr.	
Ke	11:37:00	Ari	Ashwini	4	Ke/Me/Me	Neutr.	

Thème d'exemple Vierge avec déclination

Birth Chart				Declination					
	Ke	Ju		Planet	Degree	Declination	Kranti	Speed	Lord/Sub
				Sun	137:24:25	07:27:56	07:39:31	00:58:07	Ve/Ma
			Sa	Moon	255:13:10	-18:34:46	-23:10:37	13:28:14	Ve/Ve
				Mars	162:57:30	-02:04:02	-02:39:01	00:38:51	Mo/Ra
				Mercury	162:52:23	-05:40:35	-02:36:57	00:29:33	Mo/Ra
			Su	Jupiter	37:13:41	19:15:44	20:27:43	00:03:12	Su/Ke
				Venus	158:25:32	00:13:40	-00:48:02	01:13:45	Su/Ve
				Saturn	107:29:48	18:00:28	17:41:26	00:07:04	Me/Me
				Rahu	191:37:00	-13:14:23	-13:30:00	-00:04:17	Ra/Sa
				Uranus	190:43:34	-12:30:52	-13:12:01	00:02:36	Ra/Sa
Ms		Ra	Ve Me Ma As	Neptune	227:41:49	-20:37:51	-22:12:10	00:00:22	Me/Me
				Pluto	166:52:42	11:02:46	-04:14:14	00:02:06	Mo/Sa

Facteurs supplémentaires en Jyotish

Il y a un facteur supplémentaire à noter appelé *Gandanta* qui signifie littéralement « une mauvaise fin ». Ce facteur concerne les derniers 3°20 (Pada) d'un signe d'Eau et les premiers 3°20 d'un signe de Feu, représentant une transition incertaine et imprévisible, où finissent à la fois le signe et le Nakshatra. Le plus problématique, c'est le passage du Scorpion au Sagittaire, puisque la déesse Nritti gouverne le Mula Nakshatra (de 0°00 à 13°20 Sagittaire). Nritti est la déesse de la mort et de la destruction (de l'ego, etc.). Gandanta est aussi le 9ème Navamsha de chaque signe d'Eau (thème de 9ème harmonique), marquant le dernier Pada de chaque signe d'Eau. Il est important de noter si des planètes sont situées dans ces Padas ou si elles transitent ces Padas car les résultats peuvent s'avérer maléfiques.

Vaidya Atreya Smith

18
L'interprétation d'un thème

Le Jyotish se base sur les sept planètes principales et sur les deux Nœuds Lunaires, appelés les neuf planètes ou *Navagraha* en astrologie. Toutes les interprétations sont basées sur ces planètes, leurs emplacements, leurs gouverneurs et leurs diverses relations. Les méthodes additionnelles présentées ici apportent un contexte et des précisions aux positions de base des planètes. Sans ces nombreuses méthodes, telles que le système de Dasha, les Nakshatras, les aspects et les Yogas, l'interprétation d'un thème serait trop générale pour être précise. Toutes les méthodes étudiées jusqu'à présent sont valables, extrêmement valables et ne changent pas les indications fondamentales des neuf planètes du thème natal ; elles apportent de la précision.

La difficulté de l'apprentissage de l'astrologie védique consiste à faire la synthèse de toutes les méthodes et indications planétaires. Ce chapitre vous donne une méthodologie ou un protocole pour interpréter les thèmes et est une ligne directrice procurant de bons résultats et pouvant être modifiée après avoir acquis de l'expérience. C'est seulement après une grande expérience d'interprétations, ayant analysé des centaines de thèmes, qu'on peut évaluer les différentes méthodes et aboutir à des explications précises susceptibles d'aider le consultant. L'objectif de cet ouvrage consiste à ce que l'astrologue puisse aider la personne recherchant conseil. Il s'avère inutile d'impressionner les gens avec des connaissances astrologiques qui ne vont leur procurer ni soutien ni conseils. Ce qui compte n'est pas la méthode qu'on utilise pour la compréhension du thème mais ce qui est important est essentiellement la capacité de l'astrologue à apporter de l'aide, du soutien et des conseils à la personne.

Notre réussite, en tant qu'astrologue, doit se mesurer par l'efficacité à aider le natif à mettre en œuvre un style de vie en harmonie avec sa nature spirituelle, et non seulement par la quantité de prédictions précises apportées. Si nous ne lui avons pas procuré une plus grande connaissance de soi et une connaissance spirituelle, nous avons échoué, quoique nous lui ayons apporté. Nous devons aider les personnes à mieux se comprendre et à comprendre le monde dans lequel elles vivent et non seulement les impressionner avec toute la connaissance que nous avons d'eux.

L'astrologie védique, en tant que système astrologique de prédiction, nous procure non seulement un système spirituel basé sur le principe de s'aider soi-même, intégrant l'aide des prédictions et non leur côté envahissant ou débilitant. Ce qui ne signifie pas que nous ne devions pas leur dire la vérité, mais qu'il faut faire en sorte qu'ils ne se sentent pas limités par leur destinée.

Qu'est-ce qu'une consultation d'astrologie ?

Nous devons d'abord examiner la nature et la diversité des interprétations astrologiques ainsi que les questions fondamentales de cette interprétation. Que peut nous dire un astrologue ? Que pouvons-nous dire à nos consultants, en tant qu'astrologues ? Quelle est l'importance de la prédiction en astrologie ? Que pouvons-nous prédire afin de réussir notre consultation astrologique ? Nous devons répondre à ces questions avant de pouvoir vraiment donner une bonne consultation astrologique.

De nombreux consultants nous posent des questions auxquelles il est important de donner de bonnes réponses. Il ne suffit pas de donner des consultations, aussi bonnes soient-elles, si nous n'établissons pas un rapport de qualité avec les consultants. Sans ce rapport, ils seront incapables d'assimiler ce que nous leur dirons, même si ce que nous leur disons est correct.

Les consultants abordent les astrologues, en particulier les astrologues védiques, avec des attentes diverses, dont un grand nombre est irréaliste. Nous avons déjà entendu parler de prédictions astrologiques miraculeusement précises reçues en Inde, particulièrement par des pandits du Bhrigu Samhita (astrologie Nadi écrite sur des feuilles de palmier). Ces astrologues ont en archive les thèmes et les destins de personnes venant les consulter, ainsi que des informations sur leur passé. En d'autres termes, par un pouvoir et une connaissance occultes, ils possèdent les thèmes et informations des personnes venant les consulter, qu'ils n'ont jamais vues ni connues auparavant. Leurs prédictions peuvent ainsi fournir une connaissance spécifique et des prédictions précises, surtout concernant le passé. On trouve encore des pandits Bhrigu dans certaines régions de l'Inde. Bien qu'un grand nombre d'astrologues utilisent le nom de Bhrigu, ce n'est souvent qu'un stratagème publicitaire.

On entend parler de prédictions astrologiques incroyablement précises ou d'astrologues capables de les effectuer. Ces prédictions peuvent se produire même dans le cadre de consultations ordinaires. Même de très bons astrologues s'avèrent incapables de faire régulièrement des prédictions précises. En général, nous sommes capables de voir des événements rétrospectifs dans un thème, tels que la mort d'un parent ou d'un partenaire, mais déterminer l'événement futur s'avère beaucoup plus difficile. Le futur n'est pas entièrement déterminé, bien qu'il suive des schémas de probabilité.

La connaissance prédictive est utile. Elle aide les personnes à prendre conscience des tendances de leurs vies mais elle a quand même ses limites. Ceux qui vont consulter un astrologue pour y chercher des indications précises sur un événement du passé ou du futur, ne viennent probablement pas avec une attitude appropriée. L'astrologue n'est pas un simple diseur de bonne aventure qui prédit des événements ordinaires. Même si un astrologue peut prédire des événements spécifiques, cela ne signifie pas que son jugement sur notre vie ou sur nos actions soit précis. Il ne suffit pas de connaître ce qui va nous arriver. Il est aussi important de savoir comment réagir aux événements et de comprendre leur signification.

Connaître précisément de ce qui va nous arriver peut encourager une attitude passive, sans créativité, ou un manque d'espoir et de motivation. Un astrologue plus conscient spirituellement ne mettra pas l'accent sur ce qui se produira ultérieurement dans la vie du natif, même s'il peut le voir, pour ne pas paralyser son pouvoir d'action ni nier la liberté de son âme. Il est préférable de laisser de côté certains sujets ou de les indiquer de manière vague, comme ce qui concerne la mort.

Si vous voyez des événements négatifs potentiels dans le thème d'une personne, il faut être prudent sur la façon de lui annoncer. Si une personne est atteinte d'une maladie compliquée et qu'elle entre dans une période planétaire difficile, comme le Dasha de Rahu ou de Saturne, il n'est pas conseillé de lui communiquer l'impact négatif de cette période. Il est préférable de mettre l'accent sur les actions positives qu'elle peut effectuer, comme par exemple, initier des mesures préventives concernant sa santé. Sinon, de telles prédictions peuvent affaiblir la volonté positive du consultant.

La valeur de l'information

En tant qu'astrologues, il nous est possible de révéler à nos consultants une grande quantité d'informations utiles sur leur vie. Il n'est pas nécessaire que ces informations soient toujours très spécifiques. Elles concernent les éléments énergétiques telles que leurs qualités dominantes, les éléments, les planètes, la nature spirituelle de la personne et sa tendance psychologique. Ces informations incluent les influences générales des planètes selon les périodes et transits. Mais c'est seulement avec de l'expérience que nous serons capables de juger ou de prédire des événements précis.

Nous pouvons, par exemple, noter une influence négative de Saturne durant une certaine période. Nous pouvons observer une période de contraction, de négativité et d'obstacles. Nous pouvons identifier le champ d'action tel que la richesse, les relations ou la santé. Mais savoir quelle perte précise se produira ou le jour exact est tout à fait autre chose et pas nécessairement important. Nous ne devons pas penser que nous n'avons rien à offrir lorsque nous sommes incapables de leur expliquer exactement ce qui leur est arrivé ou ce qui leur arrivera.

Cela prend du temps pour comprendre un thème, comme nous le savons tous par l'examen de notre propre thème. Il est impossible de rapporter le contenu de toute la complexité d'un thème en une seule consultation assez courte d'une heure, ni de nous attendre à pouvoir y parvenir.

Les limitations du thème natal

Même un bon astrologue est incapable de tout savoir sur une personne en un simple examen de son thème natal, ou thème Rashi. Un grand nombre de personnes sont nées à quelques minutes d'écart et leur vie qui a des éléments en commun, a aussi, beaucoup de différences. Tout cela n'est pas forcément évident pour l'astrologue.

Les thèmes Rashi de nombreuses personnes sont presque identiques. Ils sont partagés par les personnes nées dans une période de deux heures, le même jour, et celles nées un jour proche à la même heure, conférant ainsi un thème Rashi identique. Nous devons garder en mémoire que le thème Rashi n'est pas celui d'un individu en particulier. C'est un thème général et des prédictions précises ne peuvent provenir de lui seul. C'est la raison pour laquelle les astrologues auront à examiner les thèmes Varga, les Nakshatras, les Yogas, l'Ashtakavarga, les Dashas et les transits pour obtenir plus d'informations précises sur les événements.

Comparer l'astrologie avec d'autres approches de conseil peut s'avérer utile. Pour les psychologues, nous sommes prêts à dépenser des sommes magistrales pendant des mois, voire des années de traitement, pour découvrir des problèmes émotionnels. Néanmoins, pour le coût d'une ou deux consultations astrologiques, les gens attendent d'un astrologue qu'il leur révèle tout sur leur vie, leur caractère et leur destinée. Ils sont souvent déçus lorsque l'astrologue se trompe sur un point ou un autre, même s'il leur fournit beaucoup plus de connaissances utiles que les autres professionnels qu'ils consultent. Nous ne demandons pas à un médecin de tout savoir sur notre santé uniquement à partir du diagnostic du pouls, ni de tout faire pour nous, au cours d'une seule consultation. On attend toutefois cela d'un astrologue.

Il est toujours préférable de donner la première consultation en présence du consultant pour que l'astrologue rencontre et établisse un lien avec lui. Les autres consultations de suivi peuvent se faire par d'autres moyens leur convenant. Pour commencer à pratiquer le Jyotish de façon professionnelle, il est important de travailler directement avec les personnes et de développer un contact d'empathie. Ce contact aide l'astrologue à développer sa sensibilité et à ne pas étudier chaque thème de façon inanimée et abstraite.

Comment interpréter un thème avec les méthodes supplémentaires

Vous trouverez ici les étapes essentielles de l'interprétation d'un thème.

1. Recherchez l'Ascendant dans le thème et calculez toutes les maisons en partant de l'Ascendant. Vérifiez si l'Ascendant est

situé dans un rayon de 5° à la fin ou au commencement d'un signe / maison. Si l'Ascendant s'y trouve, vous devez rectifier l'heure de naissance.

2. Recherchez le maître de l'Ascendant – en quelle maison et en quel signe se trouve cette planète ?

3. Déterminez quelles sont les planètes favorables et défavorables selon les gouverneurs des maisons pour cet Ascendant – ces éléments sont les fondements de l'interprétation.

4. Examinez les signes qui sont actifs par maison et par les planètes qui sont situées dans ces signes. Quel type de signe est dominant ; Cardinal (actif), Fixe ou Mutable. Y-a-t-il plus de planètes dans un des signes que dans les autres ?

5. Examinez les éléments des signes et déterminez quel élément est dominant dans le thème.

6. Observez les emplacements de chaque planète et si elles se trouvent dans un endroit ami ou ennemi.

7. Recherchez les planètes exaltées ou débilités du thème.

8. Examinez la relation du dosha des planètes les plus puissantes, par exemple, le maître de l'Ascendant, la Lune et le Soleil. Y-a-t-il une planète aspectant le maître de l'Ascendant ? Cela affectera la dominance du dosha de l'Ascendant.

9. Examinez les aspects et la relation existant entre les planètes.

10. Puis examinez les maisons et sur quel domaine elles agissent dans la vie. Quelles maisons sont activées par le fait d'y avoir une planète ? C'est l'endroit du thème où le natif doit vivre son karma.

11. Y-a-t-il des planètes combustes et rétrogrades dans le thème ?

12. Y-a-t-il des guerres planétaires (Graha Yuddha) dans le thème ?

13. Examinez le thème du Navamsha et utilisez les méthodes similaires utilisées pour le thème Rashi ou thème natal. Recherchez les planètes Vargottama. Observez les planètes exaltées ou débilitées ; est-ce qu'elles annulent les planètes exaltées ou débilitées du thème natal ?

14. Trouvez les Yogas du thème, recherchez les Raja Yogas, les Yogas en partant de la Lune et de l'Ascendant.

15. Calculez le Maha Dasha et les Bhukti Dashas. Observez quelles planètes deviennent actives par le Dasha actuel.

16. Recherchez les transits des planètes lentes, quels domaines du thème activent-elles ? Recherchez les transits sur les gouverneurs du Maha Dasha et des Bhukti Dashas. Recherchez les transits sur les maisons gouvernées par les maîtres du Maha Dasha et des Bhukti Dashas.

17. Puis observez les Nakshatras de la Lune, de l'Ascendant et du Soleil. Quelles planètes gouvernent ces Nakshatras ? Quelle est leur relation avec les gouverneurs des Dashas ? Quelle est leur relation avec les planètes en transit ?

18. Recherchez les Nadi Yogas avec les gouverneurs de Nakshatra.

19. Vérifiez le Shad Bala de toutes les planètes, notez particulièrement les gouverneurs du Dasha et du Nakshatra.

20. Observez le Dig Bala de toutes les planètes – il augmente beaucoup le pouvoir d'une planète à manifester des résultats.

21. Utilisez l'Ashtakavarga pour juger de la force des planètes en transit (Sarva Ashtakavarga).

22. Utilisez le Bhinna Ashtakavarga pour juger de la force planétaire, de la force des maisons / signes et des résultats des transits des planètes spécifiques.

23. Utilisez les thèmes Varga pour comprendre les domaines spécifiques de la vie du natif.

24. Utilisez les méthodes de Nadi / Pada du thème Navamsha circulaire pour prédire des résultats positifs ou difficiles dus aux planètes en transit.

25. Faites une synthèse de tous ces facteurs mentionnés ci-dessus.

La véritable difficulté de l'interprétation d'un thème est de faire une synthèse de tous ces facteurs. C'est seulement par la pratique que nous serons à même de commencer à évaluer ces différents facteurs et de parvenir à une certaine conclusion. Il est évident que nous devons commencer par établir les thèmes de nos amis et des membres de notre famille et les étudier comme nous l'avons expliqué dans cet ouvrage. Pour chaque thème, essayez d'en tirer une conclusion et de l'écrire et observez comment celles-ci peuvent changer durant votre apprentissage.

Il y a trop d'éléments à analyser dans les thèmes Rashi et Navamsha, à moins d'avoir une certaine structure. La « structure » d'une consultation astrologique est établie par le natif lorsqu'il soumet une ou plusieurs questions à l'astrologue. Il est fortement conseillé de limiter les questions du natif à deux ou trois. Ces questions donnent un but ou une structure à la consultation. Elles permettent l'étude de domaines spécifiques du thème, du Dasha actuel et des transits, etc. Si le consultant veut une simple « interprétation générale », concentrez-vous alors sur les planètes, les maisons, le Navamsha et les Dashas. Une question spécifique entraînera une réponse spécifique et une question générale, une réponse générale.

Comment donner une consultation de Jyotish

Le modèle suivant est valable pour une analyse de la vie générale. Si la consultation est centrée sur des questions, il faudra en tenir compte et se concentrer sur les questions. Il est impossible de tout aborder en une séance d'environ une heure, il faudra donc naturellement faire une sélection en fonction des besoins et du niveau de conscience du consultant. Veuillez garder à l'esprit que nous ne transmettons pas seulement des informations mais que nous enseignons l'astrologie comme outil de développement intérieur. Cela ne signifie pas que les consultants nécessitent une grande quantité de connaissances techniques, mais cela signifie que nous devons les renseigner sur leur type astrologique, leurs qualités, les éléments et leurs potentiels ainsi que sur les méthodes qu'ils peuvent employer pour diriger ces influences à un niveau supérieur de manifestation.

La démarche védique est toujours éducative. Notre souci ne consiste pas à simplement former des astrologues spécialisés que l'on va consulter, et dont nous ne comprenons pas les méthodes ou les connaissances. Cette démarche consiste à rendre les gens conscients du fait que la connaissance astrologique est un outil pour leur propre développement. Le langage de l'astrologie, bien qu'il soit complexe, suit le langage de la nature, des qualités et des éléments, ce qui est utile à savoir pour tous. Nous pouvons utiliser le Jyotish pour améliorer nos connaissances et agir en harmonie avec le cosmos.

Nous devons commencer notre consultation par une salutation et des souhaits sincères, tradition dans l'approche védique. Un simple « Namaste » ou une « vénération au Divin qui en vous » est suffisant.

Nous devons ensuite expliquer brièvement les bases et le but de l'astrologie. Ces facteurs comprennent l'astrologie en tant que science astrale, la nature cosmique des forces qui nous gouvernent ou notre nature intérieure en tant que microcosme (réplique de l'univers). Nous devons brièvement expliquer la différence entre l'astrologie védique et l'astrologie occidentale tropicale si cela est nécessaire, en particulier aux personnes ayant des bases en astrologie occidentale. Nous devons leur parler de l'Ayanamsha que nous utilisons, de façon à ce qu'ils ne soient pas désorientés en présence d'un thème occidental.

Nous devons ensuite présenter le Jyotish comme une science de la connaissance de Soi et donner une orientation spirituelle à la consultation. Il est essentiel de préciser que notre Soi véritable transcende le temps, les planètes et le thème. Nous devons mettre l'accent sur le fait que l'âme a la capacité de transcender les influences indiquées dans le thème natal, qu'elles soient bonnes ou mauvaises. Nous ne devons en aucun cas les faire se sentir opprimés par leur destinée. L'astrologie et le karma se réfèrent à notre nature extérieure. Notre nature intérieure est intrinsèquement libre de tout et maître de l'univers.

Nous devons ensuite expliquer le but du Jyotish qui est d'enseigner les influences planétaires afin de les utiliser à un niveau supérieur de fonctionnement. Même si nous ne pouvons éviter l'influence des planètes dans notre nature extérieure, nous pouvons parvenir à rejoindre l'aspect spirituel de leur fonction, comme par exemple, transformer l'influence inférieure de Saturne, telle que la dépression, en une influence supérieure, telle que le détachement.

Explication du thème remis au consultant

Il est important d'expliquer le thème que nous remettons au natif. Le but de l'astrologie n'est pas d'en faire une science secrète mais d'aider le consultant à comprendre sa relation avec le cosmos. Si nous ne lui donnons pas son thème natal, notre connaissance reste secrète. Même s'il ne comprend pas grand-chose, il aura au moins quelque chose de concret auquel il pourra se référer et apprendre.

Nous devons brièvement lui expliquer tout son thème et lui montrer comment le comprendre et utiliser tous les éléments importants, notamment : les thèmes Rashi et Navamsha, les forces et faiblesses planétaires et les périodes planétaires. Cependant, il faut procéder lentement au début, pour ne pas générer de confusion dans son esprit avec une trop grande diversité de facteurs. Nous devons faire en sorte de nous exprimer en termes simples et éviter trop de termes sanskrits ou de terminologies astrologiques compliquées.

Nous devons mettre en relief divers facteurs du thème, comme certains Dashas ou positions planétaires en utilisant un surligneur si l'on veut. Certains aiment aussi indiquer les maisons en les numérotant dans le thème Rashi. Vous pouvez aussi procéder ce cette façon.

Les qualités des planètes

Expliquer la mythologie des planètes, leur positon dans la cour royale par exemple, peut s'avérer un bon moyen d'expliquer et de présenter les planètes. Tout étant basé sur les planètes, nous avons donc besoin d'une présentation de base des planètes importantes du thème du natif. Il se peut que seules quatre ou cinq planètes doivent être expliquées, tout dépendra des questions du consultant.

Les qualités des signes

La première chose à expliquer dans un thème concerne les trois qualités : Cardinale, Fixe et Mutable, leur portée et application et leur prédominance dans le thème. Les qualités montrent les aptitudes pour commencer, préserver, conclure, initier, maintenir ou observer les choses.

Les qualités des maisons

Nous devons expliquer les trois qualités des maisons à savoir les maisons Kendra, ainsi que les maisons Trikona et Dusthana. Nous devons utiliser les signes pour déterminer les traits de caractère et les maisons pour l'activité extérieure, notre capacité de manifester notre caractère dans les domaines de notre vie. Nous pouvons également faire figurer les qualités en partant de la Lune, car la Lune est importante en ce qui concerne la manifestation de ce que nous sommes.

Les éléments

Ensuite nous devons expliquer les éléments prépondérants du thème en tant que domaines de travail, en notant non seulement la quantité mais également les qualités des planètes impliquées.

Les objectifs de la vie

Il est utile d'indiquer l'équilibre des planètes dans les maisons dharma, artha, kama et moksha. Cet équilibre nous aide à définir nos objectifs. Les maisons peuvent être calculées en partant de la Lune. Elles indiquent davantage les domaines de notre activité que la qualité de l'énergie que nous pouvons y déployer.

Les maha gunas

Pour la nature mentale ou spirituelle, nous devons leur fournir les indications de base, c'est à dire : sattva, rajas et tamas dans le thème. Naturellement, personne ne veut entendre qu'il est rajasique ou tamasique, à moins de ne pas savoir à quoi correspondent ces termes. Ainsi, nous ne devons pas porter de jugements lorsque nous décrivons ces qualités. Il faut consulter aussi les Nakshatras de la Lune, de l'Ascendant et du Soleil.

Les planètes fortes et faibles

Après avoir introduit ces qualités générales, nous pouvons leur dire quelles sont leurs planètes fortes et faibles et quel est leur type planétaire. Nous pouvons nous référer à la force de la planète d'après les aspects, son emplacement ou le Shad Bala ; le Dig Bala est le facteur le plus important. Il faut aussi consulter l'Ashtakavarga car il est plus fiable que le Shad Bala. Différentes planètes peuvent dominer différentes périodes, telles que le passé, le présent ou le futur.

Examen général du thème

Après avoir introduit les qualités énergétiques générales des planètes, il est important de passer en revue la signification de base des planètes, des signes et des maisons dans lesquelles elles sont situées. C'est ce qu'on appelle l'examen général du thème.

Les facteurs dominants sont habituellement l'Ascendant, la Lune et le Soleil en tant qu'indicateurs des natures physique/matérielle, astrale/mentale, causale/spirituelle. Puis, nous pouvons expliquer la signification de chaque planète par signe et par maison. Il n'est pas nécessaire d'aller dans les détails, mais il est important que le natif ait une idée des positions et des fonctions de ses planètes. Nous pouvons prendre une minute pour expliquer Rahu et Ketu car peu de gens les connaissent.

Nous devons expliquer la signification de chaque maison ainsi que celle des planètes qui y sont situées. Nous pouvons montrer ce que cela signifie pour un gouverneur d'une maison d'être situé dans une autre maison. Nous pouvons, à ce moment, indiquer la méthode principale d'interprétation en Jyotish, à savoir l'évaluation de chaque secteur de la vie par la maison correspondante, le maître de maison, le significateur de maison et les influences qu'ils subissent dans le thème.

Les périodes planétaires

Il est nécessaire, ensuite, d'introduire les Dashas et leurs dates précises. Nous devons expliquer les périodes planétaires Principales et Secondaires et comment les déterminer, de façon à ce que le consultant puisse les identifier dans son thème. Nous devons passer en revue les effets généraux des Maha Dashas de sa vie.

Un exercice utile à recommander à vos consultants consiste à emporter les feuilles imprimées des périodes planétaires chez eux et d'y placer les événements déterminants de leur vie. Ils peuvent ensuite revenir pour un suivi sur ce sujet. Ils peuvent ainsi apprendre comment fonctionnent les planètes dans leur vie et les résultats possibles dans leurs périodes futures.

Les transits

Pour les transits, nous devons noter ceux des planètes plus lentes et plus éloignées telles que Jupiter, Saturne, Rahu et Ketu, plus particulièrement lorsqu'elles sont en conjonction ou en opposition à d'autres planètes. Nous devons leur procurer les dates de ces transits (et leurs repassages répétés au cas où la planète devient rétrograde et repasse sur ce point), ce qui peut leur arriver et comment y faire face. Il est important de mentionner les retours des planètes, particulièrement ceux de Saturne, Jupiter et des Nœuds Lunaires.

Les aspects de Saturne sur la Lune sont très importants, particulièrement la conjonction. Les sept années du transit de Saturne sur la Lune sont appelées « les sept années d'épreuves » ou Sade Sati.

L'année du Transit exacte est une année particulièrement difficile, surtout si Saturne devient rétrograde et passe par la Lune natale. Le transit est particulièrement difficile lorsque Saturne est un maître maléfique pour le thème natal ou s'il afflige la Lune du thème natal. Lorsque Saturne est un maître bénéfique dans le thème et qu'il n'afflige pas la Lune, et la Lune est située dans un signe de Saturne, les résultats peuvent être favorables et favoriser la reconnaissance, le pouvoir et le respect. Nous pouvons utiliser l'Ashtakavarga pour obtenir plus de détails sur les transits, en particulier le Sara Ashtakavarga.

La santé

Nous devons mettre l'accent sur la santé en général, les possibilités de maladies ou de blessures, ainsi que les forces et faiblesses des organes et systèmes corporels. Nous devons examiner les influences exercées sur les maisons 1, 6 et 8 par leurs gouverneurs. Les planètes dans les maisons 6 et 8 doivent être examinées car elles causent des problèmes de santé. Vérifiez si elles influencent le maître de l'Ascendant. Saturne doit aussi être examiné en tant qu'indicateur de maladies chroniques. Mars indique les blessures, les accidents et les maladies fébriles. (À noter que le volume deux de cette série traitera principalement de l'astrologie médicale).

La condition psychologique

Après avoir déterminé la santé physique, continuez en examinant la santé mentale et la nature émotionnelle générale. Pour cela, nous pouvons examiner la condition de la maison 4 et de son maître (à la fois en partant de la Lune et de l'Ascendant, ainsi que dans le Navamsha), la Lune et Mercure. Rahu est important car il est l'indicateur des troubles mentaux, et il favorise l'agitation et les troubles mentaux incessants et inattendus. Tout problème psychologique est indiqué par un certain nombre de facteurs. À titre d'exemples, la conjonction Soleil /Saturne rendra une personne solitaire, la conjonction Lune /Saturne favorisera la dépression ou le détachement.

Les relations

Après la santé physique et mentale il est souvent préférable d'examiner le domaine des relations et du partenariat. C'est le domaine affectif ou du désir (kama) qui dépend de la nature psychologique. Il est généralement le domaine le plus perturbant de la vie en ce qui concerne la santé. Nous devons examiner les facteurs qui y sont liés tels que la maison 5 (la vie sentimentale) et la maison 7 (le mariage) leurs maîtres, Jupiter, Vénus, Mars et ainsi de suite. Il faut également examiner de la même manière la maison 7 dans le Navamsha Varga.

En même temps que le partenaire nous devons également examiner la famille et les enfants. Cet examen s'effectue essentiellement à l'aide de la maison 5, son gouverneur, Jupiter, et leurs aspects, et également la maison 5 en partant de la Lune (ainsi dans que le thème Saptamsha Varga). Il est préférable de ne pas se concentrer sur les détails des relations extérieures et de s'attarder plutôt sur l'énergétique de la nature psychologique. Les questions relatives à nos parents peuvent aussi émerger à cet endroit, bien qu'elles concernent souvent la nature psychologique. En général, la relation des hommes (indiquée par le Soleil et Mars) avec les femmes (indiquée par la Lune et Vénus) se reflétera à travers la mère (Lune) et les sœurs (Vénus) ; la relation des femmes avec les hommes (indiquée par le Soleil, Mars et Jupiter) se reflétera à travers le père (Soleil) et les frères (Mars). Nous pouvons examiner les maisons appropriées : la maison 4 pour la mère, la 5 pour les enfants, la 9 pour le père, la 11 pour les frères et sœurs aînés, et la 3 pour les frères et sœurs cadets. Vous pouvez également examiner le Drekkana Varga pour les frères et sœurs et le Dvadashamsha Varga pour les parents.

Le travail et la carrière

Ensuite, nous devons nous consacrer au domaine de la carrière, du travail et des finances (artha et dharma). En ce qui concerne le travail, la maison 2, son maître et Jupiter nous indiquent notre aptitude à subvenir à nos besoins et à prospérer dans notre travail personnel. La maison 11, son maître et Jupiter indiquent notre capacité de générer des gains et notre habileté à réaliser nos objectifs et nos désirs, particulièrement ceux reliés aux groupes ou au public. La maison 10, son maître, Mercure et le Soleil, indiquent notre capacité de succès, de reconnaissance, d'influence, de pouvoir dans le domaine public. La maison 1 indique le caractère de base du natif, qui se reflète habituellement dans sa carrière.

Pour les autres facteurs qui s'y rapportent, la maison 9, son maître et Jupiter, indiquent notre aptitude à la chance et aux gains en provenance du gouvernement ou de notre famille, particulièrement du père. La maison 5, son maître et Jupiter, procurent des gains provenant des conseils, des actions ou des spéculations. La maison 4 est liée aux véhicules (avec Vénus) et aux biens immobiliers (avec Saturne).

Pour les subdivisions, Varga, ou thèmes harmoniques, il faut à la fois observer le dixième thème harmonique (Dashamsha), ses qualités générales et la position du maître de la maison 10 du thème Rashi. Il faut voir si le métier du natif renforce ou équilibre les forces planétaires négatives du thème. Nous devons également examiner si cela s'améliore ou se dégrade pour la santé, les relations, la créativité ou la spiritualité. Un thème favorable aux affaires et défavorable à la santé ou aux relations, demande à être quelque peu rééquilibré.

La spiritualité

Le dernier point le plus important est d'aborder le domaine de la spiritualité (moksha). Même si le natif ne s'y intéresse pas, nous devons lui indiquer les possibilités impliquées. Nous devons garder en mémoire que la spiritualité n'a rien à voir avec la forme. De nombreuses personnes mènent une vie spirituelle à travers un travail créatif, quel qu'il soit, y compris par des recherches artistiques.

Nous devons indiquer les potentiels concernant les différentes voies yogiques ou enseignements spirituels, notamment le Yoga de la Dévotion ou le Yoga de la Connaissance. Nous devons examiner les objectifs de la vie et l'évolution de l'âme migrant de naissance en naissance. Pour ces questions, nous pouvons consulter les subdivisions zodiacales, particulièrement le Navamsha, ainsi que Rahu et Ketu, Jupiter, le maître de l'Ascendant et le maître de la maison 9 en partant de l'Ascendant et de la Lune, qui sont autant d'éléments importants à examiner. La maison 5 indique le karma des vies passées, alors que la maison 9 indique le karma que nous créons dans cette vie. La maison 12 et Ketu indiquent le potentiel de libération ainsi que Jupiter ou Mercure avec Ketu en maisons 4 ou 8 (maisons moksha).

Pour juger de l'intelligence élémentaire du natif, nous devons examiner la maison 5, son maître, Jupiter et Mercure. Si la maison 5 est affligée, cela affectera le jugement et le raisonnement, entraînant des erreurs de décisions et des actions imprudentes. Si, en plus, la maison 4 et la Lune sont affligées, une intelligence perturbée et une confusion émotionnelle peuvent se combiner et entraîner des problèmes majeurs dans la vie.

Récapitulation et conclusion

Pour finir, nous devons faire une récapitulation du thème concernant à la fois les potentiels matériels et spirituels, le passé, et les actions à effectuer pour mieux vivre le présent et le futur. Nous devons mettre une réserve à l'astrologie et rendre la personne responsable de la façon dont elle l'applique. Nous devons lui expliquer ce qu'elle peut faire ensuite ou quel suivi donner à la consultation. Nous devons terminer en lui souhaitant nos meilleurs vœux de réussite.

19
Les remèdes astrologiques

Après avoir passé en revue les différents domaines de la vie nous devons procurer les moyens appropriés pour équilibrer les influences planétaires. Nous utiliserons les thérapies par les gemmes, les couleurs, les mantras, les déités ou toute autre appropriée. Dans ce chapitre, nous considérerons l'utilisation des mantras pour les planètes dans le but d'harmoniser le thème du natif.

Si un thème laisse apparaître des difficultés, il est préférable de ne pas s'attarder sur ses aspects négatifs mais plutôt de conseiller des remèdes pour les neutraliser. Mieux vaut ne pas donner de faux espoirs à nos consultants. Un karma difficile ne saurait être simplement éliminé par le port d'une bague ou la répétition d'une syllabe. Les remèdes astrologiques doivent être pratiqués pendant de longues périodes. Il faut les utiliser non seulement pour aider le présent mais également le futur.

Les Mantras

La thérapie la plus importante est celle des mantras ; équilibrer les planètes par les sons cosmiques. Il est important de comprendre ses principes puisque les mantras constituent la base de toute guérison spirituelle.

Chaque planète représente l'un des sept rayons cosmiques. Ces rayons manifestent la vibration cosmique créative consistant essentiellement en sons. Les sons sont reliés à l'élément Éther qui est l'élément cosmique premier. L'Éther vibre en tant que son cosmique premier. Par conséquent, chaque planète projette l'un des sons cosmiques premiers appelés mantras. Ainsi, l'influence de chaque planète peut être harmonisée par l'utilisation du son ou un mantra approprié. C'est la façon la plus directe d'équilibrer l'énergie des planètes pour être en harmonie avec la musique stellaire. Cette méthode exige ainsi l'éveil du courant provenant du son intérieur pour être vraiment efficace.

Non seulement il faut utiliser le son approprié, mais celui-ci doit être stimulé correctement avec conscience et attention adéquates. Cela exige une concentration mentale appropriée, sans distraction, un flot cohérent de pensées. Cette méthode ne se fait pas machinalement. Par conséquent, l'utilisation correcte de mantras nécessite de méditer. Il est important d'avoir une attitude impliquant un sens approprié de vénération et de respect envers les pouvoirs cosmiques qui sont les dieux se manifestant à travers les planètes. Les planètes projettent de puissantes forces cosmiques, tant positives que négatives et doivent être considérées sous cet angle-là. Les planètes sont des *Deva* ou divinités et non de simples sources de puissance matérielle ou chimique. Elles sont des projecteurs de forces subtiles, mentales et émotionnelles. Elles projettent des énergies cosmiques contraignantes d'où le fait d'être considérées comme des pouvoirs liés au sort, au karma et à la destinée. Nous devons ainsi les considérer comme de grands pouvoirs cosmiques.

Les Bija Mantras

Chaque planète possède une « syllabe germe » ou *bija mantra*. Ce Bija mantra est le mantra d'un mot d'une seule syllabe tel que OM. Il est généralement basé sur le nom de sa planète mais d'autres Bija mantras peuvent aussi être utilisés selon les planètes.

Les noms sanskrits des planètes ont pour but de refléter leurs qualités essentielles. Le sanskrit s'appelle « *Devanagari* », la « langue des Dieux ». Ses sons reflètent les pouvoirs cosmiques créatifs, les Devas ou Dieux. En tant que tel, le sanskrit a le pouvoir de transmettre les énergies astrales dont les plus importantes sont transmises par les planètes. D'autres syllabes-germes ou mantras-racines qui ne sont pas basés sur les noms des planètes, peuvent être associés aux planètes selon leurs qualités et leurs énergies.

Le son des Bija mantras est important en ce qui concerne leurs effets. Leur son est aussi important que leur intention. Si nous ne comprenons pas comment fonctionne la science des sons, nos propres syllabes-germes dédiées aux planètes n'agiront pas. La syllabe-germe a le pouvoir d'agir sur le subconscient et sert de véhicule au rayon planétaire. Elle est ainsi plus puissante qu'une prière. Elle exige de vider son esprit et de laisser le son pénétrer plus profondément dans notre esprit. Si nous le stimulons à l'aide d'un désir personnel, dans un but égoïste, son pouvoir transformateur s'en trouve réduit.

Les Bija mantras pour les planètes

Les Bija mantras pour chaque planète, selon leurs noms et ceux sur lesquels ils sont basés, sont répartis comme suit. Certaines planètes ont plusieurs noms :

Planète	Bija primaire	Bija secondaire
Soleil	SUM (Surya)	RAM (Ravi ou Rama)
Lune	SOM (Soma)	CHAM (Chandra)
Mars	KUM (Kuja)	MAM (Mangalaya)
Mercure	BUM (Budha)	
Jupiter	GUM (Guru)	BRIM (Brihaspati)
Vénus	SHUM (Shukra)	
Saturne	SHAM (Shani)	
Rahu	RAM (Rahu)	
Ketu	KEM (Ketu)	

Signification des mantras planétaires

En général, les mantras planétaires transmettent les qualités des planètes auxquelles ils correspondent. Psalmodiés avec un esprit vide, ils transmettent le pouvoir spirituel des planètes. Psalmodiés avec une intention spécifique, ils agissent selon l'intention. Par exemple, si nous psalmodions un mantra pour la planète Jupiter afin de faciliter sa qualité conférant la prospérité, il favorisera cette intention. Si nous le chantons pour faciliter son pouvoir de sagesse, son énergie ira dans cette direction. Nous devons être prudents dans ce que nous recherchons avec les mantras parce que nous allons stimuler notre esprit à ce niveau d'existence. Il est généralement préférable de rechercher un but spirituel et le bien à l'aide des mantras.

Tous les Bija mantras terminent par un « ṃ » qui est un son appelé « *anusvara* » en sanskrit. Ce n'est pas un simple son « m » mais la nasalisation de la voyelle qui se termine les lèvres fermées, comme dans notre son « m ». Il est important de garder cela à l'esprit.

Ensuite, les influences planétaires peuvent aussi s'équilibrer en récitant le nom de la planète. On chante OM car OM renforce tous les mantras, puis le nom de la planète et « *namaha* » qui signifie « vénérer » ou « respecter » quelque chose. Le nom de la planète est au datif puisque le sanskrit est une langue avec des déclinaisons. Le Bija mantra de la planète est aussi souvent utilisé comme les mantras décrits ici.

Mantra pour le Soleil

Le Bija mantra pour le Soleil est SUM (prononcé « soume » avec un son « ou » long). Il active l'énergie solaire de la volonté, de l'inspiration et de la vitalité. Il confère clarté, bonheur et force. Il est stimulant, augmente notre acuité sensorielle et favorise la circulation.

Le nom du Soleil est Surya, signifiant le créateur, celui qui fournit de l'énergie, le père, celui qui inspire, qui anime et le transformateur. C'est lui qui initie, c'est la puissance qui guide et dirige. Surya est l'intelligence cosmique déterminante. Il représente la volonté cosmique de la vie favorisant la croissance, la transformation et le développement de la conscience. Le mantra SUM a un puissant effet procurant de l'énergie. Il est stimulant, inspirant et exaltant. Il reflète le pouvoir du Soleil et la clarté de la lumière du soleil. Il évoque notre âme véritable et notre individualité, notre être intérieur, atman ou Purusha.

Le mantra SUM améliore la santé et la résistance, et augmente les pouvoirs de digestion et d'absorption. Il favorise la circulation d'énergie à travers tous les canaux. Ce mantra tonifie le cœur et éveille l'âme. Il augmente l'énergie de volonté et d'aspiration, nous mettant sous l'influence directrice de notre Soi intérieur. Il est le plus important parmi les mantras planétaires et peut être utilisé pour nous aider à donner de l'énergie aux autres.

Le nama mantra pour le Soleil est :
Om Sūṃ Sūryāya Namaḥ

Mantra pour la Lune

Le Bija mantra pour la Lune est SOM (prononcé « somme »). Il procure félicité, joie et contentement. Il tonifie et nourrit le cœur, l'esprit et le système nerveux. Il augmente les fluides vitaux et favorise *ojas*.

Le nom de la Lune est Soma, qui est le nectar du plaisir, de la félicité, de la joie et du contentement ; l'ambroisie des Dieux. Ce mantra augmente l'énergie mentale, est rafraîchissant, calmant et nourrissant. Il nourrit les nerfs et les canaux du corps subtil. Il procure contentement intérieur et joie tout en nous libérant du besoin de stimulation extérieure et des divertissements. Il nous procure la paix intérieure et la stabilité lorsque nous n'avons plus besoin d'approbation ou de reconnaissance extérieure. Le mantra SOM augmente notre joie intérieure et notre aptitude à apprécier et à exprimer la beauté. Il accroît notre sensibilité mentale et émotionnelle sans nous affaiblir ni nous rendre impressionnables.

Physiquement, ce mantra favorise la formation de tous les tissus et augmente les fluides vitaux, notamment le fluide cérébrospinal (Majja Dhatu). Il tonifie aussi les poumons et les muqueuses. Il assouplit les muscles et dissipe les tensions musculaires. Il favorise les sécrétions et la lubrification des articulations. Il favorise le sommeil profond et la relaxation générale. Il est efficace pour favoriser la régulation du cycle menstruel des femmes.

Le nama mantra pour la Lune est :
Om Caṃ Candrāya Namaḥ

Mantra pour Mars

Le bija mantra pour Mars est KUM, prononcé « koume », a un effet calmant et équilibrant sur l'élément Feu. KUM est le mantra de la Terre. Mars est « ku-ja », né de la terre et fils de la Terre. Le mantra KUM tonifie l'énergie de la Terre afin de fournir du combustible au feu. Il augmente l'endurance et nous rend plus ancrés. Il nous permet de diriger et de réaliser notre énergie au niveau pratique et matériel et nous procure de l'endurance au travail. Il libère les potentiels cachés et les réserves d'énergie.

Ce mantra dissout toute stagnation dans le corps et l'esprit et favorise la circulation de l'énergie. Il libère l'énergie enfermée dans le corps et l'esprit, nous procurant la compréhension des rouages de la logique et l'aptitude à comprendre son mécanisme. Il délivre notre volonté intérieure qui est prisonnière de la domination extérieure. Il augmente le sang et les muscles, nous aidant à développer notre capacité physique. Il accroît les buts et les objectifs de notre vie.

Le nama mantra pour Mars est :
Om Kuṃ Kujāya Namaḥ

Mantra pour Mercure

Le Bija mantra BUM (prononcé « boume ») nous confère les pouvoirs d'élocution, d'intelligence et de perception. BUM éveille l'esprit et augmente les capacités mentales. Il procure un plus grand pouvoir de perception, de reconnaissance et de mémoire. Il développe nos pouvoirs d'expression et de communication. Il augmente le « buddhi » qui est notre faculté d'intelligence. Il augmente notre capacité rationnelle supérieure et ne renforce pas uniquement l'intelligence ou l'esprit de connaissance. Il augmente notre aptitude à penser et rend notre pensée plus malléable et adaptable. Il augmente le pouvoir d'élocution, de communication et d'écriture favorisant une plus grande aisance. Il nous rend plus observateurs.

Au niveau physique, le mantra BUM améliore nos sens, particulièrement l'ouïe. Il tonifie le système nerveux et apaise toute sensibilité nerveuse. Il est particulièrement favorable pour combattre la digestion nerveuse et tonifier les nerfs digestifs. Il tonifie les poumons et nous procure une plus grande aptitude pour retenir et emmagasiner du prana. Il augmente à la fois la santé et le pouvoir curatif. Il favorise le sommeil et prévient la sénilité. Il protège aussi les enfants et favorise leur croissance adéquate et leur éducation.

Le nama mantra pour Mercure est :
Om Buṃ Budhāya Namaḥ

Mantra pour Jupiter

Le Bija mantra pour Jupiter est GUM (prononcé « goume »). Ce mantra augmente la connexion avec notre guide intérieur, le véritable guru intérieur demeurant dans notre cœur. Il nous rend réceptifs au guide divin et aux pouvoirs nourrissants de l'intelligence cosmique. Il nous aide à nous connecter à l'enseignant ou à l'enseignement spirituel auquel nous nous dédicaçons de tout cœur. Il nous relie aux forces bénéfiques du cosmos.

Au niveau physique, il améliore l'intelligence-guide agissant dans notre corps. Il aide à tonifier et à réguler le système hormonal, particulièrement les mécanismes des glandes pinéales et pituitaires. Il accroît l'intelligence naturelle du corps et favorise la prévention des maladies et des dysfonctionnements. Il améliore le système immunitaire et prévient les maladies débilitantes. Il tonifie la fonction de la rate et du pancréas.

L'autre Bija mantra pour Jupiter, BRIM, (prononcé « brime ») a un effet expansif sur le corps et l'esprit. Il favorise le développement de la conscience et nous procure la connaissance de l'Être cosmique, *Brahman*. Il apaise, calme tout en développant l'esprit. Il confère la connaissance des grandes lois à l'origine de la vie et favorise la largeur d'esprit. Il favorise l'éveil de l'intelligence cosmique. Il augmente la générosité et nous procure une vie abondante à tous les niveaux. Au niveau physique, il favorise la prise de poids et la formation des tissus adipeux. Il augmente les sécrétions vitales et maintient les tissus lubrifiés. Il augmente l'essence d'énergie subtile appelée « ojas », qui est l'essence de notre vitalité sexuelle et qui harmonise toutes les fonctions corporelles.

Le nama mantra pour Jupiter est :
Om Bṛṃ Bṛhaspataye Namaḥ

Mantra pour Vénus

Le Bija mantra pour Vénus est SHUM (prononcé « shoume »). Il confère beauté, pouvoir, créativité et vitalité. Son pouvoir accroît la vitalité sexuelle sans stimulation ni irritation. Il augmente notre énergie primaire puisque le tissu reproducteur est le tissu originel nourrissant tous les autres tissus corporels. Il procure aussi du pouvoir à l'esprit, puisque le désir est à la base du mental. Il revigore ainsi tout le système.

SHUM augmente notre énergie de désir, d'amour, de dévotion et d'aspiration. Il procure également davantage d'affection et de compassion, nous rendant plus sensibles et affectueux. Il augmente notre sens de la beauté, éveille nos facultés artistiques et favorise paix et contentement. Il nous procure un bon sens des formes, des couleurs et d'harmonie nous conférant goût et sens artistique. Il nous permet de célébrer et d'atteindre les autres par nos sentiments. Il stimule les pouvoirs d'imagination et d'inspiration, augmentant notre sensibilité astrale. Il favorise l'ouverture de la voie de l'amour Divin, *Bhakti Yoga*, et augmente la compassion.

Au niveau physique, il augmente la sensibilité et nous permet de contrôler davantage notre sexualité. Il favorise l'accroissement de la fertilité, équilibre les hormones reproductrices, favorisant la régénération des organes reproducteurs. Ce mantra peut être utilisé en cas de faiblesse des organes reproducteurs ou lorsqu'ils ont été endommagés par une maladie ou une intervention chirurgicale. Il est efficace dans les périodes de transition telles que la puberté ou la ménopause. Il favorise la croissance adéquate des enfants. Il favorise le célibat ou l'utilisation appropriée de l'énergie sexuelle. Il favorise la transmutation de l'énergie sexuelle en énergie mentale.

Le nama mantra pour Vénus est :
Om Śuṃ Śukrāya Namaḥ

Mantra pour Saturne

Le Bija mantra pour Saturne est SHAM (prononcé « shâme) et confère calme, détachement et indulgence. C'est le mantra de la paix, *Shanti*, en sanskrit, car Saturne entraîne des difficultés et des épreuves pour lesquelles nous nécessitons paix et délivrance. Ce mantra procure le détachement, la renonciation et la libération. Il nous confère un refuge dans le Divin. Il ralentit le mental et procure la stabilité et le repos. Il apaise le stress et l'anxiété. Il diminue aussi l'excès de feu, de colère et de conflits. Il nous confère la paix, la distance et le détachement, dans lesquels nous nous retrouvons.

En tant que tel, SHAM est un important mantra pour le yoga et la méditation. Il favorise la vie monastique. Il augmente le pouvoir de concentration et favorise le développement du discernement. Il accroît l'esprit philosophique et procure une intention sérieuse dans tout ce que nous entreprenons. Il confère les pouvoirs de méditation, favorisant le développement d'un style de vie yogique.

Physiquement, il calme les nerfs et le cerveau. Il diminue l'hyperfonction des organes et favorise le sommeil et le repos. Il est efficace pour combattre l'insomnie et l'anxiété. Il apaise les spasmes musculaires, les douleurs nerveuses et aide à contrer la paralysie. Il purifie le sang et le foie favorisant l'élimination des toxines. Il aide à enrayer la constipation et la rétention des déchets. Il aide à prévenir et à dissoudre les tumeurs, notamment les tumeurs malignes. Il tonifie les os, les ligaments et les tendons. Il aide à combattre l'arthrite et favorise la longévité et une vieillesse heureuse et en bonne santé.

Le nama mantra pour Saturne est :
Om Śaṃ Śanaye Namaḥ

Mantra pour Rahu

Le Bija mantra pour Rahu est RAM (prononcé « rame ») et confère aide et protection divine. Il est aussi le mantra de Rama qui est le héros Divin et Sauveur qui vainc tous les démons et sauve notre âme, Sita. Le mantra RAM confère aussi la paix, la sécurité et la délivrance davantage même que le mantra pour Saturne. Il nous sauve des difficultés, des dangers et des situations mettant notre vie en danger.

Il apaise l'esprit et les émotions, dissipant toute entité négative ou toute influence psychique négative nous entourant, particulièrement la nuit. Il aide à nettoyer notre environnement astral. Il dissipe les cauchemars, les illusions et les hallucinations. Il tonifie notre aura et stimule la sphère aurique. Il nous protège des polluants de l'environnement et des effets de la radiation. Il nous protège des maladies mystérieuses et psychiques telles que le cancer ainsi que les troubles nerveux et mentaux. Il augmente notre résistance aux maladies contagieuses et favorise la fonction immunitaire et Ojas. Il nous protège des émotions négatives, des malédictions ou de toute énergie malintentionnée dirigée contre nous et de toute forme de ce qu'on appelle magie noire.

Le mantra RAM est aussi un mantra solaire. Pour Rahu, son énergie favorise son pouvoir dissipant l'obscurité et combat l'effet d'éclipse de Rahu tandis que pour le Soleil, ce mantra augmente les qualités favorisant un bonheur positif. Il apaise le système nerveux et la nature émotionnelle.

Le nama mantra pour Rahu est :
Om Rāṃ Rāhave Namaḥ

Mantra pour Ketu

Le Bija mantra KEM (prononcé « keïme ») augmente le pouvoir de perception, de discernement, de concentration et de conscience. Il favorise la conscience, *chit*. Il nous procure un aperçu, une sensation de distance, comme au sommet d'une montagne d'où nous pouvons percevoir la nature des choses plus objectivement. En tant que tel, il confère la liberté et la libération. Il augmente notre acuité mentale, rendant l'esprit vif et judicieux, extrêmement rationnel et méthodique.

Il pénètre en nous et nous libère du karma passé en révélant les tendances inconscientes qui nous emprisonnent.

Au niveau physique, ce mantra pénètre aussi à travers toute stagnation, traverse les toxines et ouvre les canaux. Il augmente la circulation du sang et du prana, et la circulation de l'énergie dans le cerveau. Il stimule fortement les nerfs et les sens. Il nous procure l'énergie mentale nous permettant de développer la perception spirituelle et les pouvoirs yogiques. Il favorise l'attention, la méditation et la concentration de l'esprit. Il favorise l'éveil des perceptions psychiques et nous permet de voir l'aura ou les énergies subtiles des choses.

Le nama mantra pour Ketu est :
Om Keṃ Ketave Namaḥ

Utilisation des mantras planétaires

Chaque mantra planétaire peut être employé pour harmoniser sa planète respective. Tous les chanter peut augmenter notre croissance intérieure car nous devenons ainsi en mesure de développer toutes les qualités représentées par les planètes. C'est seulement lorsque nous avons développé en nous les attributs supérieurs des énergies planétaires que nous pouvons en être libérés. Pour transcender les astres, nous devons devenir des astres. Pour transcender les planètes, nous devons équilibrer le système solaire en nous, autour de notre propre Âme solaire et véritable Soi.

Ces mantras des noms peuvent être chantés 108 fois (ou 1080 fois) lors de la purification des gemmes ou autres rituels pour équilibrer les influences planétaires. Toutefois, les Bija mantras sont plus puissants et sont plus reliés aux pratiques yogiques internes. Les mantras des noms s'adressent davantage aux actes propitiatoires dévotionnels et peuvent être facilement conseillés à vos consultants. D'un point de vue occidental, on pourrait réciter simplement : « Om, je vénère le Soleil », « Om, je vénère la Lune », etc. tout en méditant sur la signification interne ou la force divine de la planète.

Mantras planétaires

Planète	Nom sanskrit	Bija Mantra	Mantra des Noms
Soleil	Surya Ravi	SUM RAM	Om Sum Surayaya Namaha Om Ram Ravaye Namaha
Lune	Soma Chandra	SOM CHAM	Om Som Somaya Namaha Om Cham Chandraya Namaha
Mars	Kuja Mangala	KUM MAM	Om Kum Kujaya Namaha Om Mam Mangalaya Namaha
Mercure	Budha	BUM	Om Bum Budhaya Namaha
Jupiter	Guru Brihaspati Ganapati Ganesha	GUM BRIM GAM GAM	Om Gum Gurave Namaha Om Brim Brihaspataye Namaha Om Gam Ganapataye Namaha Om Gam Ganeshaya Namaha
Vénus	Shukra	SHUM	Om Shum Shukraya Namaha
Saturne	Shani	SHAM	Om Sham Shanaye Namaha Om Namaha Shivaya
Rahu	Rahu	RAM	Om Ram Rahave Namaha
Ketu	Ketu	KEM	Om Kem Ketave Namaha

Utilisation des mantras planétaires

- Les Bija mantras sont généralement plus puissants et préférables aux grandes prières. Les Bija mantras sont aussi plus faciles à prononcer. Il faut avoir le sens du pouvoir ou de la beauté des sons pour qu'ils agissent.
- Les mantras planétaires doivent être stimulés avec Om, puisque Om est la lumière cosmique agissant et se diversifiant à travers toutes les planètes.
- Les mantras doivent être chantés l'esprit vide ou l'esprit concentré sur la qualité de la planète spécifique. Toutefois, il faut les répéter des milliers de fois, sinon des millions de fois pour que des changements majeurs se manifestent.

Psalmodier le mantra approprié peut augmenter les influences planétaires que nous voulons renforcer. Les mantras peuvent avoir une action qui écarte les influences des planètes maléfiques ou qui accroît les influences des planètes bénéfiques et peuvent renforcer les effets favorables des planètes bénéfiques ou neutraliser les effets nuisibles des planètes maléfiques. Ils agissent dans les deux sens et n'entraînent pas d'effets secondaires. Ils diffèrent ainsi des gemmes et des plantes qui peuvent provoquer un impact négatif lorsqu'elles sont prescrites de façon erronée.

Les mantras peuvent être utilisés pour des rituels propitiatoires tels que les *puja* ou rituels effectués pour les planètes. Ils peuvent aussi être utilisés pour augmenter le pouvoir des bagues et autres pierres ou objets servant à harmoniser les influences planétaires, et intensifient les gemmes qui peuvent alors conserver et emmagasiner les pouvoirs des mantras. Ainsi, tandis que les gemmes constituent la meilleure méthode extérieure pour transmettre les influences planétaires, les mantras représentent la meilleure méthode en général. Ils sont les meilleurs moyens et sont préférables pour agir sur les forces astrales.

Les Bija mantras peuvent aussi être utilisés régulièrement pour attirer les énergies divines ou cosmiques. Ils sont particulièrement efficaces les jours et heures gouvernés par leurs planètes respectives. Les mantras constituent une mesure curative efficace qui est certainement la meilleure.

Les mantras védiques

Il existe un verset védique spécial provenant d'un des hymnes du *Rig Veda* qui se rapporte spécifiquement à chaque planète. Les mantras du *Rig Veda* sont considérés comme étant les mantras les plus puissants. Ils sont trop compliqués pour pouvoir les étudier ici mais pourront être étudiés ultérieurement. Nous en examinerons un seul, celui du Soleil puisqu'il est le plus important. Il vous donnera une idée des autres.

Il est le principal mantra védique et est le plus célèbre. Il s'appelle le *Gayatri mantra*. Il est le grand mantra du Dieu Soleil sous la forme de Savitar, le Créateur Divin. Autrefois, il était chanté tous les jours au lever et au coucher du Soleil. Il était le principal mantra d'initiation qui nous faisait naître une deuxième fois ; une renaissance dans le royaume spirituel, dans la lumière de la vérité. Le texte sanskrit est le suivant :

Om Bhur Bhuvah Svah
Tat savitur varenyam
Bhargo devasya dhimahi
Dhiyo yo nah prachodayat

Traduction : « Je médite sur la lumière du Divin, rayonnante et fort vénérable, d'où jaillissent les trois mondes (bhuh, bhuvah et svaha). Que la lumière Divine illumine et guide mon intelligence. »

Traditionnellement ce mantra s'appelle « La Mère des Vedas ». La pratique de ce mantra a permis aux sages de recevoir la révélation de tous les autres mantras, parce qu'il apaise le mental, enlève les impuretés karmiques, purifie l'ego, affine l'intellect et illumine l'être intérieur de lumière se diffusant directement de la Source. Il nous relie à notre maître intérieur et nous aide à recevoir des conseils et des inspirations intérieures. Nous ne remarquerons peut-être pas de transformation instantanée mais l'effet de ce mantra est considérable et éternel. Le processus de purification provenant de cette pratique débute au plus profond de l'inconscient et se propage progressivement dans tous les aspects de notre personnalité. Nous nous sentons revivre et entièrement transformés.

Puja, Homa et Yajna

Les textes védiques et hindous mettent l'accent sur les Pujas ou rituels dévotionnels envers les planètes. Ils nécessitent l'utilisation d'une image ou statue de la déité planétaire ou de certaines graines les symbolisant. Chaque planète a sa propre déité et sa forme spécifique. Chaque déité a une certaine couleur, un certain nombre de bras et de types d'instruments, un certain visage ou une certaine apparence et un véhicule particulier (l'animal qu'elle chevauche et qui signifie son pouvoir sous-jacent). Les Pujas sont trop compliqués pour pouvoir les aborder ici.

Homa est l'offrande védique du Feu. Divers mantras pour la planète sont offerts au Feu. Il est préférable que le feu soit préparé dans un récipient en cuivre sous forme d'autel de Feu védique. Le combustible préféré est la bouse de vache alimentée avec du ghî (beurre clarifié). Ces homas doivent être effectués le jour correspondant à la planète respective. Les Homas peuvent également être effectués pour les neuf planètes. Des offrandes appropriées sont offertes à chaque planète, telles que les graines qui leur sont associées. On utilise aussi des chants rituels et des déités pour les planètes lors des homas.

Les homas font partie de diverses cérémonies védiques appelées *yajnas* (prononcé yagyas). Les yajnas sont prescrits pour apaiser les planètes négatives, mais nécessitent des prêtres spécialisés pour les effectuer et peuvent donc s'avérer onéreux. Bien qu'ils soient utiles, il est préférable de dépenser de l'argent dans l'achat d'une pierre plutôt que dans des yajnas onéreux. Il est aussi préférable de participer aux yajnas qui ne sont pas très utiles s'ils sont effectués par d'autres personnes et à distance. Le mieux est d'aller les faire pratiquer dans un temple hindou. De nombreux temples effectuent les yajnas. Certains astrologues védiques ne jurent que par les yajnas et par leur capacité à aider les gens à tous les niveaux.

Conclusion

En général, ce que nous accomplissons nous-mêmes par nos propres efforts, donne les meilleurs résultats avec les planètes parce que nous sommes directement impliqués. Ce qui explique que les mantras représentent la meilleure méthode pour équilibrer les effets d'une planète. Dans le chapitre 2, Description des planètes, vous trouverez une image et un *yantra* pour chaque planète. Le fait de méditer sur ces images est aussi une manière très efficace d'équilibrer les énergies planétaires. La seconde méthode consiste en méthode passive utilisant les gemmes, ou en portant des vêtements de la couleur de la planète, etc.

La règle veut que c'est notre intention qui s'avère la plus importante dans la propagation des énergies planétaires, quelle que soit la méthode employée. En d'autres termes, demander sincèrement de l'aide à une planète, est très différent du fait de penser à nos problèmes où notre attention est focalisée sur nous et sur notre malheur. Employer n'importe quelle méthode pour attirer l'attention d'une planète de manière positive requiert de le faire soi-même de façon positive. L'humilité est également essentielle lorsque nous demandons de l'aide aux énergies divines cosmiques.

Hari Om !!!

Les Glossaires

Glossaire Sanskrit

Abda	: Année
Abdadhipati	: Gouverneur de l'année
Abhijit	: Nakshatra situé entre le vingt-deuxième et le vingt-troisième. Étoile Véga
Agni	: Feu, le Soleil, divinité du Nakshatra Krittika
Agnihotra	: Offrandes de Feu journalières au lever et au coucher du Soleil
Akshavedamsha	: Quarante-cinquième subdivision zodiacale
Amatyakara	: Significateur de l'ami ou du confident
Amavasya	: Jour de la Nouvelle Lune
Amsha	: Division dans les subdivisions zodiacales
Angaraka	: Autre nom pour Mars
Antar Dasha	: Sous-période planétaire secondaire
Anuradha	: Dix-septième Nakshatra
Apachaya	: Maisons 1, 2, 4, 7, 8
Apokrimas	: Maisons cadentes
Ardra	: Sixième Nakshatra
Artha	: Prospérité ou buts matériels
Ashtakavarga	: Système de calcul de points ou Bindus utilisé pour les planètes et les signes
Ashtami	: Neuvième Tithi de la Lune
Ashwini	: Premier Nakshatra du zodiaque
Ashlesha	: Neuvième Nakshatra
Asuras	: Démons
Atman	: Soi Divin ou Âme
Atmakaraka	: Significateur du Soi intérieur ou Atma

Ayanamsha	: Différence entre le zodiaque sidéral et tropical
Ayana bala	: Force des planètes par rapport aux points de solstice
Ayurdaya	: Calcul de la longévité
Ayurvéda	: Médecine védique, approche médicinale utilisée en astrologie védique
Bhadra Yoga	: Yoga Maha Purusha de Mercure
Bhamsha	: Vingt-septième subdivision zodiacale
Bharani	: Deuxième Nakshatra du zodiaque
Bhava	: Maison
Bhava chakra	: Thème de maison
Bhava madhya	: Mi-point de maison
Bhava sandhi	: Point de transition entre les maisons
Bhava bala	: Force des maisons
Bhinnashtakavarga	: Points Ashtakavarga pour chaque planète par signe
Bhrigu	: Célèbre famille en astrologie védique
Bhrigu Samhita	: Collection d'informations écrites sur feuilles de palmier par des astrologues védiques (astrologie Nadi)
Bhukti Dasha	: Période planétaire secondaire
Bija mantra	: Syllabes germe
Bindus	: Points dans le système Ashtakavarga
Brahma	: Force créative cosmique
Brahmines	: Classe spirituelle
Brihaspati	: Jupiter
Buddhi	: Intelligence, raison
Budha	: Mercure (et non Bouddha)
Chakra	: Roue de l'horoscope, centres de force dans le corps subtil
Chandra	: La Lune
Chandra Lagna	: La Lune en tant qu'Ascendant
Chandra Rasi	: Signe de la Lune
Chara Rashis	: Signes cardinaux
Chaturthi	: Quatrième Tithi de la Lune
Chaturdashi	: Quatorzième Tithi de la Lune
Chaturtamsha	: Quatrième subdivision zodiacale
Chaturvimshamsha	: Vingt-quatrième subdivision zodiacale
Chesta bala	: Force de mouvement
Chitra	: Quatorzième Nakshatra
Dasha	: Période planétaire
Dashami	: Dixième Tithi de la Lune
Dashamsha	: Dixième subdivision zodiacale
Devas	: Les Dieux

Dhanusa	: Le Sagittaire
Dharma	: Carrière, honneur ou statut
Dig Bala	: Force de direction des planètes
Drekkana	: Décan ou tiers de signe
Drig Bala	: Force des aspects des planètes
Drishti	: Aspect planétaire
Durga	: Déesse représentée sous la forme de démon tueur, lié à Rahu
Dusthanas	: Maisons difficiles, 6, 8 et 12
Dvadashamsha	: Douzième subdivision zodiacale
Dvadashi	: Dixième Tithi de la Lune
Dvisvabhava	: Signes doubles ou Mutables
Dvitiya	: Deuxième Tithi de la Lune
Ekadashi	: Onzième Tithi de la Lune
GajaKeshariYoga	: Yoga de Jupiter formant un Angle en partant de l'Ascendant ou de la Lune
Ganapati	: Ganesh
Ganesh	: Le Dieu au visage d'éléphant, lié à Jupiter
Graha	: Planète et également démon
Guru	: Jupiter, guide spirituel
Hamsa Yoga	: Yoga Maha Purusha de Jupiter
Hasta	: Treizième Nakshatra
Havana	: Homa
Homa	: Rituels de Feu védique et hindou
Hora	: Heures planétaires, ½ division d'un signe, heure
Jaimini	: Auteur d'un autre système d'astrologie hindoue
Janma Lagna	: Signe Ascendant de naissance
Janma Rashi	: Signe natal, signifie la Lune dans le thème natal
Janma Nakshatra	: Nakshatra natal de la Lune
Jyeshta	: Dix-huitième Nakshatra
Jyotish	: Astrologie védique ou hindoue, science de la lumière
Kala bala	: Force temporelle des planètes
Kali	: Forme obscure de la Déesse, se rapporte à Saturne
Kali Yuga	: Haut moyen âge ou âge de fer
Kama	: Désir, plaisir
Kanya	: La Vierge
Kapha	: Dosha de l'Eau et de Terre
Karaka	: Significateur
Karana	: Division double de Tithi

Karma	: Loi de cause et d'effet
Kartaka	: Le Cancer
Kendra	: Maison Angulaire ou quadrant
Ketu	: Nœud Sud de la Lune ou queue du dragon
Khavedamsha	: Quarantième subdivision zodiacale
Krittika	: Troisième Nakshatra du zodiaque
Krishna	: Grand avatar hindou
Krishna Paksha	: Lune décroissante ou côté obscur
Kuja	: Sanskrit pour Mars
Kuja Dosha	: Emplacements difficiles de Mars pour le mariage
Kumbha	: Le Verseau
Kuta	: Système de points, utilisé pour la compatibilité dans le mariage
Lakshmi	: Déesse de la fortune et de la beauté, liée à Vénus
Lagna	: Ascendant
Magha	: Dixième Nakshatra
Maha Dasha	: Période planétaire principale
MahaPurushaYogas	: Associations planétaires entraînant une forte personnalité
Makara	: Le Capricorne
Malavya Yoga	: Yoga Maha Purusha de Vénus
Manas	: Mental ou potentiel général des sentiments
Mangala	: Autre nom pour Mars
Mantras	: Sons sacrés ou puissants
Masa	: Mois
Mahadhipati	: Gouverneur du mois
Matri Karaka	: Significateur de la mère
Mesha	: Le Bélier
Mihira, Varaha	: Grande astrologie védique aux environs de 500 avant J.C
Mina	: Les Poissons
Mithuna	: Les Gémeaux
Moksha	: Libération
Mrigashira	: Cinquième Nakshatra
Muhurta	: Division triple du jour (quarante-huit minutes). Science qui détermine les moments favorables pour agir
Mula	: Dix-neuvième Nakshatra
Mulatrikona	: Trigone de base, positions de signes spécialement favorables pour les planètes, presque aussi bénéfique que l'exaltation
Naisargika bala	: Force naturelle
Nakshatras	: Les 27 constellations lunaires ou astérismes
Navami	: Neuvième Tithi de la Lune

Navamsha	: Neuvième subdivision zodiacale
Pada	: Le quart, s'utilise principalement pour les Nakshatra (03° 20')
Paksha bala	: Force des planètes liées aux phases de la Lune
Panchanga	: Prévisions astrologiques en astrologie védique, basées sur les cinq facteurs ; le jour, le Nakshatra, Tithi, Karana et Yoga. Nom de l'almanach sidéral annuel
Panaparas	: Maisons succédantes
Panchami	: Cinquième Tithi de la Lune
Parashara	: Père de l'astrologie védique, auteur du système principal utilisé
Priti Karaka	: Significateur du père
Pitta	: Dosha du Feu et l'Eau
Prashna	: Question, se réfère à l'astrologie horaire
Prastarashtakavarga	: Feuille de calculs Ashtakavarga pour chaque planète
Pratipat	: Lendemain de la Pleine Lune ou de la Nouvelle Lune. Après la Pleine Lune - Krishna Pratipat, après la Nouvelle Lune - Shukla Pratipat
Puja	: Rituels hindous
Punarvasu	: Septième Nakshatra
Puvarshadha	: Douzième Nakshatra
Purva Bhadrapada	: Vingt-cinquième Nakshatra
Purva Phalguni	: Onzième Nakshatra
Pushya	: Huitième Nakshatra
Putra Karaka	: Significateur des fils ou des enfants
Rahu	: Nœud Nord de la Lune ou tête du dragon
Raja Yoga	: Associations d'influences planétaires ou planètes procurant de grands pouvoirs
Rajasique	: Action, qualité signifiant agité
Rama	: Septième avatar de Vishnu, guerrier Divin, lié au Soleil
Rashi Chakra	: Thème astral de base par signe
Ravi	: Le Soleil
Revati	: Vingt-septième Nakshatra
Rohini	: Quatrième Nakshatra
Ruchaka Yoga	: Yoga Mahapurusha de Mars
Rudra	: Forme féroce de Shiva, liée à Ketu
Sadesati	: Période de sept ans durant le transit de Saturne passant sur la Lune natale
Sambhanda	: Aspect complet entre des planètes
Saptamsha	: Septième subdivision zodiacale
Sapta Varga	: Les sept Vargas ou subdivisions zodiacales
Saptavimsamsa	: Vingt-septième subdivision zodiacale

Sarvashtakavarga	: Points totaux d'Ashtakavarga pour les signes
Sattvique	: Effet spirituel, qualité signifiant harmonie
Satya Yuga	: Âge de vérité ou âge d'or
Shadbala	: Système pour déterminer les forces et faiblesses planétaires
Shadvargas	: Les six principales subdivisions zodiacales
Shani	: Saturne (aussi Shanaishcharya)
Shaha Yoga	: Yoga Maha Purusha de Saturne
Shashtiamsha	: Soixantième subdivision zodiacale
Shatabhishak	: Vingt-quatrième Nakshatra
Shiva	: Dieu de la trinité hindoue détruisant la création et nous ramenant au transcendant
Shodashamsha	: Seizième subdivision zodiacale
Shravana	: Vingt-deuxième Nakshatra
Shravishta	: Vingt-troisième Nakshatra
Shukra	: Vénus
Siddhamsha	: Vingt-quatrième subdivision zodiacale, de même que Chaturvimshamsha
Simha	: Le Lion
Skanda	: Dieu de la guerre, lié à Mars
Soma	: La Lune
Sthira Rashis	: Les signes fixes
Stri Karaka	: Significateur de l'épouse ou du conjoint
Surya	: Le Soleil
Swati / Svati	: Quinzième Nakshatra
Tajika	: Thème annuel ou révolution solaire et système de son interprétation
Tamasique	: Obscurité, qualité signifiant inertie
Thula	: La Balance
Tithi	: Trente divisions du mois lunaire
Trayodashi	: Treizième Tithi de la Lune
Treta Yuga	: Troisième âge ou âge d'argent
Trikona	: Maisons en Trigones
Trimshamsha	: Trentième subdivision zodiacale
Tritiya	: Troisième Tithi de la Lune
Upachaya	: Maisons 3, 6, 10, 11
Uttarashada	: Vingt et unième Nakshatra
Uttara Bhadrapada	: Vingt-sixième Nakshatra
Uttara Phalguni	: Douzième Nakshatra appelé également Uttara
Vakra	: Rétrograde
Vara	: Le jour
Varadhipati	: Gouverneur du jour

Vata	: Dosha de l'Air et Ether
Varga	: Subdivisions ou subdivisions zodiacales
Vargottama	: Situé dans le même signe dans le thème natal et dans le Navamsha
Vedanta	: Philosophie védique de la réalisation du Soi
Vishamsha	: Vingtième subdivision zodiacale
Vimshopak	: Calcul de Varga des forces et faiblesses planétaires
Vishakha	: Seizième Nakshatra
Vishnu	: Dieu de la trinité préservant et maintenant la création et l'ordre cosmique
Vrishchika	: Le Scorpion
Vrishabha	: Le Taureau
Yajña	: Rituels pour apaiser les planètes, à l'aide de feux sacrés. Se prononce « yagya »
Yantras	: Diagrammes mystiques utilisés pour harmoniser les influences planétaires
Yoga	: Association d'influences planétaires. Relations du Soleil/Lune dans le Panchanga ou astrologie prédictive.
Yuddha	: Guerre
Yugas	: Âges du monde

Glossaire français

Angulaire	: Maisons 1, 4, 7 et 10
Ascendant	: Maison 1 ou Lagna
Aspects	: Rapports angulaires entre les planètes du zodiaque
Astro cartographie	: Système occidental alignant le thème natal sur la latitude et la longitude pour indiquer les endroits favorables
Astrologie horaire	: Astrologie s'intéressant à des questions spécifiques
Bénéfiques	: Planètes ayant des effets favorisant ou renforçant
Cadentes	: Maisons 3, 6, 9, 12
Chute	: De même que la débilité, pire emplacement pour une planète
Combuste	: Conjonction très étroite de planètes avec le Soleil
Conjonction	: Planètes situées proches les unes des autres
Cuspide	: Point central d'une maison
Débilitée	: Planète située dans un signe difficile
Décan	: Tiers de signe, chaque signe est divisé en trois Décans
Déclinaison	: Distance nord ou sud entre une planète et l'équateur
Descendant	: Point le plus bas du thème ou Nadir, cuspide de la maison 4
Dispositeur	: Gouverneur du signe dans lequel est située une planète. Ex : Mercure sera le dispositeur de Saturne en Vierge
Ephémérides	: Livre contenant les positions planétaires journalières
Exaltation	: Meilleur signe pour une planète
Guerre planétaire	: Condition causée par une conjonction de planètes à moins d'un degré
Maisons	: Division du zodiaque en douze parties d'après le degré Ascendant à l'horizon Est au moment de la naissance
Maléfiques	: Planètes provoquant des effets difficiles ou nuisibles
Milieu du Ciel	: Point le plus élevé dans un thème, cuspide de la maison 10
Natal	: Concerne le thème de naissance, telle que la Lune natale
Plan astral	: Plan subtil ou plan de rêve
Plan causal	: Plan de la loi cosmique et de l'intelligence cosmique
Progressions	: Positions planétaires progressées à partir du thème natal en comptant généralement un jour par année
Réceptivité mutuelle	: Échange de signes entre des planètes

Retour de la Lune	: Retour de la Lune au même endroit que dans le thème natal
Retour de Jupiter	: Retour de Jupiter au même endroit que dans le thème natal, se produit tous les 12 ans
Retour de Saturne	: Retour de Saturne à son lieu d'origine dans le thème natal, se produit tous les 29 ans et demi
Rétrograde	: Mouvement de planètes allant en sens contraire dans le zodiaque
Révolution solaire	: Retour du Soleil à son lieu d'origine dans le thème natal, le moment diffère selon que le zodiaque est tropical ou sidéral
Subdivisions zodiacales	: Subdivisions du thème natal
Signes cardinaux	: Bélier, Cancer, Balance, Capricorne
Signes fixes	: Taureau, Lion, Scorpion, Verseau
Signes Mutables	: Gémeaux, Vierge, Sagittaire, Poissons
Significateur de maison	: Planète contrôlant généralement les affaires de maisons spécifiques
Thèmes composés	: Thèmes établis en faisant la moyenne des positions planétaires de deux thèmes
Thèmes horaires	: Thèmes basés sur une question
Thème natal	: Thème de naissance
Transits	: Positions planétaires actuelles passant sur les positions des planètes dans le thème natal
Trigones	: Maisons 1, 5 et 9
Zodiaque sidéral	: Zodiaque des étoiles fixes
Zodiaque tropical	: Zodiaque défini par les points de l'équinoxe

Vaidya Atreya Smith

Bibliographie

Jyotish / Textes Classiques en anglais :

Brihat Parasara Hora Sastra, vols. I-II, trans. G.H. Sharma, Sagar Publications
Phala Deepika, vols. I-II, Mantreswar
Saravali, vols. I-II, Kalyana Varma

Jyotish / Textes Modernes en anglais :

Ashtakavarga, C.S. Patel & C.A. Aiyar
Astrology of the Seers, David Frawley, Motilal Banarsidas
In Search of Destiny, Edith Hathaway, Vintage Vedic Press
Jyotish : the Art of Vedic Astrology, Andrew Mason, Singing Dragon
Light on Life, Hart Defouw & Robert Svoboda, Penguin Books
Nadi Astrology, C.S. Patel, Sagar Publications
Navamsa in Astrology, C.S. Patel, Sagar Publications
The Greatness of Saturn, Robert Svoboda, Lotus Press
Vedic Astrology – Ashtakavarga, R.G. Krishnan
Vedic Palmistry: Hasta Rekha Shastra, Andrew Mason, Singing Dragon

Jyotish / Textes en français :

À la Recherche du Destin, Edith Hathaway, Vintage Vedic Press
Astrologie Hindoue, Denis Labouré, Guy Trédaniel
Jyotish, Gilles Boutry, Éditions Présence

Pour les livres veuillez contacter :

InnerQuest - Tél. 01 42 58 79 82
www.inner-quest.org/Livres_3.htm

Logiciels d'ordinateur en français (versions multilingues) :

Kala Vedic Astrology Software –
    http://vedic-astrology.net/Kala/Kala-Software.asp

Parashara's Light -
    http://www.parashara.com/

À propos de l'auteur

Vaidya Ātreya Smith est né à Santa Monica, Californie, en 1956. Il s'intéresse dès l'âge de 17 ans à l'étude des Upanishads et du Védanta. Cette passion grandissante le conduit en Inde où il vit de nombreuses années et où il choisit de consacrer sa vie au Védanta. Depuis 1987, il pratique les médecines alternatives dont l'Āyurvéda, continue d'étudier, enseigne et forme des praticiens à travers le monde. Il travaille avec des milliers de patients dans plusieurs pays. Il est licencié en Biologie depuis 2003. Diplômé en Āyurvéda aux États-Unis et en Inde, Ātreya enseigne les cours à l'European Institute of Vedic Studies (EIVS) qu'il a fondé en 1998 en Suisse. En 2005, ses professeurs de Vanarasi (Inde) lui ont décerné le titre de *Vaidya* ou docteur, étymologiquement : « celui qui connaît l'Āyurvéda ». Par ses travaux de recherche et d'enseignement, il souhaite permettre au plus grand nombre d'accéder à cette science et à cette pratique, tout en les adaptant au mode de vie occidental d'aujourd'hui. Il est herboriste professionnel et membre de plusieurs organisations réputées dont l'American Herbalist Guild (AHG). Expérimenté en Jyotish (astrologie védique) depuis 1994, il est membre professionnel à vie de l'American College of Vedic Astrology (ACVA) aux États-Unis.

Il est l'auteur de quinze livres sur l'Āyurvéda publiés à travers le monde et traduits en neuf langues. Il a aussi rédigé sept manuels pour les écoles d'Āyurvéda qui sont publiés en quatre langues.

www.atreya.com

Vaidya Ātreya Smith offre une formation de Jyotish sur deux niveaux ouverte à tous. Le e-learning est une formation en ligne sur internet, enseignée par un professeur et dans laquelle les étudiants et le professeur ont des interactions et dialoguent ensemble confortablement à partir de leur propre domicile. Pour toute information supplémentaire, consulter le site internet :

www.atreya.com

www.ingramcontent.com/pod-product-compliance
Lightning Source LLC
Chambersburg PA
CBHW071311150426
43191CB00007B/589